中文社会科学引文索引（CSSCI）收录
国家哲学社会科学文献中心收录
中国知网（CNKI）收录
“北大法宝”数据库收录

西北政法大学高等教育研究所｜主办

法学教育研究

2024年（第44卷）

范九利 主编

法律出版社
LAW PRESS·CHINA
北京

法学教育研究　（第四十四卷）

比较研究

教育法治

管理经纬

Contents

· Teaching Research ·

专题:国家级教学成果奖

回应国家重大需求的战略型法治人才培养模式的实践与探索*

冯　果　武亦文　项　焱**

摘　要：武汉大学法学院以习近平法治思想为指引，聚焦新时代法学教育难点痛点，坚持问题导向、育人导向与结果导向。本教学成果坚定马克思主义鲜亮底色，涵养新时代法治精神；创新梯级课程体系，筑牢知识大厦深厚根基；打造珞珈法学智库方阵，构建多方融合研学体系；坚持国际与国内协同、理论与实务协同、传统教学与信息技术协同、教育与科研协同，完善综合能力培养机制；实现战略思维引领培养体系的理念创新、竞合机制贯穿培养过程的机制创新和多元方法激发创新能力的路径创新。本成果有效回应国家重大战略需求，为国家不断输送具有高尚的人格修为力、基于法学的跨学科理解力、对法治发展的前瞻判断力及法治实践组织领导力的高端战略型法治人才，获得行业与社会的高度认可，

---

* 本文源自武汉大学国家级教学成果“回应国家重大需求的战略型法治人才培养模式的实践与探索”，由冯果、武亦文、项焱主要执笔完成，何荣功、崔晓静、秦天宝、肖永平、祝捷、冯洁菡等参与了该教学成果的论证与实践。

** 冯果，武汉大学法学院院长，教授，博士生导师。武亦文，武汉大学法学院副院长，教授，博士生导师。项焱，武汉大学法学院实验教学中心主任，教授，博士生导师。

形成了良好的示范效应与社会影响。

关键词:教学成果　国家重大需求　战略型法治人才　培养模式改革

党的十八大报告确认“全面推进依法治国”、明确“法治是治国理政的基本方式”重要理念以来,依法治国成为党和国家事业的重大方略,并通过思想引领、纲要谋划、制度构建和实践探索,形成了全面依法治国总体格局,在全面从严治党、推进国家治理能力现代化、涉外法治、网络强国、生态法治、健康中国建设等领域做出重大部署。党的二十大报告进一步提出,在法治轨道上全面建设社会主义现代化国家。新时代新征程对法治人才的培育提出了更高的标准和要求,要求我们将法治人才培养放在中国式现代化的整体布局中加以谋划和推进。武汉大学法学教育历经百年,始终紧跟中国法治建设进程,近年来进行了“战略型法治人才培养模式”的积极探索。

一、主要解决的问题

本成果旨在解决传统法治人才培养体系与“全面从严治党”“生态文明建设”“一带一路”倡议等国家重大需求显著脱节以及学生战略思维和创新能力不足等问题。

法治人才培养是全面依法治国的重要内容,也是我国法治事业兴旺发达的重要保障。法学教育承担着为法治中国建设培养高素质法治人才的光荣使命,培养什么人、怎样培养人、为谁培养人是法学教育的根本任务。长期以来,我国法学院校多将人才培养定位于专业(职业化)教育,致力于培养从事法律职业的专门化人才,强调法科学生应该学会像律师(法官)一样思考,并不时发出“法学院培养的人才离法院有多远”的追问,却极少对“法学院培养的人才离法治有多远”进行认真思考。近年来,依托全面依法治国战略的实施,党和政府提出了“法治人才”的全新概念。① 从“法律人才”到“法治人才”目标的转换，是对高校人才法律教育培养理念和培养机制的重大调整。

习近平总书记在第二十届中央政治局第五次集体学习时强调，要把服务高质量发展作为建设教育强国的重要任务，要求高等教育聚焦国家重大战略需求，动态调整优化高等教育学科设置，有的放矢培养国家战略人才和急需紧缺人才。② 习近平总书记重要讲话精神为法学教育改革指明方向。法学教育必须服务国家大局，聚焦国家法治重大需求。我们不仅要培养业务精湛的技术型法律人才，更需要培养能够从全局和长远角度思考问题，具有战略眼光、能够解决复杂事务的战略型法治人才。

然而，囿于传统认知，我国法治人才培养体系及培养过程存在“重技能培养轻价值引领”“教学体系封闭”“学科视野狭隘”“忽视信息时代法治需求”等严重缺陷。部分学生存在基础知识薄弱，知识面狭窄，缺乏对社会、经济、政治的深入理解，独立发现问题、解决问题以及创造新知的意识和能力不足等问题。③ 在一个自我封闭的环境中运行的法学教育，自觉与不自觉地沦为法律“技术员”培训，④不仅与巨大的社会变革渐行渐远，也与如火如荼的法治实践不相适应，无法回应国家重大战略需求，也难以培养高素质的具有战略眼光的法治人才。

具体表现在以下两个方面：

第一，法学教育无法有效回应国家战略需求。首先，现有法学教育缺乏对国家治理体制现代化的智力支持。面对我国经济发展进入新常态、改革进入攻坚期和深水区、全面从严治党进入重要阶段的新形势，如何加快转变经济发展方式、更好地保障和改善民生、提高党的领导水平和执政水平，迫切需要法学教育更好地发挥作用，培养服务国家大政方

---

① 参见何跃军、陈淋淋：《从法律人才到法治人才——卓越法律人才培养计划实施六年检讨》，载《宁波大学学报(教育科学版)》2018 年第 5 期。

② 参见习近平：《加快建设教育强国　为中华民族伟大复兴提供有力支撑》，载《人民日报》2023 年 5 月 30 日，第 1 版。

③ 参见葛云松：《法学教育的理想》，载《中外法学》2014 年第 2 期。

④ See John E. Sexton, “*Out of the Box*” *Thinking about the Training of Lawyers in the Next Millennium*, Address delivered at the Churchill Auditorium, Queen Elizabeth II Conference Center, London, July 18, 2000.

针的高端法治人才,以满足提升国家治理体系和治理能力现代化的需要。但我国法学教育仍然是按照传统的部门法学来进行知识传授,无法适应社会治理和国家治理的需要。其次,现有法学教育缺乏对社会发展变革中重大现实问题的回应。面对产业升级转型、加强公共卫生体系建设、维护网络安全等新问题、新需求,大力发展新兴学科,健全回应现实问题的法学知识体系,迫切需要法学教育承担重要职责与使命,培养服务关键领域和重大现实问题的新型法治人才,但是传统的法律人才培养体系和培养模式无法满足国家和社会对急需紧缺人才的需求。最后,现有法学教育缺乏对国内法治和国际法治的统筹思考。实现中华民族的伟大复兴,不仅要全面推进依法治国,而且要充分发挥国际竞争主导权,加快推动全球治理体制的变革,推进国际关系的民主化、法治化和公正化。现有法学体系的知识和理论偏向于国内法思维,难以胜任培养熟练掌握国际规则和通晓国际法律理论专门人才的职责,也与中国作为一个已经站在世界舞台中心的负责任大国的地位不相适应。

第二,法科毕业生缺乏战略眼光,难以满足社会发展需求。其一,德法兼修不深入,法科生"心系国之大者"的人格修为力有待加强。"德法兼修"是习近平总书记对高素质法治人才的基本要求。⑤ 我国高校法治人才培养"重技能培养轻价值引领、重智育轻德育"的现象未根本扭转,中国特色社会主义法治理念未深入融合人才培育全过程,法科毕业生存在缺乏同理心和社会责任感的现象。其二,学科交叉不充分,法科生跨学科理解力待培养。目前文理工医多学科协作的培养模式还不健全,社会科学各学科融合不足,专修法学,且精外语、懂科技、善交流的跨学科复合型法治人才存在巨大缺口。其三,知识创新不及时,法科生前瞻判断力待造就。"互联网+""算法治理"等法律科技的发展正在解构和重构法治运行模式。现有法学本科教育体系在预判法治前沿、推动前瞻创新的知识更新方面少有作为,教学资源滞后、科教未能深度融合加剧法

⑤ 参见习近平:《立德树人德法兼修抓好法治人才培养 励志勤学刻苦磨炼促进青年成长进步》,载中华人民共和国中央人民政府网,https://www.gov.cn/xinwen/2017-05/03/content_5190697.htm#1。

科生前瞻判断力不足的问题。其四，能力培养不均衡，法科生组织领导力待提升。传统法学教育高度重视理论教学，完善的实训体系远未建立。在法治活动中提前谋划、前瞻思考，团队内部沟通、外部利益协调等方面，法科生的组织协调和统筹能力未获充分锤炼，高校与社会间壁垒未完全打通。

正是基于以上现实，武汉大学法学院近年来以习近平法治思想为指引，紧跟法治中国建设新进程新需求，紧扣德法兼修、落实卓越法治人才培养计划2.0工作部署，进行了“回应国家重大需求的战略型法治人才培养模式”的探索与尝试，旨在为国家不断输送具有高尚的人格修为力、法治发展的前瞻判断力、基于法学的跨学科理解力及法治实践组织领导力的高端战略型法治人才。

二、主要内容及教学实践

本成果坚持问题导向、育人导向与结果导向，聚焦国家重大战略需求，直面新时代法学高等教育难点痛点，通过创新人才培养定位、协同完善培养方案、跨域打造交叉培养体系等系列改革措施，着力提升学生的创新思维能力和战略思维能力，努力锻造具备高尚的人格修为力、对法治发展的前瞻判断力、基于法学的跨学科理解力及法治实践组织领导力的高端战略型法治人才。

（一）铸魂育人，涵养新时代法治精神，锻造人格修为力

武汉大学法学院在人才培养过程中，坚定马克思主义鲜亮底色，强调既扎根中国国情又放眼全球，努力汇聚“三全育人”合力，着力探索培育具有高尚人格修为力的法治人才之中国样本。

首先，强化课程思政，坚定理想信念。理想信念是法治人才的精神支柱，思想政治素质是法治人才的根本要求，武汉大学法学院切实推动习近平法治思想进教材、进课堂、进头脑，在实现“知识体系—教材体系—教学体系”一体贯通的基础上，坚持“想国家之所想、急国家之所急、应国家之所需”的人才培养导向，通过组建高端人才教学团队等方式，切实提升课程思政水平。

其次,多元聚力,打造家国情怀。学院通过辅导员主抓思想政治教育,班级导师导学导航,管理人员助力学风建设,合力协助学生成人成才,努力培养造就具有坚定理想信念、胸怀“国之大者”的讲大德、怀大略、有大局的法治人才。

最后,知行合一,搭建志愿服务、社会实践、挂职锻炼等一体化实践育人新高地。学院充分利用武汉大学法律援助中心、学生暑期实践和科研团队,让学生用脚步丈量祖国大地、用眼睛发现中国精神、用耳朵倾听人民呼声、用内心感应时代脉搏,成为能够堪当民族复兴大任的时代法治新人。

(二)强本固基,筑牢知识大厦深厚根基,提升前瞻判断力

拥有牢固的法学知识、缜密的法学思维和良好的法学素养,是法治人才从事法治工作的安身立命之本。学院坚持纵深布局,努力打造梯级课程体系,形成了前置“入门”课程、后设“进阶”课程并辅以交叉前沿性课程、实务课程、全英文课程的梯级课程体系。由学院所有二级学科带头人主讲的“法学入门”课程,以精当简洁、有趣有料的方式引领本科新生尽快进入法学之门;学生修满专业必修课程后即可修习公法、私法、国际法等理论前沿研讨课以及刑法、民法、商法、劳动与社会保障法等实例研习课程。课程体系的梯级设置通过课程的合理化配置,在夯实理论基础的同时,加强理论研讨和实例研习,促使学生完成理论到实践、实践回归理论的蜕变。

课程与教材建设是教学质量的关键。学院设立了“姚梅镇尊师重教奖”,积极营造尊师重教的良好氛围;制定了珞珈法学“金课”标准,每年评选法学十大“金课”;开发了《行政法学》《物权法》《国际私法》等国家一流本科课程,产出15部精品教材,3本教材获首届全国优秀教材(高等教育类)二等奖。学院不断完善制度建设,先后制定了本科教学业绩奖励办法、法学“金课”评选办法,激励青年教师投身教学改革、教学研究、教学竞赛,以国家级一流课程为标杆,推进珞珈法学“金课”体系建设,形成学科负责人责任制、教学事故一票否决制等完善的规章制度,奖惩结合,筑牢育人根基。

兴趣是学生学习的不竭动力。学院不断推动教师创新教学方式方法,更新教学手段,推动课堂革命。学院以课堂为突破口,采用多种手段吸引作为“数字原住民”的学生的注意力,提升教学质量。“翻转课堂”“模拟庭审”教学方式和“案卷教学法”“双师同堂”等教学方法的采用,推动了互动式、混合式和探究式的“翻转课堂”教学革命。学院鼓励教师精心设计教学环节,切实推进学生实现“要我学”到“我要学”的转变。多维智慧法学实验室内各项软硬件设施为教师教学手段的更新提供了保障;实例研习课程采用的“案卷教学法”因更贴近真实的法律业务而取得了极佳的教学效果。

(三)登高博见,打造多方融合研学体系,增强跨学科理解力

学院积极推进人才试验班建设,在率先开设“中法班”“中德班”等双学位试验班并完善建设的基础上,新设国际法试验班、涉外法律人才试验班、“国际组织与全球治理人才”试验班、“哲学、法学与经济学(Philosophy-Law-Economics,以下简称PLE)试验班”,回应战略需求,加强人才培养的学科交叉。

学院积极打造珞珈法学智库方阵并助力人才培养,建设国际法研究所、环境法研究所、党内法规研究中心、网络治理研究院、大健康法制研究中心等一批国家级高端智库平台,拓展智库教育功能,以研促学。

学院依托智库平台和科研团队,推动优势学术资源向教学资源的转化,努力建设新型前沿课程,开设网络法、纪检监察法、党内法规、健康法等交叉前沿课程,鼓励教师开设研讨课,引导学生参与经济高质量发展法治保障、高水平制度型开放法律体系构建以及“南海仲裁案”重大事件、“一带一路”重要倡议等议题研讨,参与中央党内法规起草及论证咨询工作,参与《生物多样性公约》等国际规则的制定研讨,在理论学习和法治实践中培养学生对国家重大战略的前瞻判断力。

(四)协同创新,完善综合能力培养机制,强固组织领导力

为适应时代需求,学院打造了多方协同的教学团队和教学平台。

一是国际与国内协同。学院秉持“以一流的教师队伍培养一流人才”的理念,组建了理论型、实务型、全球化的三元国际化师资队伍。在引进海外青年才俊加盟武大法学院,加强师资国际化的基础上,引入联合国国际法委员会委员黄惠康、国际民航组织法律事务与对外关系局原局长黄解放、英国布鲁内尔大学终身教授 Ignacio 等实务兼理论专家,组建一流的全球化师资团队,邀请联合国官员开办"走向联合国"系列讲座。我院与美国、英国、德国、法国、澳大利亚、日本等国的高水平大学续签和新签本科生交流和培养协议二十余个,为国际化办学提供基础保障。学院依托国家高端智库武汉大学国际法研究所、两个"2011"协同创新中心,以培养国际化卓越法律人才为目标,在平台建设、课程体系、人才培养模式诸方面进一步探索和创新,在"宽口径、厚基础、复合型、强能力"人才培养目标的基础上,进一步强化"国际化卓越法治人才"培养,实现了从单一型、重理论的课程体系到重应用、国际化、多层次的课程体系的转变,实现了从面向国内法律人才市场到面向国内、国际法律人才市场的转变。

二是理论与实务协同。学院重视高质量、多元化的实习基地建设,与国际民航组织、国际商事争端预防与解决组织、海牙国际私法会议等国际组织,最高人民法院等党政机关、企事业单位和律师事务所签订合作协议,共建高质量教学实习基地40余家。在"实务专家进课堂"、虚拟仿真实验课程学习的基础上,建立以案例教学、法律诊所教育、模拟法庭、实习实践为载体的"见习—实验—实训—实习"的全链条"大实践"协同培养模式。

三是课堂教学与信息技术协同。学院重视信息技术在法学教育中的运用,将互联网时代的创新成果深度融合于法学实践教育领域,利用大数据实验室、网络治理研究院等高端平台,推动实验教学改革,打造新时代"虚拟现实云法学实验教学中心"。学院已建成1000余平方米的多维智慧法学实验室,拥有智慧教室系统、虚拟现实硬件套装、远程录直播系统,研发了四套涵盖国内法与国际法、兼顾实体与程序、拥有自主知识产权的软件,与法律科技公司深度合作,开发了包括民法学、刑法学等主干课程在内的法学智能教学辅助系统。通过线上综合实验项目开发,将法律思维训练转化为实验流程,实现法学实验教学数据化、虚拟化和智能化，突破了法学实验教学领域中更广泛的以云计算技术为基础设施和实现工具的发展新形态。

四是教育与科研协同。学院支持学生参与国家重大课题和学生学术平台的建设，我院学生先后参与创办学术刊物《环境法评论》《珞珈法思》，参与撰写高质量学术出版物《党内法规理论研究》《中国健康法治发展蓝皮书》，激发创新动力。

三、特色与创新

（一）理念创新：战略思维引领培养体系

我院坚持教育本源回归的人才培养理念，强调由培养拓展能力欠缺的“知识人”或“技术人”向培养全面协调发展的“社会人”的根本转变。注重教育“合目的性”与“合规律性”相统一、培养目标与国家重大需求相统一、课程体系与创新能力相统一、理论与实践相统一，形成了以学生高尚人格修为力、前瞻判断力、跨学科理解力、组织领导力全面涵育和提升为内核的“四位一体”培养格局及以研判能力与研究能力生成为导向的战略思维培养体系，打造了与新时代法学教育相适应的战略型法治人才培养模式。

作为卓越法治人才教育培养计划2.0的试点单位，武汉大学法学院始终坚持把培养国家急需紧缺的人才放在首位，围绕国家战略不断调整培养方案。

武汉大学法学院在国内第一批开设法语法学、德语法学等法学双学位试验班的基础上，为落实“一带一路”“全球治理”“人类命运共同体”的国家战略并进一步发挥涉外法治人才培养优势，于2017年调整了各实验班培养方案，2020年起积极开展设立“国际法学”本科专业的筹备工作；2018年，为落实习近平总书记在全国网络安全和信息化工作会议上的重要讲话精神，加快实施“网络强国”战略，武汉大学法学院发起成立了武汉大学网络治理研究院，以响应“新文科”建设号召，促进学科交叉融合，培养兼通法学和网络科技的高端复合型应用型人才；为落实“健康中国”战略，我院设立了大健康法制研究中心，积极探索法学与金融、保险、养老等领域的交叉融合和人才培养新路径;为响应党中央"全面从严治党"的决策,武汉大学与湖北省省委共建的武汉大学党内法规研究中心以武汉大学法学院宪法学与行政法学学科教师团队为班底,培养了国内最早一批党内法规人才。

(二)机制创新:竞合机制贯穿培育过程

武汉大学有机结合"竞争""合作",贡献人才培养的珞珈智慧、珞珈方案。

首先,竞合机制促进教学水平提升。通过青年教师教学竞赛、珞珈法学"金课"评选、"集体备课、单独授课、自由选课"等,学院形成了教师竞争机制,促进教学质量提升。学院组建教学名师团队,搭建教师发展中心,贯彻"合作"理念,与知名实务部门共建教育基地实现双方共赢。

学院特别重视整合珞珈特色校友资源,开设由重量级专家、学者和律师校友讲授的系列实务课程和法律职业规划课程,提升学生知识迁移和应用水平,激励并引领学生实现职业理想。武汉大学法学院培育了一大批学有所成、学有专长的校友,并因此形成了颇具珞珈特色的教学资源聚合:"双师同堂"中的实务教师均为本校校友;2020 年秋季开设的《国际仲裁公开课》全部内容由该领域的重量级专家、学者和律师讲授,而他们均毕业于本院;由校友创设的法律科技公司和法学实验教学中心联合开发的法学智能教学辅助系统已经上线,已实际运用于刑法总论和分论教学并发挥良好效益,民法总论和分论、民事诉讼法等核心主干课也已基本开发完成、即将上线;本科生的《法律职业规划》系列讲座均由分散于全球各地的校友讲授,他们传授的职业技巧、职场之路激励并引领着武汉大学法学院学生实现职业理想。

其次,竞合机制促进学生知识技能提升。学院坚持理论教学与实训教学相结合,大力支持学生参与各类学科竞赛,提高处理实务问题的能力。利用 Jessup 国际法模拟法庭比赛、国际商事仲裁模拟仲裁庭辩论赛、国际刑事法院模拟法庭比赛、国际空间法和航空法模拟法庭比赛、国际人道法模拟法庭比赛、国际商会模拟调解比赛,国内的"挑战杯""互联网 +"大赛等十多个重要学科竞赛平台,通过竞赛的形式,以实际案例为教学手段,让学生模拟真实庭审状态,在实务中融会知识。为了实现国际化卓越法律人才的培养目标,学院还积极组织学生到国际组织实习,极大地拓宽了学生的视野和国际交往能力。

学院多措并举,促“竞”促“合”,成效显著。法科辩论赛、挑战杯、创新创业大赛等学科竞赛锻炼学生团队合作能力,激励措施推动学生勇闯敢争;团队运行的法律诊所、期刊建设深化学生知识运用,提升学生核心竞争力。

(三)路径创新:多元方法激发创新能力

学院着眼于战略型法治人才培养全局,从学科设置、培养体系、教学内容、教学手段等方面进行全方位、多元化改革创新。

学科设置方面,服务强化涉外法治人才培育之国家重大战略布局,率先试点“国际法”本科专业,完善跨学科联合培养机制,坚持“法律+外语”“法律+X”等跨域培养模式,筹建“哲学、法学、经济学(PLE)”跨学科试验班,不断完善课程体系。

培养体系方面,组织学生学术科研团队,参与课题研究,激发学生创新热情和创新能力,探索“法律+大数据、生态文明、健康服务”人才培养模式,不断完善交叉学科知识创新体系。

教学内容方面,紧扣时代、贴近战略,加大人文、科技元素,增加实训内容,提升解决复杂问题的能力。教学手段方面,深度融合互联网时代的创新成果,开启翻转课堂、魔法课堂,打造智慧教学环境,通过教学手段革新促进课程质量及人才培养质量提升。

四、成果的推广应用效果

(一)“立德树人、家国情怀”,师生踊跃服务奉献社会

学院师生积极投身社会服务。团队老师和学生先后斩获2020年中国志愿服务大赛金奖、全国妇联“巾帼文明岗”,2021年全国三下乡优秀社会实践团队、2022年湖北省十强志愿服务队等奖项。毕业生江见主动请缨任百色市田林县新寨村第一书记,荣获全国脱贫攻坚先进个人称号。2021年年末中央电视台“社会与法”频道公开报道武汉大学法律援助中心事迹,盛赞其对我国法律援助工作的贡献。

(二)"契合战略、服务大局",跨学科理解力不断提高

依托国家高端智库平台武汉大学国际法研究所、全国首批网络空间国际治理研究基地武汉大学网络治理研究院、"中国智库索引"(CTTI)百强智库环境法所、党内法规研究中心,培育大批智库型人才服务重点法治领域。毕业生苏绍龙、郑伟关于加强党内法规建设、应对美国经济制裁的对策分别获中央领导重要批示。2018 年 5 月,人民网、光明网、中国社会科学网、民主与法制网等专题报道武汉大学法学院战略型法治人才培养成果,成果影响力显著扩大。

(三)"立足中国、放眼全球",前瞻性判断力不断增强

立足中国,关注法治中国建设重大前沿问题。学院师生近年来在国际法治、生态文明、人权保护、数字治理等前沿领域发表一大批优秀科研成果和调研咨询报告,冯果教授从国际法视角出发分析突发公共卫生事件的应对方式,何荣功教授和学生陈思桐对我国毒品犯罪涉毒资产查处问题建言献策,秦天宝教授和学生丁存凡对《中华人民共和国红十字会法》修订草案提出修改建议,肖永平、冯洁菡教授和学生郑伟针对国内政策与美国"长臂管辖"交叉问题展开论述,祝捷教授和学生宋静对《中华人民共和国标准化法》修订草案提出修改建议,学院团队师生近年来所撰写的数十篇咨政报告被有关部门采纳或得到党和国家领导肯定性批示。

放眼全球,聚焦提升国际形势研判能力。学院与加利福尼亚大学伯克利分校等世界名校建立合作关系,每年 50 多名同学赴境外学习,近十年共计 200 多名同学赴哈佛大学、牛津大学等世界知名高校深造,毕业生乔仕彤获耶鲁大学 2015 年最佳法律经济学论文奖,任杜克大学法学院全职教授,毕业生周迪获 2018 年德国联邦教研部国际绿色精英奖。蒋钦荟、赵洒洒、范子豪等数十名学生前往联合国难民署、联合国教科文组织、国际海洋法法庭、国际刑事法院等国际组织实习。黄志瑾、柳芳、王雪漫、陈亚璇、苗宸、丁春宇等学生分别在国际商会仲裁和替代性争议解决委员会、国际民用航空组织、世界银行、联合国环境署(UNEP)、联合国贸发会、罗马统一私法协会等国际组织任职,培养了一批为中国参与全球治理作贡献的、具有前瞻判断力的高端法治人才。

(四)"学以致用,服务法治",组织领导能力不断跃升

武汉大学法学院学生多次问鼎 Jessup、Vismoot、ICC、NILOS 等国际赛事的亚洲高校冠军,获世界级、国家级奖项 40 余项,多次斩获中国国际"互联网+"大学生创新创业大赛、全国大学生创业大赛奖项,全国"挑战杯"学术竞赛特等奖。武汉大学法学院教师参与指导、法学院学生负责参与的《幻燃星空——中国最大的高校科幻孵化器》项目荣获第十三届"挑战杯"全国大学生创业计划竞赛金奖,该项目致力于在全国超过 160 所高校中培养和扶持青年科幻创作者,在高校科幻圈内具有普遍影响力。

(五)"潜移暗化、下自成蹊",辐射带动效应不断显现

学院依托国际法研究所,组建多个交叉学科团队,吸纳众多校内外顶尖专家入驻,与外语学院、政治与公共管理学院、新闻传播学院等合作打造国际组织后备创新人才培养基地,带动学校其他学科发展。学院举办的仲裁法线上课程、民法典大讲堂等活动汇聚国内顶尖专家,吸引全网数万人观看。多维智慧法学实验室引领国内法学教育信息化建设风潮,数十家法学院系到武大法学院参观取经,形成了良好的示范效应。

On the Practice and Exploration of Cultivation Models of Strategic Rule-of-Law Talent in Response to Major National Needs

Feng Guo　Wu Yiwen　Xiang Yan

Abstract: The Law School of Wuhan University are guided by Xi Jinping Thought on the Rule of Law, focusing on the difficulties and sore points of legal education in the new era, and adhering to the problem-oriented, educator-oriented and result-oriented approach. The result is to highlight the characteristics of Marxism and cultivate the spirit of the rule of law in the new era; to innovate the ladder course system and build a deep foundation for the knowledge system; to strengthen the Luojia Law Think Tank and construct a multi-party integration research system; to insist on the synergy between international and domestic, theory and practice, traditional teaching and information technology, education and scientific research, and to improve the comprehensive ability training mechanism. It realizes the conceptual innovation of strategic thinking leading the cultivation system, the mechanism innovation of cooperation-competitive mechanism running through the cultivation process, and the path innovation of diversified methods to stimulate the innovation ability. The achievements have effectively responded to the major strategic needs of China and provided the nation with high-end strategic rule of law talent with integrity character cultivation, interdisciplinary understanding based on the major of law, forward-looking judgment of the development of the rule of law, and organizational leadership of the rule of law practice, which has been highly recognized by the peers and the society, and has formed a good demonstration effect and social influence.

Key Words: teaching achievements; major national needs; strategic rule of law talent; reform of cultivation mode

精准服务国家战略的涉外法治人才培养改革与实践

——以西南政法大学为例*

王怀勇　张春良**

摘　要：为深入贯彻落实习近平总书记关于加强涉外法治人才培养工作的重要指示精神，精准服务国家对外战略，西南政法大学在全面总结与归纳传统涉外法治人才培养经验的基础上，聚焦中国—东盟法治合作、海外利益安全、国际人权斗争、涉外争端解决四个方面，集聚校内校外、国内国外的优质资源，推动了新时代涉外法治人才培养共同体的形成，探索了新时代涉外法治人才培养的方向与路径。

关键词：精准服务　国家战略　涉外法治人才

当今世界正经历百年未有之大变局，国际格局

---

* 基金项目：本文为重庆市教育科学年度规划重点课题“重庆高等教育国际化战略与路径研究”（K22YD203068）的阶段性成果。本文源自西南政法大学国家级教学成果“精准服务国家战略的涉外法治人才培养西政实践”，由付子堂、岳彩申指导，王怀勇、张春良主要执笔完成，张建文、陈咏梅、马知罕、龚暄杰、胡尔贵、曹志建、孟庆涛、张波、佘杰新、李满奎等参与了该教学成果的论证与实践。

** 王怀勇，西南政法大学教务处处长、教授。研究方向：经济法学、教育管理。张春良，西南政法大学国际法学院教授。研究方向：国际法学。

和国际体系发生深刻调整,世界之变、时代之变、历史之变扑面而来。立足全球大发展大变革大调整的时代背景,习近平总书记在中央全面依法治国工作会议上深刻指出,要坚持统筹推进国内法治和涉外法治。要加快涉外法治工作战略布局,协调推进国内治理和国际治理,更好维护国家主权、安全、发展利益。在我国推进涉外法治建设的工作中,涉外法治人才培养无疑具有战略性、基础性、先导性的地位与作用,也是法学院校开展新时代高素质法治人才培养的题中之义。2023 年 2 月,中共中央办公厅、国务院办公厅印发的《关于加强新时代法学教育和法学理论研究的意见》再次重申,加快培养具有国际视野,精通国际法、国别法的涉外法治紧缺人才。可见,推进涉外法治人才培养,不仅是贯彻落实习近平法治思想的重要举措,也是发出中国声音、贡献中国方案、参与全球治理的重要保障。

为深入贯彻落实习近平总书记关于加强涉外法治人才培养工作的重要指示精神,精准服务国家对外战略,西南政法大学在先后获批国家涉外卓越法律人才培养基地、国家高端智库建设培育单位、国家级涉外法治研究基地的基础上,以习近平法治思想为指导,聚焦中国—东盟法治合作、海外利益安全、国际人权斗争、涉外争端解决等四个方面,经过多年探索和实践,推动了多元主体参与下新时代涉外法治人才培养共同体的形成,培养了一大批具有家国情怀、兼具全球视野、通晓国际规则、能够参与国际法律实务和捍卫国家利益的高素质涉外法治人才。

一、传统涉外法治人才培养中的突出问题

近年来,各法学院校聚焦培养模式、课程体系与教学方式的创新与改革,开展了轰轰烈烈的涉外法治人才培养,形成了多类型、多层次的涉外法治人才培养体系。然而,考察传统涉外法治人才的培养实践,不难发现,人才培养中的价值塑造不足、战略契合不够、培养模式同质、培养过程粗放等突出问题仍然不同程度的存在,致使我国量大面广的中低水平法律职业者整体上供过于求,而真正达到"涉外法治人才"实践需求标准的法科毕业生依旧短缺。

（一）涉外法治人才培养的价值性塑造偏弱

涉外法治人才是我国参与全球治理，维护国家主权、尊严和核心利益的重要力量，其在思想政治素质、业务工作能力、职业道德水准方面要求较高，尤其是特别强调国家利益意识和政治理想信念。然而，部分法学院校在涉外法治人才培养中，偏重于法学专业的知识传授和能力培养，在培养有志气、有底气、有骨气的涉外法治人才方面聚焦不够，人才培养目标与课程思政建设之间融合性较弱，尤其是在“百年大变局”背景下对维护国家利益、善于开展国际斗争、服务中国特色大国外交的政治素养培育不足，对党和国家事业的忠诚培养措施不全，家国情怀的塑造力度不强，导致部分学生缺乏强烈的中国立场、中国视角、中国关切与中国担当。

（二）涉外法治人才培养的战略契合度不够

习近平总书记指出：“要推进法学院校改革发展，提高人才培养质量。要加大涉外法学教育力度，加强涉外法治人才培养，重点做好涉外执法司法和法律服务人才培养、国际组织法律人才培养推送工作，更好服务对外工作大局。”①中国的涉外法治人才培养首先应当以国家战略需求为导向，这是我国法学院校与国外高校的最大区别，在日趋激烈的法学教育的全球竞争中尤其如此。② 然而，传统涉外法治人才培养的目标定位普遍偏大，大多停留在传授一般国际法原理、制度、规则的通才培养层面，针对“一带一路”建设、中美贸易摩擦、国际人权斗争等不同域外场景的差异化培养相对薄弱，尤其是对于高度契合国家重大战略专门化人才培养的措施不多、效果不佳，导致熟悉特定国家、特定语种、特定行业、特定领域、特定文化的专才匮乏。

（三）涉外法治人才培养的同质化现象突出

涉外法治人才的培养不是简单的“外语＋法律”的堆积，而应当面

---

① 中共中央宣传部、中央全面依法治国委员会办公室编：《习近平法治思想学习纲要》，人民出版社、学习出版社2021年版，第136～137页。

② 参见杜焕芳：《涉外法治专业人才培养的顶层设计及实现路径》，载《中国大学教学》2020年第6期。

向涉外立法、执法、司法、法律服务等环节，培养德法兼修、具有家国情怀、兼具全球视野、通晓国际规则、能够参与国际法律实务和切实捍卫国家利益的高素质涉外法治人才。然而，传统涉外法治人才培养重在一般化培养，普遍采取在法学专业人才培养方案中嵌入外国语元素的培养模式，培养计划、教学内容和方式方法等千校一面，缺乏面向不同场域的精心设计的涉外法治人才培养模式、课程体系、教学内容和教学方法，人才培养的同质化现象较为严重，造成培养资源的重复建设，致使满足国家涉外法治建设需要的多地区、多领域、多类型的涉外法治人才培养目标难以达成。

（四）涉外法治人才培养的精细化程度不高

法学教育具有突出的实践性，必须要处理好知识教学和实践教学的关系。尤其是涉外法治人才，主要面向国际经贸法、对外法律斗争等领域，更应当注重法律职业教育。在目前涉外法律实务工作中，大量民商事争议的解决都是以英美法系程序规则为基础的。然而，一直以来，无论从学制、课程体系的设置、教学方法的适用上讲，还是从学法、用法的思维方式上讲，我国的法学教育模式都带有鲜明的大陆法系特征，鲜有英美法思维的塑造③，尤其缺乏满足当下涉外法治实践、实务、实战需求的特别设计。例如，模拟法庭、法律诊所、模拟谈判等实践性教学方式近年来逐渐获得法学院校认可，但受条件所限，尚未大规模普及。而实践性最强、锻炼效果最佳的境外法律实习尚处于起步阶段，特别是与一些重要的国际资源对接，仍需国家有关部门的支持方能推进。④ 由于学生缺乏必要的涉外法治实践训练，导致涉外法治人才培养普遍欠缺“来之能战”的能力，需要在实务、实践中“二次培养”才能胜任。

二、西南政法大学涉外法治人才培养的实践探索

在充分检视传统涉外法治人才培养问题的基础上，西南政法大学坚

---

③ 参见崔晓静：《高端涉外法治人才培养的理念与模式创新》，载《中国大学教学》2022 年第 11 期。

④ 参见郭雳：《创新涉外卓越法治人才培养模式》，载《国家教育行政学院学报》2020 年第 12 期。

持“通专融合、分类培养”的路径，突出强调涉外法治人才的差异化培养，在涉外法治人才培养中厚植家国情怀和使命担当，借助鲜活生动的对美贸易战等涉外法治实践，面向不同地区、不同领域、不同行业、不同语言、不同文化，探索了精准服务国家战略的涉外法治人才培养模式。

（一）立足对党忠诚，搭建“课堂＋网络＋实践”相结合的大思政体系，为涉外法治人才嵌入“中国心”

学校时刻牢记“为谁培养人、培养什么人、怎样培养人”这一教育根本问题，坚持立德树人，强化政治引领，围绕涉外法治育人特色，依托重庆市首批课程思政教学研究示范中心——西南政法大学课程思政教学研究中心，携手国家权威媒体新华网共建省部级课程思政资源平台，以优质思政资源支撑涉外法治人才的培根铸魂工程。为了深度推进习近平法治思想“全课程、全要素、全链条”融入涉外法治人才培养，学校在全国较早设立习近平法治思想概论教研室，组织编写《习近平法治思想概论》课程示范教案和特色讲义，加快《习近平法治思想概论》一流课程建设。以中美经贸摩擦等实证案例为抓手，寓价值塑造于涉外法治人才知识传授与能力培养之中，一体推进习近平法治思想要点、专业知识点、思政映射点、学生兴趣点的融会贯通，打造了具有西政特色的融习近平法治思想、课程思政、法学专业知识为一体的习近平法治思想“三进”模式。

此外，学校还在全国高校中率先开设《国家安全学》通识必修课，建设《党内法规学》《中华法系及其现代化》等课程的“新时代中国特色社会主义法治”课程群，创新搭建涉外法治人才的思政育人体系，厚植家国情怀和使命担当，确保培养的涉外法治人才不仅具备卓越的法学专业能力，同时具备坚定的中国特色社会主义信仰和构建人类命运共同体的信念。

（二）聚焦东盟法务，打造“国别法＋东盟语＋协同化”的培养模式，培养精准服务中国—东盟法治合作的法治人才

在夯实“国际法＋英语”通才培养的基础上，学校于2016年在全国首创了“一带一路”国别区域法律人才培养项目，开设了柬埔寨语、缅甸语、越南语、泰语、印度尼西亚语等5个“双校双语双法”实验班,创新采用“2年国内学习、1年国外学习、1年国内外实践”的“2+1+1”培养模式,培养学生参与国际交往、国际竞争、跨文化沟通的能力。以国别法和东盟国家小语种相结合为突破点,学校打造了融文化、法律、语言为一体的特色课程体系,破解了国别化人才培养的传统瓶颈,为“一带一路”建设、中国—东盟自由贸易区及其经济发展提供了高层次法律人才支持。

同时,学校积极搭建国内领先、全国最大的中国—东盟法律人才培养共同体,依托国家级涉外法治研究基地—中国东盟法律研究中心,与最高人民法院、柬埔寨司法部、泰国司法研究院、马来亚大学、海外律所等34个单位签署并落实人才联合培养合作协议,统筹整合多维优质资源,贯通理论与实务部门,整合国内与国外机构,集聚法律与外语优势,为涉外法治人才培养提供“一带一路”合作伙伴的国别真实场景和实践平台,不仅实现了学校与东盟十国法治人才培养合作的全覆盖,也打造了全国最具影响力的东盟涉外法治人才培养的特色品牌项目和人才高地。

(三)紧扣海外利益安全,打造“懂情报、懂调查、懂法律、懂外语”的人才培养模式,培养精准服务海外利益保护需求的法治人才

学校组建了全国首个国家安全学院,依托五大政法院校中唯一一个国家安全学博士学位一级学科授权点,针对我国急需海外利益保护人才的实际,于2018年开办了全国首个海外利益保护方向的法学专业实验班,率先在全国探索海外利益保护专门化人才培养。该实验班利用学校法学专业和侦查学专业的办学资源与优势,旨在响应“一带一路”倡议,培养了解世界政治、经济与国际关系,掌握安全保卫基本策略和技术手段,具备日常安全保护方案制订、风险评估、紧急状况应对处置和重点人员保卫的综合能力,能够贯彻新时代中国国家安全战略思想和应对危害国家安全具体危机的专门人才。

在无经验可循的情况下,学校化被动为主动,积极对接相关部门及出海企业,签订订单式人才培养协议,构建了供需双方全方位、全过程、全环节的协同培养机制，实现了供需双方共商共订人才培养方案、合作开发海外利益安全课程群，共建实践实习实训平台，合作建设师资团队，全程跟踪订单学生成长成才。通过“课内外结合”“产学研联合”的“双线”人才培养路径，学校建立起“校—企—局”全过程的联合培养机制，合作研发了“法学＋侦查学＋国家安全学＋外语”四合一的人才培养方案和课程体系，搭建了面向涉外机构及出海企业需要的海外利益保护法律平台，实现了人才培养的“生产线”与海外利益保护实践、实务、实战之间的彼此嵌套，有效提升了海外利益安全专业人才的“一次培养”成功率，有效缩短了海外利益保护人才培养成长周期，填补了我国高校海外利益保护人才培养工作的空白。

（四）紧贴人权事业发展需求，打造“法学＋人权＋外语＋传播”的培养模式，培养精准服务国际人权斗争的法治人才

学校充分释放智库对人才培养的全环节支持效果，创新以“库”育人路径。依托西南政法大学人权研究院（人权学院），吸纳学生参与各层次智库项目的研究，组织学生开展要报、论文写作培训，支持学生参与联合国人权理事会会议边会等重要会议，全面提升学生智库成果产出水平和服务国家人权战略能力，实现涉外法治人才培养与联合国人权理事会等国际组织的实习实训、活动与会议等真实场景无缝衔接。围绕国家开展国际人权斗争的现实需求，创设人权特色课程群，强化优势叠加模式，打造了以《人权法学》为引领、包括《联合国人权机制（英语）》《人权与外交（双语）》等在内的人权领域专门化课程群，探索了“法学＋人权＋外语＋传播”的“四叠加”人才培养模式，满足了中国人权话语创新和国际传播的实践需求。

此外，围绕人权传播的多元场域需求，学校还突出特色语言，将英语、法语、西班牙语等联合国官方语言及“一带一路”合作伙伴常用的阿拉伯语作为第一外语，实现了特定语言与人权知识的直接融贯，为全方位地反映中国人权建设的新成就、新格局和新发展，宣传中国人权发展，提高我国人权事业的国际话语权提供了人才储备与保障。

(五)抓牢 WTO 争端解决与国际仲裁两大领域,打造“项目 + 课程 + 教学法 + 训赛”的“四专型”培养模式,培养精准服务国家涉外争端解决的法治人才

学校以应对国际经贸摩擦、争取国际经济话语权需求为指引,以培养忠诚党和国家事业,胸怀“国之大者”的涉外法治人才为目标,精准聚焦中国 WTO 争端解决和国际仲裁两大领域,将涉外法律知识划分为国际法律制度知识、国别法知识、国际争端解决知识、跨学科知识四大模块,将涉外法律实务技能划分为案例分析技能、检索写作与谈判技能、综合技能三大模块,构建起以“德—知—行—能”为主线,层次清楚、内容完备的人才培养体系。以国家对外“法律战”的涉案类别为依据,以中国指派的争端解决专家领衔的教学团队为支撑,紧扣专门化项目、专门化课程、专门化教学法、专门化训赛,精准发力,全面培养学生法律规范诠释、法律事实还原、法律逻辑推理、法律职业表达的能力,全要素强化涉外争端解决人才的靶向式培养。具体表现为:

一是靶向落地专门化项目。学校与四川外国语大学合作,在全国创办了首个“法学 + 法语”联合学士学位复合型人才培养项目;在全国率先创办“法学 + 英语”双学士学位复合型人才培养项目;作为西部地区唯一一所拥有法学本、硕层次的中外合作办学项目的高校,先后与英国考文垂大学、美国凯斯西储大学建立中外合作办学项目。二是靶向构建专门化课程。创新探索、落地并完善 WTO 法律实务、国际投资法律实务、WTO 模拟法庭技巧与辩论等课程的专业教学模块,全面提升专业课程的实践性与应用性。三是靶向探索专门化教学。以中国涉 WTO、国际投资争端解决中心(The International Center for Settlement of Investment Disputes,ICSID)及国际常设仲裁院的实务案例为教学素材,由中国指派的 WTO 争端解决机构专家领衔组建教学团队,探索出以“纯粹案例教学法”“多师同堂专题研讨式教学法”为代表的一批创新课堂教学方法。四是靶向推进创参结合的训赛。学校携手商务部等机构创办并连续十年承办 WTO 领域国内顶尖模拟法庭赛事,将学生参加世界人权模拟法庭竞赛、“贸仲杯”国际商事仲裁模拟仲裁庭辩论赛、法兰克福投资仲裁模拟法庭比赛等高水平、全英文涉外竞赛嵌入专门化人才培养方案。

三、西南政法大学涉外法治人才培养的成效检视

2016 年以来,西南政法大学坚持"通专融合、分类培养"的理念,已先后培养各类涉外法治人才 3700 余人。在持续强化涉外法治通才培养的基础上,学校精准服务国家重大战略需求,潜心探索涉外法治人才分类培养机制,围绕中国—东盟法治合作、海外利益保护、国际人权斗争、涉外争端解决四个关键方面,已分类培养涉外法治人才 1800 余人,做强做优差异化的人才培养特色,开辟了国内涉外法治人才培养的新路径,引领了我国涉外法治人才培养差异化、多样化、国别化的发展方向。

(一)培养效果突出

西南政法大学依托重庆的地缘特征,通过系统的精细化、差异化培养,西南政法大学涉外法治方向的毕业生质量深受社会各界认可,就业率较高,华为、华信中安等一批涉外企业主动上门定向招录学生。多名学生入选教育部"优秀本科生国际交流项目"和"国家建设高水平公派研究生项目",多名学生升入北京大学、清华大学、中国人民大学、伦敦政治经济学院、康奈尔大学等国内外著名高校深造。

在教师的指导下,学生长期追踪讨论世界知名智库动态,积极回应我国社会经济发展中的现实问题。例如,学生参与的智库成果获国家领导人批示多篇;多名学生在联合国人权理事会会议、维也纳国际会议发言;多名学生参与联合国难民署、联合国开发计划署等国际组织实习。多名学生与教师合作完成《世界知名国际问题研究智库概览》书稿一部(20 余万字),多名学生在新加坡《联合早报》、尼泊尔国家官方英文报纸《新兴尼泊尔报》、巴基斯坦著名时政杂志《地球村》等发表高水平文章;多名学生参与《中华人民共和国民法典》(英文版)、《最高人民法院案例选》(英文版)的编辑或者翻译工作;根据学生报告制作的揭示涉疆谎言的短视频《学术骗子郑国恩》全球点击量超过 4 亿。

学生在高水平涉外法学专业竞赛中也屡获佳绩,先后荣获全国 WTO 模拟法庭竞赛冠军两次、亚军一次,红十字国际人道法模拟法庭一等奖,

“贸仲杯”国际投资仲裁赛全国亚军,连续三次入围世界人权模拟法庭大赛亚洲区前十、两次入围半决赛、一次获得最佳文书奖(全球第三名)。

(二)社会评价良好

十二届全国人大常委会副委员长向巴平措等领导人及最高人民法院、中国法学会等部门来西南政法大学考察后,对学校涉外法治人才培养给予了充分肯定。美国加利福尼亚大学伯克利分校、加拿大不列颠哥伦比亚大学、丹麦哥本哈根大学、中国人民大学、武汉大学等国内外高校对我校涉外法治人才培养给予了高度评价。2021 年 4 月,中国—上海合作组织地方经贸合作示范区管理委员会等来西南政法大学洽谈涉外法律研究和涉外法治人才培养合作,亦对学校涉外法治人才培养工作给予了高度评价。《精准服务国家战略需求的涉外法治人才培养改革与实践》获评 2021 年重庆市教学成果奖特等奖,《精准服务国家战略的涉外法治人才西政实践》获评 2022 年高等教育国家级教学成果二等奖。

2021 年 4 月,《中国教育报》介绍了西南政法大学在涉外法治人才培养领域的课程思政建设进路;2021 年 6 月,“学习强国”转发《小康》杂志文章,专题介绍学校“涉外法治人才如何养成”;2021 年 12 月,“中国教育在线”报道“西南政法大学瞄准‘大战略’,打造‘全链条’,服务‘新需求’,全力培养涉外法治人才”;2022 年 5 月,《法治周末》专题报道“西政全力培养涉外法治人才的创新之路”;新华网、法治日报等媒体也对西南政法大学涉外法治人才培养进行了报道或转载。

(三)实践影响较大

中国人民警察大学、重庆工商大学、对外建设集团等 50 余所单位来校调研涉外法治人才培养模式。西南政法大学多次受邀在全国政法大学“立格联盟”高峰论坛交流西政涉外法治人才培养经验;2019 年,联合国内高校发布《建设高素质的涉外法律服务人才队伍的倡议》。2019 年,学校举办首届“中国东盟法学院院长论坛”,被教育部等有关部门评为“法学教育十大新闻”;至此每年举办一次中国与东盟法学院的院长论坛,并于 2022 年更名为“中国东盟法治论坛”,成为中国东盟法治人才培养中的品牌论坛。学校先后获批“重庆市高校国际化人文特色建设高校”项目和“重庆市高水平新文科建设示范高校”项目,建设涉外法治人才校外教学科研实践基地近100个(含海外教学实践基地10余个)。2021—2022年,经教育部、司法部批准,学校先后设立法律硕士专业学位(涉外律师)人才培养项目和法律硕士专业学位(国际仲裁)人才培养项目。

On the Reform and Practice of Cultivating Foreign-Related Rule of Law Talent Serving National Strategies Accurately

—Taking Southwest University of Political Science and Law as an Example

Wang Huaiyong　Zhang Chunliang

Abstract: In order to thoroughly implement the important instructions of General Secretary Xi Jinping on strengthening thecultivation of foreign-related rule of law talent and accurate service the nation's foreign-related strategies, Southwest University of Political Science and Law comprehensively summarized the prior experience of cultivating foreign-related rule of law talent, focusing on the four directions of rule of law cooperation between China and ASEAN, security of overseas interests, the struggle for international human rights, and foreign-related dispute settlement. High-quality resources are gathered from both the internal and external in the university and that of from both home and abroad, which pushed forward the establishment of a community of foreign-related rule of law talent cultivation, and explored the directions and paths of cultivation of foreign-related rule of law talent in the new era.

Key Words: accurate service; national strategy; foreign-related rule of law talent

理论探讨

新文科视域下新法科建设的探索共识与路径方向*

刘光华　马　婷　刘　娇**

摘　要：随着新文科建设所掀起的自上而下的中国人文社会科学的自觉学科变革，新法科也在新国情、新思想、新时代、新科技的呼唤中蓄势待发。本文基于多种实证研究进路，围绕中国化、信息化、交叉化、国际化等新文科建设的"四化"目标，量化分析了中国新法科的政策文本表达、理论研究动态以及高校实践现状，意在梳理和凝练高等教育决策者、法学教育研究者、法学院校实践者等利益相关主体聚焦新法科建设所达成的决策、理论与实践共识。在此基础上，本文提出了中国新法科的未来实践路径与建设方向：首先，应确立中国化在新法科建设中的根本和优先序位，探索构建中国特色法学三大体系，着力提升中国特色法学话语体系及其影响力；其次，应创新国际化法治人才培养模式，全方位支撑新

---

* 本文系兰州大学2021年度教育教学改革研究委托项目"新法科建设背景下兰州大学法学学科的路径选择"（项目编号：202104）的研究成果。

** 刘光华，兰州大学法学院教授，兰州大学意大利研究中心主任，兰州大学循证社会科学中心副主任。研究方向：法学方法论、教育法。马婷，兰州大学法学院2019级硕士研究生。研究方向：经济法。刘娇，兰州大学法学院2019级硕士研究生。研究方向：经济法。

时代国家发展战略需求;最后,还应扎实推进法学与其他学科的交叉化融合发展,并全面促进法科与信息化科技手段的良性互动。

关键词:新文科　新法科　中国化　信息化　法循证学

引　言

随着《新文科建设宣言》的发布,如何在新文科建设背景下实现中国特色社会主义卓越法治人才的教育培养目标,已成为各级各类法学教育决策者、法学教育研究者和法学教育实践者需要共同面对和思考的问题。为此,法学教育研究领域对新文科在法学专业的展开进行了初步研究。学者们或称之为"新法科",①或主张称之为"新法学",②抑或从不同内涵角度并称为"新法科"与"新法学"。③ 鉴于从"学科"与"专业"辨析的角度,现代大学的教学和研究大都以学科分类为单元设置,④所以,本文更倾向于将新文科背景下的法学学科建设称之为"新法科"。⑤ 基于我们对本科法学专业培养方案实施现状的实证研究及其基本结论,得出新文科背景下新法科建设的中国化、信息化、交叉化、国际化(以下简称四化)四大核心主题。⑥ 以此为指引,本文采用实证分析方法,进一步针对新法科建设的三大行动主体——法学教育决策者、法学教育研究者与法学教育实践者,在"四化"主题下围绕新法科的定位探索、理论解析与实践举措进行全方位的内涵阐释、特征概括、共识凝练,以期实现新法科建设在"应然"与"实然"两个方面最大限度地贴近新文科建设目标。

---

① 参见孙佑海:《全力推进新法学学科建设》,载《中国社会科学报》2019年第10期。

② 参见徐显明:《新文科建设与"新法学"教育的挑战和应对》,载《新文科教育研究》2021年第1期。

③ 参见杨宗科:《适应新时代新要求　建设"新法科""新法学"》,载杨宗科主编:《法学教育研究》第78卷,法律出版社2021年版。

④ 参见王健:《法学本科专业的若干基本概念》,载《新文科教育研究》2021年第1期。

⑤ "四新"即新工科、新医科、新农科、新文科。"四新"建设虽立足专业,但必然走向学科,符合学科发展的内在规律;另外,有利于"新法科"表达与"四新"的主流政策话语间实现命名逻辑的一致性。

⑥ 参见刘光华等:《法学专业本科培养方案对新文科建设的回应——基于内容分析法》,载《新文科教育研究》2021年第4期。

一、新法科政策衍化聚焦点

考虑到教育部关于新文科建设目标、政策重点和路径方向系列政策文件对新法科建设所具有的涵摄性与指导性,本文借助内容分析法对新文科建设政策要求进行量化分析,寻找新法科政策衍化的聚焦点。

(一)新法科政策内容演进要点

教育部2019年全面实施的“六卓越一拔尖”计划2.0和一流本科专业建设“双万计划”,正式拉开了中国新文科建设的序幕。2020年发布的《新文科建设宣言》更是提出通过引领高校优化专业结构、打造特色优势专业等途径实现高等教育的内涵式发展。2021年教育部颁布了《新文科研究与改革实践项目指南》,明确了新文科建设发展理念、专业优化、人才培养模式改革等选题领域与方向。2021年5月教育部要求将习近平法治思想纳入高校法治理论教学体系,进一步强调要将习近平法治思想核心要义、精神实质、丰富内涵、实践要求贯穿于法学类各专业各课程,将社会主义法治建设的成就经验转化为优质教学资源。自此,新文科改革浪潮中的新法科建设开始步入正轨。

(二)教育政策文件聚焦点分析

借助循证社会科学的理念与方法,⑦通过对教育部重要节点政策文件的深入研读分析,根据关键词在政策文本中的释义,以“四化”为主题进行归类统计,最终形成新文科政策文件高频词分类统计表(见表1)。⑧“四化”主题分类排序结果从高到低依次为:信息化、中国化、交叉化和国际化。

---

⑦ 参见刘光华:《法循证学:法学与循证科学的交叉方法和领域》,载《图书与情报》2018年第3期。

⑧ 本文以“新文科”为关键词,在中华人民共和国教育部门户网站检索正文或标题中含有新文科的政策文本信息(依照如下两个标准进行文献的纳入和排除:①教育部印发且与新文科密切相关;②以规范性较强的意见及通知文件类型为主。最后检索日期为2021年12月31日)。经筛选共获得适格政策文件19件;删除无实际意义的词汇如“2019”等,以及过于宏观、宽泛的词汇如“大学生”等,选取频次大于2的高频关键词利用Nvivo11软件进行统计分析。

表1　新文科政策文件高频词分类统计

主题	高频词明细	频次	占比/%
信息化	信息化;人工智能;互联网;机器人;科学性	68	40.00
中国化	社会主义;马克思主义;文史哲;德才兼备;本土化	52	30.59
交叉化	复合型;实验室;跨学科;自然科学	38	22.35
国际化	国际化;对外开放;竞争力;综合国力	12	7.06

由表1可见,与新科技革命催生的信息化浪潮相适应,“信息化”主题在新文科建设政策文本中被提及的频次居首位(68次,40%)。其主要内容包括:深化人工智能内涵式研究;建立文科数据库及案例库,运用信息技术探索教学新模式;培养适应数字产业化要求的文科人才。紧随其后的是“中国化”主题(52次,30.59%)。其核心意旨是在习近平法治思想的指导下,借古鉴西,不断总结中国近代以来的成功本土经验,包括中国特色社会主义政治、社会与经济体制,文史哲一体的文化传统等,在尊重历史选择和人民主体性的基础上,全方位实现马克思主义中国化。居第三位的是“交叉化”主题(38次,22.35%)。其具体内涵是指借鉴自然科学的理念与研究方法,推动人文社会科学内部特别是同自然科学间的专业交叉融合,支持跨学科、跨学校的联合培养;通过加强设立社会科学重点实验室等途径,培养适应风险社会和复杂经济所需的复合型人才,丰富传统人文社会科学的生命力与社会贡献度。最后,政策文本中内容占比最低的是“国际化”主题(12次,7.06%)。其核心要求是要培养一批具有国际视野、通晓国际规则,善于处理涉外事务的法治人才队伍,以提升我国法治的国际竞争力。

(三)新法科政策聚焦点小结

截至2021年12月,国家新文科建设的政策文件数量有限、层级不高;且政策文本内容倡导性理念多、规范性指南少,针对性措施缺乏。部分新文科建设政策兼顾战略发展布局引领与以点带面试验探索的特征,具有浓厚的“摸着石头过河”的中国式改革智慧。

基于新文科建设政策文本的核心内容、高频关键词占比及排序结果,得出如下初步结论:新文科建设的政策焦点是信息化,它与中国化、交叉化和国际化四大主题之间,大致形成了一个"4321"的"倒金字塔结构"。究其原因,首先,新文科建设的紧迫性与工作可行性的合力作用,使信息化成为了新文科建设可能的第一抓手;各样本高校在法科领域的最大成绩也在"法学+信息化/计算化/网络化/区块链化"项目建设方面。其次,随着系统性的习近平法治思想的问世,包括新法科在内的新文科建设在指导思想和政策重点上,都明确了中国化建设目标的重要性,构建中国特色法学体系越来越成为法学教育人才培养的重要目标。最后,交叉化与国际化建设目标,作为新法科建设的途径和手段,由于主观上定位不清,[9]客观上知易行难,政策上又受限于高等教育政策制定者的站位职能,所以在新文科建设教育政策文本表达中都先天不足。

二、新法科理论研究关注点

从叙事学角度,[10]关键词作为叙事的核心内容,其频次与关系分布呈现了特定言说者的叙事主旨。[11] 为此,我们聚焦新法科研究文献,通过对新法科研究文献关键词的文献计量学统计分析,实证提炼、客观描述现阶段新法科理论的研究焦点与叙事主题演进(见图1)。[12]

⑨ 实质上,交叉化涉及人文社会科学发展中的创新性、颠覆性思维方式转向;信息化主要是指文科发展中技术手段的革新。参见张延飞、刘洪东:《新文科背景下语言界面研究瓶颈的解决路径》,载《当代外语研究》2022年第1期。

⑩ 参见[美]杰拉德·普林斯(Gerald Prince):《叙事学:叙事的形式与功能》,徐强译,中国人民大学出版社2013年版,第1~2页。

⑪ 参见刘光华:《社会法总论思想市场的学术脉络与叙事演变(1978—2018)》,载《兰州大学学报(社会科学版)》2022年第2期。

⑫ 本文以"新法学"和"新法科"为检索主题词,对中国知网数据库进行高级检索(检索日期截至2021年12月31日),排除不符合纳入标准的文献,最后获取41篇适格文献、132个关键词作为分析样本。利用VOSviewer软件进行关键词共现分析,得到新法科关键词演化趋势图。

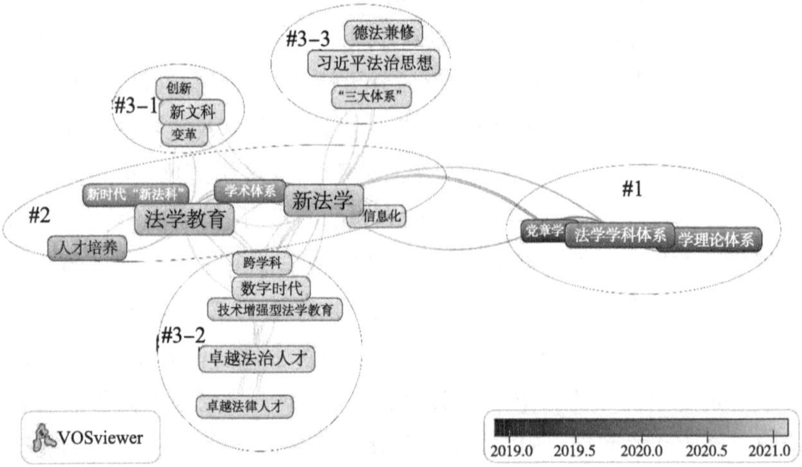

图1　新法科关键词演化趋势

(一)新法科叙事主题变迁

从图1可以看出,兴起于2019年的新法科研究,研究焦点逐年细化。至今形成了三个具有鲜明特色叙事主题的研究阶段;并且,从时间轨迹来看,新法科叙事主题关键词的时间坐标分布与新文科政策文件的时间脉络基本保持一致。

叙事主题一:以“党章学”为切入点的特色“法学理论体系”与“法学学科体系”研究。立足2019年新法科的起点元年,站在“六卓越一拔尖”计划2.0版的历史新起点,法学教育研究者回观过去、审视当下,展望中国法学教育的未来发展趋势,重点讨论“法学学科体系”和“法学理论体系”的中国特色。作为中国特色法治体系五大基本组成部分中最具特色的党内法规体系的实践展开与理论概括,⑬“党章学”就当仁不让地成了本阶段的叙事核心素材和切入点。

叙事主题二:“新法学”视角下的特色法学“学术体系”与“新时代新法科”建设背景下的法学“人才培养”。自2020年始,法学教育研

⑬　参见肖金明:《在法学学科体系中创建和发展党章学》,载《法学论坛》2019年第6期。

究者以新文科建设为背景,从两个中观视角相对集中和有针对性地展开了新法科建设叙事,即新时代新法科建设与人才培养模式优化的内在关系,以及“新法学”视域下的中国特色法学“学术体系”的构建问题。

叙事主题三:“习近平法治思想”指引下的“三大体系”建设研究。⑭其中,又分化出了三个意义由远及近的叙事子话题:1.“信息化”主导的“新文科”、“变革”与“创新”。该叙事子话题承接政策文本叙事主调,进一步指明新法科信息化建设的重点在于变革和创新,而非简单移植或者嫁接,更不是“信息化设备技术+新法科”的标签化。2.“数字时代”的“跨学科”、“技术增强型法学教育”与“卓越法律(法治)人才培养”所需的法学学科体系。该叙事子话题在叙事主题二的基础上,进一步为新法科建设人才培养模式优化指明了数字化与交叉化特别是技术增强方法的具体路径。3.“德法兼修”的话语体系。该叙事子话题升华了叙事主题二“新法学”视域下中国特色法学“学术体系”的构建,指出其重点在于:传统中国德治话语和“西法东渐”法治话语间的有机融合。

(二)新法科研究理论关注点分析

为了揭示法学教育研究者关于新法科建设的理论共识,我们同样根据“四化”主题,对新法科研究文献中的叙事关键词进行归类统计。⑮形成新法科研究文献的关键词分类统计表(见表2),其叙事主题的高低排序结果为:中国化、信息化、交叉化和国际化。

---

⑭ “三大体系”即法学学科体系、学术体系和话语体系。参见姚莉:《习近平法治思想的创新价值与法学“三大体系”建设》,载《法商研究》2021年第2期。

⑮ 为了尽量降低统计偏倚风险,依照以下三个标准对关键词进行排除纳入:①排除本身不具有特定含义的关键词,如“法学研究”等;②排除虽然与新法科建设相关,但无法具体归入某一主题的关键词,如“法学教育”等;③对于某些从语词层面看可同时归入两种主题的关键词,如既可归入信息化主题、也可归入交叉化主题的“数字法学”,进一步回归适格文献本身,根据具体文本中的语境含义和语用功能,决定其排除与纳入的类别。

表 2　新法科研究文献关键词分类统计

主题	高频词明细	频次	占比/%
中国化	习近平法治思想;卓越法治人才;德法兼修;依法治国;法治话语体系	28	57.14
信息化	数字时代;网络空间;未来法治;“互联网+”;信息化	8	16.33
交叉化	领域法学;复合型人才;卫生法学;交叉学科;跨学科	8	16.33
国际化	国际问题研究;全球治理;中国与世界;涉外法治人才;大变局	5	10.20

由表 2 可见,中国化主题在新法科理论研究中占据了半壁江山(28 次,57.14%)。学者们围绕此主题,重点研讨了如何以习近平法治思想为根本遵循,推动中国特色法学“三大体系”建设。这一研究主题涵摄了前述的三大叙事主题(特别是叙述主题三中的第 3 个叙事子话题)。信息化主题,与叙事主题三中的第 1、第 2 叙事子话题相契合,但关注度骤降为不足中国化主题的 1/3(8 次,16.33%)。主要围绕数字时代和网络空间所形成的人类生产生活新场景,对以数字法学为代表的未来法治开展研究,意在数字时代为新法科抢占法学学科未来发展的新制高点。[16] 至于交叉化(8 次,16.33%)和国际化(5 次,10.20%)两个理论研究主题,则在前述叙事主题中未能显见。

(三)新法科理论关注点小结

总体而言,不同于新法科政策聚焦点的“倒金字塔结构”,新法科理论研究的关注点中,除了中国化主题一枝独秀外,其他的信息化、国际化和交叉化主题大致平分秋色,呈现为“漏斗结构”。

两相比较,最出乎意料的结果是:信息化与中国化分别成为政策文本聚焦和理论研究关注中占据主导性但序位交错的中心议题。虽然得

---

⑯　参见支振锋:《新时代新格局需要新法治新法学》,载《经济导刊》2020 年第 10 期。

到了最多的回应,但也埋下了最大的分歧等待弥合,其中的合理解释可能是:新文科建设政策所面对的,毕竟是包括法科在内的所有人文社会科学,注定是一种众口难调下的抓大放小或者利益博弈下的求同存异;而新法科理论研究则只专注法科这一新文科家族中更具政治性、地方性和实操性的话题。那么,回应党的十八大以来治国理政方案的历史转向,探索“三大体系”下的人才培养方案,就成为法科不同于其他人文社会学科最重要和最紧迫的历史任务。而交叉化与国际化主题,则在政策聚焦点和理论关注点中共同殿后,其回应量少且分歧度也相对较低的数据统计规律和特征说明:目前新法科建设仍处于政策研讨与理论探索的初级阶段。

三、新法科实践举措趋同点

法学作为近代大学之起源性学科,“法科”应在新文科建设中起到引领和示范作用。⑰ 为探究新文科背景下新法科的实践现状,本文同样依据“四化”主题,对各样本高校新法科建设实践措施进行归类分析,以此概括新法科实践的阶段特征,锁定新法科建设的趋同点。⑱

(一)新法科实践阶段性推进

样本高校新法科建设实践措施的统计数据,揭示了卓越法治人才教育培养计划2.0及习近平法治思想的确立,对新文科语境下的法学教育发展所具有的里程碑意义。以上述两个重大法学教育事件为节点,新法科实践可分为如下三大阶段:

第一阶段,国际化实践推动。卓越法治人才教育培养计划2.0正式实施以前,样本高校的新法科教育改革实践主要聚焦于国际化。部分高

⑰ 参见徐显明:《新文科建设与卓越法治人才培养》,载《中国高等教育》2021年第1期。

⑱ 本文在卓越法律人才培养基地66所高校官网中的“学院新闻”“人才培养”“涉外项目”等栏目中,分别检索新法科“四化”方面的关键词信息,共获取了41所样本高校的实践举措。鉴于法学高等教育在新文科建设部署的总抓手——卓越法治人才教育培养计划2.0是2018年正式实施的,所以检索时间向前延伸至2018年(检索日期截至2021年12月31日)。

校通过积极对接包括"一带一路"倡议在内的国家发展战略,成立了新丝路法学院联盟等国际化教研机构,为中国参与国际治理贡献法学力量。

第二阶段,信息化实践引领。卓越法治人才教育培养计划2.0正式出台之后,围绕新一轮科技革命对法学教育带来的挑战,探寻打破法律与科技间藩篱的新方法,成为样本高校法学教育改革创新的重任。该阶段,各样本高校对于信息化建设的实践探索尤为突出,主要包括大数据与智能研究机构的设立及专业建设、信息化法律课程开设及特色项目四个方面。交叉化发展也蓄势待发,其中"中国计算法学联盟"表现最为亮眼;国际化方面,样本高校开始关注网络空间国际治理,设立网络空间国际治理研究基地,为我国深度参与网络空间国际治理提供智力支撑。

第三阶段,中国化实践主导。2020年11月召开的中央全面依法治国工作会议,确立了习近平法治思想在全面依法治国中的指导思想地位。各法学院校作为习近平法治思想的研究新高地,一方面设立了习近平法治思想研究机构,持续开展习近平法治思想全国巡回宣讲;另一方面将习近平法治思想纳入了教学体系。此外,坚持"全球视野,中国立场"的培养理念,加强涉外法治人才培养,也成为此阶段法学教育改革的核心关注点。

(二)新法科实践举措趋同点分析

为了聚焦样本高校新法科建设实践举措的趋同点,我们用"四化"主题对新法科建设实践举措进行内容分析。最终形成了新法科实践举措分类统计表(见表3),其高低排序结果为:国际化、信息化、中国化、交叉化。

表3 新法科实践举措分类统计

主题	实践内容	频次	占比/%
国际化	法律硕士专业学位(涉外律师)研究生培养单位;国际合作交流项目;卓越法律人才国际班;国际法治理研究中心;网络空间国际治理研究基地	55	36.42

续表

主题	实践内容	频次	占比/%
信息化	“法律与网络安全”微专业;人工智能与大数据法学院(研究中心);未来法治研究院;司法数据库;区域智能法治研究中心;虚拟法庭和普法教育时光隧道 VR 项目	36	23.84
中国化	习近平法治思想研究中心;《习近平法治思想概论》纳入专业必修课;习近平法治思想大讲堂;市域社会治理研究院	30	19.87
交叉化	计算法学方向全日制法律硕士;医药卫生法律与政策研究中心;“法学+经济学”双学士学位项目	30	19.87

从表3可见,41所样本高校各自展开了“四化”主题的新法科实践,其主要内容及占比如下:首先,国际化实践举措在统计数据中占比最高(55次,36.42%),实践内容主要集中在创新国际法治人才培养机制、服务国家战略、增设涉外课程、加强国际交流合作四个方面。样本高校新法科建设国际化内容呈现标记条目多且相对稳定统一的特征,说明教育政策在此领域发挥着重要的甚至决定性作用。

其次,信息化主题在样本高校的新法科实践举措中居第二位(36次,23.84%)。围绕信息化建设目标,样本高校重点开展了新法科教学机构平台创新;探索了“法学+信息化”专业创新;尝试了信息化法学课程和教学方式创新。各样本高校在信息化主题下的新法科实践举措,不仅已呈现出丰富多彩的态势,而且仍在不断个性化地拓展。

最后,中国化和交叉化主题在新法科实践举措中并列第三(30次,19.87%)。中国化实践举措主要包括:将《习近平法治思想概论》纳入专业必修课;专门成立习近平法治思想、中华法系与法治文明等主题的特色法治研究机构。交叉化实践举措主要包括:通过“法学+X”为特征的交叉专业、交叉化特色课程和交叉化项目平台建设,为新法科建设探寻恰当途径。但是,其中文科内部交叉居多,文理交叉、文医交叉不足。

(三)新法科实践举措趋同点小结

总体来看,样本高校所开展的新法科实践举措中,按照趋同度从高到低,聚类为:国际化→信息化→中国化/交叉化,并大致呈现为三阶“倒梯形结构”。也即,以国际化为顶阶,信息化为中阶,中国化和交叉化为厚底阶。换句话说,国际化被各样本高校作为新法科建设的最佳突破口,进行了较为广泛的探索。再加上排名第二位的信息化主题,二者超过60%的主题总占比,大致上呈现了样本高校新法科实践的功利化特征。当然,上述“四化”主题的位序结构,充分说明了新法科建设实践尚缺乏有效的规范化顶层设计和科学精准的考核指标。

四、新法科建设的中国探索路径

前文通过对新法科建设政策衍化聚焦点、理论研究关注点及实践举措趋同点三方面的量化实证分析,使我们窥得新法科探索现状和未来发展方向的冰山一角(见图2)。为促进新法科建设在高教政策、理论研究及实践探索的三方合力中高质量可持续地发展,有必要根据上述量化统计结果,进一步统合分析新法科建设三大利益相关者在“四化”主题中所达成的共识及可能的优位排序(见表4)。以此来深入探究三方行动主体关于新法科建设的实然共识与分歧,精准定位利益相关者三方的诉求交集和差集,并在此基础上提出具有应然价值的新法科建设思路与路径。

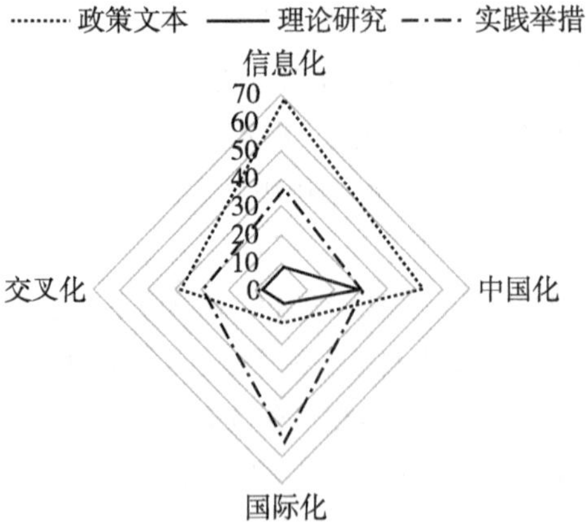

图2　新法科建设目标序位雷达分布图

表4　新法科建设目标与路径共识度排序

单位：次

主题	政策文本	理论研究	实践举措	合计	占比/%
信息化	68	8	36	112	30.27
中国化	52	28	30	110	29.73
交叉化	38	8	30	76	20.54
国际化	12	5	55	72	19.46

（一）新法科建设目标的三方共识点

综上，新法科教育决策者、理论研究者和高校实践者三方对于“四化”主题的关注各有侧重，而且“四化”主题内部的占比和排序也各不相同。教育决策者重视信息化，理论研究者突出中国化，而高校实践者则青睐国际化；信息化、中国化和国际化各领风骚的同时，国际化、中国化和交叉化也各有垫底排名；唯有信息化成为三方的最大共识点。如果对三方行动主体的统计数据简单相加进行共识排序，就会发现如下共识序列：信息化（112次，30.27%）、中国化（110次，29.73%）、交叉化（76次，20.54%）、国际化（72次，19.46%）。也即，当下的新法科建设，除了对原则性和方向性的“四化”建设目标具有一致性外，对于到底什么是新文科背景下的新法科建设内核与发展思路，三方主体目前都在基于各自的本位立场进行思考与行动，有实质意义的集体共识还有待进一步推动凝练。

（二）新法科建设的未来路径方向

鉴于此，特别考虑到目前新法科建设的三方行动主体关于“四化”主题的优位选择，还存在不协调甚至矛盾冲突。所以，亟待立足中国特色社会主义法治建设基本原则的要求，从超越新法科建设三方利益本位的人民本位、新时代本位和法生态本位，运用批判性思维来重新锚定新法科建设的路径与方向。具体而言：

第一，坚守中国化特色，巩固法科根基。对于中国化建设目标，作为新法科建设的三大主力之一的法学教育研究者们已表现出了足够的敏锐度，接下来还需要站在“四化一体”的高度，加强特色法学基础理论研究,尽快形成完善的中国特色社会主义法学学科体系与课程体系,[19]助力中国特色法治话语体系在世界范围的建立与传播,扭转近代以来"西法东渐"的现状。[20] 2021 年各法学院校具有显示度的十项工作中,超过一半的工作实质上都是在补中国化实践举措的短板。[21] 高校实践者一方面要贯彻落实习近平法治思想,大力开展课程思政建设;另外,要扎根本土法治资源,借鉴相关高校有益实践举措,积极寻求中国传统法治文化资源的创造性转化。对于教育决策者,需要在政策文件中明确中国化建设目标是新文科特别是新法科建设的第一序位及前提性目标。[22] 同时,在政策设计中应针对新文科建设中不同学科的特点,特别对包括法学、马克思主义理论、新闻学等主流价值观和意识形态浓厚的学科,聚焦"中国化"的独特价值引领作用,分类制定专门性政策指导文件、立法文件。

第二,加快国际化转型,深化法科发展。国际化目标落实到法学教育中,就需要积极全面地面向国内外法治形势谋求发展,培养服务于新时代国家对外开放战略和"一带一路"建设的高素质国际化复合型人才,积极回应经济、贸易、文化、知识产权、海外利益等方面面临的国际挑战,切实有效地维护国家利益。理论研究者为此应该肩负起提升中国特色法学国际影响力的使命,讲好中国社会经济发展背后的法治故事,传播中国特色法治理念,为推动人类命运共同体构建贡献中国法治智慧、法治方案和法治力量;高校实践者也应站位于中国化建设目标,提升涉外法律人才培养的办学门槛,优化涉外教学资源配置,以质为本、以优取胜。

第三,促进交叉化融合,重塑法科视野。在学科建设中,打造新兴的

---

[19] 参见杨宗科:《习近平德法兼修高素质法治人才培养思想的科学内涵》,载《法学》2021 年第 1 期。

[20] 参见王健编:《西法东渐》,译林出版社 2020 年版,第 1 页。

[21] 参见《2021 年度法学教育十大新闻》,载中国政法大学新闻网 2022 年 1 月 27 日,http://news.cupl.edu.cn/info/1015/35474.htm。

[22] 人文社会科学领域被认为最具科学性或实证性的经济学科,都喊出了"中国化"口号。参见阮德信:《为何"别了"西方经济学——"冷观'注目礼学说'"之一》,载《博览群书》2021 年第 10 期。

交叉学科,促进法科与其他人文学社会学科、与理科、工科、医科的交叉。所以,教育决策者要在现有政策基础上,加大对学科交叉项目的政策指导和资源支持,推广样本高校已实施的卓有成效的学科交叉经验。不同学科理论研究者应加强合作,发挥专业优势,拓展交叉学科范畴研究,推进法学与外部各学科的理性对话、交叉融合、优势互补、资源共享。㉓ 高校实践者也应更新观念,进一步挖掘自身特色化优势专业,促进其与法学专业的交融。特别值得注意的是,2021 年教育部新增了交叉学科门类并涵盖了横跨理、工、文的六个一级学科。㉔ 其中,新法科建设必然要在其中以国家安全学、区域国别学、智能科学与技术为代表的交叉学科中找到自己新的学科增长点。

第四,利用信息化技术,助力法科升级。截至目前,新法科建设模式单一,与现代技术深度融合能力不足,理论研究、信息技术和实践探索三者尚未产生联动耦合效应。教育决策者虽然已对包括新法科的信息化建设和发展目标,提出了诸多指导性意见,但依然存在实操化与匹配度的实践挑战需要攻克;理论研究者则需要在理论研究、思维方式变革等方面进行系统升级,广泛借鉴信息科学技术与计算科学技术,提升学术研究技能;高校实践者需要在教学活动中增加科学技术模块,在专业知识强化的基础上,从形式和内容上实现法学教育的信息化。㉕

概言之,中国化是未来新法科建设的指南针,偏离了中国化的其他三化,不仅无益而且有害。中国化是新法科建设之道,其他三化均为新法科建设之术;国际化是未来新法科建设的重要抓手;交叉化与信息化是新法科建设的两个重要载体与通道。

㉓ 参见张文显:《加快构建中国特色法学体系》,载《光明日报》2020 年 5 月 20 日,第 16 版。

㉔ 参见国务院学位委员会办公室 2021 年 12 月 10 日发布的《博士、硕士学位授予和人才培养学科专业目录(征求意见稿)》。

㉕ 参见杨雅妮:《新文科建设背景下法学教育的变革》,载《新文科教育研究》2021 年第 2 期。

结 语

总之,服务国家发展战略需求是中国特色新法科发展的持久动因。破除奉西方法学理论、西方法治话语为金科玉律的怪圈,[26]从“西法东渐”逐步转向“中学世渐”是中国新法科建设的时代使命。为此,呼唤包括法科在内的中国高等教育实现从“学科性研究导向”走向“问题性研究导向”,[27]也正是以“四新”为导向的高等教育体制改革的真正内涵与深刻意蕴。本文通过对新法科建设政策文本、理论研究和实践探索及其共识的实证分析,从而提出相应的“帕累托改进”优化方案以及法学学科建设的未来发展方向:新法科建设既需要国家决策层面的统一规划部署,更需要教育决策者、高校管理者、法学实施者等新法科建设的利益相关主体集思广益,共同勾勒一个有利于新法科建设的“同心圆”。

On the Exploration Consensus and Path Direction of the Construction of the New Science of Law from the Perspective of the New Liberal Arts

Liu Guanghua　Ma Ting　Liu Jiao

Abstract: With the self-conscious discipline reform of China's humanities and social sciences from top to bottom initiated by the construction of new liberal arts, the new science of law is also gaining momentum in the call of new national conditions, new thoughts, new times and new technologies. Based on a variety of empirical research approaches, this paper focuses on

---

[26] 参见张文显:《在新的历史起点上推进中国特色法学体系构建》,载《中国社会科学》2019年第10期。

[27] 参见苏力:《别太在意通向何处》,载《开放时代》2022年第1期。

the "four goals" of the construction of new liberal arts, such as Sinicization, informatization, cross-discipline and internationalization to make a quantitative analysis of the policy texts expression, theoretical research trends and the current situation of university practice in China's new science of law. The purpose is to sort out and condense the decision-making, theoretical and practice consensus reached by higher education decision-makers, legal education researchers, law school practitioners and other stakeholders focusing on the construction of new science of law. On this basis, the paper puts forward the future practice path and construction direction of new science of law in China: Firstly, the foundation and priority of Sinicization in the construction of the new science of law should be established; the three major systems of law with Chinese characteristics should be explored; and efforts should be made to improve the legal discourse system and its influence with Chinese characteristics. Secondly, it is necessary to innovate the cultivation model of international legal talent to comprehensively support the strategic needs of national development in the new era. Finally, the cross-disciplinary integrated development of law and other disciplines should also be solidly promoted, and the benign interaction between the science of law and information technology should be comprehensively promoted.

Key Words: new liberal arts; new science of law; Sinicization; informatization; evidence-based law

论涉外法治话语的界面研究*

余素青　侯竣泰**

摘　要:涉外法治话语,即由有关涉外法治思维、涉外法治理论、涉外法治实践等涉外法治要素系统构建的法治表达,其理论研究、人才培养与实践推进皆需要科学的方法支撑。界面研究是一种跨越学科或者某学科内部分支界限,并在其间形成良性互动与融合的研究方法。涉外法治话语的界面研究坚持问题导向,并且借鉴不同学科或层面的智识资源,采取多元与立体的视角、方法、工具等,致力于解决涉外法治话语理论与实践的种种问题。应当运用界面研究方法,对涉外法治话语展开深入研究,以助力我国法治建设与涉外法治话语权的提升。

关键词:涉外法治话语　法治人才培养　界面研究　问题导向

---

* 基金项目:2020 年国家社科基金项目"中国刑事诉讼现代化进程中的法律语言变迁及语境化研究"(20BYY075)、华东政法大学 2023 年习近平法治思想研究重点项目"加快构建中国法治话语体系和叙事体系研究"(HZ03)。

** 余素青,华东政法大学外语学院教授,博士生导师。研究方向:法治话语与法律语言学。侯竣泰,华东政法大学博士研究生。研究方向:法律语言学与司法理论。

一、问题的提出

推进涉外法治人才培养与学术进步,回应实践问题,助力中国在国际舞台上讲好法治故事,成为涉外法治话语研究的重要议题。在理论层面,涉外法治话语研究面临着“西方法学在中国”[①]的窘境,中国涉外法治话语研究的薄弱影响了中国的国际形象;在实践层面,以学科界限为壁垒的法治话语研究范式难以应对当下复杂实践催生的新兴问题。法治是国家核心竞争力的重要组成部分,形成有中国特色和中国气派的法治理论是增强涉外话语权的必要举措。[②] 涉外法治人才培养与话语权的角逐迫切需要理论研究方法的变革,据此,有必要引入界面研究。界面研究是语言学常用的研究方法,然而,涉外法治话语的界面研究以及以此为基础的涉外法治人才培养依旧前路漫漫,许多实践问题也亟待理论厘清。本文聚焦涉外法治话语的界面研究,首先对其进行概念阐释与必要性论证,随后论证其方案建构及展开路径,希冀可对我国涉外法治话语的理论研究与人才培养有所裨益。

二、涉外法治话语的厘定及其人才培养之困

统筹推进国内法治和涉外法治,做好涉外法治人才培养是习近平法治思想的重要内容。[③] 涉外法治话语,即由有关涉外法治思维、涉外法治理论、涉外法治实践等涉外法治要素系统构建的法治表达,其在法治中国建设中扮演着愈加重要的角色。当下涉外法治人才培养存在层层困境,亟须通过涉外法治话语研究方法的变革加以突破。

(一)涉外法治话语之厘定

从地域与范围角度而言,法治可分为两个基本领域,即国内法治与

---

① 相关深刻思考,可参见陈金钊:《中国法理学及其贡献》,载《学习与探索》2019 年第 7 期。

② 参见赵骏:《全球治理视野下的国际法治与国内法治》,载《中国社会科学》2014 年第 10 期。

③ 郭为禄:《以习近平法治思想为指引 推进高素质法治人才培养》,载范九利主编:《法学教育研究》第 37 卷,法律出版社 2022 年版。

国际法治。国内法治描绘的是各国的国家和社会治理,国际法治针对国际社会的治理或全球治理。④ 涉外法治,“是指我国立法、执法、司法机关和法律服务机构、相关自然人、法人依我国法律法规,特别是涉外法律法规以及我国缔结或者参加的国际条约,处理涉外事务的法治活动。”⑤ 涉外法治在国内法治与国际法治之间发挥着桥梁的作用,可促进二者的联通与融贯。涉外法治是国内法治对外的延伸与拓展,属于国内法治的一部分;涉外法治也是国际法治从一国角度的表达和体现,关系到国际事务的协调。

涉外法治面对的是关涉国际的事务,其工作开展需要参考相关国家的法律法规,更不能忽视国际法,因此属于国家之间的法治工作。⑥ 涉外法治与国内法治不可等同,但二者之间存在有机互动:一方面,二者相互延伸,一个完善的、体系化的法治安排不可能是“闭门造车”的,国内法治会拓展与延伸到本国之外;另一方面,二者彼此促进与强化,国内法治的发展会助推涉外法治的进步,在涉外法治中获取的经验又反哺国内法治的完善。涉外法治与国际法治同样不可混淆,涉外法治强调国家起点和单国视角;⑦国际法治则注重国家之间的相互依赖、协调,实际上是各国涉外法治相互交流、催化而形成的综合体。

“话语”是法治的关键内容,更是涉外法治的人才培养、理论进步与实践发展的重要课题。“话语”本初是语言学的概念,话语概念与作为批判理论之恰当工具的话语分析方法在当代各学科中广泛应用,使此术语具有某种扩散的流通性。⑧ 法治话语涉及法律人掌握的、并用以解决问题的思维方式。⑨ 法治话语是由法治思维、法治理论、法治实践等范

---

④ 参见曾令良:《国际法治与中国法治建设》,载《中国社会科学》2015 年第 10 期。

⑤ 黄进:《强化涉外司法审判工作 促进涉外法治体系建设》,载《人民法院报》2021 年 7 月 28 日,第 2 版。

⑥ 参见黄进、鲁洋:《习近平法治思想的国际法治意涵》,载《政法论坛》2021 年第 3 期。

⑦ 参见何志鹏:《涉外法治:开放发展的规范导向》,载《政法论坛》2021 年第 5 期。

⑧ 参见[美]彼德·古德里奇:《法律话语》,赵洪芳、毛凤凡译,法律出版社 2007 年版,第 119 页。

⑨ See Lance H. Selva, Robert M. Bohm, *Law and Liberation*: *Toward an Oppositional Legal Discourse*, Legal Studies Forum Vol 11:3, p. 243(1987).

围广泛的法治要素系统构建的法治表达，法治思维、法治方式、法治经济、法治政治、法治文化等新组词，成为法治话语体系的重要内容。[10] 法治话语是一个多维的系统概念，涵盖法治的思维、方式与实践等层面，法治理论与实践的发展为法治话语提供源源不断的新鲜血液，推动法治话语逐步完善。涉外法治作为沟通国内法治与国际法治的纽带，是应对国际法治挑战、构建新发展格局等实践问题的重要抓手，同样是探索法学学科建设与人才培养的重点领域，自然被囊括于法治话语当中，涉外法治话语是构建法治话语体系的重要一环。

（二）涉外法治人才培养的困境反思

改革开放以来，我国虽然在涉外法治人才培养方面取得较大成果，法律人才队伍不断壮大，但涉外法治人才稀缺仍是涉外法治建设的燃眉之急。现有的涉外法治人才储备尚难以满足新时代扩大对外开放的实际需要，主要表现为涉外法治人才数量不足、能力不足、经验不足、培养不足，种种问题意味着我国现行的涉外法治人才培养机制还存在改进的空间，创新人才培养机制成为现实需要。[11] 具体而言，熟悉国内国际法律、通晓至少一门外语的涉外律师在数量与质量上皆难以满足涉外法治的实践需要，在涉外仲裁、知识产权争议、企业合规等领域也存在较大的人才缺口。在向国际组织输送高素质法律人才方面，问题更为突出，可提炼为四个"严重不足"：一是国际组织职员占比严重不足；二是占据重要职位比例严重不足；三是后备人才储备严重不足；四是统筹统管严重不足。[12]

涉外法治人才培养与队伍建设应当服务我国海外发展的新需求。中国对外开放的程度不断加深，走出去的步伐越来越快，中国的国家利益、企业利益与个人利益逐渐涉足世界的每个角落，国际格局也相应发生着巨大变化。因此，涉外法治人才的培养需要因时而动，通过科学的

---

[10] 参见陈金钊：《关联维度的法治中国及其话语意义》，载《法商研究》2021 年第 3 期。

[11] 参见黄进、鲁洋：《习近平法治思想的国际法治意涵》，载《政法论坛》2021 年第3 期。

[12] 参见黄惠康：《从战略高度推进高素质涉外法律人才队伍建设》，载《国际法研究》2020 年第 3 期。

研究方法,建设卓有成效的理论脉络与学科体系,深入探索涉外诉讼、企业合规、风险控制等领域的学科设置及培养模式,以更有效地维护与实现我国利益,为我国更积极地参与国际贸易与国际规则的制定保驾护航。

我国涉外法治人才培养形势严峻的成因是多重的,涉外法治话语理论研究的滞后,导致学术体系、课程设置、学科建设等难以满足涉外法治人才培养的需要。一方面,学术体系的不成熟形成了人才培养的桎梏。现有的法学理论脉络与法学体系难以适应丰富的涉外法治工作实践,尤其不能适应法治全球化的需要,也无法胜任培养熟练掌握国际规则和通晓国际法律理论专门人才的职责,法学教育的短板大大限制了我国在全球治理中的地位和作用;⑬另一方面,涉外法治学科建设、课程设置的不合理也给涉外法治人才培养蒙上阴影。应对复杂多变的国际环境以及人工智能时代与风险社会的到来,法学学科独木难支,需要与其他学科相结合才能适应涉外法治的需要。与西方相比,我们在建设新兴学科、交叉学科的意识与能力上仍存在较大差距,具体表现为学科体系不够健全,传统学科过于庞大,新兴学科发展滞后于经济社会发展或法治建设,法学与其他学科的融合度不够,整体呈现相对封闭的态势,且交叉学科发展严重不足,学科之间的合作寥寥无几。⑭ 审视当下涉外法治学科设置,可发现以部门法为界限的学科壁垒成为限制学术研究推进的藩篱,大部分学科与研究仍“各自为政”,对其他学科或领域视若无睹。即使是作为时下法学研究热点的领域法学、法经济学等跨学科研究也仅呈现“小荷才露尖尖角”的形态,更何况方兴未艾的涉外法治话语的学科建设与人才培养。

---

⑬ 参见张文显:《关于构建中国特色法学体系的几个问题》,载《中国大学教学》2017年第5期。

⑭ 参见周杨:《在科学和法治的轨道上推进中国特色世界一流法学学科建设——张文显教授访谈录》,载《中国大学教学》2017年第8期。

三、应对之道：涉外法治话语的界面研究

涉外法治是我国参与建构国际社会新秩序的重要议题。理论研究的深入与全面可以为涉外法治人才培养与我国国际话语权的提升提供充分的智识资源与理论支撑。不过，当下涉外法治不仅在人才培养方面捉襟见肘，涉外法治话语的理论研究与实践发展也亟待加强。据此，有必要探索行之有效的应对之道，为涉外法治带来一场方法论的变革。

（一）加强涉外法治话语研究迫在眉睫

全球治理与国际局势复杂多变，法治在稳定国际秩序、调整国际关系等方面的作用越发突出。⑮ 然而，我国涉外法治话语的理论研究困境重重，涉外法治话语的实践道路荆棘密布，也进一步造成涉外法治人才培养的滞后。

在涉外法治话语基础理论研究方面，以法治理论为例，许多被认为具有中国特色的研究尚未摆脱"欧风美雨"的浸润，这些研究在一定程度上呈现中国素材（经验）与西方方法（理论）相结合的特征，只是西方理论在中国的运用，除了引经据典寻求政治权威的论述外，能够称得上有深度和体系性的学术作品屈指可数。⑯ 作为我国法治理论外在表现的法治话语也被域外法治话语，如自由主义等捆绑。⑰ 20 世纪以来的中国法学是受西方宰制的，我们是在译介西方法学概念、原理、框架、范式、方法的基础上生存的，深陷于这些舶来品之中的我们很难寻求平等对话的资格。⑱ 长期运用域外法治话语，对西方的涉外法治理论与经验亦步亦趋，可能导致涉外法治话语权丧失的危险后果。

---

⑮ 参见黄惠康：《统筹推进国内法治和涉外法治》，载《学习时报》2021 年 1 月 27 日，第 2 版。

⑯ 参见雷磊：《探寻法治的中国之道——中国法治理论研究的历史轨迹》，载《法制与社会发展》2020 年第 6 期。

⑰ 关于域外法治意识形态对我国法治之深刻影响的论述，可参见顾培东：《当代中国法治话语体系的构建》，载《法学研究》2012 年第 3 期。

⑱ 参见郭晔：《法理主题论——新时代中国法学新范式》，载《法制与社会发展》2020 年第 2 期。

在实践探索方面，法学作为一门实践性较强的社会科学，需立足实践并服务实践。经济全球化、世界多极化与文化多元化，以及复杂的国际形势与风险社会的到来，给涉外法治话语的发展提出了挑战。如何针对他国的“长臂管辖”做出正当而有力的回应，如何在国际社会中增强我国涉外法治话语权，讲好中国法治故事，都成为涉外法治话语需要面对的现实问题。

以涉外法治话语权为例，“最初国际统一标准的形成以美欧等发达国家为主导，发展中国家缺乏参与规则制定的话语权，这样的统一标准非基于全球共识生成，在实际运作过程中难免产生分歧”。⑲ 当代的国际法治秩序是西方列强在殖民与侵略过程中建构的，后发国家在概念话语上无法摆脱西方语境，后发国家要融入世界政治经济中，则必须接受此模式。但很显然，西方治下的国际法治秩序突出体现的是欧美国家的价值观，是一种可使其受益的不平等的规则话语权。中国迫切需要在尊重既有国际秩序与规则的前提下提升涉外法治话语权，在国际舞台谋求一席之地。中国应当夯实在全球发展治理中的实践话语权、理念话语权、制度话语权及理论话语权，为全球发展治理贡献中国力量。⑳ 理论话语权是涉外话语权的重要根基，涉外法治话语理论研究的深入，可以为我国在涉外法治话语权的群雄逐鹿中提供重要的理论依据与智识资源。然而，涉外法治话语的理论建设步履维艰，在法理层面仍明显缺乏科学与精确的分析，在话语权层面仍欠缺主体意识。㉑ 对于中国而言，改变这种不合理的国际法治秩序已是新时代的迫切要求。中国应积极提升涉外法治话语权，把具有中国特色的国内法治经验不断向外输出，凸显中国法治建设方面的优势和特色。㉒ 中国涉外法治话语权的斗争

---

⑲ 杜焕芳、郭诗雅：《全球化困境的跨越与中国“一带一路”倡议》，载《四川大学学报（哲学社会科学版）》2022 年第 5 期。

⑳ 参见孙吉胜：《全球发展治理与中国全球发展治理话语权提升》，载《世界经济与政治》2022 年第 12 期。

㉑ 参见卢然：《涉外法治视阈下的治外法权：流变与启示》，载《华东政法大学学报》2021 年第 5 期。

㉒ 参见吕江：《习近平法治思想中涉外法治话语生成与实践逻辑——以“一带一路”倡议为视角》，载《法学评论》2022 年第 1 期。

需要新兴理论的指导，中国的法治实践和参与全球治理的经验需要进一步总结凝练和理论升华。因此，涉外法治话语权的提升必然需要科学立体的研究方法，为涉外法治话语理论研究注入“强心剂”，一场方法的变革是重塑中国涉外法治话语权理论基础的必由之路。

（二）涉外法治话语的界面研究锚定

强化涉外法治话语研究与人才培养，回应涉外法治理论瓶颈与实践难题，需要一种统合的学术范式以提供方法论的支撑。界面研究是语言学界广泛使用的方法，意指学科之间或学科内部分支与不同层级之间相互渗透并有机融合的研究方法，其相较于“跨学科”“交叉学科”存在特定优势，是适应涉外法治人才培养、学术研究与实践探索需求的应对之道。

界面研究指两个以上学科或学科分支，或学科内部不同层级间相互影响、渗透、融合，并合力解释与探析同一理论或实践问题的方法论。界面在社会科学领域主要指两个以上学科，或学科内部两个以上分支之间交流或互动的接触处。[23] “界面研究”涵盖三层意思，其一为“界”，也即领域，从某学科到学科内部的各个分支皆可包含在内。其二为“面”，“面”是两个界的相交处。其三为“研究”，“界面研究”被认为是一种跨越学科或者某学科内部分支界限，并形成互动与融合的研究方法。[24] 界面研究的特点可被提炼为学科多元、视角多维与方法多样。作为界面研究对象的学科与领域是多元的，这带来了多维立体的研究视角，并且界面研究本身即一种开放的方法论，采取相应学科或者界面之外的研究方法、分析框架与研究立场。

作为研究方法论的界面研究与跨学科研究具有相似之处，即针对多重学科的素材采取不同学科的方法展开研究。有观点认为，界面研究与

㉓ 参见刘丽芬：《语言景观：多学科耦合界面》，载《中国社会科学报》2019 年 10 月 22 日，第 3 版。

㉔ 参见潘文国：《界面研究的原则与意义》，载《外国语文（四川外语学院学报）》2012 年第 5 期。

跨学科、交叉学科等概念可以互换使用。[25] 然而此观点仅仅看到二者的联系,却忽略了其实质区别。当下法学界大张旗鼓的“跨学科研究”“交叉研究”等之所以被冷静地反思,根源在于其背后的原理扑朔迷离。法学内部的“交叉学科”,例如“民刑交叉”“行刑交叉”等正高歌猛进,不过由于这些研究仍然将目光停留在法学内部,并未采用其他学科的概念、理论或研究方法对法学问题展开综合研究,未带来不同学科知识的碰撞,缺乏跨学科研究最基本的核心要义——融合,因此这些所谓的“交叉学科”难以在法学与其他学科的交叉空白地带实现知识增长和理论创新。[26]

界面是一个存在对接关系的接口,这种对接,既可以是学科间的互动,也可以是学科内部不同分支间的互相影响与联系。[27] 界面研究不仅可以指称学科间的互涉,还可用以指称其他概念无法指代的学科内部分支之间的交流、互动与融合。“界面研究”是“跨学科”“交叉学科”的升级版,是学科分类进一步细化的产物。“提倡界面研究就是要以问题为导向,促进学科之间、学科各分支之间的交流与互动。”[28]涉外法治话语的发展并非凭借法学一己之力便可行稳致远,而需要多学科合力推进,例如,关于讲好中国法治故事这一重要议题,就牵涉法学、传播学、翻译学、语言学、叙事学等学科与分支。界面研究作为一种开放立体的学术研究方法,可以回应当下我国涉外法治的现实需要,在界面研究的指导下,涉外法治话语理论研究将更加立体、多元、全面。界面研究的引入可使涉外法治话语的理论研究下沉到学科内部的层级分支,汲取有益智识资源,实现不同涉外法治话语理论的互动对接,从而促进涉外法治话语的理论深化,优化知识体系与学科建设,为涉外法治人才培养提供有力

---

[25] 有观点提出,在文学界,“跨界研究”并不是新鲜事物,美国的比较文学研究者在20世纪三四十年代提出的“平行研究”范式中就包括了跨学科研究,譬如研究文学与建筑、文学与音乐、文学与宗教等不同学科之间的关系问题。参见董洪川:《界面研究:外语学科研究的新增长点》,载《外国语文》2012年第5期。

[26] 参见武西锋:《法学跨学科研究的中国之道》,载《学术论坛》2021年第3期。

[27] 参见朱跃、伍菡:《对近十年来国内外语界面研究的思考》,载《外国语文》2013年第5期。

[28] 潘文国:《界面研究的原则与意义》,载《外国语文》2012年第5期。

支撑。

四、涉外法治话语界面研究的方案建构

进行界面研究，必须发掘其背后的生发原理与方法旨趣，从而建构行之有效的具体方案，使其助力涉外法治话语的理论钩沉与实践进步，助推人才培养。源头活水，涉外法治话语界面研究针对的议题并非空穴来风，而是扎根理论与实践的沃土，致力于回应涉外法治的现实问题；知行合一，界面研究并非纸上谈兵，而是汲取相关界面的精华，为涉外法治话语的理论探寻提供方法论的指导与建构。

（一）生发原理：界面研究应以问题为导向

涉外法治话语的界面研究须以涉外法治的理论与实践问题为导向。当前国际局势复杂多变，在数字时代与风险社会的笼罩下充满了不确定性，涉外法治话语的发展亦步履维艰。如何在这场寒冬中傲立枝头、把握机遇，回应涉外法治实践的困境与挑战，提升涉外法治话语的理论高度，成为涉外法治话语界面研究的生发原理。放眼世界，界面研究皆立足理论与实践，对相关问题进行回应。在美国，"二战"的创伤与经验刺激了相关界面研究的产生，例如空间计划、人类基因工程；在社会科学与人类学领域，战争催生了针对敌国与潜在敌国的社会与文化的综合性研究；到了20世纪六七十年代，城市问题与环境问题的频发又衍生相应的界面研究。[29]

"法治是以法律制度为主导的社会调控方式，是一种以普遍法律规范为基本行为尺度和生活准则的国家—社会治理模式。"[30]应对数字时代与风险社会，法治是必须的手段，然而仅由法学作为理论支撑便可高枕无忧吗？答案是否定的，当代法治治理需要借助其他学科的力量，界面研究可提供沟通不同学科的桥梁与方法指导。涉外法治话语概莫能外，其理论建设与实践发展中存在的问题同样亟须界面研究方法的

㉙ See Kaye, H. L., *Crossing Boundaries: Knowledge, Disciplinarities, and Interdisciplinarities*, Society, Vol 36:1, p. 84(1998).

㉚ 杨知文：《风险社会治理中的法治及其制度建设》，载《法学》2021年第4期。

运用。

一方面,涉外法治话语界面研究应主动回应我国涉外法治人才培养与学科建设的现实需要。涉外法治话语正面临巨大挑战,如何与国家、个人的海外利益相适应,如何为中国更主动地参与世界规则的制定和运用提供方案,是涉外法治的重大使命。[31] 涉外法治工作最终由具体的"人"承担,所以涉外法治人才培养及学科建设与涉外法治实践休戚相关。我国涉外法治人才培养方面的问题与不足,主要表现为学科结构不尽合理,法学学科体系、课程体系尚需完善;社会急需的新兴学科开设不足,法学学科同其他学科交叉融合程度较浅;部分教材编写和教学偏重于西方法学理论,缺乏鉴别批判,对中国特色社会主义法治理论研究不够深入;有的法学教育重形式、轻实效,重专业教育、轻思想政治素质等。[32] 学科建设是创新人才培养机制无法回避的问题,我国涉外法治学科的发展落后于涉外法治建设,法学和其他学科的交流与互动尚未渐入佳境,法学急切需要汲取其他学科的养分。在涉外法治人才培养与学科建设方面,应探索复合型、应用型、创新型、国际型培养方式,加大法学与外语、工商管理、国际商务、金融工程、传播学等学科的融合培养力度。[33] 在涉外法治人才培养上,无论是学科建设还是课程设置抑或是教材编写,都应坚持以实践为基础,以问题为导向,这给界面研究提供了用武之地。

另一方面,涉外法治话语的理论研究或实践运行出现了一系列新兴问题,法学独木难支,从而催生相关界面研究;同时界面研究的深化又反哺、指导理论研究与实践发展,促进智识资源的增长,推动涉外法治话语的进步。譬如,声音权利就是一个被法学理论研究所忽视的重要问题。随着科学技术的发展,未经同意或觉察,人们的声音便在无形之中被记录与保存,并被出于商业目的或国家制裁目的而使用,甚至有被用于犯

---

[31] 参见杨灿明、姚莉:《新时代新思想孕育新法治新法学》,载《法治日报》2021年8月18日,第9版。

[32] 参见黄进:《习近平全球治理与国际法治思想研究》,载《中国法学》2017年第5期。

[33] 参见黄进:《完善法学学科体系,创新涉外法治人才培养机制》,载《国际法研究》2020年第3期。

罪的风险。有论者采取界面研究方法,为作为法律权利的声音权利振臂疾呼,该研究将声音界定为一种每人皆享有的权利(property),并从语言学角度审视声音所有权的含义,阐明声音在语言学当中的定位与意义,提出需要加强对"声音"的知识产权保护。[34] 涉外法治话语的界面研究必须坚持问题导向,以理论研究的困境与实践运作的难题为催化剂,应当否定"为了界面而界面"的研究,不可将两个原本无内在联系的学科或理论生搬硬套或机械拼凑。

扎根中国土壤,以涉外法治理论、实践与人才培养等实际问题为导向的生发逻辑,赋予涉外法治话语界面研究特殊的历史责任。界面研究并非自说自话,更非文字游戏或者命题拼合,而是要回应理论问题,服务人才培养的需要。

(二)展开路径:方法、视角与建构

界面研究注重的是方法论问题:从宏观层面看,它是不同理论范式之间的相互借鉴,或者是不同研究途径的相互结合;从微观层面看,其仍然是对学科内的本体问题进行深入全面的研究。并且,界面研究具有建构的延伸功能,可推陈出新,通过在不同学科间穿针引线、促进融合交流,从而建构新兴理论与学科体系。

1. 采取多元方法与视角展开界面研究

界面研究可以为涉外法治话语理论研究提供方法论的指导:从分析、解释的视角切入,界面研究通过融合不同智识资源与研究方法,可推进对某一学科或问题的分析与解释,论证相关理论。界面研究作为一种运用多元方法与视角的方法论,可助益于拓宽涉外法治话语研究领域,深化研究程度。国际语言与法律学会2019年年会的"The Practice of the Law Across Modes and Media Exploring the Challenges and Opportunities for Legal Linguist"一文以Online Dispute Resolution(ODR)为例,采取界

---

[34] See Watt, D., Harrison, P. S. & Cabot-King, L., *Who Owns Your Voice? Linguistic and Legal Perspectives on the Relationship between Vocal Distinctiveness and the Rights of the Individual Speaker*, International Journal of Speech, Language & the Law, Vol 26:2, p. 137 - 180(2019).

面研究方法论述了自动化 ODR 平台在算法与人工智能的帮助下可以为案件纠纷给出公正高效的解决方案,为跨国远程纠纷解决途径提供技术与司法理论的支持。

界面研究是一种“交融交汇”,也即研究对象(内容)、研究方法与研究工具的融合、交汇或借鉴。㉟ 采取界面研究方法,涉外法治话语可放眼更广阔的理论天地,从而拓宽研究视野,发掘多元视角,运用不同研究方法剖析某问题并论证其合理化理据。以作为涉外法治话语内容之一的法律语言学为例,其主要运用静态文本分析法、田野调查法与研究实验法,对法治运行过程的语言及话语问题展开研究。静态文本分析法加深了对制定法、法律文书的认识,如对制定法语言的模糊性、规范性等特点的解读,以及对民法典英文版等法律翻译的剖析;田野调查法指深入法治实践(如法庭审判),收集第一线语料,并探究某问题及其规律的研究方法;研究试验法旨在揭示法律语言,特别是法律语音的奥秘,如国外学者采取本方法,探究不同心理压力对言语发声的影响等问题,以助益于分析庭审中诉讼参加人的陈述。㊱

2. 以界面研究指导理论建构

根据人才培养、教学或科研需要,或者出于理论或实践等问题的要求,应运用界面研究助推涉外法治话语知识体系的建构。界面研究是两个以上学科及领域的互动研究,可以产生界面效应,催生新兴理论与学科,这是界面研究作为一种方法论的延伸旨趣。界面研究坚持问题导向,其为了解决单一学科不能解决的复杂问题,在不同学科或领域间搭设交流融合的桥梁,这会整合不同界面的优势,重构“学科知识元”,从而达成理论体系的建构。在 2021 年国际法律语言学协会年会上,“People or Numbers-Who do you Trust? A Look at the Linguistic Status of the Wells Effect”一文采取界面研究方法,指出根据 Wells 效应,相较于

㉟ 参见熊沐清:《界面研究的涵义、学科意义及认知诗学的界面性质》,载《外国语文》2013 年第 5 期。

㊱ See Kirchhübel, C., Howard, D. M. & Stedmon, A. W., *Acoustic Correlates of Speech when under Stress: Research, Methods and Future Directions*, International Journal of Speech, Language & the Law, Vol 18:1, p. 75 - 98(2011).

纯粹的统计学证据,证人证言对于定罪而言更易得到法官与陪审团的采信,可见即使是统计学证据也会关涉司法场域中语言的使用从而影响司法裁判。这为 Wells 效应的系统性语言后果提供了基础论据,助推了统计学在该新兴领域的建构。

界面研究的基本模式是从某学科或分支切入探讨某一事实、问题、理论或实践,当单一学科或分支解决不了这一问题时,再导入其他学科或分支合力化解。因此,可借助界面研究为新学科的建构提供方法论的指导,以法律语言学为例,语言学除了为立法语言的精准、简洁提供帮助外,其言语行为理论为立法及司法中语言的性质给出了最准确的解释。言语行为理论的基本主张可以归结为:“以言行事。”因此,法律语言不是“语言”,而是具有法律效力、能带来法律效果的“行为”,是通过语言表现出的言语行为。语言学还可以作用于司法实践中如何理解法律文本,在法庭中如何使用语言,提供语言学证据等。这种研究方法论既不是将立法语言作为语料来讨论语言的有关问题,因为这未逃离语言学的壁垒;也不是将法律的特点视为立法语言的特点,因为这混淆了法律与语言的界限,而是建构了一门新的理论:法律语言学。[37]

总之,涉外法治话语的研究客体涵盖法学、语言学、传播学、翻译学等学科,其研究对象、研究问题的开放性和复杂性决定其需要运用界面研究方法。涉外法治话语的界面研究方法背后有强有力的原理与方案支撑,从界面的生发原理来看,其聚焦涉外法治人才培养、理论进步与实践探索的现实问题,并以问题为导向,有的放矢;从界面研究的展开路径而言,其为涉外法治话语提供多元视角与方法下的机理分析及理论建构的指导。

结 语

中国迫切需要建构涉外法治话语体系与学术立场,通过多学科共振,将涉外法治话语规范化、实效化,建设涉外法治人才队伍,打造涉外法治话语权。涉外法治话语之理论探索与人才培养应打破法学与其他

---

[37] 参见郑永流:《法律的“交叉”研究和应用的原理》,载《中国法学》2018 年第 4 期。

学科的壁垒,以界面研究之范式整合智识资源,采用立体视角与多元方法,聚焦涉外法治理论与现实的重点问题及新兴领域,并借鉴社会学、历史学、政治学、传播学、统计学等学科的优势,对新兴的涉外审判、涉外法治传播等重点领域进行纵深研究。由于认知的阶段性,本文的探讨只是初步的,一系列延伸性问题留待在今后的研究中不断深化。

On the Interface Study of Foreign-Related Rule of Law Discourse

Yu Suqing　Hou Juntai

Abstract: The discourse of foreign-related rule of law is the expression of rule of law systematically constructed by foreign-related rule of law thinking, theory, practice and other elements, which needs scientific methods to support its theoretical research, talent cultivation, and practice promotion. The interface study is a research method that crosses the boundaries of disciplines or branches within a discipline, and forms a benign interaction and integration between them. In order to solve various problems in the theory and practice of foreign-related rule of law discourse at present, the interface study of foreign-related rule of law discourse is problem-oriented. It draws on intellectual resources from different disciplines or levels, and adopts pluralistic and multi-dimensional perspectives, methods, tools, etc. Therefore, the interface study method should be applied to conduct in-depth research on the discourse of foreign-related rule of law, so as to help the construction of rule of law in China and the enhancement of the discourse power of foreign-related rule of law.

Key Words: foreign-related rule of law discourse; talent cultivation of rule of law; interface study; problem-oriented

法律博士“涉外法治”专业领域设置的必要性*

袁　钢　秦珍珍**

摘　要:加快涉外法治工作战略布局,创新涉外法治人才培养模式,是贯彻落实习近平法治思想的重要举措,也是推动法治国家建设的重大课题。为满足推进中国式法治现代化、构筑国际合作竞争优势、服务国家涉外法治建设、培养高质量法律研究生的需要,设置法律博士专业学位涉外法治专业领域势在必行。该举措符合设置法律专业领域的基本要求,法律专业硕博学位体系的初步建成、涉外法治人才培养模式的先期探索也可为设置涉外法治专业领域奠定基础。

关键词:法学教育　法律博士　专业领域　涉外法治

涉外法治是习近平法治思想的重要内容,是法

* 本文系司法部2020年度法治建设与法学理论研究部级科研项目重点课题“完善我国法律职业伦理考试制度研究”(项目编号:20SFB1002)的研究成果。

** 袁钢,中国政法大学法学院教授、博士生导师、钱端升学者。研究方向:法学教育、体育法学。秦珍珍,北京体育大学博士研究生。研究方向:法学教育、体育法学。

治中国建设的关键环节。随着对外开放水平提升,涉外事务领域不断拓宽,涉外法治建设水平成为衡量我国法治进程的重要标尺,关系着我国的国家主权、安全和发展利益,关系着我国在国际法治秩序构建中的话语权,关系着我国参与全球治理变革的层次和嵌入度。在全球治理体系变革背景下,我国法学教育改革未能打通理论与实践,未能从学科专业建设的角度思考涉外法治人才的培养问题。2022 年"涉外法治"被列入国务院学位委员会发布的首批急需学科专业引导发展清单,因此围绕国家重大战略、服务国家重大需求,从法律博士专业学位的建设为切入点,基于涉外法治人才研究和培养实际,有必要设置"涉外法治"专业领域来推动国家治理现代化、法治国家建设和涉外法治人才培养相结合,有必要通过学科专业建设模式的创新,引导推动学位授予单位改革人才培养模式,促进学科交叉融合,加快培养国家急需领域的高层次复合型人才。

一、设置法律博士"涉外法治"专业领域的背景

由于世界政治格局的无政府特征,不同国家均有权参与世界图景的绘制,贡献自身的主张、理念和愿景。我国作为世界上发展最快的国家之一,在政治、经济、科技、文化等方面均对全球发展做出了巨大贡献,在国内法治建设规划逐步完善的过程中,要加快涉外法治工作布局,主动参与国际规则构建,积极融入全球治理体系变革。① 在我国涉外法治概念于 2014 年提出之前,我国推行改革开放政策,大力吸引外资,学习西方先进的技术和管理经验,实施经济体制改革,打破市场壁垒,激发市场配置资源的活力。近年来,中国所处的国内外形势均不可同日而语,因此,准确理解我国设置法律博士"涉外法治"专业领域的背景,对于深化我国高等教育专业体系改革,完善学科专业建设,进一步提升高等教育服务涉外法治体系建设而言,是一项前提性工作。

---

① 参见何志鹏:《现代化强国的涉外法治》,载《吉林大学社会科学学报》2022 年第 2 期。

(一)国际背景

在国际层面,世界百年未有之大变局正在加速演进,民粹主义、单边主义、霸权主义、逆全球化势头在西方世界暗流涌动,气候变化等全球性问题给各个国家带来了严峻挑战,发展失衡、规则滞后、公平赤字等资本逻辑规制下的结构性矛盾不断显现。② 随着国际环境的变化,国际竞争模式逐步由传统的聚焦于领土和资本的“控制势力范围”转变为“选择治理方式”③,法律当前在全球范围内“已经被公认为最主要的治理模式”④,国际规则制定权成为新型竞争对象,大国博弈主要借由法治方式进行。

近年来,中国经济的崛起和国际地位的骤升令西方发达国家深感不安,美国为维护其霸权地位,更是从外交、贸易、科技、体育等多领域采用限制、打压等手段遏制中国崛起,我国面临越来越多的涉外法律风险。在外交领域,美国插手中菲南海问题,美国国务院先后于2020年和2022年发布《美国对中国南海海洋主张的声明》和《海洋界限》第150号报告,借由南海仲裁案结果干预中国对南海国土的安全维护和海洋防卫。在贸易领域,美国借助经济制裁手段对中国企业实施全方位打压和围堵,限制中国产业的发展势头,例如,华为被美国商务部列入“实体清单”(Entity List),极大地扰乱了华为的生产经营链与全球通信设备和服务供应链。⑤ 在科技领域,美国采取了发布行政命令、通过法案等一系列单边行动,拜登政府上任后,更是延续并增强了特朗普政府在出口管制、外资审查、市场封锁等方面的政策,⑥试图阻碍中国科技的全方位发

---

② 参见陈旭、刘行:《批判与重构:人类命运共同体视野中的新经济全球化》,载《经济问题》2022年第9期。

③ 参见刘静坤:《涉外法治建设的规则体系探究》,载《武大国际法评论》2022年第4期。

④ 参见蔡从燕:《统筹推进国内法治和涉外法治中的“统筹”问题》,载《武大国际法评论》2022年第4期。

⑤ 参见张辉:《论中国对外经济制裁法律制度的构建——不可靠实体清单引发的思考》,载《比较法研究》2019年第5期。

⑥ 参见黄钊龙:《“内外兼修”:拜登政府对华科技竞争》,载《国际论坛》2022年第6期。

展。在体育领域,美国、欧盟等国家和地区率先在其国内反兴奋剂、体育赛事运动员数据采集等相关立法中明确了域外适用效力,美国更是不顾对他国和地区范围内相关行为实施域外管辖可能引起的管辖冲突,“破除立法域外适用的司法约束”,⑦不断扩张其“长臂管辖权”的适用范围。可以说,美国等西方发达国家为遏制中国发展,在外交、贸易、科技、体育等多方面采取了诸多野蛮行径。当前,不仅我国面临涉外法律风险,国际法治体系的权威性也遭受到前所未有的挑战,世贸组织上诉机构的停摆、美国退出《巴黎协定》等一系列事件的发生标志着全球法治化进程阻碍重重,以美国为首的西方发达国家公然破坏国际规则,以本国利益为其选择性执行国际法的主要标志,基于合作互助的国际法治随之式微,⑧我国涉外法治建设面临极其复杂的国际背景。

(二)国内背景

与其他多数发展中国家一样,中国在“二战”后国际秩序的建立中未能发挥主导作用,直到恢复联合国合法席位并重振经济后,才开始逐步融入国际秩序。党的十八大以来,随着我国对外开放不断深化,对涉外法律风险应对理念的考验更加深入,我国在经历酝酿、发展、成型三阶段后,形成了独具中国特色的涉外法治思想。

2014 年 10 月,党的十八届四中全会通过《中共中央关于全面推进依法治国若干重大问题的决定》,首次以党的文件形式明确提出“加强涉外法律工作”,并从完善涉外法律法规体系、参与国际规则制定、涉外司法、涉外执法等方面作出了部署。2018 年 8 月,在中央全面依法治国委员会第一次会议上,习近平总书记强调要善用法治参与国际事务,应对国际秩序的破坏者、搅局者,在全球治理体系调整变革的关键时期,积极参与国际规则制定,争做全球治理变革进程的“参与者、推动者、引领者”。可见,习近平总书记很早就对涉外法律工作给予了关注。

2019 年 2 月,习近平总书记在中央全面依法治国委员会第二次会议

---

⑦ 张鹏:《体育法域外适用的国际挑战与中国应对》,载《体育科学》2021 年第 3 期。

⑧ 参见郭雳:《新时代国际法律风险应对与全球治理推进》,载《中外法学》2021 年第 4 期。

上对中国法域外适用的法律体系建设、涉外专业法治专业人才培养、涉外法律服务等工作作出指示。2020年2月,习近平总书记主持召开中央全面依法治国委员会第三次会议,强调“要加强国际法治领域合作,加快我国法域外适用的法律体系建设,加强国际法研究和运用,提高涉外工作法治化水平”。习近平总书记紧密结合我国涉外贸易等各方面的突出风险,对国内法域外适用、企业合规、不可靠实体清单等体系的建设和制度的完善进行了有效探索。2020年10月,党的十九届五中全会提出“要加快构建以国内大循环为主体、国内国际双循环相互促进的新发展格局”。在2020年11月召开的中央全面依法治国工作会议上,习近平总书记作出“坚持统筹推进国内法治和涉外法治”的重大战略部署。这一阶段的工作重点已经从涉外法律风险应对转变为涉外法治战略布局,深刻展示了习近平法治思想的全面性和系统性。

在当前国内国际两个大局的背景下,要加大涉外法治教育力度,及时调整学位授予和人才培养学科目录,设置法律专业学位“涉外法治”专业领域,赋予涉外法治在我国法律专业学位体系中以明确地位。只有明确设置“涉外法治”专业领域,高校才能有针对性地探索我国自主的涉外法治人才培养机制,推进课程体系和教学模式改革,做好涉外法律服务机构、国际组织等机构组织的人才培养推送工作,进一步提升涉外法治人才的培养质量,更好地服务国家对外工作大局。

二、设置法律博士“涉外法治”专业领域的意义

习近平总书记曾对国际法治作出精辟阐述,法律在国际社会中应该是共同的准绳,没有双重适用标准。各国应“依法行使权利”,“共同维护国际法和国际秩序的权威性和严肃性”,不得借“法治”之名歪曲国际法,侵害他国正当权益、破坏国际和平稳定。⑨ 随着国内外法治环境的不断变化,无论是推进中国式法治现代化,构筑国际合作竞争优势,还是

---

⑨ 参见习近平:《弘扬和平共处五项原则 建设合作共赢美好世界——在和平共处五项原则发表60周年纪念大会上的讲话》,载《人民日报》2014年6月29日,第2版。

服务国家涉外法治建设,培养高质量法律研究生,都迫切要求我国设置法律博士“涉外法治”专业领域,培养涉外法治专业人才,为推动建立国际法治新秩序注入中国力量。

(一)推进中国式法治现代化的需要

习近平总书记在党的二十大报告中提出党的中心任务是“团结带领全国各族人民全面建成社会主义现代化强国、实现第二个百年奋斗目标,以中国式现代化全面推进中华民族伟大复兴”,这为新时期全面建设社会主义现代化强国提供了新目标、新要求和新范式,同时提出“必须更好发挥法治固根本、稳预期、利长远的保障作用,在法治轨道上全面建设社会主义现代化国家”,为法学界提出了“中国式现代化”与“全面依法治国”有机融合背景下应予思考的新命题,即“中国式法治现代化”。

“中国式法治现代化是中国式现代化在法治领域的具体体现”,[10]解读中国式法治现代化必须将其置于全面依法治国语境下,与建设中国特色社会主义法治体系、建设社会主义法治国家的目标相一致,全面推进国家各方面工作的法治化。具体而言,中国式法治现代化意味着国家把改革、开放、发展、安全等全局性各项工作和经济建设、政治建设、文化建设等各项主干性事业纳入法治轨道,把政党治理、政府治理、经济治理、外交事务等国家治理工作纳入法治轨道,把立法、执法、司法、普法等专门法治工作纳入法治轨道,把国际关系和全球治理民主化、公正化、共赢化纳入法治轨道。[11] 在各项工作法治化内涵中,包含着国内和国际两类事务,揭示了“统筹推进国内法治和涉外法治”理念是中国式法治现代化道路的应有之义。这不仅进一步深化了法治现代化的内涵,也为法学专业教育改革提供了指导方向,设置法律博士“涉外法治”专业领域,培养涉外法治人才成为推进中国式法治现代化的刚需。

(二)构筑国际合作竞争优势的需要

在激烈的竞争中交织着广泛的合作是国际社会的常态,虽然各国可

---

⑩ 张文显:《论中国式法治现代化新道路》,载《中国法学》2022年第1期。

⑪ 参见张文显:《全面推进国家各方面工作法治化》,载《法制与社会发展》2022年第6期。

以在国际合作竞争中总结出政治、经济、科技等多方面的经验教训,但是从法治特别是涉外法治的角度归纳现代化进程同样是不可或缺的维度,原因在于近代以来世界历史以及西方大国发展历程表明:“法治是维持一个国家健康持久发展的重要保障”⑫,涉外法治作为“国家在开放发展过程中推进法治的涉外拓展”⑬,更关系着一国在全球范围内参与合作竞争的国际地位和国际影响力。

涉外法治人才作为涉外法治的关键要素,是国际合作与竞争中赢得主动的战略资源。一方面,涉外法治人才是开展国际合作的重要保障。合作的理念和模式既贯穿于国际关系领域,也蕴含于国内发展中。党的十八大以来,习近平总书记立足全球思考中国使命和责任,提出构建人类命运共同体的新思想新倡议,采取“积极提供公共产品”“共建一带一路合作平台”“推动落实联合国2030年可持续发展议程”“携手应对全球人道主义挑战”⑭等一系列务实举措,而这些举措的推动和落实离不开精通法律和外语的复合型法治人才,因此涉外法治人才的培养成为关键。另一方面,涉外法治人才是保持国际竞争力的源动力。以国际经贸领域为例,海南自贸港是“我国目前对接国际高水平经贸规则的最前沿”,“未来可能成为我国进行《全面与进步跨太平洋伙伴关系协定》(以下简称CPTPP)高水平规则压力测试的主阵地”,而海南自贸港在对接CPTTP规则过程中,涉外法治人才是其中“最核心的要求”,是“涉及自贸港法治环境持续竞争力的核心问题”。⑮

在这种时代背景下,中国高等法学教育职业共同体深入探讨涉外法治人才的培养模式,设置法律博士涉外法治专业领域,主动承担起开展涉外斗争、推动全球治理规则变革、构筑人类命运共同体的时代责任是

⑫ 何志鹏:《现代化强国的涉外法治》,载《吉林大学社会科学学报》2022年第2期。

⑬ 何志鹏:《涉外法治:开放发展的规范导向》,载《政法论坛》2021年第5期。

⑭ 《新时代的中国国际发展合作》,载中华人民共和国国务院新闻办公室官网2021年1月10日,http://www.scio.gov.cn/zfbps/ndhf/2021n_2242/202207/t20220704_130669.html。

⑮ 刘云亮、卢晋:《中国特色自贸港对接CPTPP经贸规则的可行性基础及法律对策研究》,载《西北民族大学学报(哲学社会科学版)》2022年第6期。

在国际合作与竞争中抢得先机的重要战略选择。

（三）服务国家涉外法治建设的需要

“战略问题是一个政党、一个国家的根本性问题”⑯，《中华人民共和国高等教育法》（以下简称《高等教育法》）第6条明确指出“国家根据经济建设和社会发展的需要”，发展高等教育事业。可见，国家重大战略和需求是高等教育改革创新的重要起点。《高等教育法》第4条规定高等教育的立法定位是“贯彻国家的教育方针，为社会主义现代化建设服务、为人民服务”，第5条规定高等教育的任务目标是“培养具有社会责任感、创新精神和实践能力的高级专门人才，发展科学技术文化，促进社会主义现代化建设”，体现出高等教育不仅具有教育功能、科研功能，还具有社会服务功能⑰。法学教育作为中国高等教育的重要组成部分，高等政法院校和普通院校的政法院系作为法学教育的重要主体，不仅要助力实现法律在市场经济中的关键作用，更要对接国家战略需要，以实际行动发挥更大的服务、支撑和引领作用。

坚持统筹推进国内法治和涉外法治是以习近平同志为核心的党中央站在党和国家事业发展全局的高度作出的战略部署，是习近平法治思想的重要内容，是全面依法治国的迫切任务。⑱贯彻落实这一论述，需要从“加快涉外法治战略布局”“加强涉外法律法规体系建设”“提升涉外执法司法效能”等维度逐步推进，而这些涉外法治工作的展开需要一大批具有家国情怀、政治素质过硬、精通法律和英语的高素质涉外法治人才，以维护我国国家主权、尊严、发展利益，适应“两个大局”的国内和国际新形势。但我国涉外法治人才培养目前无论是在数量上还是质量上都存在较多短板，因此迫切需要深化高等法学教育改革，有的放矢地完善法学学科体系，设置法律博士“涉外法治”专业领域，认真履行好高等法学教育在人才培养、科学研究、社会服务等方面职责使命，培养一批

⑯ 习近平：《在纪念邓小平同志诞辰110周年座谈会上的讲话》，载《人民日报》2014年8月21日，第2版。

⑰ 参见张进香、龚怡祖：《高校自主权的法律性质研究述评》，载《中国农业教育》2006年第6期。

⑱ 参见程华儿：《加快推进涉外法治建设》，载《人民日报》2022年10月28日，第9版。

高素质涉外法治人才。

(四)培养高质量法律研究生的需要

2020年7月全国研究生教育会议在北京召开,会议传达出深入推进学科专业调整,完善人才培养体系,加快培养国家急需的高层次人才等强力信号,作出深化研究生培养模式改革,促进科教融合和产教融合,加强国际合作,优化学科专业布局,注重分类培养、开放合作,引导研究生教育高质量发展等重要批示。⑲

面对复杂多变的外部环境,规模化培育有效参与全球治理、提供涉外法律服务的涉外法治人才是当前无法回避的问题。相较于处于基础性、先导性地位的法学本科教育,我国法学研究生教育更适合承担培养涉外法治人才这一创新型、复合型高层次人才的主要职责和使命。依据学位类型,法学研究生教育包括法学学术学位研究生和法律专业学位研究生,前者注重“学术性”,旨在培养教学和科研人才;后者强调“实践性”,旨在培养应用型专门人才。学术学位研究生培养模式侧重对某一部门法学进行精深化研究,而部门法学在解决社会问题时“往往注重法律概念与法律制度之间的衔接,过度沉湎于此种由抽象法学概念推演和构造的理论金字塔”,容易造就“精致繁复”但“知识增量和理论进步”空间狭小的学术体系。⑳ 涉外法治人才作为未来参与处理国际法律事务的高素质应用型人才,应将“涉外法治”作为专业领域设置于法律专业学位之中。

我国于1995年开始设置法律硕士专业学位,经过近30年的探索和建设,逐步形成具有中国特色的法律应用型专门人才培养体系,无论是培养规模还是培养质量都将持续改进,有力填充了社会主义现代化建设对法律应用型人才的需要。但客观来讲,在实施法律专业学位和法学学术学位分类培养与分类管理、培养法律专业学位职业技能、挖掘法律专

---

⑲ 参见《习近平对研究生教育工作作出重要指示强调:适应党和国家事业发展需要培养造就大批德才兼备的高层次人才》,载《人民日报》2020年7月30日,第1版。

⑳ 参见王利明、黄文艺:《论法学学科的发展规律和发展前景》,载《大学与学科》2020年第1期。

业学位培养特色和优势、供应精通涉外法律业务的高层次法治人才等方面的确存在一些不足。上述问题的造成主要源于当前法学教育尚不能满足多样性的法治人才需求,出路在于多元化改造法学教育,培养高质量法律研究生,以满足社会对法治人才的多样化需求。[21] 设置法律博士“涉外法治”专业领域,既可以满足具有硕士学位的涉外法律实务工作者的进阶需求,也可以满足法律实务部门对具有丰富涉外法律实务经验、能处理重大疑难涉外法律问题的法治人才的需求,是提高法律研究生培养质量的重要举措。

三、设置法律博士“涉外法治”专业领域的路径

(一)制度保障:符合设置法律专业领域的基本要求

《研究生教育学科专业目录管理办法》(以下简称《目录管理办法》)第 3 条规定:“研究生教育学科专业体系分为学科门类、一级学科与专业学位类别、二级学科与专业领域。”2022 年国务院学位委员会、教育部公布 2022 版《研究生教育学科专业目录》(以下简称《学科专业目录》),此版未再对二级学科目录作统一规定,且新版《目录管理办法》第 5 条规定:二级学科与专业领域,由学位授予单位按有关规定在一级学科或专业学位类别学位授权权限内自主设置与调整。《目录管理办法》赋予了专业学位授予单位较大的自主权,这说明拥有法律专业学位授予权的单位可在其授权权限内自主设置“涉外法治”专业领域。

教育部 2022 年最新公布的《学位授予单位(不含军队单位)自主设置二级学科名单》显示,国内已有 68 所学位授予单位自主设置 137 个目录外法学二级学科,而依据国务院学位委员会办公室 2021 年公布的《各专业学位类别的领域设置情况》,可以看出我国法律专业学位当前并不分设领域,我国法律专业学位虽然将招生对象区分为法律(法学)和法律(非法学),但人才培养目标一致,并不属于领域设置范畴。通过对比

㉑ 参见袁钢:《我国法律博士专业学位设置的必要性和可行性》,载《中国高教研究》2020 年第 1 期。

法学学术学位二级学科与法律专业学位专业领域的设置情况可知,"重学术学位、轻专业学位""专业学位类别设置不丰富""发展机制不健全"等现象尚存于我国法学研究生教育中。法律专业学位教育制度旨在培养高层次专门型、应用型法治人才,在社会分工精细化、专业化趋势下,法律专业学位定会细化为不同的专业领域,法律专业学位的总体实力最终将由专业领域汇合而成,因此如何规划和建设好专业领域意义重大。面对新时代"统筹国内法治和涉外法治"新要求,2022 版《目录管理办法》下放学位授予单位专业领域设置自主权,为设置法律博士"涉外法治"专业领域提供了制度性保障。

(二)学科基础:法律专业硕博学位体系的初步建成

2020 年 9 月,国务院学位委员会、教育部印发《专业学位研究生教育发展方案(2020—2025)》,为新时代专业学位研究生教育指明了发展方向。2022 版《学科专业目录》修订时秉持"学术学位与专业学位并重"原则,"改变过去专业学位类别目录是学科目录附表的呈现方式……将主要知识基础相近的一级学科和专业学位类别统筹归入相应学科门类"㉒,凸显出对两类人才和两种学位类型的同等重视,专业学位研究生教育迎来了新的发展机遇。

专业学位的专业领域是学位授予单位开展学科专业建设和人才培养的重要载体,是国家开展人才培养统计工作的重要依据。根据《博士硕士学位授权审核办法》和《目录管理办法》规定,学位授予单位可以自主设置与调整专业领域,但是该项工作应当遵循学科专业发展规律和人才培养规律,服务于全面建设社会主义现代化国家对高层次专业化人才的需求,强化研究生培养特色和质量。

"涉外法治"是中国特色社会主义新时期从"协调国内外治理"新维度提出的新概念,是习近平法治思想体系中的新术语。虽然目前理论界对"涉外法治"的内涵认识不一,但可以达成共识的是,"涉外法治"不能

㉒ 《国务院学位委员会办公室负责人就新版研究生教育学科专业目录和目录管理办法答记者问》,载中华人民共和国教育部官网 2022 年 9 月 14 日,http://www.moe.gov.cn/jyb_xwfb/s271/202209/t20220914_660966.html。

简单等同于“国际法治”。我国传统法学中简单的“国内法”和“国际法”二元式法治思路已不能应对当前复杂的国际法治秩序，主权国家要想保持其主权的独立和完整，不能全盘承认国际法治秩序对其国内法治的拘束力，而需要在两者之间建立“涉外法治”这一有效价值连接点，实现国内外法治秩序的有序运行。[23] 设置法律博士涉外法治专业领域，符合“坚持需求导向，突出专业技术能力，强调精准和灵活，以利于增强学生的职业胜任力”的专业学位类别设置规律。

2022 年版《学科专业目录》将法律专业学位类别升格至博士层次，意味着法律博士专业学位得到了国务院学位委员会的正式认可，我国法律专业学位体系正式建成。全国法律专业学位研究生教育指导委员会在法律硕士层面尝试的案例教学、实践基地建设等多项工作，理论界学者对我国法律博士“高校与行业联合的协同育人机制”“培养方案”“过程管理”等培养模式的有益探索，[24]为我国“涉外法治”专业领域的设置奠定了学科基础。

（三）经验积累：涉外法治人才培养模式的先期探索

2011 年教育部、中央政法委员会决定联合实施卓越法律人才教育培养计划并提出把“培养一批具有国际视野、通晓国际规则，能够参与国际法律事务和维护国家利益的涉外法律人才”作为“培养应用型、复合型法律职业人才的突破口”。2018 年推出“卓越法治人才教育培养计划 2.0”，部署了“促开放，构建涉外法治人才培养新格局”的重点改革任务。为落实涉外法律人才培育计划，我国于 2012 年设立了首批 22 个涉外法律人才教育培养基地，并后续在多校间开展了“中德德语、法学双学士学位试验班”“中法联合项目”“法律 + N 模式”等系列尝试。[25]

此外，我国还分别于 2021 年和 2022 年部署了涉外律师和国际仲裁

---

[23] 参见莫纪宏：《习近平法治思想原创性理论贡献的四个审视维度》，载《社会科学辑刊》2022 年第 6 期。

[24] 参见袁钢等：《我国法律博士专业学位研究生培养模式的探索》，载《学位与研究生教育》2021 年第 6 期。

[25] 参见杜焕芳：《涉外法治专业人才培养的顶层设计及实现路径》，载《中国大学教学》2020 年第 6 期。

两个方向的法律硕士专业学位研究生培养项目，当前，涉外律师培养项目已完成2021年度的招生和阶段培养工作。

改革开放以来，随着我国“走出去”发展战略的实施，培养涉外卓越法治人才和法律硕士涉外专项等系列计划和项目的开展，我国涉外法治人才培养工作成效显著，不仅充实壮大了国内涉外法治工作队伍，还为联合国、国际民航组织、国际法院、国际投资争端解决中心等国际组织培养了诸多杰出人才。[26] 但由于我国“长期关注国内法治、忽略涉外法治”，“现有法学知识体系和理论基础仍锁定在国内法思维”，所以涉外法治人才无论数量、质量还是能力、经验，都与我国在国际法律实务和全球治理中需要的法治工作队伍相去甚远。[27] 对此，笔者建议法学教育职业共同体严肃对待这一问题，立足国家之所想、所急、所需，吸取涉外法治人才培养经验，推动法律博士“涉外法治”专业领域建设，加快培养国家急需的高层次复合型涉外法治人才。

结　论

涉外法治是一项系统工程，它会随着中国法治化水平的提升以及国家话语权的提高而迭代升级。尽管经过全面依法治国战略的实施，我国涉外法治水平已经得到很大提升，但是由于我国“法治历史相对较短，法治经验比较少，法治能力比较弱”[28]，涉外法治人才缺失仍是涉外法治面临的一大痛点，与建设法治中国的目标还有相当大的距离。故而，我国应设置法律专业学位涉外法治专业领域，弥补我国涉外法治人才的缺口，确立系统的培养模式和培养方案，使法治目标能够在国内和国际两个大局中均得到有效实现。

---

[26] 参见黄进：《完善法学学科体系，创新涉外法治人才培养机制》，载《国际法研究》2020年第3期。

[27] 参见叶青：《统筹国内法治和涉外法治　坚持全要素法治人才培养》，载《新文科教育研究》2021年第1期。

[28] 参见何志鹏：《统筹推进国内法治和涉外法治》，载《国家治理》2022年第16期。

On the Necessity of Establishing Professional Field of "Foreign-Related Rule of Law" for the Juris Doctor Degree in China

Yuan Gang   Qin Zhenzhen

Abstract: Accelerating the strategic layout of foreign-related rule of law work and innovating the training model of foreign-related rule of law talent are involved in a series of important measures to implement Xi Jinping thought on the rule of law, which are also major issues in promoting the construction of a country ruled by law. In order to meet the needs of promoting the modernization of the rule of law with Chinese characteristics, building competitive advantages in international cooperation, serving the country's foreign-related rule of law construction, and cultivating high-quality law graduate students, it is imperative to set up a professional field of Juris Doctor degree in foreign-related rule of law. In line with the basic requirements for the establishment of a legal professional field, the initial establishment of a master's and doctoral degree system of legal majors, the preliminary exploration of a training base for foreign-related legal talent, and the initial attempt of a special foreign-related training for juris masters can provide a feasible basis for setting up the foreign-related rule of law professional field.

Key Words: legal education; Juris Doctor degree; professional field; foreign-related rule of law

社会治理法学博士点设置的基础、现状及问题分析*

马　成　郑宗耀**

摘　要：社会治理法学作为一门新兴交叉学科，在我国起步较晚，其理论基础广泛分布于法学、公共管理学、社会学等领域，本文以徐汉明教授关于社会治理法学研究对象的理论为依托，首先对社会治理法学学科设置的必要性、可行性进行研究。在此基础上对中南财经政法大学、西北政法大学两所学校的社会治理法学博士点设置、博士生招生、培养情况进行分析，发现当前社会治理法学设置总量、招生人数极少，在博士生培养上重视培养博士生的实证研究能力与跨学科研究能力。但是，当今社会治理法学在学科设置上依然存在整合难度较大、定位不清晰、理论与实践相脱节等问题。针对以上问题，提出

---

* 项目名称：2022年陕西省研究生教育综合改革研究与实践项目：新文科背景下法科研究生教育质量保障体系研究（YJSZG2023114）；2022年西北政法大学教育教学改革研究重点项目：法科研究生学术学位与专业学位分类培养模式探索研究（XJYY202201）

** 马成，法学博士、政治学博士后，西北政法大学教授。研究方向：陕甘宁边区法制史、党内法规、社会治理等。郑宗耀，西北政法大学法治学院、法律硕士教育学院硕士研究生。研究方向：社会治理法学。

了鼓励有条件的高校设置社会治理法学博士点,推动社会治理法学相关学科整合,探索社会治理法学研究新方向三点建议。

关键词:社会治理法学　学科设置　交叉学科

一、问题的提出

社会治理是国家治理体系与治理能力现代化的重要环节,也是建设和谐社会的必然要求。但在基层社会治理的人才队伍中,掌握社会治理法学知识的复合型高端人才极其匮乏。为了缓解社会治理人才供需不平衡的现状,2023 年 2 月,中共中央办公厅、国务院办公厅印发了《关于加强新时代法学教育和法学理论研究的意见》,明确提出加快发展社会治理法学等新兴学科,推动法学与经济学、管理学、政治学、社会学等学科的交叉融合,培养高质量复合型法治人才。① 社会治理法学是推进法学教育改革,构建"新法学"的重要组成部分,而社会治理法学博士是社会治理法学领域内人才培养的最高层级,对于构建完整的社会治理法学人才培养体系具有全局性、引领性、战略性的作用。

然而,社会治理法学作为一个新兴学科,仅有中南财经政法大学、西北政法大学两所学校在法学一级学科(专业代码 0301)下系统化地培养社会治理法学博士研究生,培养单位与博士生数量相对于我国高教系统、党政机关、社会组织所需求的社会治理法学高端人才数量严重不足,成为制约社会治理法治事业进一步发展的重要因素。但是,在目前几乎没有学者对社会治理法学(社会治理法治化)博士生招生体制、人才培养等方面进行研究,甚至是对社会治理法学的研究对象及学科归属存在争议。

博士点的设置、博士生的招生与培养事关学科的发展,可以为社会治理法学学科建设提供源源不断的后备力量。因此,首先需要从社会治理法学设置的基础及背景出发,正确界定社会治理法学的内涵及社会治

① 参见中共中央办公厅　国务院办公厅印发《关于加强新时代法学教育和法学理论研究的意见》,2023 年 2 月 26 日。

理法学博士生培养的目标，其次应当总结当前社会治理法学高校博士点设置情况、博士生招生条件与培养经验，分析存在的问题，最后提出促进社会治理法学学科良性发展的意见与建议。

二、社会治理法学学科构建的基础

（一）社会治理法学学科设置的必要性

1. 社会治理法学学科的设置是响应党和国家政策的具体体现

党的十八届三中全会明确提出“全面深化改革的总目标是完善和发展中国特色社会主义制度、推进国家治理体系和治理能力现代化”，标志着中国由传统的“社会管理”向“社会治理”所转变，探索教育、就业、收入分配、社会保障、医疗卫生、社会安定六个方面的治理现代化之路。② 党的十八届四中全会进一步对社会治理的目标和方式进行了界定，提出了“坚持问题导向，将专项治理和系统治理、综合治理、源头治理结合起来”的方针政策。③ 党的十九大提出建设共商共享共治的社会治理体系，并将国家安全列入社会治理的内容。党的十九大后，我国的社会治理事业向着纵深发展，党的十九届四中全会决议将社会治理事业列为国家治理的重要方面，提出构建社会治理共同体的概念。④ 党的二十大进一步强调推进多层次多领域依法治理，提升社会治理法治化水平，并提出进一步健全社会治理制度，发扬新时代“枫桥经验”，将社会矛盾化解在基层。

法治是实现社会治理的重要方式和重要保障，中央历来重视法治工作，在有关社会治理政策及建设方案的文件中多次提及法律在构建完善的社会治理体系中的作用。而社会治理法学是以社会治理法律规范为研究对象的学科，从理论上而言，社会治理法学可以为社会治理事业的

---

② 参见冯仕政：《社会治理与公共生活：从连结到团结》，载《社会学研究》2021 年第 1 期。

③ 参见中共中央宣传部编：《习近平新时代中国特色社会主义思想学习纲要》，学习出版社、人民出版社 2019 年版，第 164 页。

④ 参见郁建兴：《社会治理共同体及其建设路径》，载《公共管理评论》2019 年第 3 期。

发展提供充分指导,通过分析和解决社会治理实践中产生的各种法律问题,构建良性运行的社会治理体系,为法治中国、平安中国构建提供理论依据。在实践意义上,社会治理法学培养的复合型法律人才可以有效弥补基层治理人才匮乏的困境,为推动社会治理体系法治化、现代化提供智力支持。

2. 新文科日益成为高等院校实现传统学科再突破的重要方向

根据学界的通说,当前我们提及的新文科的直接渊源是20世纪20年代美国产生的跨学科研究方法。⑤ “新文科”的“新”更多表现在以多学科交叉和跨学科研究的方法推动学科融合。对于高等院校而言,“新文科”则是通过学科整合的方式,推动传统学科的转型,使传统学科焕发出新的生命力。

在法学领域内,当前法学各二级学科呈现划分越来越细化,单个学科的研究越来越深入的趋势。但是在各个法学二级学科之间、法学与其他学科之间的横向研究依然偏少。⑥ 社会治理法学的建设与发展无疑是在法学领域内“新文科”建设的重要体现。社会治理法学通过以法学学科为基础,引入公共管理学、社会学、政治学、经济学等其他社会科学的研究方法、研究视角,并在此基础上促进学科的交融,鼓励师生深入基层,进行社会治理法治的实践。

3. 推动社科法学进一步发展的需要

欧洲的社会科学从康德以后逐渐偏向于定性研究,美国的社会科学则更加重视量化研究,这种实证研究已经成为了当今社会科学研究的主流,也是社科法学发展所必须引进的研究方法。实证研究已在社会学、公共管理学、经济学等社会科学领域较为成熟,尤其是在乡村治理的研究上,已经形成的鲜明的中国特色。但是在法学领域却存在实证方法应用滞后的问题,导致田野调查不扎实、数据分析不到位、模型建构错误等

⑤ 参见黄启兵、田晓明:《“新文科”的来源、特征及建设路径》,载《苏州大学学报(教育科学版)》2020年第2期。

⑥ 参见徐显明:《新文科建设与“新法学”教育的挑战和应对》,载《新文科教育研究》2021年第1期。

问题广泛存在。社会治理法学的研究需要更有效地深入基层,进行田野调查,并对典型个案进行访谈。对于较为宏观的研究问题,借助现代计算技术及大数据分析软件,对其进行量化分析,提升研究的科学性。一方面,植根祖国大地,深入"田间地头",使研究贴近于生活,解决现实问题;另一方面,通过引入其他学科的研究方法,对法学学科进行二次变革,追赶世界先进水平。可以说,社会治理法学学科的构建是我国法学研究革新的重要推动力。

(二)社会治理法学学科设置的可行性

1. 社会治理学科兴起并成为研究热点

1989 年世界银行在概括非洲情形时,使用了"治理危机"一词,此后"治理"一词自 20 世纪 90 年代开始逐渐在西方流行。21 世纪初,"治理"一词首先在经济学领域被引入中国,应用于公司内部及公司改制的问题研究,此后扩展到政治学、公共管理学和社会学领域。中国共产党十八届三中全会提出了创新社会治理的命题后,社会治理成为了政治学、公共管理学等领域的研究热点,后逐渐拓展到了法学领域。在治理的研究范围上,Rhode 将治理归为公司治理、新公共管理、社会政治治理、组织治理、新的政治经济治理、善治、国际治理七类。⑦ 雷晓康从公共管理学的视角出发,将社会治理的研究范围划分为环境要素、内生要素、支点要素、内核要素、工具要素、标尺要素六大要素。⑧ 而俞可平在总结中国改革开放以来的治理经验的基础上,认为社会治理的研究领域及治理改革的内容应为生态平衡、社会公正、公共服务、社会和谐、官员廉洁、政府创新、党内民主和基层民主。⑨ 由此可见社会治理的研究范围较广,覆盖了社会生活中的多个领域,同时由于社会治理研究本身具有跨学科的属性,也为相关研究提供了多重学科视角。

---

⑦ See Rhodes Raw, *Recovering the Craft of Public Administration*, *Public Administration Review*, 7,2016,P638 - U202.

⑧ 参见雷晓康等:《中国社会治理十讲》,中国社会科学出版社 2019 年版,第 45 ~ 49 页。

⑨ 参见雷晓康,马子博著:《中国社会治理十讲》,中国社会科学出版社 2019 年版,第 20 ~ 29 页。

国外近年来对社会治理的研究提升到了一个新高度,Torfing Jacob提出了"共同创造"的概念,旨在将群众引入到公共部门政策制定与实施的全过程,由双方共同制定服务规范与规则,实现治理目标。⑩ 西方治理理论也呈现百花齐放的态势,新公共治理理论、新古典官僚理论的兴起对前些年占主导地位的新公共管理理论形成较大的冲击。这些新理论的提出为社会治理学科发展注入了新的活力。

2. 社会治理法学的研究逐渐深入,具备一定的学科基础

法律是治国之重器,也是社会治理的重要保障,但是社会治理法学在我国兴起时间较晚。虽然仅有少数学者对社会治理法学的概念及研究内容做出了界定,但是因其思路明确,研究深入,为社会治理法学的学科设置奠定了坚实的基础。其中的代表是中南财经政法大学的徐汉明教授,徐汉明认为社会治理法是调整执政党、政府、社会组织及社会公众等主体在组织领导、实施参与社会治理活动中所发生的各种社会关系的法律规范的总和,而社会治理法学是在研究加强和创新社会治理的过程中,用法治思维和法治方式保障和推动社会治理理念、制度和方法的创新,适应经济社会发展的变化、按照国家治理体系和法治体系的框架对社会治理法律关系进行规范、调整、实施、监督的理论科学。⑪ 从以上概念界定可以看出,社会治理法学的研究对象应为社会治理过程中所产生的法律关系。徐汉明还从社会治理法学的基础理论出发,对当前社会治理法学理论难点进行了探索,认为社会治理法学具有研究内容特定性、涉及内容多层次性、研究方法开放性、实践目的多元性的特质。在此基础上他认为社会治理法学的研究内容应为社会治理法学基础理论、现代社会治理体制的法治保障、现代公共服务体系的法治保障、社会治理机制的法治保障、社会治理法的实施五个方面。同时,公共管理、社会学、政治学和经济学中有关社会治理的理论引入,使社会治理法学这一交叉

---

⑩ See Torfing Jacob; Ferlie Ewan ; Jukic, Tina ; Ongaro Edoardo, *A theoretical framework for studying the co - creation of innovative solutions and public value*, Policy And Politics, 4, 2021, p. 189 - 209.

⑪ 参见徐汉明:《社会治理法学学科基础理论研究》,载徐汉明主编:《社会治理法治前沿年刊》总第4辑,湖北人民出版社2017年版。

学科展现出了极强的生命力,呈现欣欣向荣的面貌。

3. 社会治理法学成为"新法学"建设的关键一环,具有政策支持

中共中央办公厅、国务院办公厅联合发布的《关于加强新时代法学教育和法学理论研究的意见》中明确将社会治理法学放在了发展法学新兴学科的第一位,并鼓励推进法学与经济学、社会学、管理学、政治学等学科交叉融合发展,培养高质量的复合型法治人才。当今的社会治理领域,已经实现了由过去单向度的"社会管制""社会管理"到公权力机关与公众之间互动的"社会治理"的变革,逐步建立了共商共享共治的社会治理体系。随着社会治理向纵深发展,社会治理机关、高等院校对懂法律、懂管理、懂政治、懂科技的高端复合型社会治理法治人才的需求量越来越大,⑫但是高层次社会治理法学人才供给却严重不足。

具备条件的高等院校应积极设立社会治理法学博士点,并以博士点带动本、硕层级学科建设,进而构建完善的社会治理法学学科体系,培育专业化的社会治理法学教学、科研人员、党政机关领导干部、基层社会治理机关工作人员、社会组织工作人员,为进一步深化社会治理体系改革,推动社会治理体系现代化、法治化提供智力支持。

三、社会治理法学博士点设置与博士生培养现状

目前,在法学学科门类下培养社会治理法学博士研究生的高校只有西北政法大学和中南财经政法大学两所学校,因此,本部分对西北政法大学和中南财经政法大学的社会治理法学博士点设置情况及博士生培养现状进行分析。

(一)西北政法大学社会治理法学博士点招生与博士生培养情况

西北政法大学于2012年获批"服务国家特殊需求人才培养项目:服务西北地区稳定发展与国家安全"法学博士点。此项目博士点是我国目前唯一一个按照法学一级学科授权与管理的项目博士点。⑬ 西北政法

⑫ 参见陈柏峰:《政法教育与新政法教育》,载《开放时代》2022年第1期。

⑬ 本文采用王健教授的观点,即认为西北政法大学"服务国家特需项目"博士点可视为法学一级学科博士点。

大学社会治理法学(社会治理法治化)专业于2019年开始招生,并设置于方向六“中国特色社会主义国家安全法治”下。专业设置之初,共有汪世荣教授和褚宸舸教授两名博士生导师。2023年,又遴选杭州师范大学余钊飞教授为社会治理法学方向兼职研究生导师。

1. 西北政法大学社会治理法学专业博士招生情况

西北政法大学社会治理法学专业采取普通招考制的招生方式,西北政法大学自2019年起,每年招收1至2人。整体而言,西北政法大学对博士生报考条件要求较为宽松。在外语方面,原则上报考时对外语水平没有要求。除达到招生简章所列的三项要求可以免除外语笔试外(雅思6.5以上、托福90分以上、在英语国家取得学位),其余考生需参加学校组织的英语水平考试。但在实际情况中,符合免除外语笔试的考生比例并不高,如在2022年通过准考资格核验的145名考生中,仅有6人符合免除英语笔试的条件。

在专业课初试考核上,“社会治理法学”方向与方向六“中国特色社会主义国家安全法治”专业课2考试科目相同,共考查习近平法治思想、中国法律思想史、西方法律思想史三科,均不指定参考教材。这极大增加了考试试题的灵活性并更加注重考生的综合能力。

在复试环节,西北政法大学采取了英语听力、口语面试,人文学科基础面试,专业方向面试三部分综合考察的方式。与大部分学校一样,西北政法大学社会治理法学专业仅将初试成绩作为资格考试成绩,并不计入最终总分。在英语测试与人文学科基础面试环节,采取了考生抽题作答并回答老师提问的方式;在专业方向面试环节,考生需要介绍自身专业背景、拟研究课题情况、研究计划的背景、内容及可行性,并回答老师提问。

2. 西北政法大学社会治理法学博士生培养特点

(1)以“枫桥经验”为依托,建立“两融合三提升”的培养体系

西北政法大学是国内最早对“枫桥经验”进行系统研究的高校,在对“枫桥经验”18年的教学与研究过程中,落实立德树人根本任务,逐渐形成了在全国具有重要影响的“枫桥经验”西北学派和以“两融合三提

升”为主要特点的硕博研究生培养模式。

“两融合三提升”即教学与科研、教学与社会服务紧密结合，推动导师、研究生、教育措施三要素的提升。在社会治理法学博士生培养过程中，依托中华法系与法治文明研究院、枫桥经验与社会治理研究院、马锡五审判方式研究院，将“枫桥经验”、“马锡五审判方式”融入到教学、培养的全过程，并依托三个研究院建立的实训基地向博士生提供接触一线社会治理的机会，落实了“德法兼修、面向基层”的教育理念，为西北地区高校系统、社会组织、党政机关培养了一批业务能力强、留得住的高层次人才。

西北政法大学社会治理法学专业在重视博士生实践能力培养的同时，同样重视博士生科研能力的培养。按照《西北政法大学博士生培养方案》的规定，博士研究生需主持校级以上课题或参与厅级以上课题。社会治理法学导师组在遵循《西北政法大学博士生培养方案》的基础上，更好地发挥了课题牵引作用，广泛吸纳博士生参与导师的课题研究。在导师的指导下，以“做中学”与“学中做”的方式，逐步培养博士生的问题意识，促使博士生研究“真问题”，并通过一系列的科研训练与论文写作指导，全面提升博士生的创新意识和解决实际问题的能力。

(2)传承红色传统，发挥红色基因育人导向作用

西北政法大学的前身是中国共产党创办的第一所综合性大学——延安大学，在发展过程中始终与国家同呼吸同命运，积累了深厚的红色沃土。如今，传承红色基因已成为西北政法大学培养“德才兼备、德法兼修”高水平法治人才的重要组成部分。⑭ 在社会治理法学博士生的教学过程中，始终发挥思政课程的引领作用，将中国共产党历史、陕甘宁边区法制史、习近平法治思想融入到教学过程的始终，并鼓励博士研究生钻研中国共产党在陕甘宁边区时期的社会治理经验，凝练其精华，更好地打造党建引领社会治理的新模式。

---

⑭ 参见杨宗科、高炜：《论红色育人基因的传承——以西北政法大学为视角》，载杨宗科主编：《法学教育研究》第27卷，法律出版社2019年版。

（3）把握新文科建设机遇，培养博士生跨学科研究能力

社会治理法学是以法学学科为骨干，融合社会学、公共管理学、经济学的交叉学科，这就意味着社会治理法学专业的博士研究生需要具备相关学科的知识积累，并具有一定跨学科研究能力。西北政法大学要求社会治理法学博士生在大量阅读法学著作的基础上，广泛阅读社会学、公共管理学的经典著作，不断培养博士生多角度看待、研究与解决社会治理法律问题的能力，打开博士生的视野。在以课题牵引培养博士生科研能力的过程中，鼓励博士生与多学科的专家学者进行交流，并吸纳其他学科学者、博士生、硕士生加入课题，通过课题论证、讨论会的形式，引发不同学科思维的碰撞，在相互交流的过程中实现研究能力的提升。

社会治理法学方向导师组依托“枫桥经验大讲堂”“马锡五司法论坛”等学术报告活动，邀请不同领域的专家为博士生、硕士生从不同学科角度解读枫桥经验、马锡五审判方式，如在“枫桥经验”大讲堂系列的学术报告中，邀请了社会学、公共管理学领域的专家学者解读“枫桥经验”，取得了良好的成效。西北政法大学积极举办马锡五审判精神跨学科论坛，邀请专家学者从历史学、文学、法学等视角解读马锡五审判方式，为红色法治传统赋予新内涵。

3. 西北政法大学社会治理法学博士生培养经验

尽管西北政法大学社会治理法学专业博士生培养时间较短且培养方式依然处于探索阶段，但是依托已经系统化的“枫桥经验”、马锡五审判方式研究体系的社会治理法学博士生培养体系已经初步成型。通过分布于陕西、新疆、浙江、河南、广东等省、自治区的48个实践基地，促使博士生走出书本，走向“田间地头”，研究面向基层、面向实践的“中国问题”，并在课题研究与实践中逐步提升实证研究能力。

在持续完善社会治理法学博士生培养机制的同时，西北政法大学近年来重点推动法律硕士（社会治理法学）方向的学科建设，为社会治理法学博士生招考培养后备人才。从2020年开始，西北政法大学在法律硕士中选拔社会治理法学方向的硕士研究生，设置党建引领社会治理、枫桥经验与基层治理、法治与市域社会治理、法治与平安建设等子方向。

通过鼓励硕士生参与导师课题研究、建立读书小组、参与学术研讨的方式,提升社会治理法学方向硕士生的研究能力。通过为期6个月的专业实训,使硕士研究生切身参与社会治理实务,提升其实践能力,以期在硕士阶段培养一批具有专业复合背景、具有一定跨学科研究能力的学生攻读社会治理法学博士研究生,以缓解当今社会治理法学高端人才匮乏的局面。

(二)中南财经政法大学社会治理法学博士点设置与博士生培养情况

中南财经政法大学是目前国内唯一将社会治理法学列为法学二级学科并进行博士生招生的高校,同时也是国内最早从事社会治理法学教学与研究的高校。中南财经政法大学社会治理法学专业的前身为社会管理法治,设置于宪法与行政法学方向之下。2014年,中南财经政法大学将社会管理法治更名为社会治理法治,次年社会治理法治正式更名为社会治理法学,2017年社会治理法学正式被列为中南财经政法大学法学自设二级学科,成为法学"一流学科"建设体系的重要组成部分。2022年,中南财经政法大学整合社会治理法学、党内法规学、纪检检察学、国家安全学四个学科的资源,成立国家治理学院,专攻法学交叉学科,回应新时代国家治理的需求。

1. 中南财经政法大学社会治理法学招生情况

中南财经政法大学社会治理法学专业起初设置于宪法与行政法学专业下,仅仅作为宪法与行政法学的一个子方向而存在。在2015年的博士研究生招生过程中,中南财经政法大学首次将社会治理法学(社会管理法治)作为法学名录外二级学科进行招生,同年招收博士研究生3人。此后,社会治理法学专业除2018年仅招收1人外,其余年份都招收博士生2人(含少数民族骨干计划)。

中南财经政法大学在博士生招生中采取"申请—考核"与硕博连读并行的招生考核方式。相对于东部地区的双一流大学,中南财经政法大学申请—考核制博士研究生的报考要求并不严格,除了符合国家要求的基本条件外,要求英语水平达到四级426分以上或者学术类雅思5.5分以上、托福80分以上、中南财经政法大学英语免修资格四项条件中的一项。此外,还要求考生硕士或学士所学专业与博士报考专业相同或相近,或者本、硕所学专业与社会治理法学具有较强的融合性与交叉性。这就意味着不仅是法学专业的硕士研究生,社会学、公共管理学甚至是经济学、政治学专业的硕士研究生,都可以通过申请—考核制的方式攻读中南财经政法大学社会治理法学专业的博士研究生。这不仅是社会治理法学学科包容性的体现,也是社会治理法学学科性质在博士研究生招生中的表现。中南财经政法大学对硕博连读考生要求较高,在招生细则中明确规定,“修完已开设硕士学位课程,且学位课程加权平均分不得低于85分,无不及格或重修课程”,并且要求考生英语六级成绩达到426分以上,或者学术类雅思6分及以上、托福85分及以上、符合中南财经政法大学英语免修条件四项条件之一。

中南财经政法大学社会治理法学专业博士生复试为综合考核环节,主要考察考生的外语掌握水平、专业课知识掌握程度、科研能力及培养潜力、思想政治状况、获奖情况等内容,根据综合成绩排名,确定录取名单。但从已公开招录情况来看,尽管中南财经政法大学社会治理法学学科实力强大,但博士生报考热度并不高。在2017年至2022年的博士研究生招考中,社会治理法学专业有三年出现了因合格复试生源不足而从宪法与行政法学及其他法学二级学科接收调剂生的情况。这种现象的产生一方面由于社会治理法学专业在硕士阶段极少开设,导致考生对社会治理法学专业较为陌生及缺乏了解;另一方面,中南财经政法大学社会治理法学专业每年1~2人的招生人数,易使考生产生畏惧心理,最终放弃报考。

2. 中南财经政法大学社会治理法学博士生培养特点

(1)加大学科融通力度,培养复合型法治人才

中南财经政法大学经济学、管理学、法学专业的教学与科研水平持续多年位居全国前列,具有雄厚的社会科学研究实力,为高质量的社会治理法学博士生培养奠定了基础。中南财经政法大学社会治理法学专业博士导师组由徐汉明、陈柏峰、齐文远、姚莉、方世荣、徐立、赵丽江七

位教授组成，其中，部分博士生导师具有多学科背景，这有助于在日常教学、科研中，有效引导博士生从多角度、多学科研究社会治理法治问题。

在课程设置层面，中南财经政法大学社会治理法学专业重视交叉学科课程开设，根据2022年新修订的《中南财经政法大学社会治理法学博士生培养方案》，在博士生阶段开设习近平社会治理重要思想、社会治理法学原理、社会治理法律制度专题、社会治理法治评估、社会治理法律制度史五门专业必修课并要求博士生从当年的选修课名录中选择选修课（一般为经济学、管理学、社会学跨学科课程）进行修读。这类课程设置方式进一步深化了博士生对社会治理法学的认知，提升了专业水平，也促使博士生通过对经济学、管理学、社会学、政治学的学习，完善了自身知识结构，掌握了一定其他社会科学的研究方法，为深入进行跨学科研究奠定坚实的基础。

在经典文献阅读层面，中南财经政法大学社会治理法学专业导师组不仅要求博士研究生阅读传统法学、社会治理法学经典著作，还要求博士生大量阅读马克思主义理论、公共管理学、社会学、政治学、经济学经典著作，如马克思著《资本论》、埃莉诺·奥斯特罗姆著《公共事务的治理之道》、波普诺著《社会学》（第11版）、海德伍著《政治学》等。博士生通过大量阅读多种社会科学的经典文献，可以在短时间内对社会科学方法论形成初步的了解，为日后开展实地调研打下理论基础。

（2）重视基层调研，鼓励博士生深入基层

陈柏峰认为，在当今中国社会面临大转型的时代，田野调查对真正了解中国社会，发现和解决“中国问题”，阐释法治实践、建构法治理论是必不可少的。⑮ 中南财经政法大学社会治理法学导师组极其重视培养博士研究生的社会调查能力与发现、分析、解决实际问题能力的培养，在博士生一年级开设研究方法与论文写作（调查研究）模块，并将其作为学位基础课的重要组成部分。

为了进一步加强博士生实践能力，营造有利于博士生创新的氛围，

⑮ 参见陈柏峰等：《社科法学学科建设与人才培养（笔谈）》，载杨灿明：《高等教育评论》2022年第2期（第10卷），社会科学文献出版社2022年版。

中南财经政法大学实行了“双导师”制,博士生在校期间,必须根据科研导师的要求,结合导师的课题进行创新研究。在博士生实践过程中,由博士生本人提出申请,或在导师进行联合课题攻关时由导师安排,在政法部门实务专家的指导下,进行外出调研。在外出调研的过程中,博士生需要完成一篇高质量的调研报告,调研报告将作为博士生中期考核的重要依据。近年来,经过一系列改革,中南财经政法大学社会治理法学专业博士生使用实证方法发表的论文比例逐年提升,真正实现了理论反哺实践。

3. 中南财经政法大学社会治理法学博士生培养经验

截至2023年3月,中南财经政法大学已培养社会治理法学博士生32人(含社会治理法学二级学科独立设置前依托宪法与行政法学方向下的社会管理与法治方向的博士研究生),形成了较为完善的社会治理法学博士生培养体系。为促使博士生聚焦研究问题,中南财经政法大学设置了社会治理法学原理、社会治理法律制度、社会治理法实施三个研究方向。博士生可以根据自身研究兴趣、学科背景,自行选择研究方向,深入探索想要研究的问题。

中南财经政法大学社会治理法学博士生培养取得成功的另一个重要原因是构建了完善的硕博衔接培养机制。中南财经政法大学从2013年开始招收社会治理法学专业的硕士研究生,在硕士研究生阶段,重点培养经典文献阅读能力、跨学科研究能力、调查研究能力“三大能力”,为社会治理法学博士点提供了源源不断的优质生源保障。

四、当前社会治理法学博士点设置存在的问题

1. 招生总体规模极小

从严格意义上而言,目前全国只有中南财经政法大学和西北政法大学可以培养社会治理法学专业博士研究生。中南财经政法大学与西北政法大学社会治理法学近年来每年博士生招生都在1~2人的范围内波动,两所高校目前合计招生人数为2~4人,与社会对社会治理法学人才的庞大需求量相比,供给严重不足。中南财经政法大学尽管拥有7名社

会治理法学专业的博士生导师,但是7名社会治理法学专业的博士生导师中大部分导师在法学其他二级学科乃至其他社会科学领域均招收博士生,由于每名导师招生人数有限,在导师上报招生计划时,有时会倾向于在其他法学二级学科招生,导致社会治理法学招生人数偏少。西北政法大学则是由于社会治理法学专业博士生导师数量较少,所招生博士生名额有限,导致招生规模偏少。

2. 理论基础与实践存在脱节,学科设置仍然具有依附性

总体而言,社会治理法学目前仍然处于起步阶段。尽管在社会治理法学设置之初,就大量运用行政法学、法学理论、公共管理学、社会学的研究方法及内容,但目前仍然未形成具有自身标识的研究方法,甚至在社会治理法学的研究对象和研究内容上,学界也未形成一套统一的共识。⑯ 这种依附性及学界的争议,在学科设置上的表现为大量本属于社会治理法学研究的方向被划归在了其他学科的范围,极少有学校将社会治理法学单独作为一个二级学科。

3. 新设学科与现有学科的整合存在较大的难度

学科壁垒的存在是阻碍学科体系构建及理论的发展与完善的重要因素。在社会治理法学体系内,不同三级学科的归属问题成为阻碍社会治理法学进一步发展的另一个重要原因。社会治理法学本身具有研究对象众多、调控面广的特点,在三级学科的划分上极易出现交叉研究与分裂的现象,这种现象使社会治理法学从设置之初就难以得到整合。中南财经政法大学侧重于社会治理法学理论及乡村矛盾纠纷调解、网络社会治理的研究,西北政法大学侧重于对"枫桥经验"和革命根据地社会治理史方面的研究。此外,国内众多高校在博士生招生中设置了与社会治理法学高度交叉甚至是相似的招生方向,如西安交通大学的法律治理学专业,偏向于经济学、管理学与法学的交叉融合;贵州民族大学"服务西南社会管理博士人才培养项目"博士点下设的"民族地区社会治理法治建设"方向,主要侧重于研究西南民族地区社会治理立法、执法与司

⑯ 参见徐汉明:《社会治理法学学科基础理论研究》,载徐汉明主编:《社会治理法治年刊》总第4辑,湖北人民出版社2017年版。

法,治理体系与治理能力现代化法治保障,乡村振兴法治保障问题。在学科基础理论未进行充分完善的情况下进行这种具体方向的深入研究,虽然在一定程度上丰富了社会治理法学的研究内容,但从长远来看则阻碍了社会治理法学内的三级学科整合。

五、进一步建设社会治理法学博士点的对策

(一)鼓励有条件的高校设置社会治理法学博士点

为回应基层社会治理对高质量社会治理法学人才的需求,进一步完善社会治理法学人才培养体系,具备条件的高校应积极推进资源整合,设置社会治理法学博士点。具备条件的高校主要指以下三类:第一类高校是五所具有法学博士授予权的政法类高校,政法类高校是构建社会治理法学博士教育体系的主力军,这是由政法类高校在国家教育体系中的定位及社会治理法学学科的性质决定的。第二类是具有较强法学研究实力的综合性大学,其是社会治理法学博士教育体系组成的重要力量。综合性大学一般具有较强的社会学、公共管理学、政治学、经济学等社会科学研究实力,可以通过相关学科资源整合,在较短的时间内完成社会治理法学的学科构建,并在经过一定时期的发展后,展现出多学科交叉研究的优势。第三类高校是指具有一定法学研究实力,并在某一社会科学领域具有极强研究实力的行业型大学,这是对社会治理法学博士生教育体系的补充。这类高校可以通过将其强势学科与法学学科进行整合,构建面向某一具体研究方向的社会治理法学。

招生单位的增多必然使社会治理法学博士生招生规模扩大,为高校系统、社会治理机关提供人才储备。同时,大量高校参与社会治理法学学科的构建、完善和博士生的培养,有助于活跃社会治理法学学科研究的氛围,促成各培养单位之间的交流,凝心聚力,把我国打造成世界社会治理法学研究的高地。

(二)进一步促进学科整合,提升交叉学科建设水平

新版研究生专业目录和《关于加强新时代法学教育和法学理论研究的意见》明确将交叉学科建设放在了突出位置,为完善社会治理法学博

士点设置及提升社会治理法学博士生培养水平，推动社会治理法学这一新兴交叉学科发展，首先，积极整合校内资源，成立实体化的社会治理法学研究院或科研机构，积极吸纳社会治理法学各相关学科的优秀学者，组建社会治理法学博士生导师组。其次，在博士生的招生工作中，除招收本、硕阶段均为法学专业的研究生外，应鼓励具有社会治理法学相关学科背景的考生报考社会治理法学专业。最后，着力打通校内各相关学院、各相关研究机构间的壁垒，为社会治理法学专业博士生开设跨学科课程，提升博士生跨学科研究能力。

（三）积极探索社会治理法学新研究方向

目前，我国社会治理法学博士生研究方向依然偏少，且大部分集中于理论层面。为更好地回应国家重大需求，贯彻《关于加强新时代法学教育和法学理论研究的意见》精神，符合设置社会治理法学博士点条件的高等院校应积极拓展社会治理法学的研究方向。鼓励高校立足于自身实际，在坚持习近平新时代中国特色社会主义思想的指导下，开设研究与解决当下社会治理难题高度相关的博士生研究方向，如城乡社区社会治理法治保障、民族地区社会治理法治建设、边疆社会治理等。

六、结论与讨论

在推进社会治理现代化、法治化的大潮中，基层公共服务及专业化社会治理法学人才的供给严重不足。社会治理法学学科的构建顺应了党和国家的政策要求、新文科建设的大势并有效回应了我国的社会矛盾。社会治理理论的不断完善及国家政策的支持也为社会治理法学的构建与完善带来了机遇，在这种背景下社会治理法学本可以大有作为，但在社会治理法学学科设置及人才培养上，存在专业开设少、培养定位不清晰等问题。同时，社会治理法学在研究理论上存在“空泛化”的现象，由于没有一个强大理论基础的支撑，使分属于各个学科间社会治理法治相关的方向及内容迟迟没有被整合成一个“完整的社会治理法学”。加上学科壁垒的存在，导致整个社会治理法学及其相关学科博士生的研究方向极为分散，多学科的知识和科研成果也难以得到系统的整合,从而进一步抑制了交叉学科的发展。但随着社会治理法学的教学与研究逐步系统化、本土化,其理论研究和应用研究将会逐步的完善,最终形成一个“社会治理法学学科共同体”,这种整合与发展终将在社会治理法学博士点设置及人才培养中得到体现。

作为学科的社会治理法学应回应当今时代所面临的问题,并根据时代发展的需要促进自身的整合,关注基层治理的方方面面。面对新时代新机遇,应注意从学科构建的角度出发,建立完善的学科体制及招生体系,以此回应各方面的挑战。

Analysis of the Foundation, Status Quo and Problems of the Establishment of Doctorate Programs in Social Governance Jurisprudence

Ma Cheng   Zheng Zongyao

Abstract: As an emerging interdisciplinary discipline, social governance jurisprudence started late in China, and its theoretical basis is widely distributed in the fields of law, public administration, sociology, and so on. Based on Professor Xu Hanming's theory on the research objects of social governance jurisprudence, this paper first analyzes the necessity and feasibility of setting up a discipline of social governance jurisprudence. On this basis, we analyze the setting of social governance jurisprudence doctoral programs and the enrollment and cultivation of doctoral students at the Central South University of Finance and Law and the Northwest University of Political Science and Law, as well as the recruitment and cultivation of doctoral students. Research was conducted using the method of literature analysis. It was found that the current total number of social governance jurisprudence programs and enrollment are very small, and emphasis was placed on cultivating doctoral students' empirical research ability and interdisciplinary research ability. However, there are still many problems in the establishment of social governance jurisprudence, such as the difficulty in integration, unclear positioning, and the disconnection between theory and practice.

Key Words: social governance jurisprudence; discipline setting; inter-disciplinary

舆论下的规制：清末民初法学教育的“跃进”式发展（1905—1927）*

吕　强**

摘　要：在近代“西学东渐”的历史潮流下，清末民初，社会舆论推动了西式法学教育的出现与发展，但受传统谋官心态以及逐利目的的影响，法学教育呈现“跃进”式的发展状况，致使民国初期各类法律学校数量一度激增至67所。面对此种乱象，社会舆论再度发挥监督作用，以谴责批评的方式助推政府通过教育管控、学校裁撤以及自我整改来规制此种乱象，并取得了明显效果。回顾清末民初法学教育“跃进”式发展的历史脉络，在看到其发展乱象的同时，也要认识到其在传播法律知识、培养法治理念和培育政法人才方面对近代中国的贡献。

关键词：舆论　清末民初　法学教育　跃进式　规制

我国的法学教育由来已久，民国学者认为早在

* 基金项目：2018年国家社科基金青年项目“近代西北地方传播西医防疫思想研究”（18CXW016）。

** 吕强，西北政法大学新闻传播学院副教授。研究方向：传媒法、西北媒介史、中国法制史。

先秦之时，法律属于儒家必修之科目，其教育方式经历了由“儒生兼习、授徒传习到教授，直至考试及铨选”①的历史演变过程。然而清朝末期以后，伴随着殖民侵略与西学东渐，中国固有的法学教育被打破，并逐渐走向“法政学堂”式的近代法学教育。截至2021年6月，中国知网收录的中国法学教育史研究成果已达169篇，并呈现两大研究态势。一是宏观研究，其代表作有《中国近代法律教育与中国近代法学》②。此类研究以中国法律的近代嬗变为背景，通过梳理近代中国法学教育的起步、发展、特征及作用等内容，宏观阐述了近代法学教育对人才培养、法学论著以及法科建设的重要历史意义。二是专题研究，此类研究从个案出发，用以阐释近代法学教育中的某一历史问题，代表作如《法学留学生与近代上海（清末—1937年）》③。该文以近代回归上海的留洋法学生群体为对象展开专题研究，阐释了近代上海在教育界和法学界，留洋法学生对上海社会生活变迁的影响。然而，除上述议题外，学界对于我国近代法学教育发展的阶段性梳理及其特征总结不足，已有研究散见于各类专题中。因此，本文以清末民初报刊中针对法学教育所形成的舆论现象为切入点，在梳理时人对当时法学教育舆论观点的基础上，进而勾勒出清末民初我国近代法学教育发展的脉络及时段特征，从而完善已有成果的不足。

一、舆论生成：清末“学制之议”与近代法学教育的滥觞

1895年甲午战败，引发全国一片哗然，随后在国人中便萌生了“比迄今视以为常的西方列强的侵略所引起的震惊更为强烈”④的社会舆论，并促使清政府发觉“西学”，尤其是学习西方法律、政治思想的重

① 董康：《我国法律教育之历史谭》，载《法学杂志》1934年第3期。

② 参见何勤华：《中国近代法律教育与中国近代法学》，载《法学》2003年第12期。

③ 参见袁哲：《法学留学生与近代上海（清末—1937年）》，复旦大学2011年博士学位论文。

④ ［美］詹森：《日本与中国的辛亥革命》，载《剑桥中国史》（第11卷），中国社会科学出版社1992年版。转引自中国史学会：《中国近代史资料丛刊（五）》，上海人民出版社1957年版。

要性。这一时期,清政府开始转变自洋务运动后,官派留学生赴欧、美学习西方技术的做法,转而公派留学生赴欧美、日本研习法律、政治等西方思想。1896 年 6 月 20 日,时任刑部左侍郎的李端棻奏上《请推广学校折》⑤,建议在省府、州、县广设西式学堂,从而开启了清末“学制之议”的先声。至 1898 年戊戌变法之际,光绪帝首颁谕旨“前因京师大学堂为各行省之倡,特降谕旨,令军机大臣总理各国事务王大臣会同议奏,即著迅速复议,毋再迟延”⑥,这使西式学堂与新式教育得以正式实施,中国首个西式学堂“京师大学堂”,于同年 12 月 17 日在北京创建。

1900 年庚子事变后,新式教育的重要性更为凸显,“学制之议”也愈加激烈。1901 年,前《清会电》总纂官张百熙向清政府上疏“变通科举,广建学堂,创立报馆”⑦等五条革新建议,虽该建议未能实施,但却使“学制之议”迅速发酵为社会舆论。1904 年 1 月,由张之洞、荣庆和张百熙,以日本学制为蓝本,在当时“中学为体,西学为用”的社会舆论下,共同拟定了一系列近代学制章程,其中包括《大学堂章程》《初级师范学堂章程》等,史称“癸卯学制”。该学制的颁布既是近代中国由中央政府颁布并首次实施的新式学制,也是甲午战败后,国内社会围绕西式学堂和新式教育开展“学制之议”的阶段性成果。

遵照“癸卯学制”,新式大学堂学科分为“经学、政法、文学、医学、格致、农学、工学和商学”八科,其中政法科就包含“政治和法律”⑧。然而,由于保守与畏惧,“政治和法律”最初并未在各省西式学堂开设的学科门类之中,反而还假借社会舆论,清政府炮制出“私学堂禁专习政治法律”的规定。

> 近来少年躁妄之徒,凡有妄谈民权自由种种悖谬者,皆由并不

---

⑤ 参见(清)李瑞棻:《奏请推广学校折》,中国第一历史档案馆,全宗 3 号,目录 146,卷 7209 号,件 70 号。

⑥ 上海市文物保管委员会编:《戊戌变法前后:康有为遗稿》,上海人民出版社,1986 年,第 132 页。

⑦ (清)张百熙撰:《张百熙集》,岳麓书社 2008 年版,第 165 页。

⑧ (清)张百熙、荣庆、张之洞撰:《奏定学堂章程》,清光绪刻本,国家图书馆(藏)。

知西学、西政为何事,亦并未多见西书。其病由不讲西国科学而好谈西国政治法律起。盖科学皆有实艺,政法易涉空谈。此次章程,除京师大学堂、各省城官设之高等学堂外,余均宜注重普通实业两途。其私设学堂,概不准讲习政治法律专科,以防空谈妄论之流弊,应由大臣咨行各省切实考察禁止⑨。

清政府的上述规定,致使法律学堂和近代法学教育相较于其他学科而言发展较晚。1905 年,刑部侍郎沈家本和伍廷芳上奏清廷称“新律即定,各省未预储备用律之才,则徒法不能自行,终属无补”,因此“亟应广储裁判人材,以备应用”⑩。同年 4 月 24 日,清政府指派沈家本订定《法律学堂章程》,并规定已通过科举考取各部的属员,在法律学堂学习并毕业后,即可派往各省任官,为“佐理新政分治地方之用”⑪,为此清政府还专门成立了我国首个法律学堂——“京师法律专门学堂”。1906 年,清政府正式废科举,并宣布“预备立宪”后,法政学堂开始峰起。1907 年,清政府又将“京师大学堂”原设的“进士馆”改为“法政学堂”,并设经科、文科、格致科、农科以及法政科等七科门类,并规定“法政科须设本国教员 3 人,英国正、副教员各 1 人,法国正、副教员各 1 人,而学生则在一类师范生、译学馆毕业生和法文预科生中选拔,而所学科目分为主课与辅助科,共计 14 门,其中主课 11 门,主要包括法律原理、大清律例、各国宪法、民法和商法等,辅助课 3 门,分为财政学和行政学两类”⑫。随着清末《法律学堂章程》以及“京师大学堂法政学堂”的设立,各省也相继设立法政学堂(见表 1)。

---

⑨ (清)张百熙、荣庆、张之洞撰:《奏定学堂章程》,清光绪刻本,国家图书馆(藏)。

⑩ 伍廷芳著;丁贤俊、喻作凤编:《伍挺芳集》(上、下),1993 年,第 313 页。

⑪ (清)《修律大臣订定法律学堂章程》,载《东方杂志》1906 年第 10 期。

⑫ 赵尔巽等撰:《清史稿》卷四四三,中华书局 1977 年版,第 12448 页。

表1　清末各省创设的法政学堂

学堂名称	创设地点	创设时间	学堂名称	创设地点	创设时间
京师法律专门学堂	北京	1905	安徽法政学堂	芜湖	1906
北洋法政学堂	天津	1905	京师大学堂法政学堂	北京	1907
保定法政学堂	保定	1905	陕西法政学堂	西安	1907
广东法政学堂	广州	1905	山西法政学堂	太原	1907
江宁法政学堂	南京	1906	新疆法政学堂	迪化	1907
江西法政学堂	南昌	1906	湖北法政学堂	武昌	1908
福建法政学堂	福州	1906	吉林法政学堂	长春	1908
山东法政学堂	济南	1906	热河法政学堂	承德	1908
浙江法政学堂	杭州	1906	云南法政学堂	昆明	1908
四川法政学堂	成都	1906	广西法政学堂	桂林	1908
贵州法政学堂	贵阳	1906	河南法政学堂	开封	1908
湖南法政学堂	长沙	1906	甘肃法政学堂	兰州	1908
奉天法政学堂	沈阳	1906	黑龙江法政学堂	哈尔滨	1908

资料来源：参见（民国）丁致聘编：《中国近七十年来教育纪事》，台北，商务印书馆民国二十四年版，第29页；朱有瓛主编：《中国近代学制史料》（第二辑下册），华东师范大学出版社1989年版，第98页。

清末各地创办的法政学堂共计24所，加上京师法律专门学堂和京师大学堂法政学堂两所全国性法政学堂，至清朝灭亡之时，全国共有官办法政学堂26所，几乎是一省一校⑬。由此可见，自清末“学制之议”始，以各省法政学堂的快速创建为标志，我国开启了近代法学教育的滥觞。

⑬ 此外部分东南省份创办有私立法律学堂，如宁波法政学堂，但受清政府限制，此类学堂在当时并不普遍。

二、舆论助推：民初“为法治国”公论与法学教育“跃进”式发展

早在民国前，社会中便形成了应将民国建成一个“为法治国”的民主国家的讨论，其中孙中山作为近代法治的最早追求者，他对法治近代化对于中华民族重要性的论述在这一时期最具代表性。1897年7月，他便在英伦“East Asia”（《东亚》杂志）上发表“Judicial Reform in China”（《中国的司法改革》）一文，从而“第一次发出了将中国传统法律改造为近代法律的时代先声”⑭。

南京临时政府成立后，孙中山继续讲道：“中华民国建设伊始，宜首重法律，”⑮并形成了革命党人强调立宪与依法治国，力图建成“道德为礼，法律为用”的民主共和制国家的社会舆论。此后，民主党派人员、旧立宪派人士也纷纷阐述自己的法治观点，并由此创办了大量宣传近代法治思想的报刊，如《民立报》《东方杂志》《法政杂志》，以及《宪法新闻》中的“舆论择要”专栏⑯，这为民初社会各界讨论“为法治国”搭建了舆论平台。

在这种社会舆论中，法学教育是“为法治国”基础的讨论逐渐成为共识，这从1913年《庸言》刊载张东荪的《法治国论》一文中便可窥见。

> 中国之当为法治国以为全国上、下所共识，曾忆正式大总统就职之宣言曰，西儒恒言立宪国、重法律。共和国重道德，顾道德为礼，法律为用。今将使吾民一躍而为共和国民，不得不借法律以辅道德之用。共和定义曰采大众意思。制定完全法律，而大众严守之。若法律外之自由，则共耻之。此种守法习惯，必须积久养成，而后为法治国。吾民性最驯，惟薄于守法习惯，余望国民共守本国法

---

⑭ 李贵连：《近代中国法制与法学》，北京大学出版社2002年版，第67页。

⑮ 孙中山：《在南京答〈大陆报〉记者问（一九一二年一月六日）》，参见中国社会科学院近代史研究所中华民国史研究室、广东省社会科学院历史研究室、中山大学历史系孙中山研究室合编：《孙中山全集》（第二卷），中华书局1981年版，第47页。

⑯ 参见李学智：《民国初年的法治思潮与法制建设：以国会立法活动为中心的研究》，中国社会科学出版社2004年版，第15页。

律,教育习之既久,则道德自高。⑰

由上文可知,民国初年,“为法治国”已成为当时社会的一种共识,并且政府倡导国民借法律以辅道德之用,共同推进民众遵守法律。而更为重要的是,当时社会舆论已认识到法学教育是“为法治国”的基础,并认为当时民众的守法习惯尚未养成,需进行“习之既久,则道德自高”的长期法学教育。

以“法学教育为依法治国基础”的社会主流舆论思想,也直接催生了近代报刊中“法学教育广告”的迅猛发展,成为当时宣传和推广法学教育的重要方式,这从1912年《民立报》所刊登的诸多法政院校广告中即可看出(见表2)。

表2　1912年《民立报》刊登的法政院校广告

广告名称	刊登时间	广告名称	刊登时间
刱设女子法政学堂广告	1912-1-3	民国法律学校第五次补录名单	1912-4-7
浙江法政学校招生广告	1912-3-4	浙江政法大学讲习部招生	1912-4-9
神州大学法政讲习部招生广告	1912-3-12	民国政法大学招生	1912-4-10
南洋政法学校招生	1912-3-13	民国法律学校尚有余额,速来报名	1912-4-11
民国法律学校	1912-3-28	北洋法政学堂招生广告	1912-4-15
女子法政速成科招生	1912-3-29	中国法政大学附设速成科招生广告	1912-5-1
中国公学政法商各科招生	1912-4-2	上江法政学校成立广告	1912-5-5

⑰ (民国)张东荪:《法治国论》,载《庸言》1913年第24期。

续表

广告名称	刊登时间	广告名称	刊登时间
民国法律学校额满广告	1912－5－18	法律维持会中国公学政法商预科及专门部招生	1912－8－22
京师法政专门学校招生广告	1912－5－29	江苏私立共和法律学校招生广告	1912－8－24
民国法律学校第二班招生通告	1912－6－7	民国法律学校第二班第二次录取报名学员鉴	1912－9－2
上海贞吉里女子法政学校招生	1912－7－19	成都路贞吉里女子法政学校招收新生	1912－9－2
中国公学政法商大学预科	1912－7－20	北京法政专门学堂广告	1912－9－10
中华法政大学招生广告	1912－7－25	民国法律学堂广告	1912－9－14
北京法政专门学校招生广告	1912－7－27	北京法政专门学校招考广告	1912－11－26
上海民国法律学校宿舍广告	1912－8－6	民国法政大学招生	1912－11－27
神州大学招法政插班生	1912－8－15	民国法律学校招考预科生广告	1912－12－21
南洋女子法政大学预科附属两等小学招生	1912－8－16	教育部直辖北京法政专门学校招生通告	1912－12－22
江苏第三法政专门学校招生招生广告	1912－8－19	神州大学招考法政预科及本科插班生广告	1912－12－25
金陵法政学校招生	1912－8－19	中华法政专门学校别预科新插班生	1912－12－30

资料来源：（民国）《民立报》（1912 年 1 月 2 日至 12 月 30 日），国家图书馆全国图书馆文献缩微中心。

大多数的法政院校名称都由清末时的“学堂”扩建而来，涉及法政院校27所,刊登各类广告共38则。而在这些广告的刺激下,加之留洋归国人员的推动,导致民国初期法政院校较之清朝末期“学制之议”后,更如雨后春笋般在全国各省创建,从而呈现一种“跃进”式发展的态势。

民国初期黄炎培在调查江宁、苏州、上海、镇江、清江五地创建的公立、私立法政专门学校后,他对当时近代法学教育“跃进”发展的描述是:

> 吾江苏光复以来,教育事业,凡百废驰,而独有一日千里,足令人瞿然惊者,厥惟法政专门教育。尝静验之,戚尚友朋,驰书为子弟觅学校,觅何校?则法政学校也。旧尝授业之生徒,求为介绍入学校,入何校?则法政学校也。报章募集生徒之广告,则十七、八法政学校也。行政机关呈请立案之公文,则十七、八法政学校也……⑱

而据郭沫若回忆:“方圆只有22里路的成都城,在高峰期时,法政学堂的数量竟多达十四、五所,而法政人才的制造比花匠造花还快,学制多为三月、半年、一年的速成,且父子同学、祖孙同学的情况处处可见。”⑲

据统计,民国初期共建有各类法律学校67所⑳。在这67所学校中,在清末法政学堂基础上改建的有21所,约占31.3%,新建46所,约占68.7%;公立25所,约占37.3%,私立42所,约占62.7%㉑。可见,民国初期新设、公立以及私立的法政学堂占了62.7%,相较于清末的31.3%,是以两倍的比例增长,这说明民国初期法政院校的创建数量颇为巨大。

此外,民国初期法学教材和招生数量也很庞大,这也佐证了当时法政院校的体量巨大。

---

⑱ (民国)黄炎培:《教育前途危险之现象》,载《东方杂志》1913年第12期。

⑲ 参见《郭沫若选集》(第1卷上册),四川人民出版社1979年版,第179页。

⑳ 数据参见(民国)《法政学校》,载《教育周报》1919年第234期;(民国)《民政长训令法政学校准教育部覆定法政学校公立名称》,载《广州教育公报》1913年第12期;(民国)《调查各省法政学校》,载《教育周报》1915年第74期;(民国)《司法院特许私立法政学校设立一览表》,载《司法公报》1931年第137期等。

㉑ 参见李学智:《民国初年的法治思潮与法制建设:以国会立法活动为中心的研究》,中国社会科学出版社2004年版,第23页。

首先，教材既是学校进行专业教育的主要工具，也是反映某一学科领域社会舆论的重要窗口，故其数量和门类可作为衡量某学科专业教育发展状况的重要指标。据统计，民初法学教材累计达到700余种[22]，并且门类繁多，既有通论性的理论教材与各类讲义，如《法学通论》《法学概论》等，也有各方向性的论著和译著，如《宪法学》《民法总则新论》等，以及法律工具书，如《英法德日政法名词表》，甚至还涉及法政院校介绍、现行法规汇编等诸多内容，如《最近新订民国现行之法律中华六法大全》《中华民国最新法令汇编》等（见表3）。

表3 1912年《民立报》刊载法律教材广告

教材广告名称	首次投放广告时间	出版社
《法政总编》	1912年2月27日	上海棋盘街广益书局
《新刑律、刑事诉讼律、民事诉讼律合则》	1912年2月27日	上海棋盘街广益书局
《国际法讲义》	1912年3月8日	中村午、山由三良
《法政讲义》	1912年4月4日	未知
《共和法政讲义》	1912年4月30日	中华书局
《中华民国法学全书》（细目二十四种）	1912年11月22日	法学书局
《英法德日政法名词表》	1912年12月10日	上海商务印书馆
《法国宪法释译》	1912年12月11日	商务印书馆
《中华民国教育新法令》	1912年12月19日	上海商务印书馆

资料来源：（民国）《教材广告》，《民立报》，1912年，国家图书馆全国图书馆文献缩微中心（藏）。

仅1912年《民立报》一家报纸，就刊载有9种法律教材广告，并累计投放广告1096次，投放天数363天，[23]几乎每天都投放此类广告，每次平均投放3种教材。

[22] 数据由”民国图书数据库“和”近代教材数据库”统计。

[23] 数据依据1912年1月2日至12月30日《民立报》。

其次,就民初全国法政院校招生规模而言,最大规模时在校人数达8951人,毕业人数达1512人,已占全国大学生总数的30%[㉔],而1928年、1929年全国法学院在校学生总数为5605人和7006人,毕业生数为1044人和1123人[㉕],年增长率分别达到25%和8%。

由表4可见,在1928年全国大学的学生人数中,法学院在校生人数的数量最多,并占到当年全国学生总数的25.9%,而该年法学毕业生的数量亦较多,占比同样达到总量的26%,这导致民初法学院两类学生群体的数量都位列八大学科中的首位,充分说明法学教育在民初整体发展迅猛,已然呈现发展的"跃进"态势。

表4 1928年全国大学学生数和毕业生数比较

单位:人

学生群体	文学院	理学院	法学院	教育学院	农学院	工学院	商学院	医学院	专修科	总计
在校生	4142	1743	5605	1214	574	2180	1501	670	3994	21623
毕业生	581	352	1044	149	91	373	270	98	1046	4004

资料来源:参见(民国)申报年鉴社:《教育:高等教育:全国大学各学院及专修科历年学生数及毕业生数比较表(根据最近教育部调查)》,美华书馆1933年版,第1014页。

三、舆论谴责:知识分子对"跃进"式发展乱象的讨论

正当民初法政院校开办得如火如荼之时,法学教育"跃进"发展的这种乱象却在教育界颇受关注,并产生了强烈的舆论谴责。当时对法学教育乱象的负面社会舆论认为:学法律者都当法官、当政客、当律师,被社会所追捧。而非学法者能做之事很少,继而销声匿迹于乡里或者在社

㉔ 20世纪20年代前后,全国在校生总数为30384人,毕业生总数为5857人。参见(民国)申报年鉴社:《全国大学各学院及专修科历年学生数及毕业生数比较表》,载《申报年鉴》,美华书馆1933年版。

㉕ 参见(民国)申报年鉴社:《教育:高等教育:全国大学各学院及专修科历年学生数及毕业生数比较表(根据最近教育部调查)》,美华书馆1933年版,第1014页。

会的底层,若想出头只有学法一条路,并抛出所谓“培一枝而枯百干,举一事而废百,谋者也能不悲呼”㉖的观点。对此,众多有识之士在各大报刊中发表了对此种乱象的批评,并围绕乱象成因、治理对策进行了讨论,形成以下几点社会舆论:

1.法学教育理念不成熟。民初国家百废待兴,政府认为唯有教育可以救国,因此对法政人才抱有很高的期待,于是对法律入学条件一再放开,并颁布了《专门学校令》:

> 专门学校以教授高等学术养成专门人才为宗旨;专门学校之种类为法政专门学校,医学专门学校等;国立专门学校统由教育部管辖;凡私人或私法人筹集经费依本令规定设立专门学校为私立专门学校;专门学校入学资格须为中学毕业;专门学校得设预科及研究科等。㉗

《专门学校令》允许开设私立法政专门学校,并且删除了清末学堂中的别科。何为别科?法政别科这一分科,首次出现于1906年,在第一所法政学堂京师法政学堂创设之初,将课程分为预科、正科及别科。别科专门为科举人才而设,包括“各部院候补、候选人员及举贡生监,年岁较长者,在堂肄习”㉘。别科其实是对废除科举的善后,所以清廷还根据毕业考核等级授予法政学堂毕业生相应官职。若删除别科,大量在本科、预科之外设有别科或仅设有别科的政法学校就不符合《专门学校令》的规定。为了变通,民初又公布了《法政专门学校准暂设别科停止令》:

> 惟现时民国肇建,政法人才需用孔亟,自应量为变通,准于政法专门学校暂设法律别科,考取年为25岁以上具有国根砥者,三年毕业。其学习科目,由校长按照本科酌量减少。㉙

㉖ (民国)刘英:《悲政法学校之发达》,载《神州》1913年第2期。

㉗ 参见(民国)《专门学校令》,载《浙江公报》1912年第293期。

㉘ (清)学部总务司编:《学部奏咨辑要》,文海出版社1986年版,第180页。

㉙ 参见《教育》,载中国第二历史档案馆编:《中华民国史档案资料汇编》(第5辑),江苏古籍出版社1994年版,第107~108页。

在《专门学校令》与《法政专门学校准暂设别科停止令》颁布后,据统计,仅1912年全国私立法政专门学校建了27所,其中,经备案核准,设别科的学校有10余所㉚。可见,因处理清末废科举的善后工作,民初政府盲目地设置别科,进而放低了法学教育的入学条件,这说明当时政府对于法学教育仍延续清末的传统政策,并未根据教育现状采用新的举措,从而显现出政府在法学教育理念上的不成熟。

2. 学校系"营利性质"。民初知识分子认为,清末法政学堂的发展主要考量的是私人政治利益,并非国家兴旺与法学教育质量。《民立报》刊载《江苏私立法律学校招生广告》中提到:"本校呈请江苏都督咨部立案,先办完全、速成二科。完全科三年毕业,速成科半年毕业,与同种类之公立学校一律效用。现报名定于阳历八月二十一号至三十一号止。开学定于阳历九月十一号。"㉛从这则广告中能看出两个信息,一是民初私立法律学校也是政府备案的高等院校,其招生具有合法性。二是民初法学教育分为完全、速成二科,而速成科仅需半年学制,学生无法真正学到法学专业知识。对此,清末民初法学家沈家本评价道:"法律为专门之学,非俗吏能通晓,必有专门之人,斯其析理也精而密,其创制也公而充。"㉜可见,在欧美国家入学很困难且被称为精英教育的法学,在民初半年却能速成毕业,难怪遭到了当时舆论的强烈抨击,当时《批评》杂志刊载了一则内容,可反映出当时舆论对法学教育这一"速成"方式的强烈谴责。

> 本校兹因筹备不急,暂设速成科,一年毕业,"以应社会之需要"。这个"章程"就与他的"宗旨"不符,何故呢?他的"宗旨"是培养法政"专门人才",为何专门人才一年就可以毕业呢?如果有这个规定,那么,凡是法政专门学校,均可以一年毕业了,毕业之后,

---

㉚ 参见陈元晖主编,潘懋元、刘海峰编:《中国近代教育史资料汇编:高等教育》,上海教育出版社2007年版,第492页。

㉛ (民国)《江苏私立共和法律学校招生广告》,载《民立报》1912年8月24日,第4版。

㉜ 沈家本:《寄簃文存》,商务印书馆2015年版,第58页。

也可以“实行参政”,也可以“应社会的需要”了。㉝

而导致这种“速成”乱象的首要原因,当时社会舆论普遍认为是私立法政学校的创办以营利为目的,而对培养法政人才和普及法学教育并不关心,这从《神州大学法学部发行校外讲义》中即能体会。该讲义提到:“本大学为普及教育,发行校外讲义,具有特权毕业程度与本大学法政研习部相等,学费半年12元,第一册出版定6月15日前发行。”㉞这个广告看似是个讲义广告,实则为招生广告,并招收只用自学讲义就可以毕业的学生,因此,社会舆论对这种只重营利的办学者也提出了批评。

> 谬视法校者,乃以政法为官之利器,法校为官所产生,腥膻趋附,熏获并进。借学渔利者,方利用之以诈取人财,有名无实之法校,先后纷至……㉟

上述批评再次表明,民初私立专门法政学校的办学目标往往以盈利为主,导致学风也是“借学渔利”,其培养有用于世人才的初衷因此有名无实。

3. 缺乏学生管理与师资力量。民初如此多的法政学校,教师何来?清末的法政学堂一般由京师和各省培训官员的课吏馆和仕学馆改设而来,因经费充足,其教师大多聘日本教习担任(见表5)。

表5 清末法政学堂日本教习分布

学堂名称	日本教员名称
京师法政学堂	岩谷孙藏(总教习)、杉荣三郎(副总教习)、冈田朝太郎(教法学)、矢野仁一
京师法律学堂	岩谷孙藏(总教习)、杉荣三郎(副总教习)、冈田朝太郎(教法学)、矢野仁一

㉝ 参见(民国)吴高举:《对于北京女子法政专门学校招生章程的批评》,载《批评》1923年第7期。

㉞ (民国)《神州大学法学部发行校外讲义》,载《教育公报》1924年第1期。

㉟ 参见(民国)竟明:《法政学校今昔观》,载《教育周报》1914年第51期。

续表

学堂名称	日本教员名称
直隶法政学堂(保定)	甲斐一之(法学士)、中津三省(法学士)、矢板宽(法学士)、太田一平(法学士)、剑持百喜、中岛比多吉(通译)
北洋法政学堂(天津)	吉野造作(总教习,任东京帝大教授,法学博士)、今井嘉幸(法学士、东京地方裁判所推事、法学博士)、大石定吉(法学士)、名和刚(法学士)等
山东法政学堂(济南)	松野祐裔(法学士)、八田光二(法学士)等
山西法政学堂(太原)	横山治一郎(文学士)
江西法政学堂(南昌)	日下清癡(早稻田大学毕业)
浙江法政学堂(杭州)	大石定吉(后转至天津北洋法政些堂)
苏州法制学堂	土井常太郎(京都私立法制学校出身)
湖北法政学堂(武昌)	作田正一、筱崎正
新疆法政学堂(迪化)	林出贤次郎
两广法政学堂(广州)	松山丰造(法学士)、关山富(法学士)、腾田积造(法学士)、村中清司
云南法政学堂(昆明)	岛田俊雄(法学士,后日本司法大臣)
东三省法政学堂(盛京)	末松偕一郎(法学士)、柏田哲男(教日语)等
吉林法政馆	木村钦二

资料来源:参见汪向荣:《日本教习》,商务印书馆2014年版,第209页。

虽表5作者一再强调,他所统计的教习并不完整,仅涉及法政学堂的情况,但足以窥见清末法政学堂中日本教习较多之情形。此外,不少当时归国的法科留学生也担任教员,从而保障了清末法政学堂的师资质量和数量。

民初时,公立学校的办学水平也不差,师资情形基本与清末相同。然而,各私立与省城之外设立的法政学校,其师资水平却较为薄弱。这表现在民初各地先后扩建法政学校后,私立及省城外的法政学校,其师资大多以其他法政学堂毕业生为主,师资不足者甚至随意招用不合格人员,这导致民初法政学校的师资水平整体大不如清末。据民初国人私议:“此类私立法政学校,能少收一学生,则少误一青年,而国家社会将来可少受份祸害也。”㊱可见民初私立法政学校出现了教员资格不够,管理宽纵、教授松懈、常时缺席,敷衍教学及学生程度很差,来去无常、学额任意填报等严重的学生管理与师资短缺问题。

四、舆论效果:政府对法学教育“跃进”式发展的历史规制

在舆论谴责下,民初政府对法学教育进行了整顿,在取缔多所私立法政学校,以及实行法政学校定期考核制度后,法学教育“跃进”式发展的乱象得以改观,并逐渐趋于理性。

第一,裁撤及管控法政学校。以1913年颁布《教育部令各省法政学校遵照令办理通告》为起点,民初政府先明确规定,各省法政学校须将学生名册抄送司法部备案审查,且严格按照学生先入预科,毕业后方可升本科的流程,须达到本科三年,预科一年㊲的修业年限。随后又颁布《教育部限制法政学校招考别科生令》,以禁止京外法政学校招考别科生,并饬令各地省城之外不合条件的法政学校停办,要求所有私立大学之法科重新报教育部备案审查㊳。

除颁布上述法令之外,政府还先后派遣临时巡视员前往七省考察私

㊱ (民国)《教育部派员察视私立法政之结果》,载《教育杂志》1914年第11期。

㊲ 参见(民国)《教育部令各省法政学校遵照令办理通告》,载《协和报》1913年第20期。

㊳ 参见王健:《中国近代的法律教育》,中国政法大学出版社2001年版,第177页。

立法政学校的教育现状,并借此实施整顿管控之策。对此,《教育杂志》曾有记录。

> 自入民国以来,各省私立法政学校异常发达,诚为当务之急,惟是与学者多持营利主义滥收学生,而不注重学科,毕业者多抱做官思想,志在文凭而不热心向学,以至流弊百出,有名无实。若非取缔殊属不成事。教育部有鉴于此,为考核各省私立法政学校起见,特派临时巡视员2人,为王家驹和张谨。前赴江苏、江西、浙江、安徽、湖北、湖南及直隶七省考察私立法政学校以资整顿。[39]

经巡查后发现,仅江苏一省,备案的私立法政学校有13所[40],而未上报者却不计其数。即便是备案学校,大多也无基本办学资金,仅恃学费收入供给校用,故此种学校全系营业性质,实无向学之宗旨。在这种状况下,民初政府仅在江苏就停办了13所法政学校,如民国法政大学、上海中华法律专门学校,以及南京法政专门学校等。

在舆论推动下,整顿后全国法政学校的数量大幅减少,这从表6统计中即可看出。

表6 民初全国高等教育专门学校类办学变动情况

学年度	总计	高等师范	法政	医学	农业	工业	商业	船商	外国语
1912	106	12	64	5	5	10	5	/	5
1913	101	12	56	5	7	10	6	/	5
1914	89	11	44	7	7	13	5	/	2
1915	70	10	24	9	7	13	5	/	2

资料来源:参见《中华民国教育部教育统计》,载《中国近代教育史资料》,人民教育出版社2002年版,第368页。

由表6可见,国内法政学校由1912年的64所,逐渐减少至1915年

---

[39] 参见(民国)《教育部特派临时视学》,载《教育杂志》1914年第10期。

[40] 参见(民国)《视察江宁法校情形》,载《教育杂志》1914年第10期。

的24所，三年减少了30所，缩减率达46.8%，这说明民初政府的管控政策和措施取得了实质性效果，有效地裁撤了一批不合格的法政学校。

第二，法政学校反思整改。在裁撤与管控的同时，一方面，政府也要求法政学校开展整改，并规定未备案的私立学校立即向教育机构备案审查[41]；另一方面，鉴于民初国家政权的混乱不堪，寄希望于民国宪法设立后国富民强的国人，凡提起法政学生就带有轻蔑的态度，认为其品质不良，破坏纪律，而法政学堂已发展成为培养“臭政客”的地方，从而在社会中形成了一种对法政学生嗤之以鼻的舆论。

> 国人的高等专门教育，本已一般的都不满足，但讲到法律教育，那是更坏了，那些傍的科学不兴，又懒于用功的人，都去学习法政。[42]

虽然上述舆论认为民初法政学校生源质量差，教育效果不明显，但并不能说民初学堂都是如此不堪，只是较多的法政学堂以次充好，导致社会舆论有所片面，从而掩盖了少数优秀的法政学堂。正如蔡元培所说：“千万法政学生，虽多半是假冒招牌，但其中亦非无一、二好人，不过群众心理，大抵以大半数埋没少数，所以一律看不起他们。”[43]鉴于此，法政学校也开始反思，并奋起进行整改，试图挽回社会舆论的“刻板印象”，这从当时学生的反思中可看出。

> 社会上常说：“法政学校是官僚养成所，法政学生是未来的臭官僚，臭政客。”确实，现在的法政学生，太放弃责任了。从今日起，法政学生青年非痛加一翻改造不可。一方面须努力造就自己的学问；一方面须随时培养自己的高尚人格。此外，还要养成一种“不争权利，不闹意见，以求最大多数之最大幸福为目的”的习惯，这是法政学生特别的责任。现在法政学生如果不从速觉悟，仍然醉生梦死的，只图混一张毕业文凭，那么，将来和今日当权执事的，还不是一

[41] 参见(民国)《教育部派员察视私立法政之结果》，载《教育杂志》1914年第11期。
[42] (民国)《教育部派员察视私立法政之结果》，载《教育杂志》1914年第11期。
[43] (民国)《蔡孑民先生演说辞》，载《法政学报》1919年第11期。

丘之貉,于国家有何益处!㊹

上述反思表明,在经历了民初法学教育“跃进”式发展乱象后,广大法政学生也开始从社会责任出发,自我意识到要进行法学教育的整改,并随之提出了努力学习法政学问、随时培养高尚人格,以及养成“不争权利、不闹意见”习惯的三点整改措施。民初,法政学校的反思,以及开展的整顿措施,在当时国家政权并不稳固、国内法学教育借用西方体制兴起也仅十余年的历史背景下,却在一定程度上改善了自清末沿袭下来的谋官心态,以及逐利目的的法学教育之不良风气,并促其逐渐步入“努力学习、培养人格”的良性发展阶段。例如,以“法治为重心”而兴办法政学校的法学教育理念,虽不能说全盘有益,但最起码在当时历史阶段传播了西方法律知识,并启发了国人“依法治国”的觉悟。而法政学堂的繁盛也为当时处于向近代法制转型过程中的中国,输送了大量具有时代先进法政意识和观念的法律专业人才,他们中的许多优秀分子很快成长为晚清和民国政治、法律界的重要人物㊺。因此可以说,民初法政学校的反思与整顿,是近代法学教育学风、校风得以改良的重要方式与途径。

五、清末民初法学教育“跃进”式发展的历史启示

学者认为,法学教育不仅包括专业教育,还包括普法教育,而普法教育面对的受众群数量更多、素质基础差异更大,这导致法学教育传播情况更复杂。㊻ 因此,如何在新时代更好地开展法学教育工作,建构和树立法学教育良好的学风、校风和社会氛围,并充分发挥社会舆论对法学教育的促进作用,或许从清末民初法学教育“跃进”式发展的史实中能窥见一些可兹借鉴的历史启示。

第一,制定学科发展规划,保障科学化发展。近代法学教育虽兴起于清末“学制之议”,但当时的清政府却没有制定出足以保障法学教育

㊹ 参见(民国)《社说》,载《法政学报》1924 年第 9 期。

㊺ 参见程燎原:《清末法政人的世界》,法律出版社 2003 年版,第 31 页。

㊻ 参见齐伟、刘丝丝:《全面推进依法治国视野下的法学教育改革——评〈法学教育研究〉》,载《高教探索》2020 年第 8 期。

科学化发展的学科发展规划,甚至一度因畏惧法科思想的传播动摇其腐朽保守的统治,炮制出“禁习政治法律”的规定,用以限制法学教育的发展。至民初,也因逐利目的,使部分法政学校成为商业组织,只顾牟利而不思教育。而这一切弊端的成因,归根结底是当时法学教育尚处在发展的早期阶段,还未制定出谋求学科发展的规划,因此,无法保障其长远的科学化发展。

第二,加强政府职能管控,注重法学教育质量。法学是与社会生活紧密相连的社会科学。正因如此,民初法学教育才成为社会某些群体进行“谋官”及“逐利”的工具,这不仅使法学的社会声誉每况愈下,而且还引发了法学教育的泛滥发展,最终造成法学教育质量的严重下滑。故当社会不良风气对法学教育冲击与侵蚀时,政府应充分发挥教育管控的职能,通过行政、法规以及考核的方式,尽量摒弃社会不良因素对法学教育的影响,并应在合理规划法学院校数量以及区域布局的基础上,加大对法学教育质量的监管,从而塑造出法学教育良好的学风、校风以及社会氛围。

第三,立足国情,构建符合本土实践的法学教育体系。清末民初,在法政学校发展泛滥、社会知识分子广泛关注并进行舆论抨击之时,我国近代法学教育才经历了短短十余年的发展时间,整体上极不成熟。而究其原因,法学教育的建立未立足国情,无法构建起符合本国法律实践的教育体系,甚至连教学讲义,也多为借用日本人所著的中文教材。因此,在这种教育条件下,当时的法学教育体系很难适应国内社会的现实需要,只能畸形发展为“谋官”与“逐利”的教育工具。由此可见,切实立足于国情,将法学教育置于本国社会发展的现实需要之中,才是发挥法学教育作为一门社会科学真正学科能力的有效途径,这就要求当代的法学教育应构建起“理论与实践”相结合的教育体系。

第四,发挥媒介舆论监督作用,催生法学教育发展的正向驱动力。舆论作为公开的社会评价,具有两面性。一是正向舆论可提供正确的认识方向,近代中国在西方法治思潮与迫切希望富强的舆论影响下,民初大力兴办法政学校,努力培养法治人才,但却因没有依照客观发展规律,未立足于我国国情,致使法学教育出现“跃进”式发展乱象。随后,当社会精英发现此乱象后,便纷纷在报刊中针砭时弊。而在舆论的压力下,民初政府首先对法学教育进行规制,并通过法令、巡视和裁撤的方式,使法学教育发展泛滥的乱象得以改观。二是负向舆论对社会产生破坏作用。在民初舆论“一边倒”完全认为法政学生多为“苍蝇”、“臭官僚”的情况下,较多学生中途退学从而放弃了法政学习,这导致近代法学教育在质量发展上长期停滞,依法治国理念无法普及。因此,在媒介迅速发展且成为社会重要驱动力的新时代,社会应积极发挥媒介舆论监督作用,并促其成为法学教育发展的正向驱动力。

总之,无论面对社会的变革,还是媒介发展的挑战,新时代的法学教育都应以史为鉴,不仅自身要吸取“跃进”式发展的历史教训,还要借力发展,合理运用媒介与舆论的正向监督,构建科学化、质量化和本土化的社会导向力,以推动当代法学教育的高品质发展。

Regulation under Public Opinion: the "Leap Forward" Development of Legal Education in the Late Qing Dynasty and the Early Republic of China (1905 - 1927)

Lv Qiang

Abstract: Under the historical trend of "Dissemination of Western Learning" in modern times, at the late Qing Dynasty and the early Republic of China, the public opinion promoted the emergence and development of Western legal education. However, influenced by the traditional mindset of seeking the bureaucrat and benefit, legal education showed a "leap forward" development which lead to a surge in the number of virous law schools in the early Republic of China to 67. Faced with such chaos, public opinion once again played a supervisory role, using condemnation and criticism to help the government regulate such chaos through education control, school elimination and self-rectification. And it achieved remarkable results. Reviewing the "leap forward" development history of legal education in the late Qing Dynasty and the early Republic of China, while seeing the chaos of its development, the author of this paper contends that people should also recognize its contribution to modern China in disseminating legal knowledge, cultivating the concept of rule of law and political and legal talent.

Key Words: public opinion; the late Qing Dynasty and the early Republic of China; legal education; leap forward; regulation

政治系下的国际公法教育

——以上海圣约翰大学为研究对象

应浩珍*

摘　要：圣约翰大学是美国圣公会在华创办的教会大学，它从十九世纪末就开始了国际公法的教学。虽然圣约翰大学没有创办独立的法学院进行系统的法学教育，但它在借鉴美式法学教育基础上，尝试在政治系下开设法律课程，以培养具有法律素养的优秀政治人才。圣约翰大学政治系下的国际公法课程注重与国际政治、外交的结合，强调对时事案例的研究，在基础课程之后引入了高阶课程。国际公法的教材和教学内容总体上经历了从向欧美学习到向苏联学习的过程。圣约翰大学国际公法的教师主要是留学欧美并获得国际顶尖大学硕博学位的圣约翰校友，他们具有政治学、外交学和法律的复合知识背景。受母校的影响，负笈海外学习法律的圣约翰大学毕业生大多会选择国际法或宪法，他们学成归来后在政治、外交、法律、教育领域都作出了重要贡献。

关键词：圣约翰大学　法学教育　政治系　国际公法

---

* 应浩珍，浙江工商大学助教。研究方向：中国法制史。

引　言

圣约翰大学是美国圣公会在华创办的一所教会大学，也是西方传教士在中国创办的第一所近代大学，在中国历经了73年光景，培养了诸多享誉世界的人才。民国时期著名的外交官戴恩赛、首位中国籍联合国国际法院院长史久镛、兼有政治经验和教学经历的国际法博士刁敏谦均是圣约翰大学的毕业生。但是，专门研究圣约翰大学国际法学教育的论文较少，沈伟曾在他的文章中讨论了东吴大学与圣约翰大学联合创办法学院的协商过程，①王伟在研究中国近代留洋法学博士时涉及圣约翰大学毕业生留学读法科的内容，②龚浩晰在以刘师舜为例研究中国近代国际法学家与中国外交的文章中，分析了圣约翰大学政治系对于清华大学早期办学的深刻影响。③

众所周知，美国传教士丁韪良（William Alexander Parsons Martin）（1827—1916年）翻译了惠顿（Wheaton）的《万国公法》，丁韪良以翻译此书的声名受邀为同文馆翻译教习，讲授国际公法和政治经济学（富国策），④系统化的国际法学理论开始在中国大地传播。圣约翰书院的课程设置紧跟时代潮流，在19世纪末就有法学课程的身影。书院时期的正馆第三年就有“万国公法”课程的开设，1896年改组后的圣约翰学校广学馆第三年也开设了“欧洲律例史记”课程，⑤这比赫赫有名的朝阳大学、东吴大学法学院的建校时间还早，所以圣约翰大学的确可以说是沪

---

① 参见沈伟：《民国东吴大学法科的建立及其影响新议》，载《东吴学术》2017年第2期。

② 参见王伟：《中国近代留洋法学博士考》，上海人民出版社2019年版，第68、96、105、109、113、124、134、141、142、157、165、168、238、367页。该著作中涉及的上海圣约翰大学留洋法学博士主要有张肇元、李子欣、钱乃文、王以德、宋允惠、刁敏谦、垄钺。

③ 参见龚浩晰：《浅议中国近代国际法学家与中国外交——以刘师舜为例》，载《江西师范大学学报（哲学社会科学版）》2018年第6期。

④ 参见王维俭：《丁韪良和京师同文馆》，载《中山大学学报（社会科学版）》1984年第2期。

⑤ 参见《圣约翰书院详定章程》，上海美华书馆1898年印，第3页。转引自徐以骅主编：《上海圣约翰大学（1879—1952）》，上海人民出版社2009年版，第17页。

上国际法学教育的先行者。

一、圣约翰大学政治系下的法学课程

基于政治人才需求大于法律人才需求的社会现实的考虑,加上上海教区主教和美国差会对于承担法律教师经费的反对,圣约翰大学校长卜舫济放弃了与东吴大学联合创办法学院的想法。在借鉴美式法学教育的模式后,圣约翰大学走出了一条在政治系下开设法学课程以培养具有法学素养的政治人才的道路。

(一)政治系下法学课程的构想

卜舫济校长在1907年校长年度报告中表达了在未来组建法学院的想法。⑥ 1913年卜舫济校长与东吴大学的兰金开始协商合办法学院的事宜,虽然合作办学最终未能真正落实,但在磋商中卜舫济更加明确了本校法学教育的目标和方式。他认为完善和加强在文学院的法律和政治课程,比创办一个独立的法学院更为明智。在1917年6月时卜校长具体地表达了他的想法并初步拟定了课程:

> 之前我确实很想要创办联合法学院,但是经过深入的调查,我认为当务之急应是完善我们的政治系。在政治系中可以开设如下课程:罗马法、民法、国际法、宪法、宪法史、经济学、社会学、国际政府、市政府以及相关课程。⑦

可见,政治系下的法律课程是服务于政治人才培养的,罗马法、民法是培养法学素养最基础的法学课程,国际法、宪法是卓越政治人才必备的法学知识。围绕政治系的培养目标,圣约翰大学放弃了以创办独立法学院的模式进行系统的法学教育,而是采取了在政治系下开设以国际法和宪法为主的法学课程以培养具有法学素养的优秀政治人才的模式。

(二)政治系下法学课程的设置

尽管圣约翰大学最终没有与东吴大学在创办联合法学院上达成一

⑥ 上海档案馆藏:Q243-1-1446-1《圣约翰大学1907至1908学年报告》。

⑦ 上海档案馆藏:Q243-1-101《关于本校同东吴大学办理联合法学院的文件》。

致，但在此之后，卜舫济校长确实将其在政治系下开设法学课程的设想付诸于实践。1918年"增设了政治经济一科，于秋季正式开办且颇受欢迎，其入学资格以正科中级生（即正科二年级）修业者为限，二年卒业，给予政治科学士学位"⑧。但其实在此之前圣约翰大学也已经有法学课程的开设，如在1909学年西学斋文科社会学课程中设置了万国公法，⑨1913年陈迪民同学的成绩单显示他在第四年修了国际法课程，⑩1917学年，文科的政治学部下开设了针对文科高级生的国际法。

1918学年圣约翰大学在保留了国际法课程的同时，增设了针对上级文科生开设的法律学，针对大学院生开设的法学理论之历史和万国公法择要；在1919年将课程调整为国际公法、宪法和法理学；1929和1930年度的法学课程为法学纲要、国际公法和罗马法；1934年为法学纲要、国际公法、宪法研究与民国制宪史；1937年为国际公法、宪法、法学与法理学（见表1）。

表1　圣约翰大学法律相关课程

时间	课程名称
1917学年	国际法（文科高级生）[1] 史学部[2]：英国宪法史（中级文科生） 国际法中选出之案件（大学院生） 美国史要[3]（上级文科生下学期）
1918学年	国际法（文科高级生）法律学（上级文科生） 法学理论之历史（大学院生）万国公法择要（大学院生） 历史系：英国宪法史（中级文科生）

⑧　1918年3月19日《申报》"圣约翰大学添设新科，造就政治人才"：圣约翰大学正科向分文理医道四科，成效久著。近又添设政治经济一科，其入学资格以正科中级生（即正科二年级）修业者为限，二年卒业，给予政治科学士学位。此科于本年秋间举办，闻近日中级生在办公处报名者颇不乏人云。

⑨　参见熊月之、周武主编：《圣约翰大学史》，上海人民出版社2007年版，第88页。

⑩　上海档案馆藏：Q243－1－872《圣约翰大学毕业生学籍成绩袋（1913—1919年）》。

续表

时间	课程名称
1919 学年	国际公法　宪法　法理学
1929—1930 年度[4] 1930.9—1931.6[5]	法学纲要[6]国际公法[7]国际组织[8]罗马法[9] 历史系:英国历史[10]
1934 学年	法学纲要　国际公法　宪法研究与民国制宪史
1937 学年	国际公法　宪法　法学与法理学 历史系:中国法制史
1938—1948 年	法学纲要　法律的要素　法理学　国际私法　战时国际公法　平时国际公法　高等国际公法研究　商法　比较宪法　日本宪法　中国宪法史　美国宪法史　行政法　刑法

注:本表主要依据:上海档案馆 U104 - 0 - 75《圣约翰大学年事一览表 1930.9—1931.6》;上海档案馆 U104 - 0 - 74《圣约翰大学年事一览表 1936 年》;《圣约翰大学一览十九年至二十年度(1930—1931)》《圣约翰大学一览民国二十六年至二十七年度(1937—1938)》。参见熊月之、周武主编:《圣约翰大学史》,上海人民出版社 2007 年版,第 96 ~ 102、128 ~ 133、149 ~ 157 页。

〔1〕1917 学年政治部其他课程有理财学(中级文科生)、理财学(高级理科生)、社会学(上级文科生)、政治学(上级文科生)、公家财政学(文科两科高级生)。

〔2〕1919 学年学科与课程归类进行调整,原文科史学部改为设在社会科学部的史学。

〔3〕注重殖民时代,而研究工商政治上制度之发生、革命宪法、南北相争诸事实。尤注意英美制度之差异。

〔4〕上海图书馆藏:《圣约翰大学简章(十八年至十九年度)》,第 19 ~ 20 页。

〔5〕上海档案馆藏:U104 - 0 - 75《圣约翰大学年事一览表 1930.9—1931.6》。

〔6〕法律之根本性质及其原则,对于本国现行之法律,作概略之研究。

〔7〕国际公法之历史、原则、例证事件、各种文件之研究,及其最近之发展。

〔8〕各国统一商业、法律、交通、科学、劳工等组织之发展,尤注意于国际联盟会。

〔9〕研究罗马法之历史与原理,及其对于现代法学之影响。

〔10〕注重宪法之发展,以为研究各种政治之基础。

可见,圣约翰大学的法学教育自 19 世纪末书院时期的"万国公法"以来,在政治系成立之后得到了进一步完善。国际公法作为核心课程贯穿于圣约翰大学政治系法学教育的各个时期。

二、国际公法课程及其教材

从圣约翰书院开设"万国公法"课程开始,国际公法一直都在培养计划之中，尽管政治系经过多年发展已经开设了较多其他的部门法课程，但是国际公法依然是法学教育的重点。国际公法课程并非一成不变，而是经历了从向欧美学习到向苏联学习的过程。

（一）国际公法课程

圣约翰大学的国际公法教育具有注重与国际政治、外交结合的特点，这是政治系下开设国际法教育的优势和特色；由于时代背景的影响，国际公法的教学实用性强，十分强调时事案例研究；国际公法作为圣约翰大学法学教育的核心，在课程设置上循序渐进，从基础到高阶、从全面到专题。下面将把圣约翰大学政治系下国际公法教育与清华大学政治系下国际公法教育进行对比以做分析。

1. 注重与现时国际政治、外交的结合

首先，圣约翰大学政治系下的国际公法教育最显著的特征就是以国际政治、外交学知识为支撑。以圣约翰大学政治系 1930—1931 年度课表和国立清华大学政治系 1929 年开设之课程为对象（见表 2）：

表 2　圣约翰大学政治系课程与国立清华大学政治系课程对比

院系	课程
圣约翰大学政治系 1930—1931 年度[1]	政治学纲要、法学纲要、国际公法、市政、英国政府、欧洲大陆之政府、美国政府、本国之国际关系（1834—1911）、国际组织、政治理论史、罗马法、现代本国、本国政府、专修学程
国立清华大学政治系 1929 年[2]	普通课程：政治概论、近代政治制度、市政学 国际法方面课程：国际公法、国际联盟、世界政治大势 国际组织、国际公法案例研究、条约研究、中国外交史 政治思想方面课程：近代政治思潮、政治思想名著研究、政治思想史 法律方面课程：法学通论、民法一及民法二、法制史、商法

〔1〕参见王强：《近代教会大学历史文献丛刊（1）》，凤凰出版社 2015 年版，第 29～30 页。

〔2〕参见孙宏云：《中国现代政治学的展开：清华政治学系的早期发展（一九六二至一九三七）》，三联书店 2005 年版，第 105～106 页。

虽然由于学校课程的改革，不同年份具体课程会有所不同，但以上课程可以反应大致的面貌。从两校的政治系课程设置来看,国际公法一般都是在三四年级阶段的课程,因为前两年的政治学、外交学以及其他法学课程的背景知识,能使学生在学习国际公法时更精准、更自然地理解其中的有关概念和案例。清华大学的课程设置在早期受到圣约翰大学的影响极深,并且两校都深受美国大学教育的影响,故都将国际法学教育置于国际关系,甚至更大的国际生活视野之中。⑪

其次,清华大学和圣约翰大学都将条约问题作为国际法研究的重点之一。清华大学专门为政治系研究部学生开设了条约论的课程,由王化成教授负责本课程,王化成先前在美国明尼苏达大学学习国际法与国际政治,在芝加哥大学做科研期间获得博士学位,后又在哈佛大学研究国际法一年。⑫ 王教授的条约论课程首先讲述条约的性质和种类,其次叙述条约如何缔结、如何执行、如何解释以及如何告终,最后讨论中国近年来修约的问题。⑬ 圣约翰大学岑德彰、刁德仁教授的国际法课程中也有条约内容的讲授,1951 年第一学期圣约翰为政治系四年级的学生专门开设了条约论的选修课,由郑康祺担任访问教授负责本课程,郑康祺曾任驻澳大利亚公使、人民政府上海外侨事务处顾问。⑭ 课程的主要内容包括“条约的成立要件、条约的谈判与起草、条约的程式及文字、条约的签字和批准、互换及保存、第三国的加入、条约的效力和履行、条约的制裁和解释、条约的分类及修改、条约的停止及终止”。⑮ 比较而言,清华大学比圣约翰大学更早开设了专门的条约论课程,清华大学条约论的学习门槛比圣约翰大学更高一些。从授课教师来看,虽然王化成在离开清

---

⑪ 参见曾涛:《近代清华大学的国际法教育探析》,载《中国法学教育研究》2010 年第 4 期。

⑫ 参见曾涛:《近代清华大学的国际法教育探析》,载《中国法学教育研究》2010 年第 4 期。

⑬ 参见清华大学校史研究室编:《清华大学史料选编:国立清华大学时期(1928—1937)》(第 2 卷)(下),清华大学出版社 1991 年版,第 605 页。

⑭ 参见张朋园、沈怀玉编:《国民政府职官年表(1925—1949)》(第 1 册),中央研究院近代史研究所 1987 年版,第 572 ~ 574 页。上海档案馆藏:Q243 - 1 - 442《本校 1949 年度教职员名单》。

⑮ 上海档案馆藏:Q243 - 1 - 648《1951 年度第一学期教学大纲》。

华后担任了国防最高委员会参事、国民政府外交部条约司司长、驻葡萄牙的全权公使,[16]但其在清华任教期间更偏学术性;而郑康祺在执教圣约翰大学期间,已经担任过外交职务,因此他在教学过程中可能或多或少会融入自身的经历和实务的内容。

2. 强调时事案例研究

王化成是清华大学政治系负责国际法方向的教授,他长期在清华任教,他的教学方法和内容一定程度上能够代表清华法学国际法的教学常态。王化成的国际公法课程和国际公法判例课程都非常注重案例的研究,所用案例有“世界法庭、海牙仲裁国际仲裁法庭,以及欧美各国国家法庭之判例及意见书”,[17]他会选择七八十个与国际法相关的重要案例进行研究,学生需要在课前进行自修以备课堂讨论。同时,为了学习和赶上欧美国家国际法的研究与实践,这一时期的国际法课程极为注重国内与国外的比较,王化成教授本课程的目的也是“观察国际法庭与国内法庭对于国际法应用不同之处,法庭判决与仲裁结果根本区别所在等”。[18]

清华大学的这门国际公法判例课程是三四年级和研究部学生共同选修的,圣约翰大学也有相似课程的开设。圣约翰大学国际法课程也十分重视结合案例进行讲授,如韩玉珊教授、苏尚骥教授的国际法课程中都运用了国际法判牍文件。[19]“除了研究国际法历史和国家及其性质之外,注重战时国际法、平时国际法、治外法权、近世主权之意向、仲裁裁判等近代国际交往中的重大现实法律问题,甚至包括海牙和平会之案牍这

---

[16] 参见张朋园、沈怀玉编:《国民政府职官年表(1925—1949)》(第1册),中央研究院近代史研究所1987年版,第397~398页。中华民国人事录编纂委员会编:《中华民国人事录》,中国科学公司1953年版,第14页。

[17] 清华大学校史研究室编:《清华大学史料选编:国立清华大学时期(1928—1937)》(第2卷)(下),清华大学出版社1991年版,第603页。

[18] 清华大学校史研究室编:《清华大学史料选编:国立清华大学时期(1928—1937)》(第2卷)(下),清华大学出版社1991年版,第603页。

[19] 上海档案馆藏:U104-0-74《圣约翰大学年事一览表1936年》和U104-0-75《圣约翰大学年事一览表1930.9—1931.6》。

样鲜活的有关国际关系之重要文件,也作为圣约翰大学的教材进入了课堂。"[20]

3. 国际法课程设置层层递进

圣约翰大学的国际法课程在设置上有不断深化的特征,除了一般的战时国际法、平时国际法之外,还有国际法高阶课程的设置,如1941—1942年第二学期有谢菲伦(Florence Janson Sherriff)教授的国际法高阶课程,1942年暑期还开设了国际法高阶课程的第二部分。[21] 清华大学在设置1929年的国际法课程时,校方也希望加深国际公法教学的深度,建议Wright教授开设国际公法的专题研究。[22] 虽然圣约翰大学这门国际法高阶课程的具体授课内容在档案中未能读到,也不知Wright教授是否听从了校方的建议,但无论如何,两校都十分重视国际法的教育,并期望使教学内容更具深度。

(二)国际公法教材

圣约翰大学国际公法的教材和教学内容经历了从向欧美学习到向苏联学习的过程。

1. 以欧美国际法为学习对象

早期,国际法学课程所使用的教材是英文原版教材,这些教材基本都是当时最新且极具影响力的著作,如沈素存教授、高德教授的"国际法"课程都使用了谈惟司所编的《国际法纲要》,[23]苏尚骥教授的"国际法"课程选用了美国国际法学家芬威克(Charles G. Fenwick)的《国际法的要素》,[24]芬威克教授的这本著作非常适合作为大学教材以及国际法

---

[20] 熊月之、周武主编:《圣约翰大学史》,上海人民出版社2007年版,第110页。

[21] 上海档案馆藏:Q243-1-1408、Q243-1-1406《1938—1948年各系课程学分总表》。

[22] 参见孙宏云:《中国现代政治学的展开:清华政治学系的早期发展(一九六三至一九三七)》,三联书店2005年版,第105页。

[23] 参见熊月之、周武主编:《圣约翰大学史》,上海人民出版社2007年版,第116页。参见王强:《近代教会大学历史文献丛刊(1)》,凤凰出版社2015年版,第226页。

[24] 上海档案馆藏:U104-0-75《圣约翰大学年事一览表1930.9—1931.6》。

原则的通识读本,㉕甚至在一定程度上比广受喜欢的英国学者卢麟斯(T. J. Lawrence)的《国际公法要略》略胜一筹。芬威克的著作丰富了传统的国际法框架下的条约等内容,但不得不承认作者对战争法的研究却不够重视。㉖

2. 苏联国际法的影响日益深入

随着教育权的收回,圣约翰大学的教学语言从英文变成了中文。此外,圣约翰大学的国际法教学从向欧美学习逐渐转变为以苏联为榜样,所使用的教材和课程的规划都开始加入了苏联国际法的研究成果。

从国际公法课程来看,1950年岑德彰教授的国际公法课程中所使用的教材仍是由其自己翻译的《奥本海国际法》上下两册,分别是战时国际法和平时国际法,参考书大部分为英文原本的国际名著及事例,参以中外条约及外事章程法令。但报表中有一栏为"在改进教材中需要何种帮助",岑德彰教授的意见是"希望多得苏联方面参考资料"。㉗ 1951年度第一学期,校方根据岑德彰教授的建议购进了较多苏联方面的教材,新增了胡泳龄编的《战时国际法》、斯大林的《国际法基本原则》和弗·依·柯席乌尼科夫的《国际法讲授提纲》。

然而苏联国际法的影响并不是排山倒海式的,尽管参考资料中加入了更多苏联的国际法书籍,课程规划的体系仍然在绝大程度上参考了《奥本海国际法》的体例和内容,课程规划的内容都可以在《奥本海国际法》下册中找到,如前三周的内容"国际纠纷之解决、和平解决、强制解决"即是该书第一编的第一章和第二章,第四至七周的内容"战争概论、战争法规、交战国、敌性问题"即为该书第二编的第一章中的重要小节,接下来几周的课程也同样如此。㉘

㉕ See Frank E. Hinckley, *Book Reviews about International Law by Charles G. Fenwick*, California Law Review 12, 1924, p. 330.

㉖ Pitman B. Potter, *Book Reviews about International Law by Charles G. Fenwick*, Michigan Law Review 23, 1924, p. 208 – 209.

㉗ 上海档案馆藏:Q243 – 1 – 652《各系科教材概况统计报表》。

㉘ 依据[德]奥本海:《奥本海国际法下卷——战争与中立》,岑德彰译,中华民国二十三年七月初版,结合上海档案馆Q243 – 1 – 648中1951年第一学期政治系四年级必修之国际公法课程教学纲要对比所得。

另一本参考书是斯大林的《国际法基本原则》,此书应为柯席乌尼科夫所著的《斯大林论现代国际法的基本原则》,该书主要包括苏联外交的特性、国家与法律主体问题、国家的承认问题、民族自决与国家主权、不干涉他国内政、国际条约问题、苏联与国际合作问题和战争八个部分,其中提到了斯大林所坚持的"争取和平与国际合作""平等原则""不干涉他国内政的社会主义原则"等内容。[29] 柯席乌尼科夫的《国际公法研究提纲》篇幅不长,点到了国际公法中的基本问题并结合了苏联在国际法中的作用和态度,但是它并没有对其中所提到的内容进行具体的阐述,所以只能作为教学和研究的指导。[30] 因此,从一定程度上来说,虽然这一时期大量学习了苏联的国际法理论,但是岑德彰教授的国际公法课程的框架仍然带有原来欧美国际法体系的痕迹,仅在实际教学过程中加入了苏联国际法的内容。

1951 年春季刁德仁教授的国际法课程(下)在教学规划上有了更浓重的苏联色彩。刁德仁教授该课程所使用的参考书目只列了《斯大林论现代国际法的基础原则》和岑德彰翻译的《奥本海国际法(战时)》,并且刁教授的教学进度是与《斯大林论现代国际法的基础原则》的目录相对应的,分别为"苏联外交的特性、国家与法律主体问题、国家的承认问题、民族自决与国家主权、不干涉他国内政、国际条约问题、苏联与国际合作问题和战争"。刁教授的国际法课程也非常注重比较法的方法,该课程的规划思路是"根据斯大林国际法基本原则,参考英美现行国际法,以资比较"。[31]

通过 1951 年上下学期两位教授的国际法课程比较,可以看到随着教授对于苏联国际法学习的深入以及苏联法律对中国影响的加深,国际法课程设计从以欧美国际法为框架结合苏联国际法内容到以苏联国际

---

[29] 参见[苏]柯席乌尼科夫撰:《斯大林论现代国际法的基本原则》,钱克新译,世界知识社 1950 年版,第 1 ~ 30 页。

[30] 参见[苏]柯席乌尼科夫:《国际公法研究提纲》,中国人民大学研究部编译室译,人民出版社 1953 年版,第 1 ~ 20 页。

[31] 上海档案馆藏:Q243 - 1 - 579《圣约翰大学有关教学计划、课程安排及部分教学提纲》。

法为框架以英美国际法为参考。

三、国际公法的师资队伍

在20世纪30年代中期之前,圣约翰大学政治系的教师是以外籍教师为主的,但外籍教师主要从事政治学的教学,国际法的教学则主要由中国教员担任,并且很大一部分都是圣约翰大学的毕业生,最主要的教授有岑德彰、潘世兹、刁德仁、沈素存、韩玉珊、苏尚骥。

(一)中国教师

圣约翰大学政治系国际公法、宪法学课程的教授岑德彰,1920年毕业于圣约翰大学,取得文学士学位,后取得哥伦比亚大学文科政治学硕士,回国后曾任上海圣约翰大学、持志大学、国立政治学院、中国公学教授、东吴大学法学院讲师,㉜1934年12月12日至1941年2月1日任行政院政务处参事。㉝ 他翻译了著名德国国际法学者奥本海的《奥本海国际法》、㉞格老秀斯的《国际法典》,㉟这两本译作堪称经典,是国际法学研究的必读书目。他翻译的《奥本海国际法》也成为圣约翰大学国际法课程的教材。岑德彰教授不仅在国际法方面有独到的见解,还在宪法等方面也有所专长,他还负责编辑了《中华民国宪法史料》。㊱ 在圣约翰自办的刊物《约翰声》中,岑德彰教授发表了《欧洲和平会议遣使问题》和《柏拉图之政治学》等文章。㊲ 法学之外,岑德彰教授对于经济学也颇有

㉜ 参见上海圣约翰大学学生会编:《约翰年刊》,上海圣约翰大学出版社1927年版,英文部分第20页;[日]外务省情报部:《现代中华民国满洲帝国人名鉴(1937)》,东亚同文会业务部1937年版,第260页。

㉝ 参见张朋园、沈怀玉编:《国民政府职官年表》(第1册),中央研究近代史研究所1987年版,第41~45页。

㉞ 该译本也有多个版本,如[德]奥本海:《奥本海国际法——战争与中立》,岑德彰译,商务印书馆1934年版;[德]奥本海:《奥本海国际法——平时》,岑德彰译,商务印书馆1936年版。

㉟ 参见[荷]格老秀斯:《国际法典》,岑德彰译,台北,商务印书馆1931年版。

㊱ 参见岑德彰编:《中华民国宪法史料》,新世界建设学会1933年版。

㊲ 参见岑德彰:《欧洲和平会议遣使问题》,载《约翰声》1918年第29卷第9期;岑德彰:《柏拉图之政治学》,载《约翰声》1919年第30卷第6期。

研究。[38] 可见,岑德彰教授具有法学、经济学和政治学的复合知识背景,他翻译的国际法著作为中国国际法研究提供了学术参考。

潘世兹教授也是圣约翰的校友,1933 年赴英留学,1939 年在剑桥大学获得硕士学位后,就回母校任教,1946 年至 1951 年担任政治系教授,1949 年至 1951 年其不仅担任政治学系主任,还是校政委员会委员、秘书长。他开设过"西洋通史""国际公法""英国刑法"等课程;1941 年暑假开设了刑法和法律基础课程。[39]

刁德仁在圣约翰书院毕业后前往英国伦敦大学深造,1914 年获得法学学士学位,1916 年获得国际法专业法学博士学位。刁德仁教授以其丰富的国际法知识和外交实践经验,在圣约翰大学担任多门科目的教学,有外交与国际组织、外交公文程式、国际法和行政法等。[40]

沈素存教授在圣约翰大学取得学士学位,在执教圣约翰大学之前,沈素存于 1910 年至 1912 年任杭州和上海外交局秘书;1912 年任临时政府外交部秘书;1913 年至 1916 年任华盛顿中国教育使团秘书和华盛顿中国公使馆馆长,[41]在任职期间,他在美国乔治·华盛顿大学学习国际法和外交,并于 1915 年获得硕士学位,为国际法学会会员。[42] 回国后,从 1917 年开始他执教于圣约翰大学,沈素存教授主要负责的领域就是法律学和译学,他曾开设过国际公法、宪法、法理学、中国现代政治、移译中外名士著作、政务上公牍以及各种法律文件等课程。[43] 沈教授是典型的圣约翰政治系人,不仅在学术上有所成就,且在政治外交实务中也担任要职。

---

[38] 曾翻译了[美]甘末尔的《货币论》、[美]塞里格曼(Seligman-Edwin R. A.)的《累进课税论》、塞里格门、尼林的《资本主义与社会主义》。

[39] 上海档案馆藏:Q243 - 1 - 1408。

[40] 上海档案馆藏:Q243 - 1 - 1408、Q243 - 1 - 1409、Q243 - 1 - 648。

[41] 上海圣约翰大学学生会编:《约翰年刊》,上海圣约翰大学出版社 1920 年版,第 17 页。

[42] 《中国名人录》,上海密勒氏评论报 1936 年版,第 203 页。

[43] 参见王强:《近代教会大学历史文献丛刊(2)》,凤凰出版社 2015 年版,第 82 页。参见王强:《近代教会大学历史文献丛刊(1)》,凤凰出版社 2015 年版,第 228 页。

韩玉珊教授是燕京大学文科学士、波士顿大学哲学博士，[44]韩教授是圣约翰大学30年代的主力法律教师，曾开设过国际法、宪法、法律原理与法理学和中国法制史等课程。[45]

苏尚骥教授是圣约翰大学文学士、美国威斯康辛大学文学硕士，[46]担任过国际法要素、国际组织、罗马法课程的教师。[47]

（二）外籍教师

从圣约翰大学自编的年刊和课程安排档案中，教授国际法课程的外籍教职员相对较少。1917年至1918年有一位教授名叫高德（Oswald W. Gott，Jr.），他毕业于华盛顿与李大学和福特汉姆大学法学院，拥有纽约律师执照，在1916年获得了上海律师执照，[48]他主要负责的课程是英国宪法史、美国史要和国际法。[49] 1917年至1919年有一位历史政治教授施达格（G. N. Steiger），本科阶段就读于西方学院，硕士阶段就读于哈佛大学，[50]曾在圣约翰大学开设过针对文科高级生的国际法课程以及国际法中选出之案例课程。[51] 还有谢菲伦（Florence Janson Sherriff）助理教授，芝加哥大学哲学学士和文科硕士，宾夕法尼亚大学哲学博士，[52]他曾开设过高级国际法、政党与选举、法律要素等课程。[53]

---

[44] 上海圣约翰大学学生会编：《约翰年刊》，上海圣约翰大学出版社1936年版，第54页。

[45] 上海档案馆藏：U104-0-74《圣约翰大学年事一览表》和Q243-1-1407。

[46] 参见上海圣约翰大学学生会编：《约翰年刊》，上海圣约翰大学出版社1927年版，英文部分第19页。

[47] 上海档案馆藏：U104-0-75《圣约翰大学年事一览表1930.9—1931.6》。

[48] 上海档案馆藏：Q243-1-1448，1918年《约翰年刊》；*St. John's Teachers To Enlist In U. S. Army*, The Chinese Press, 1918.

[49] 参见王强：《近代教会大学历史文献丛刊（1）》，凤凰出版社2015年版，第145、214、215、226页。

[50] 上海档案馆藏：Q243-1-1447，1917年《约翰年刊》，第11页。

[51] 参见王强：《近代教会大学历史文献丛刊（1）》，凤凰出版社2015年版，第196、443～444页。

[52] 上海档案馆藏：Y8-1-259《圣约翰大学1937年年刊》。

[53] 上海档案馆藏：Q243-1-1235。

备受学生崇敬的圣约翰大学政治历史教授麦克纳[54](Harley Farnsworth MacNair)是美国雷德兰兹大学(Redlands University)[55]的哲学学士(Ph. B.),美国哥伦比亚大学文科硕士(M. A.)以及美国加利福尼亚大学哲学博士。[56] 他在法律方面有所涉猎,他曾在广播电台做过关于治外法权和关税问题的演说,主题为"日本如何成功地废除治外法权并确保关税自主权",为中国摆脱治外法权控制提供借鉴;他曾撰写过论文《日本废除不平等条约之经过》、[57]《中国人取得外国国籍》[58]和著作《中国人以及中国人的反抗》等学术成果。

从上述担任国际法的教职员中可以看出几个特点:首先,教师们的最高学历大多都是国际顶尖大学的硕士或者博士。其次,教师们多具有复合型的教育背景。最后,这些教师中有相当一部分都是圣约翰大学自己的毕业生,在出国深造之后回到母校任教。

结 语

从最初联合创办独立法学院的构想到在政治系下开展法学教育,圣约翰大学发生了法学教育路径和目标的转变。以国际法为核心开展法学教育以培养优秀的政治人才,是经费短缺情况下开展法学教育最明智的选择。政治系的基础知识、英文原版的教材、硕博背景的师资、循序渐进的国际法课程设置都为政治系的学生提供了良好的学习国际法的条件。虽不是专门的法学院,但事实证明,圣约翰大学政治系下的国际法教育是成功的。

---

[54] 参见上海圣约翰大学学生会编:《约翰年刊》,上海圣约翰大学出版社1927年版,英文部分第19页,麦克纳也译作宓亨利。

[55] 关于H. F. MacNair的本科大学,1923约翰年刊写为Sedlands University,而1927约翰年刊第19页中写为Redlands University,查并无Sedlands University,应是1923约翰年刊印刷错误。

[56] 参见上海圣约翰大学学生会编:《约翰年刊》,上海圣约翰大学出版社1923年版,英文部分第25页。

[57] 参见H. F. MacNair:《日本废除不平等条约之经过》,丁兴周译,载《东大商科丛刊》1925年第3期。

[58] 参见董霖:《国籍法之研究》,载《东方杂志》,1941年第13期。

圣约翰大学的国际法教育培养了学生的法律素养和兴趣，为毕业生在法学领域的深造奠定基础。在1927年的《约翰年刊》中，学生李子欣的同窗说："李子欣尤其喜爱历史和政府的课程，并且热衷于谈论中国社会和政治问题，翻阅报纸浏览世界和中国正在发生的事情是他的爱好，这份喜欢甚至连他自己都感到不解。他经常在藏书楼中遍览群书，对政治世界有敏锐的洞察力，在毕业之后他将会去学习法律。"[59]负笈海外学习法律的圣约翰大学毕业生大多选择了国际法或宪法，例如，民国时期著名的外交官戴恩赛、首位中国籍联合国国际法院院长史久镛、兼有政治经验和教学经历的国际法博士刁敏谦等，他们学成归来后在近现代中国的建设上都发挥了举足轻重的作用。

Public International Law Education under the Political Science

—Take St. John's University in Shanghai as the Research Object

Ying Haozhen

Abstract: St. John's University is a church university founded by the Episcopal Church in the United States of America in China. It began teaching public international law at the end of the 19th century. Although St. John's University has not established an independent law school to carry out systematic legal education, it has tried to set up legal courses under the political science on the basis of learning from American legal education to cultivate outstanding political talent with legal literacy. The course of public

---

[59] 上海圣约翰大学学生会编：《约翰年刊》，上海圣约翰大学出版社1927年版，第41页。

international law under the political science of St. John's University focuses on the combination with international politics and international diplomacy, and emphasizes the study of current affairs cases. The advanced courses are introduced after the basic courses. The textbooks and teaching contents of public international law have generally experienced the process from learning from Europe and America to learning from the Soviet Union. The teachers of public international law of St. John's University are mainly Saint John's alumni who have studied in Europe and America and obtained master's and doctoral degrees from top international universities. They have a composite knowledge background of politics, diplomacy and law. Influenced by their alma mater, graduates of St. John's University who study law overseas would mostly choose international law or constitution. And they have made important contributions in the fields of politics, diplomacy, law and education after returning.

Key Words: St. John's University; legal education; political science; public international law

教学研究

知行意分离：法科生的阅读之洞及填补*

肖建飞**

摘　要：阅读行为、意愿与认知构成了阅读三角，三者既可相互强化，亦可相互弱化。通过对江苏大学法学院学生发放问卷调查、组织读书会并进行参与观察发现，法科生有限的阅读粗浅零散，有阅读意愿却难以转化为阅读行为，对阅读层次的认知模糊不清。被动阅读、狭窄阅读、浅层阅读、零散阅读形成了法科生的阅读之洞，阅读不足严重影响了法学教育质量。导师组织小组会议、教师召集读书会、师生创办阅读公众号均可作为培养学生阅读能力的途径，助力部分学生解决阅读中知行意分离、意愿悬浮的难题。

关键词：法科生阅读　知行意分离　阅读之洞　阅读能力培养

---

* 本文为2021年江苏大学高等教育教改研究项目“宪法知识、理论与政治教育融合育人研究”（2021－128）、2021年江苏省教育科学“十四五”规划项目“基于‘德法兼修’理念一体多维法学专业课程思政教学体系改革研究”（D/2021/01/22）阶段性成果。

** 肖建飞，江苏大学法学院教授，法学博士。研究方向：理论法学。

自主阅读是大学生实现自我教育、自我塑造的重要途径。近年来大学生阅读的“知行不一”、怠于阅读问题引起学界的普遍关注。此前有多位学者撰文讨论大学生阅读过程中的知行矛盾问题,并试图通过改变阅读方式、丰富阅读载体、延长阅读时间等,来提升学生的阅读质量。①准确诊断是开具处方的前提,制定阅读推进方案也须先了解学生真实的阅读情况。基于此,如下问题有待进一步探讨:第一,随着高等教育的普及,教育分层也表现为阅读广度与深度的差异,除了985大学、部分211大学(以下简称重点大学)之外,大量非985大学、非211大学(以下简称双非大学)学生真实的阅读情况如何?第二,未来职业规划让法学院学生(以下简称法科生)自入学起就知晓表达能力之重要,但面临极端泛滥的信息、复杂的课程安排与国家统一法律职业资格考试(以下简称法考)的压力,法科生对阅读是否有理性认知,又能否转化为阅读行动?第三,阅读认知是否仅限于读者知道阅读的重要性,还是需要读者了解阅读层次差异与自身应具备的阅读能力?

本文数据与案例均源于对江苏大学法学院学生发放的调查问卷与组织读书会的参与观察。江苏大学是省属本科一批次招生院校,在各类排行榜中位次靠前。在全国600多所法学院系中,江苏大学法学院连续多年排名在前1/6,目前招收本科生与硕士研究生(以下简称硕士生)。问卷于2022年1月初发放,2021级本科生119人、硕士生97人参与问卷调查,收回问卷216份,均是有效问卷。2021级本科生(122人)参与率为97.54%,硕士生(131人)参与率为74.05%。2021年秋季至2023年春季,笔者和五位同事组织了16期读书会,在策划、组织读书会期间,笔者与本科生、硕士生有深入交流。

本文写作旨在客观记录法科生的阅读意愿、认知与行为的密切关联,并试图回答基于什么样的阅读意愿、认知导致法科生的阅读量严重

---

① 参见李师龙等:《泛在知识环境下大学生阅读危机干预体系构建研究》,载《图书馆学研究》2013年第18期;邱相彬等:《移动网络环境下“浅阅读”对“深阅读”的影响分析——基于对浙江六所高校大学生的实证研究》,载《图书馆学研究》2016年第1期;周国正、张学敏:《大学生阅读倾向对高校图书馆利用的影响》,载《情报探索》2016年第8期;李蒙:《大学生阅读中的知行矛盾》,载《图书馆论坛》2018年第8期。

不足这一问题。从基础教育到高等教育,阅读之洞不断扩大,为缩小、填补阅读之洞,法学院师生能做些什么?阅读意愿、认知与行为不是单向的线性推导关系,而是交互的循环联动关系。鉴于法科生阅读不足、浅表阅读的现状,在相当程度上是其阅读意愿与认知缺陷作用的结果,故本文按照由表及里、由浅入深、由果寻因的逻辑链来展开行文。

一、浅表零散的阅读行为

(一)月读不足一书的现状

第十九次全国国民阅读调查结果显示,2021 年我国成年国民人均纸质图书阅读量为 4.76 本,人均电子书阅读量为 3.30 本,成年国民人均图书阅读量约为 8 本。② 问卷调查发现,除了教材与考试用书,约 70% 的学生一学期阅读量不足 4 本书,一学年累计不足 8 本。每月阅读量不到 1 本书的学生与几乎没有专业阅读的学生合计约 85%。硕士生的阅读量略高于本科生,但差别并不明显(见表 1)。这与国民阅读调查结果大体一致。换言之,与家庭、其他社会组织相比,大学校园并未彰显其阅读优势。

表 1　法科生阅读实践情况

阅读情况		本科生		硕士生		小计	
		人数	占比/%	人数	占比/%	人数	占比/%
阅读量	超过 10 本	1	0.84	4	4.12	5	2.31
	4~10 本	14	11.77	13	13.40	27	12.50
	低于 4 本	92	77.31	66	68.04	158	73.15
	几乎没有专业阅读	12	10.08	14	14.43	26	12.04

② 参见《第十九次全国国民阅读调查结果发布　我国成年国民图书阅读率为 59.7%》,载澎湃媒体 2022 年 4 月 25 日,https://m.thepaper.cn/baijiahao_17793262。本文多次引用该报告数据,后文不再注释。

续表

阅读情况		本科生		硕士生		小计	
		人数	占比/%	人数	占比/%	人数	占比/%
阅读变化	明显更多	6	5.04	21	21.65	27	12.50
	稍多一些	44	36.98	51	52.58	95	43.98
	大体相当	43	36.13	20	20.62	63	29.17
	更低一些	26	21.85	5	5.15	31	14.35
阅读参与	5次以上	12	10.08	9	9.28	21	9.72
	3~5次	26	21.85	21	21.65	47	21.76
	1~2次	17	14.29	39	40.21	56	25.93
	0次	64	53.78	28	28.86	92	42.59

(二)延续多年的阅读匮乏

阅读匮乏不是初入大学的短期现象。本次问卷调查结果反映出,学生在高中阶段每学期的阅读量不及本科,硕士生阅读量稍高于本科生:一学期阅读量超过10本书的硕士生比本科生高约3个百分点,阅读量在4~10本书的硕士生比本科生高约2个百分点(见表1)。2021年全国国民阅读调查结果显示,我国年均阅读量最大的群体是14~17周岁的青少年,年均课外图书阅读量为13.10本。尽管此调查结果的客观性、真实性有待商榷,但即便青少年的年阅读量达到13本,也很难与有全民阅读习惯的国家(如以色列、俄罗斯)相比。更何况课外书多是为了配合初高中语文教学而指定的书目,是课堂教学的延伸,而非学生的自主选择。

(三)半数为零的阅读参与

超过50%的本科生、近30%的硕士生没有参与过任何校园阅读活动,加上参与1~2次校园读书活动的学生,参与阅读活动低于3次的学生超过全体学生的2/3。本科生中参与3次以上校园读书活动的数量略高于硕士生,原因在于,笔者与同事组织的2021年秋季读书会面向本科生纳新,35位成员均是2021级本科生。参与1~2次校园读书活动的硕士生比本科生高约25个百分点,原因在于,硕士生实行导师负责制,导师们或多或少组织过小组会议,学生集体参与过文献阅读。硕士生中,参与导师组织的读书活动的有49人次，参与学院其他教师组织的读书活动的有43人次，参与同学自发组织的读书活动的有10人次。由此可见，校园有限的读书活动基本仰赖于指导教师的组织推动，学生自发组织的读书活动稀少、影响较小。尽管学生参与校园读书活动有限，但绝大部分学生是微信读书、喜马拉雅FM、小红书或樊登读书的用户。因为校园阅读活动与阅读品牌活动的差别显著：校园读书活动需要学生事先阅读推荐书目，全程听取汇报并参与讨论；作为平台用户，学生事先不需要做阅读准备，其随时可以选择暂停、中断或者终止。

（四）工具目的的阅读选择

当下高等教育体系中出现了明显的阅读分层，即重点大学法学院组织学生阅读经典，双非大学多不开设阅读课，学生的阅读范围基本限于考试类图书。学术经典与教材、考试类图书的重大区别不仅在于“知识的系统性和深入程度”，更在于是否有“社会关怀意识和批判精神”。[③]自2012年起，吉林大学、西北政法大学、清华大学、中国人民大学、中国政法大学和北京大学均开设了“法学经典选读”类课程。尽管上述教学尝试未必具有普遍推广价值，但至少对于不满于以信息灌输为主要形式、以考试为导向的法学院师生，进行原典精读或者名著导读，可视为法学教育模式改革的参照系。

在参与问卷调查的硕士生中，有64人写下了2021年秋季学期阅读的176本书籍的名称。就阅读书目看，远达不到法科生的培养目标要求：第一，书籍类型基本限于课程学习辅助资料，大部分书籍深度停留在入门书或者工具书的层面上，达不到法学专业论文写作所需参考文献的学术标准。第二，阅读目的功利性极为明显，阅读部门法注释类书籍是为了备考法考，阅读论文写作类书籍则是想迅速掌握论文写作方法和技巧，故这两类书籍更多地被阅读。第三，少部分同学会进行理论书籍阅读，阅读书目多出自任课教师的推荐。第四，跨学科阅读极其稀少，非法学专业书籍集中于文学、历史学与哲学等人文社会学科经典（见表2）。

---

③ 参见刘宇、李武：《阅读中的冷漠与自觉——当代大学生阅读倾向调查》，载《中国图书评论》2013年第4期。

表 2　研究生阅读超过 5 人次书籍

序号	书名/作者	人次	序号	书名/作者	人次
1	法理学/博登海默	12	5	要件审判九步走/邹碧华	6
2	裁判的方法/梁慧星	12	6	民法总论/梁慧星、史尚宽或王泽鉴	6
3	常识法理学/周安平	7	7	论犯罪与刑罚/切萨雷·贝卡里亚	6
4	洞穴奇案/彼得·萨伯	7	8	法治及其本土资源/苏力	5

注:学生未写明《民法总论》作者,三位作者系笔者推断。

二、搁置悬浮的阅读意愿

(一)对阅读不足的清晰认知

阅读"打开了通向几乎所有重要事物的知识之门",阅读被视为获取知识的途径与自我提升的工具,这是常识。④ 尽管未必有系统的阅读、理性的认知,但法科生均知晓并认同阅读的重要性。超过 2/3 的学生认为,相对于专业能力提升的要求,自己的阅读量明显不足;认为自己的阅读量非常合适或者相对合适的学生不足 1/4(见表 3)。本科生自评的阅读充分程度低于硕士生,部分原因在于,硕士生对专业写作要求有所了解,阅读量略高于本科生;此外,本科生刚刚告别高中生活,对大学期间的学识增长有更多想象与期待。

(二)对无暇阅读的客观归因

就自身的阅读量不足,学生更重视外部原因,即课程太多,尤其是准备法考成为硕士生不阅读或者少阅读的首要原因。无论是本科生,还是硕士生,都认为缺乏阅读指导和读书氛围是阅读不足的重要原因。较少参与问卷调查的学生能自我归因,即分析自身原因——缺乏兴趣、没有阅读习惯。除了上述共性表现外,本科生与硕士生对阅读不足的原因解

④　参见[英]弗兰克·富里迪:《阅读的力量——从苏格拉底到推特》,徐弢、李思凡译,北京大学出版社 2020 年版,导言第 1、9 页。

释也存在区别。硕士生自入学起就全力以赴备战法考,本科一年级学生则没有法考压力,故影响硕士生阅读量的首要原因是准备法考。通过法考,现已成为法科生的首要目标,重点大学与双非大学的法学院莫不如此,法科生集体性地感知到法考带来的压力和紧张。与硕士生相比,本科新生更热衷于参与社团活动,他们也更愿意投注时间在社交上(见表3)。

参与2021年秋季读书会的一位本科新生向笔者提出如下三条建议,反映出学生普遍的阅读状况:第一,适当延长读书周期,比如一个月或三周读一本书。第二,希望能将阅读内容细化,比如布置这一周读1~3章,下一周读4~6章。第三,建议老师安排阅读任务,该生认为:“虽然怎样安排阅读是学生自己的事,但如果老师布置任务,学生阅读的动力会更足。”可见半月阅读一书或者部分章节,这一阅读量对学生们仍构成压力,同时学生们更习惯以课业方式进行阅读,而非自主阅读。

(三)只听不做的阅读选择

互联网时代,也被称为“富媒体时代”,同时期成长的一代人被称为“数字原生代”,信息过量、媒体干扰、注意力涣散均对专注阅读、严肃研究产生明显负面影响。正因为印刷品阅读文化面临严峻挑战,于是才有“书籍终结”、“作者之死”和“读者之死”等论断。⑤ 问卷调查结果显示,愿意参与部分读书汇报(召集教师每学期组织4次读书会)、只旁听不愿作汇报的学生约各占40%;愿意参与各期汇报的学生略多于不愿参与读书会的学生(见表3)。在2021年秋季参与读书会的35名学生中,无人计划不再继续参与。上述数据说明,在相当程度上读书会获得了参与学生的认可。大部分同学选择四期分组阅读模式,一人参与一期读书汇报,与指导教师反复沟通,细化汇报主题,撰写文稿,并担任领读人。这也说明参与一次分组汇报符合大部分学生的阅读速度、写作能力与参与意愿。两项调查结果给笔者以错觉,似乎学生有较强的参与意愿,至少其愿意了解读书会的组织安排与汇报交流内容,但实际情况并非如此。

---

⑤ 参见[英]弗兰克·富里迪:《阅读的力量——从苏格拉底到推特》,徐弢、李思凡译,北京大学出版社2020年版,第42页。

表 3　法科生阅读意愿情况

阅读情况		本科生		硕士生		小计	
		人数	占比/%	人数	占比/%	人数	占比/%
阅读数量自评	非常合适	3	2.52	3	3.09	6	2.78
	相对合适	21	17.65	24	24.74	45	20.83
	明显不足	87	73.11	64	65.98	151	69.91
	没有想过	8	6.72	6	6.19	14	6.48
阅读不足原因	课程太多或准备法考	55	46.22	70	72.16	125	57.87
	缺乏兴趣,没有阅读习惯	40	33.61	29	29.90	69	31.94
	缺乏阅读指导,缺乏读书氛围	62	52.10	46	47.42	108	50.00
	社团活动多或工作忙	42	35.29	17	17.53	59	27.31
参与集体阅读意愿	参与各次汇报	10	8.40	14	14.43	24	11.11
	参与部分汇报	54	45.38	35	36.08	89	41.20
	只旁听不汇报	43	36.14	41	42.27	84	38.89
	不参与	12	10.08	7	7.22	19	8.80

鉴于有部分2021年秋季报名参加读书会的学生并未精读推荐书目,2022年春季笔者发出读书会成员招募信息,同时发出推荐书籍的电子版给2021级全体本科生;同时要求,有意愿作汇报人的同学就四本书中任何一本写500~1000字的读书报告,并预留出10天时间。在收稿日期截止之时,只有2个学生投递了读书报告。这个不能称之为“门槛”的写作要求,便让几乎所有的本科生都自动止步。与大部分法科生相似,江苏大学法学院学生也会时不时产生阅读的想法,入学之初这种想法更为普遍。可是一旦需要投入阅读行动,且不是以作业形式强制要求完成,大部分学生会自动放弃翻开第一张书页。

三、模糊不清的阅读认知

(一)有所听闻的阅读层次

笔者对阅读层次的划分主要借鉴莫提默·J.艾德勒(Mortimer J. Adler)、查尔斯·范多伦(Charles Van Doren)在《如何阅读一本书》中的观点,从低到高,阅读层次渐进提升:第一,基础(初级或初步)阅读,摆脱文盲状态的读者能在阅读中了解语句、句群的含义;第二,检视阅读(略读或预读),读者需要在很短时间内找到一本书的重点,了解该书的主题、结构与组成部分;第三,分析阅读,以"追寻理解"为目的,读者需要咀嚼与消化一本书;第四,主题(比较)阅读,读者带着自己的问题阅读同一主题的多本书,让作者回答读者的问题,读者需要构建起自己的分析框架,并试图实现对已有著述的超越。⑥

《如何阅读一本书》是阅读类畅销书,其被多位中小学教师、大学校长、著名阅读推广专家推荐,30多万名网友在中文网站上购买并评论。但该书对阅读常识的普及作用不能被高估,问卷调查结果也证实了这一点。大部分学生自称,对阅读层次只有初步认知,或有所听闻;学生大都知道四个阅读层次的递进关系,但并不了解四个层级阅读目标设定与能力要求的区别,自称能区分的学生不足10%。这是本科生与硕士生的共性表现(见表4)。

表4 法科生阅读认知情况

阅读情况		本科生		硕士生		小计	
		人数	占比/%	人数	占比/%	人数	占比/%
阅读层次区分	能清楚区分	8	6.72	11	11.34	19	8.80
	有初步认识	50	42.02	32	32.99	82	37.96
	听说过但不理解	43	36.13	32	32.99	75	34.72
	完全不清楚	18	15.13	22	22.68	40	18.52

⑥ 参见[美]莫提默·J.艾德勒、[美]查尔斯·范多伦:《如何阅读一本书》,郝明义、朱衣译,商务印书馆2004年版,第18~21页。

续表

阅读情况		本科生		硕士生		小计	
		人数	占比/%	人数	占比/%	人数	占比/%
分析阅读含义	理解语句、段落含义	30	25.21	15	15.46	45	20.83
	找到文章或书籍重点	27	22.69	22	22.68	49	22.69
	读透一本书并做评价	54	45.38	47	48.45	101	46.76
	比较阅读找到相关性	8	6.72	8	8.25	16	7.41
	不清楚	0	0	5	5.16	5	2.31
所需阅读层次	基础阅读	14	11.77	9	9.28	23	10.65
	检视阅读	5	4.20	4	4.12	9	4.17
	分析阅读	67	56.30	55	56.70	122	56.48
	主题阅读	27	22.69	22	22.68	49	22.68
	不清楚	6	5.04	7	7.22	13	6.02

(二)普遍知晓的分析阅读

与基础阅读、检视阅读相比,分析阅读至少要把握如下阅读要点:第一,读者要把一本书按学科与主题归类。第二,读透这本书,识别作者的关键词,找到其核心观点,判断作者的写作主旨。第三,公正评价一本书,赞同抑或反对作者。分析阅读是更为全面的、有深度的阅读。⑦

为了测试法科生的阅读认知,笔者设计的一个题目是从五个备选答案中选择分析阅读要解决的核心问题,接近半数的同学能选出正确答案——"读透一本书并做评价",这或可归因于初高中语文课程的课外阅读要求和训练。但仍有半数学生把分析阅读错认为是基础阅读或检

⑦ 参见[美]莫提默·J.艾德勒、[美]查尔斯·范多伦:《如何阅读一本书》,郝明义、朱衣译,商务印书馆2004年版,第55~147页。

视阅读。也就是说,半数学生的阅读层次仍停留在理解语句、段落含义或者找到文章、书籍重点的阶段,而非阅读并读透整本书。在此问题上,硕士生与本科生的判断力几乎没有区别。

(三)裹足不前的阅读定位

与基础阅读、检视阅读、分析阅读相比,主题阅读需要作者完成如下阅读要求:第一,反客为主。读者要调转阅读重心与顺位,不是读者试图去理解作者,而是读者提出问题让多位作者回答。第二,客随主便。阅读过程中,读者(作为主人)要让多位作者(作为客人的作者群)上场发言。第三,界定议题。读者设计出自己的问题,不能被作者的问题所置换。作者群的成员一一陈述观点时,读者聚焦于作者群的论点与论据。第四,分析讨论。只有围绕同一问题,作者群成员的观点存在争议时,此议题才有研究价值。

本科生阶段与研究生阶段的培养目标存在显著区别:本科生的培养目标在于传授知识,培养学生的自主学习能力;研究生的培养目标则在于,鼓励引导学生探索未知,培养学生的科研能力,创造出新的知识。就此而言,步入大学,学生要完成从分析阅读到主题阅读的层级跃升。从本科到硕士阶段,娴熟地进行主题阅读是科研起步的标志。“会读才会写”,社科写作具有“交互主体性特点”。无论是发现新问题,还是使用新的研究方法,都是在对话性的学术传承过程中完成的。[⑧] 就此而言,主题阅读应是法学院学生所需的阅读层次。

半数以上的学生把自己的需求定位为分析阅读,本科生与硕士生均如此,将阅读层次定位为主题阅读的学生不足1/4(见表4)。四个备选答案依次排列,依据思维惯性,学生可以推断出基础阅读、检视阅读、分析阅读与主题阅读之间的层次递进关系。在知晓主题阅读层级高于分析阅读的前提下,选择分析阅读是学生基于自身的阅读情况对自身能力的评估,而非随意而为。学生的阅读需求选择与阅读层次认知、分析阅读内涵判断相互对应。正因为学生不清楚本科生与硕士生的阅读能力

---

⑧ 参见[美]菲利普·钟和顺:《会读才会写:导向论文写作的文献阅读技巧》,韩鹏译,重庆大学出版社2015年版,第119~120页。

要求,多把分析阅读而非主题阅读,作为自己的阅读能力要求与能力提升目标。这说明学生对自己的阅读目标定位与培养计划(尤其是研究生)的目标定位(需具备进行主题阅读的能力)之间存在较大差距。在分析阅读尚无法完成的情况下,大部分学生确实不知道如何进行主题阅读,这正是教师开展专业阅读训练要解决的问题。

四、阅读之洞及填补

(一)知行意分离的阅读之洞

阅读能力、写作能力和解决问题能力是法学教育质量的基本评价标准,写作、解决问题的能力又以阅读能力为基础。[9] 在阅读过程中,"意""知""行"是三个基本环节:"意"是读者对开启阅读的意愿,既可以是系统规划,也可以是偶尔闪念;"知"是读者对阅读层次、阶段与价值的认知,既可以是理性认知,也可以是误识误判;"行"则是指读者的阅读行为,既可以是步步深入,也可以是浅尝辄止。阅读意愿、阅读认知、阅读行为构成了"阅读三角",三者既可能相互强化,形成聚合结构;亦可能相互弱化,形成离散结构(见图1)。

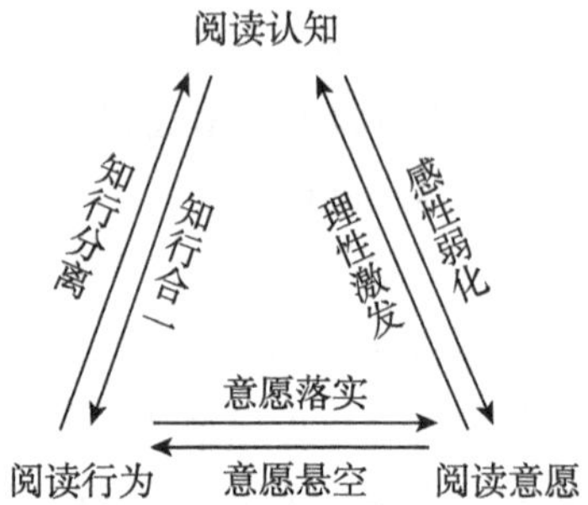

图1　法科生阅读的知行意三角

知而不行,乃至知行断裂、知行相悖,确实是大学生普遍的阅读状

⑨　参见何美欢:《论当代中国的普通法教育》,中国政法大学出版社2005年版,第103页。

态。[10] 明知阅读重要,却不付出足够的时间去阅读;迫于备考压力,阅读不感兴趣的书;把大块儿的时间用于刷短视频、刷朋友圈;数字阅读夹杂于其间,学生有深入阅读的想法却长期在浅表阅读层次上空转。从本科到硕士阶段,理想阅读状态是主动阅读、广泛阅读、深度阅读、系统阅读,阅读实践却是被动阅读、狭窄阅读、浅层阅读、零散阅读。导致阅读预期与阅读实践相背离的原因主要有二:第一,数字阅读对深度阅读的稀释。人手一部手机的状况成为课堂秩序的首要瓦解力量,泛滥的信息成为与课堂教学争夺学生注意力的最大现实"敌人"(不是"假想敌")。如果把视频、音频、图片也列为广义的阅读对象,数字阅读多属于快餐式、跳跃性、随意性及功利性的"浅阅读"。[11] 换言之,当下端坐在书桌旁的"深阅读"正在被网络浏览的"浅阅读"加速替代。[12] 第二,绩点至上的目标定位导致学风浮躁。为了获得绩点,学生多出现在密集的课堂与繁杂的社团活动中,而非潜心阅读。

就此而言,包括法科生在内,当下影响大学生阅读数量与质量的原因不是知行不一,而是一时兴起的阅读愿望空悬日久,对阅读缺乏理性认知,无法将意愿转化为行动,同时阅读匮乏又弱化了阅读意愿,故而呈现知行意分离的阅读状况。这一负循环链条可概括为,一时之念—感性认识—行动无力—意愿弱化。

(二)大学阶段填补洞穴之需

随着高等教育的普及化,以二本院校为主体,双非大学更多采用数字技术(微信群、点名、课堂刷脸等)管理;重点大学的学生则更有机会"以古老的方式,端坐在图书馆阅读泛黄的纸质书籍"。[13] 这一差距并非不可弥补,缩小差距的自信心来源如下:各大学间教育质量的差异主要表现在,其是否给学生提供了足够的思维训练机会。"所谓的重点大学

---

⑩ 参见李蒙:《大学生阅读中的知行矛盾》,载《图书馆论坛》2018 年第 8 期。

⑪ 参见邱相彬等:《移动网络环境下"浅阅读"对"深阅读"的影响分析——基于对浙江六所高校大学生的实证研究》,载《图书馆学研究》2016 年第 1 期。

⑫ 参见周国正、张学敏:《大学生阅读倾向对高校图书馆利用的影响》,载《情报探索》2016 年第 8 期。

⑬ 黄灯:《我的二本学生》,人民文学出版社 2020 年版,第 181 ~ 182 页。

和一般大学学生最大的差别,并非来自智商,而主要来自他们是否拥有更多的机会,进行学术思维的训练。”⑭如对博雅教育进行狭义解释,将博雅教育的核心定位于如何引导学生进行全面深入思考,法学教育的定位之争——职业教育、专业教育抑或博雅教育、素质教育,则变得无足轻重。“真正的专业法学教育并不教授实务技能,并不仅教授法条”,核心在于“素质教育”。⑮

法学院的师生需要考虑如下问题:第一,本科或者硕士课程是否多到了明显剥夺学生阅读时间的程度,还是学生课余时间多被非阅读事项所占据?第二,如果说阅读指导、阅读兴趣培养本应在义务教育阶段或高中教育阶段完成,当下进行阅读指导、阅读兴趣培养是否是本科乃至硕士阶段课程教师或指导教师所应承担的工作?第三,阅读能力培养工作被推至大学阶段,尽管可能为时已晚,那么大学要做什么样的工作才能实现亡羊补牢?第四,如果大学依然延续高中的绩点模式,培养学生的阅读习惯、养成自主学习能力的难得机会被再次放弃,对于高等教育与学生个人发展会带来怎样的弊害?长久地看,这是否是高等教育不能承受的损失?

(三)虽亡羊补牢却为时不晚

1. 导师召集组会

“如果你开始读一本书,读到十五到二十页的时候还觉得它对你来说只是一项任务,不如把那本书和那个作家的其他作品都暂时先放在一边,再读下去也没有任何助益。”⑯博尔赫斯(Jorge Luis Borges)的这种阅读标准只适用于有丰富的阅读经验、有一定书籍鉴别力的读者。在此,博尔赫斯极有可能把学生想象成了自己,把学生的阅读体验置换成了自己的阅读体验,“我首先是个梦想家,然后才是个作家,另外我最幸福的

⑭ 黄灯:《我的二本学生》,人民文学出版社2020年版,第199页。

⑮ 参见何美欢:《论当代中国的普通法教育》,中国政法大学出版社2005年版,第60~62、81页。

⑯ [阿根廷]豪尔赫·路易斯·博尔赫斯:《博尔赫斯:最后的访谈》,汤笛译,中信出版集团股份有限公司2019年版,第99页。

时光就是身为读者自由自在读书的那段时光”⑰。

对于硕士生导师而言，学术指导工作的基础在于，让学生掌握学术规范，获得最基本的学术训练，实现科研起步，因此小组会议是重要的学术指导载体。鉴于研究生学位论文评审趋于严格，导师组会多以阅读本二级学科的期刊文献为主，辅以经典著作。导师设定阅读书目时，不可能让学生随意选择，学术训练不是儿戏，不可能“乘兴而至”“兴尽而归”。就此来看，导师组会可视为教师和学生同等程度参与的小规模阅读课程。导师组会不仅适用于硕士生，以江苏大学法学院为例，本科班级都设有学业指导教师，学业指导教师有条件和机会以组会的形式，指导本科生阅读文献。实践证明，本科生兴趣更广泛、更富好奇心、更具行动力。大学生创新项目与科研项目的指导教师也可以开组会，方便师生以师徒方式深入交流。

虽然导师组会可以小范围开展研习活动，但为了实现更好的指导效果，因材施教、个别辅导可能将替代组会，成为教师指导学生更为有效的方式。导师为此要付出大量时间和精力，工作量随之倍增。期间为了治疗学生学习与思想上的“懒惰”——“没有学习计划，也没有职业规划”，教师难免要承担“决定者、主导者”的角色，而非“简单的引导者”，师生权力关系模式则是“强制为主，互动为辅”。⑱

2. 教师自愿召集读书会

如果说导师组会的主要功能在于实现学生科研起步，很难超越功利目的（写出达到评审合格标准的论文），教师自愿召集读书会则以超越功利目的为主旨。读书会的目标应设定于，从常规教学过程中“出离”，由浅入深、步步为营提供阅读训练，激发法科生对社会事件、法律问题与理论观点的认知兴趣，激发学生深度思考、求根究底的求索欲望，激发学生主动阅读的动力和行动，提升学生更高层次的研究素养。填补“阅读

⑰ ［阿根廷］豪尔赫·路易斯·博尔赫斯：《博尔赫斯：最后的访谈》，汤笛译，中信出版集团股份有限公司 2019 年版，第 131 页。

⑱ 参见蒋志如：《调研报告：西南科技大学法学院法律学徒社读书会情况》，载田士永主编：《中国法学教育研究》第 4 辑，中国政法大学出版社 2020 年版。

之洞”的过程也是弥合阅读知行意分离的过程。

读书会的起步阶段可以从教师领读为主,逐步过渡到学生分析阅读与教师主题阅读相结合,再进入到以学生为主的主题阅读阶段。这种阅读方式符合素质教育、博雅教育的要求,可为有研究潜质的学生提供更多学术训练机会。自主阅读的核心价值在于,培养读者的自我判断力与辨别力。故而读书会应高度关注阅读的精神维度——“发掘和深化自身所处时代的根本道德关切与社会想象”,“法学的实践品格在根本上来自政治与道德共同体的自我实践反思”。⑲

3. 师生创办阅读公众号

导师召集组会阅读,无法给学生提供自主阅读的空间,且阅读文献及其主题都相对狭窄。读书会的阅读书目虽然可以不限于法学学科,活动自主性大,但阅读难成系统。此外,无论是导师召开小组会议,还是教师召集读书会,所推荐的阅读书目都十分有限,不足以满足求知愿望强烈、知行合一的学生的阅读需求。

师生创办阅读公众号则为博闻强识、以学术研究为志业的学生提供了另一类阅读交流平台。在读书会的基础上,阅读公众号可以实现对阅读广度、深度、系统性的全方位拓展,学生通过自主学习、自我教育,最终实现自我塑造。阅读广度是就学科与主题而言的,指向阅读的广泛性,⑳不仅可以在法学学科内进行跨越二级学科的阅读,还可以进行跨人文社科的阅读;阅读深度是就书籍的理论含量而言的,超越部门法知识普及与法律理解适用这一“法匠”的阅读层次,阅读对本学科理论问题有系统阐释的书籍;阅读的系统与阅读深度直接相关,读者需要了解某一学科、某一主题的研究情况,因此系统阅读与主题阅读存在相当大的交集。

除了创办阅读公众号外,导师组会、读书会均被笔者与同事付诸实践。作为创办阅读公众号的前期准备,笔者连续两年在朋友圈发表书目

---

⑲ 王凌皞:《法学的实践品格与经典阅读》,载王瀚主编:《法学教育研究》第19卷,法律出版社2017年版。

⑳ 参见叶帮义:《大学生阅读的四个“度”》,载《中国大学教学》2018年第1期。

推送文章,2021 年推荐书籍 50 本、2022 年推荐书籍 120 本。经历了多种专业阅读推广尝试,笔者也发现不同措施的作用范围与限度:第一,即便导师组会能付诸实践,也主要依赖于导师的自愿奉献,更遑论组织读书会与创建维护阅读公众号。鉴于高校科研写作压力逐年增加,愿意进入不同主题的阅读语境、组织指导学生阅读、付出大量时间和精力的教师数量不多。第二,上述措施更有助于求知欲强、有强烈阅读意愿的学生,而对阅读意愿不足(尤其是排斥阅读)的学生影响力有限。第三,上述措施当下未必适用于所有的法学院系,设有博士学位点的法学院施行条件更充分。对致力于扩大学生视野、提升学生专业能力的法学院系,尤其是设有硕士学位点的法学院系,也可尝试开展专业阅读活动。重点院校与双非院校不应成为法学乃至大学教育质量提升的屏障。

结　语

"知者行之始,行者知之成",本文分析的重点不是法科生阅读的知行分离,而是知行意分离、阅读意愿悬浮的表现、成因与可能的解决机制。阅读匮乏不仅是法科生的学习现状,弥补阅读之洞也不仅是法学院师生的共同难题。考虑到法科生的法考压力之大与考研竞争之激烈,其他人文社会专业学生阅读不足的情况可能比法科生更甚。

"大学的文凭应该代表着一般大学毕业生的阅读水平,不但能够阅读任何一种普通的资料,还能针对任何一种主题做个人的研究。"[21]无论是哪一类高校、哪一个学科,都应以学生成长为中心,以专业思维训练、自主学习能力提升为培养目标。直面阅读匮乏,填补阅读之洞,亟待大学师生合力解决。

---

[21] [美]莫提默·J.艾德勒、[美]查尔斯·范多伦:《如何阅读一本书》,郝明义、朱衣译,商务印书馆2004年版,第28页。

On the Separation of Cognition, Behavior and Willingness: The Reading Gap and Filling in of Law School Students

Xiao Jianfei

Abstract: The reading triangle consists of behavior, willingness and cognition, which can either reinforce or weaken each other. Through questionnaires, book groups and participatory observation of law school students in the Jiangsu University, the author finds that the law students' limited reading is superficial and scattered, their reading willingness can hardly lead to real reading behavior, and their reading cognition level is vague. The reading gap of law school students is formed by passive reading, narrow reading, superficial reading and scattered reading, and the insufficiency of reading seriously affects the quality of law education. Methods of reading ability cultivation may include group meetings organized by instructors, reading groups convened by teachers, and reading official accounts founded by teachers and students, so as to help part of the students solve the problem of separation of cognition, behavior, and willingness and unexecuted of willingness in reading.

Key Words: reading of law school students; separation of cognition, behavior and willingness; reading gap; reading ability cultivation

构建"理实融合"双轨制教学模式

——以刑法学经典阅读实践为切入点*

黄明儒　成　波**

摘　要：刑法学经典阅读的探索与实践，是符合德法兼修的卓越法治人才培养目标的教改尝试。从阅读书目选取到指导阅读、专题研讨、总结点评、创新研究等阶段的具体运用，形成了构建生成性教学、拓展课程方式、打造"师生共同体"等可迁移性经验，通过在教学实践中强化学生的"问题意识"、增强教师启发能力、构建长效评价体系三方面发力，以进一步提升教学效果，对于构建"理实融合"双轨制教学模式具有天然优势和价值，这种模式建构有助于法学教育卓越法治人才培养。

关键词："理实融合"双轨制　课程教学模式　经典阅读　卓越法治人才

习近平总书记在全国教育大会上强调，要努力

---

* 本文系2022年湖南省普通高等学校教学改革研究重点项目《刑法学课程教学"理实融合"双轨制教学模式研究与实践》(HNJG－2022－0070)；2022年湘潭大学校级课程思政示范课程建设项目《刑法学(下)》(湘大教发〔2022〕19号文件，序号23)的研究成果。

** 黄明儒，湘潭大学法学院教授、博士生导师。研究方向：刑法学、法学教育。成波，湘潭大学法学院刑法学博士生，湖南中医药大学马克思主义学院讲师。研究方向：刑法学。

构建德智体美劳全面培养的教育体系,形成更高水平的人才培养体系,要在增强综合素质上下功夫。[①] 高等教育应该重视对学生综合素质与能力的培养,法学专业教育尤为如此。然而,当前的法学教育或更多地倾向于实践和应用属性,或停留于传统的单一化理论讲授,教学效果却不尽如人意。实际上,欲使学生既具备整全的知识视野和思考深度,又能将所学应用于法学实践,实现法学人才培养目标,经典理论的训练必不可少。有鉴于此,思考如何推进法学教育中的理论教学,并在理论的奠基下架起通往实践的桥梁,将经典阅读融入其中成为重要的课题。本文拟以刑法学经典阅读实践为切入点,结合笔者承担的刑法学课程教学,通过探索和完善刑法学经典阅读实践路径,从而构建"理实融合"双轨制教学模式,来回应法学专业人才培养的问题。

一、刑法学经典阅读实践的价值意蕴

在法学教育中,若人才培养仅强调实践性而忽略专业的学术理论积累,则容易使法律人才培养沦为单一的"职业培训"。[②] 而若理论教学缺乏经典学术著作的理论底色,学生在后续成长中便会暴露出其理论基础的单薄和干瘪。[③] 刑法学经典阅读之于人才培养与课程教改有其重要的价值意蕴。

(一)符合人才培养目标需求,有利于培养德法兼修的卓越法治人才

2018 年,教育部和中央政法委员会联合发布了《关于坚持德法兼修实施卓越法治人才教育培养计划 2.0 的意见》,"紧扣应用型复合型创新型法治人才培养目标"。2021 年 1 月 10 日,中共中央印发了《法治中国

---

① 参见习近平:《坚持中国特色社会主义教育发展道路 培养德智体美劳全面发展的社会主义建设者和接班人》,载人民网 2018 年 9 月 11 日,http://edu.people.com.cn/n1/2018/0911/c1053-30286253.html。

② 参见王文华:《卓越法律人才培养与法学教学改革》,载《中国大学教学》2011 第 7 期。

③ 参见常安、李德旺:《公法经典阅读训练与卓越法律人才培养》,载王瀚主编:《法学教育研究》第 19 卷,法律出版社 2017 年版。

建设规划(2020—2025年)》,其中进一步提出了要“培养信念坚定、德法兼修、明法笃行的高素质法治人才”的具体要求。由此看出,法学教育应以培养德法兼修的、具有突出创新能力的卓越法治人才为目标。而要实现这一目标,关键在于使学生具备扎实的理论功底,进而能将法治理论应用于实践,解决中国现实问题。因此,在人才培养方式上应更加注重经典理论的训练,这是创新的知识基础,亦是创新的原动力。

作为智慧结晶、学术史明珠的经典著作,一般而言,都是对特定时代的重大问题的深刻思考和集中表达④,不仅能助读者了解到作者当时所处社会的重要问题,还能为读者认识、理解并解决当下的现实问题提供富有历史智慧的分析思路和解决路径。正因如此,将刑法学经典阅读融入课程教学,不仅可以使学生对刑法学流派与历史渊源有深刻的了解,亦为学生完整理解当下的刑事法律术语、制度设计提供了更为清晰的脉络,打开更加开阔的视野,从而有利于专业理论创新与法治实践发展。可以说,学生的法学专业素养、创新思辨能力、面向法治实践的应用能力的提升,均离不开经典阅读之理论底色的铺垫。因此,在课程教学中融入刑法学经典阅读实践,既是新时代推进法学教育教改、培养德法兼修卓越法治人才的需要,也是为引导学生探知、明辨、立德,即深化知识、明辨是非、塑造价值观,培养学生成为德法兼修的卓越法治人才所作的有益探索与实践。

(二)弥补传统课程教学不足,有利于构建“理实融合”双轨制教学模式

就教学而言,我国很多高校刑法学课程教学仍以传统教学模式为教育主流,存在“理实分离”现象,不仅表现为理论教学与实践教学脱节,也表现为“教师的教”与“学生的学”分离,具有单纯“知识传递”的局限性。而在具体内容的讲授上,则主要集中于法律规范阐释以及对法律体系的引介,相对缺乏对学生法律思维的启发、问题意识的培养、现实观照的推进和研究创新的引导。加之,囿于课堂教学中有限的课时量,亦难

---

④ 参见于浩:《经典阅读在法学教育和法学研究中的意义》,载王瀚主编:《法学教育研究》第19卷,法律出版社2017年版。

以满足讲授内容的面面俱到。有鉴于此,法学教育改革创新需要彻底实现教学“理实分离”向“理实融合”的转变,创新课程的具体授课内容与教学方法。“理实融合”旨在强调通过改革教学方法,培养学生的自主学习能力、批判性思考能力和法律实践能力,真正实现“以学生的学为中心,以学生的能力培养为中心”。

对此,将刑法学经典阅读融入课程教学恰好能够调和这一理论与实践的二元化矛盾,打通理论与实践的连接桥梁。一方面,刑法学经典阅读的实践,可以在增强学生理论功底的同时培养学生的思辨能力及问题意识,为更好融通理论与实践提供路径与载体。具体而言,实施刑法学经典阅读就犹如搭建一座桥梁,一端连通学生自身的理论储备,学生在教师的引导之下即可在本科阶段接触到严谨的经典阅读训练,从而得以培养自身学术兴趣和法学思维方式,深化对专业知识的认识与理解,树立问题意识和创新意识;另一端则通往实践,教师引导学生兼顾深化理论与直面中国当下的现实制度运行,使学生在汲取理论营养的基础上,从中获取经典阅读为认识当下中国法律和法治实践提供的思想资源和经验参照⑤,从而促使学生自觉地参与、融入中国的法治实践中,以真正实现理论与实践的内在统一。另一方面,刑法学经典阅读实践,既克服了传统单一化理论教学深度与广度不足的问题,又有利于将课堂拓展到课外,还能将课外进行的阅读与实践和课堂的探讨学习相结合,有效延展学习的时间与空间。这一做法不仅有利于构建“理实融合”的双轨制教学模式,还能够使该教学模式的落地具有可操作性。在课程教学中融入刑法学经典阅读,学生既可以在教师的有益引导下,在教学、阅读过程中得以培养自主学习、独立思考、善于反思的良好习惯,这本身也体现出法学课程教学中理论训练贯彻的一种实践理性的精神⑥;同时学生又可以在实践过程中,以经典阅读为依托深化理论思考,增强对于法学和国

⑤ 参见于浩:《经典阅读在法学教育和法学研究中的意义》,载王瀚主编:《法学教育研究》第19卷,法律出版社2017年版。

⑥ 参见武建敏:《当代法学教育中的理论训练》,载《廊坊师范学院学报(社会科学版)》2018年第3期。

家社会现实中的重要问题的认识和理解⑦,从而使理论学习更为丰盈厚重,实践面向愈加宽阔深邃。可以说,刑法学经典阅读的实践有利于促使理论教学与实践教学的“双向奔赴”。

二、刑法学经典阅读实践的具体展开

因刑法学经典阅读实践之于法学课程教学具有融通理论与实践的重要价值,在教学内容的提供与教学形式上都具有优势,故笔者以承担的刑法学课程为契机,在课程中积极尝试融入刑法学经典阅读,总结出适合运用到课堂教学中的经典著作选取标准,从阅读什么、如何阅读、课堂实施过程、考核评价与成果转化推广等方面揭示出经典阅读在每一个阶段运用的特征和内容,并通过读书会、研究会、公众号等载体构建“主课堂 + ”的立体式教学阵地和“2 + 3”实践教学模式,以探索和实践刑法学经典阅读在课程教学中的运用。

(一)阅读书目的选取

经典阅读的有效开展离不开经典著作的选择。现实中,书籍浩若烟海,但并非每部著作都适合安排给学生阅读,即便适宜,也会因教学对象、教学目的不同而有所区分。因此,在制定刑法学经典著作阅读书单时,要规范标准,把握代表性、阶段性、适度性原则。

具体而言,第一,应按照卓越法治人才培养要求并结合刑法学课程特点选取具有代表性、经典性的著作。首先,应推荐学生阅读被公认的刑法学经典著作。其次,刑法学理论具有中外比较的特点,在书目的选取上既要有中国刑法理论经典著作,也要将德日刑法理论、英美刑法理论等经典书籍纳入其中。再次,由于不同法系的不同国家在刑法理论、学说流派等方面存在差异,因而也应追溯历史渊源,在法哲学与法律思想、刑法思想与理念等方面推荐相应书籍。最后,还应着眼于提升学生创新研究能力、思维能力、问题意识等方面,在法学理论、法学思维与方

⑦ 参见常安、李德旺:《公法经典阅读训练与卓越法律人才培养》,载王瀚主编:《法学教育研究》第19卷,法律出版社2017年版。

法论、案例分析与文献来源等方面推荐相关经典读本。第二,在阅读内容上应根据刑法学相关课程开课时间的不同,循序渐进,从刑法总论到刑法分论,由教科书到专著,科学设置经典阅读的书单,使学生能够掌握基本知识和学习方法——树立问题意识——批判反思应用,逐步培养阅读习惯以及学术素养,并深化思维与解决问题的能力。第三,在不同教学阶段应选用理解难度适当的书籍。对于刚入门的本科一年级学生而言,理解难度太大的专著会阻碍其学习积极性,适得其反;而针对具有一定专业知识功底的二、三年级学生而言,相对简单的教材则缺乏挑战,不利于其能力的提高。因此,在书目的选用上,教师应注重难度的梯度排布,并根据学生的实际情况有针对性地布置安排。例如,可以由浅入深,分为入门阶段、中级阶段、高级阶段推荐书目。

当然,单靠任课教师个人选取书目,对其负担难免过重,并且推荐书目的合理性也难以保障。对此,不妨组织院系刑事法学科组的全体教师共同商讨,制定科学合理的经典阅读书单,并定期增补更新,以向学生准确推荐适合的刑法学经典文献。

(二)刑法学经典阅读在课程教学中的运用

刑法学经典阅读在课程教学中的运用一般包括引导阅读、专题研讨、总结点评及创新研究四个阶段。这四个阶段相辅相成,构成了一个融通理论与实践的完整教学过程。

1.指导阅读阶段

指导阅读阶段是在教学中开展刑法学经典阅读实践的前提和基础阶段。在该阶段中,教师不仅要向学生推荐合适的刑法学阅读书目,还应示范阅读、指导学生深入阅读,以避免阅读泛化。一方面,刑法学经典阅读实践,并不等同于增设文献选读课程,而应是教师在课程教学中融入经典阅读的教学方式,因此必须处理好内容与方法的关系,此时就需要教师进行"解读"或"导读",引导学生始终紧扣刑法理论展开阅读,让学生通过阅读经典来加深对刑法基础理论的认识与学习;另一方面,教师还可以通过指导学生运用索引式阅读、反思性阅读、理论投身式阅读等多种阅读方法,使学生在阅读过程中不至于泛于形式、浮于表面,而是能够学会对刑法学理论命题进行深度思考，对经典文本中蕴含的论证思路进行充分挖掘，进而形成自身的思考角度与向度以及产生自身的实践视野。

2. 专题研讨阶段

在教学过程中，教师组织学生围绕课程内容对学术命题展开研讨是极为重要的一个阶段。课程教学效果能否符合预期，与该阶段教学活动能否有效实施密切相关。在该阶段中，首先需要以刑法学经典阅读为基础，确定研讨专题。专题的确定可采取以下两种方式：一是以刑法理论知识体系为基础确定专题。这种方式适用于开设刑法总论课程之时，比如围绕刑法总论涵括的刑法概述、犯罪论、刑罚论三大部分内容，有层次地分设具体的研讨专题。二是以问题为导向确定专题。这种方式适合在开设刑法分则课程时，通过紧扣社会广泛关注的热点事件、案例，结合刑法理论设立相关研讨专题，比如引导学生在阅读刑法学经典著作的过程中树立问题意识，结合中国实际对新兴的刑法学前沿问题进行探讨。

在研讨专题确定以后，具体研讨可分为两种形式：一是研读式研讨。当教师讲授刑法理论知识时，组织学生预先阅读相关的刑法学经典著作。教师在课堂讲授到该知识点时，提示学生翻到经典著作中的相关文段，并围绕该文段向学生提出研讨问题。同时，教师与学生一起研读该经典文段，向学生讲解其中含义，深化学生对刑法理论知识的掌握。二是主题式研讨。在教师理论讲授结束后，由学生结合阅读心得进行主题发言，再由其他学生针对主讲内容提问、评议。经过课程实践显示，在研讨环节，学生主题发言、评议、讨论得越是深入热烈，其思辨能力、口头表达能力就愈加得到充分锻炼。在这一阶段，教师也要适时引导讨论方向，但同时应避免过早总结观点，以免影响学生的讨论效果。而且，教师还要认真观察学生的表现，因人而异予以引导。例如，教师可以适当引导反应快但思考不深的同学作进一步思考，鼓励不敢发言的学生大胆表达自身想法，及时点拨语言组织能力相对较弱的同学，从而争取让每位学生都能得到锻炼。

3. 总结点评阶段

总结点评阶段是在学生主题研讨结束后，由教师对此次研讨作总结性陈述的阶段。它是教学活动的关键阶段。在该阶段中，教师首先要对选读的刑法学经典著作和研讨主题所涉及的刑法理论背景向学生做总体性、概括性的介绍与评述，加深学生对刑法基础理论的理解；其次，教师要注重把握学生发言的全过程，对研讨环节中每位学生的表现有针对性地进行点评，指出学生的优点与不足，并向学生指明改进的方向；最后，教师还要对学生提交的阅读心得或读书笔记做总结点评，指出学生写作中出现的共性问题以及一些突出的个性问题，并提出完善思路与加强写作与研究能力的建议。

4. 创新研究阶段

创新研究阶段在课堂教学环节之后，是刑法学经典阅读实践的升华阶段，是连接课中研讨与课后深化研究的一个持之以恒的过程。课堂研读研讨囿于课时有限，难以让每个同学得到充分锻炼，鉴于此，笔者尝试构建了"主课堂＋"的立体式"理实融合"教学阵地，最大化拓展教学时空，将研读研讨延伸至读书会、研究会学术年会、公众号、智慧树等课外学习课堂，为学生进一步创新研究搭建多元平台，提供更多契机。

一是每学期组织3～5次集中阅读式的刑法学经典著作读书会，每期读书会选取一本刑法学必读经典著作，先由教师集中引导学生阅读一小时，再组织学生开展读后交流活动，使学生从中强化读书意识，加深对刑法学的专业认识，在不断阅读积淀的同时通过互动交流以提升学术品格与思辨能力。

与此同时，鼓励并欢迎对刑法学感兴趣且学有余力的学生参加刑法学专业研究生的读书会。研究生读书会固定为每两周举办1次，由教师组织学生在阅读经典文章及书籍之后展开主题式研讨。研讨主题既涵盖刑法学说史和方法论、刑法解释、刑法的基本原则、犯罪概念、犯罪构成、罪数形态等与刑法总论相关的重要理论问题，同时又面向刑法实践，展开对社会广泛关注的热点问题的探讨。本科生通过参与研究生读书会，能从中学会如何进行文献综述等技能，并在体系性地掌握刑法基础理论的同时能够聚焦实践，学会运用刑法理论解决实践中的刑法问题。

二是鼓励并组织部分学习较好的本科生参加以研究生为主的学术锻炼项目。例如，师生共创的“湖南省刑事法治研究会”微信公众号，部分本科生与研究生一同在该公众号上开设了“书评”“学而思”“阅读分享”“好书推荐”等读书栏目并担任编辑，学生可以围绕刑法学经典文献撰写读书心得、书评等原创文章在公众号上推送，由教师负责指导、审核。再如，对刑法学研究感兴趣的学生每年可以围绕湖南省刑事法治研究会年会研讨主题撰写文章并参会交流，研讨会为激励并提升青年学生的学术研究动力与能力还专门设立了“青年学子论坛”。有部分本科生论文获奖后受邀在该论坛环节进行主题发言，在展示自己观点的同时与其他参会的专家学者、青年学子共同探讨，以深化对刑法问题的认识。

三是刑法学科组教师通过在智慧树在线学习平台录制《刑法总论：刑事法治的中国特色》《刑法分论：总体国家安全观的刑法保护》课程学习视频并开设见面课、建立师生互动讨论区，引导学生就研讨主题或阅读过程中发现的研究兴趣点进行探讨，使学生加深对刑法理论知识的理解以及充分汲取刑法学经典阅读所带来的理论营养，培养学生的思辨能力，鼓励学生创新研究。

（三）成果转化与推广

刑法学经典阅读实践不能轻慢成果转化与推广这个关键环节，否则前期的投入得不到最大限度的转化，学生的能力难以得到提高，激励机制的深层意义也就无从实现。对此，笔者在课程教学中尝试构建了“2+3”实践教学体系，促使学生既能在刑法学经典阅读过程中推动“创作与展示、自主与合作、探究与创新”相互交融，又具有将研究成果转化与推广的实践途径与平台。

其一，构建包含专业课程实践和自主选择实践2种类型的实践教学体系。其中，刑法学课程实践要求学生都能结合经典阅读完成自主探究学习、课堂互动式研讨、撰写读书报告等实践项目任务；自主选择实践则为学生自主选择参加的实践项目，如在公众号上推送原创读书笔记、在教师的指导下发表论文等。通过这两种类型的实践，学生既可以将刑法学经典阅读的理论收获转化为研究成果,又能通过公众号、学术年会研讨会、期刊等平台将成果予以推广。

其二,设置涵括了基础性实践、提高性实践和突破性实践 3 个层次的实践教学内容,在刑法学经典阅读过程中循序渐进地将研究成果转化与推广。具体而言,基础性实践是确保所有学生都能按要求完成的实践内容。例如,在刑法学课程结束后,每位学生都要结合课程学习与经典阅读撰写读书报告、热点案例评析等,将所学所思所想转化为研究成果。提高性实践是在前述实践的基础上因材施教,为学有余力的学生提供综合性较强的实践项目,如鼓励学生阅读中高级阶段的刑法学专著、指导学生撰写学术论文在期刊上发表、欢迎学生加入科研项目课题组参与课题研究等。突破性实践则是具有一定创新与挑战性的实践内容,如指导学生参加"挑战杯"全国大学生课外学术科技作品竞赛、国际刑事法院模拟法庭(ICC 中文赛)等高级别赛事,申报国家级大学生创新创业训练计划项目等,使学生实现以学促知、以学促行、以学促赛、以赛促学。

三、刑法学经典阅读实践的经验与问题

通过刑法学经典阅读的实践可以看出,教师在教学中所需付出的努力以及学生在经典阅读训练中的成长并非一蹴而就,而需久久为功,且教师在这个过程中需要不断总结经验,发现问题并应对破解,以取得更好的"理实融合"教学效果。

(一)刑法学经典阅读实践的可迁移性经验

经过笔者近年来在课程教学中开展刑法学经典阅读的实践后,刑法学课程"理实融合"教学效果已初显成效。在这个过程中,不仅学生在刑法知识体系建构、知识面的拓宽方面取得了进步,在阅读能力、研究能力、表达能力的培养上得到了提升,笔者也积累了不少有益的可供迁移的经验。

1. 生成性教学的建构

刑法学经典阅读并非是既定的、静止的、平面的,而是生成的、动态的、立体的。它是在课程教学的不断尝试、反思、总结中得以形成的,始

终以学生为主体,并根据学生的学习反馈及时动态调整教学方式,构建诸如研讨式、开放式、辩论式、启发式等多元教学方式,搭建“主课堂+”的立体式教学阵地,并与“2+3”实践教学体系同频共振形成的“理实融合”双轨制教学模式,是更能被一线教师接受与运用的一种教学模式。

2. 课程教学方式的拓展

法学课程教学方式直接影响课程教学质量和人才培养质量。目前刑法学课程教学中存在的以教师讲授为主的课堂教学方式,因缺少师生互动、难以调动学生学习的自主性和积极性而广受诟病。事实上,教学绝不是静态的,应是一个互动过程。⑧ 尽管有部分教师为解决这一问题而采用了让学生讲授、教师点评的方式,但这种方式囿于既无法控制学生讲课质量,也可能导致教师因备课不足而疏于解惑,从而存在难以运转的尴尬局面。

刑法学经典阅读实践,则是以探究式教学法为基础,让学生更多地参与其中,而不是仅由教师填鸭式地讲授知识,旨在大力培养学生的阅读能力、写作能力、思辨能力、创新能力和表达能力等,凸显卓越性。这既是对以人为本位、以学术为本位的大学精神的回归⑨,也拓展了课程教学方式,真正实现了教育教学作用。

3. “师生共同体”的形成

刑法学经典阅读的实践并非简单地由教师组织学生阅读经典著作即可,而是会通过制定计划、指导阅读、专题讨论、总结交流和点评等环节完成课堂教学活动,并由教师课后进一步引导学生开展创新研究与成果转化等理论与实践活动,呈现“课前—课中—课后”的“理实融合”整体教学过程。这一过程由师生协同推进、共同完成,教师与学生在教学各环节中紧密联结在一起,形成“合作成长共同体”,营造出开放、包容、支持、引导的成长氛围。

---

⑧ 参见汪红飞:《高校法学专业教师教学能力提升路径》,载《黑龙江教育(高教研究与评估)》2021年第3期。

⑨ 参见刘徐湘:《现代大学教育与古典自由教育精神的回归》,载《大学教育科学》2017年第5期。

(二)刑法学经典阅读实践中发现的问题

笔者通过课程教学实践,不仅总结了上述可迁移性经验,也发现刑法学经典阅读的实践还存在一些待完善之处。

1.学生"问题意识"不足

从学生主体来看,当前,学生"问题意识"的培养仍有不足,主要表现在三个方面:一是部分学生在阅读文本时容易忽略独立思考。实践中,部分学生以完成任务式的心态对待经典阅读训练,参与度、热情度不高,并未真正深入研读并思考;还有部分学生在阅读经典著作时,往往只着眼于经典著作中的文字表述与所传递的理论知识,而较少独立思考并研究经典著作对于当下的启示意义。二是部分学生在撰写读书报告时较少提出观点主张。学习层次不同的学生在自主阅读的效果上可能会有高低不同,进而表现在写作上也会存在质量差异。例如,笔者从学生提交的读书报告中发现,部分学生的读书报告几乎都是摘抄,而较少有自己的观点阐述。三是部分学生在研究时缺乏观照现实。部分学生在文本阅读与实践思考上缺乏对接,较少将阅读经典与思考中国司法实践相结合,尚停留在"为了阅读而阅读"的层面。

2.教师指导力度不够

由于课程教学中融入刑法学经典阅读实践的全过程均由师生协同推进,形成"师生共同体",因此要充分发挥师生双方作用。任何一方投入过少,均会影响教学效果。其中,教师在整个教学过程中应始终居于指导地位,这既对教师的指导能力有着较高要求,同时也需要教师将大量时间与精力投入其中。例如,教师不仅要有较为深厚的专业功底指导学生阅读与写作、快速高效鉴别读书报告,还要付出较多的时间精力开展课堂设计与筹备、更新调整刑法学经典阅读书单、与学生一起研读刑法学经典著作等。这对于单个授课教师而言,无疑压力很大,容易因其力不从心而导致对学生阅读经典著作的过程指导力度不够。

3.长效评价机制阙如

刑法学课程"理实融合"双轨制教学模式的构建,需要刑法学经典阅读实践的有效切入。而刑法学经典阅读实践若想长期有效开展,关键在于有针对性地建立合理的长效评价机制，以发挥对刑法学经典阅读实践的“以评促建、评建结合、重在建设”的目标作用。然而，现有的评价机制仍主要采用评价教师课堂讲授情况的单一评价指标，且当前的评价标准主观随意性较大，也较少涉及对学生的参与度、刑法学经典阅读实践的教学范式、实施效果等的评价，缺乏双向约束与长效评价机制。

四、刑法学经典阅读实践的突破路向

为实现法学人才培养目标，改革传统的刑法学课程教学方式，以科学、合理且行之有效的刑法学经典阅读实践为切入点，打造“理实融合”双轨制教学模式可谓势在必行。当然，教改之路本就是漫道求索，其中不可避免会遇到问题，但与此同时，解决问题也是刻不容缓。针对当前刑法学经典阅读的实践在学生“问题意识”培养、教师指导力度以及长效评价机制三方面存在的不足，笔者提出以下因应之策。

（一）强化学生的“问题意识”

首先，在观念上，应培养学生树立“问题解决”的法学观念。“法学”也可以是“问题解决之学”，指和法律实践紧密相关的对策性或学术性研究，应当说这也是对“法学”最通常的理解。⑩ 相较于以实务面向为主的职业训练，“问题解决之学”的法学学术性更强，对于强调培养创新法治人才的法学教育而言，更应着眼于“问题解决之学”的训练。而解决问题的前提是发现问题，具备“问题意识”。“问题意识”是整个思维能力培养中的极为关键的第一步，更是创新研究最为核心的问题。⑪ 但值得注意的是，这种问题意识是面向中国的法治实践，即通常中国法学者们所说的“中国问题意识”。因而需要让学生明确，阅读刑法学经典著作并非为了阅读而阅读，而是因为这些经典作品可以为人们的思考提供启迪，对具体实践大有裨益，进而为解决当下中国司法实践问题提供思

---

⑩ 参见王凌皞：《法学的实践品格与经典阅读》，载王瀚主编：《法学教育研究》第19卷，法律出版社2017年版。

⑪ 参见李浩主编：《中国古代文学研究方法导论》，高等教育出版社2011年版，第174页。

维方式上的参考。

其次,在教学策略上,实施以问题为导向的探究式教学,引导学生探索式阅读。具体而言,教师可以考虑在课堂教学之前进行阅读导学,如要求学生在阅读过程中思考阅读著作有何创新之处,作者想探讨或者解决哪些问题,如何解决等。通过阅读导学,引导学生主动发现问题,鼓励学生大胆提出问题。同时,还可以让学生多关注刑法学基础性问题,因为学科的每一次大的飞跃,几乎都是基于对本学科基础性问题有了新的认识。可以说,关注基础性问题有利于学生了解所学学科的精髓所在,也更容易进行延伸与深化。

最后,积极探索教学相长、教研互促的新思路。针对部分学生阅读主动性不强以及对现实观照不足的情况,授课教师可以在总结点评阶段与创新研究阶段,一方面有针对性地向学生梳理研讨主题所涉研究领域的最新研究动态,使之与教学内容相得益彰;另一方面教会学生如何查阅文献、梳理文献等技巧,使学生具备研究学习的基本功。诚如陶行知先生所言:"先生的责任不在教,而在教学,而在教学生学。"⑫因此,这项工作于学生而言有必要也有价值。学生通过了解刑法学前沿问题以及研究动向,能更好地结合刑法学经典阅读的内容对理论发展脉络予以掌握,如此一来,学生的学习阻力也会相应减少,从而增强读书兴趣。当然,这项工作于授课教师而言,兼具有重要意义与挑战。因为这需要授课教师坚持不懈地努力与付出,在研读刑法学经典著作的同时掌握学界最新的研究动向并完成大量文献阅读与梳理。大学教师首先应是研究者,要以身作则指导学生,让他们学习刻苦钻研的精神。⑬ 鉴于此,教师也要关注学科前沿,更新自身知识结构,提升学术研究能力,达到教学相长,教研相促的效果。

(二)增强教师的启发能力

课程教学中融入刑法学经典阅读的教学模式致力于打造师生平等

---

⑫ 参见陶行知:《教学合一》,载《新教师》2022年第8期。

⑬ 参见[德]雅斯贝尔斯:《什么是教育》,邹进译,生活·读书·新知三联书店1991年版,第145页。

的、双向的、互动的、协同发展的“理实融合”双轨制教学新模式，但学生能否主动参与、主动建构很大程度上还取决于教师的启发能力。因此，必须增强教师的启发能力以推动该教学改革行稳致远。具体而言，可从以下三方面着手：

一是提升学科组每位教师的鉴别力。教师的鉴别力不仅表现在对刑法专业的理性思考及对学术的研究能力方面，还包括用渊博的知识对刑法学理论予以深刻解读，以及对学生的读书写作进行客观的分析与评价。例如，针对学生撰写的读书报告或论文，教师要注意把握学生写作是否紧扣主题、是否“言之有物”，对于表面看似洋洋洒洒但实际上游离于主题陷入空谈的文章，要有清晰的鉴别力并及时予以指正。

二是提升教师的引导力。在课程教学中融入刑法学经典阅读实践，要求授课教师不仅要积累更为深厚的专业功底、愈加宽广的知识面，还要同时提升在刑法学经典阅读实践各环节中的引导力，既注重引导学生进行有效阅读又着力启发学生的思维。

三是汇聚学科团队力量，最大化提升指导力度。通过调动学科组教师的积极性、主动性，组成教学团队，能有效缓解单个教师的教学压力。例如，在制订刑法学经典阅读推荐书单时，可以通过团队教师集体交流，分享推荐，共同商量制订；在打造“主课堂+”立体式教学阵地与“3+2”实践教学体系时，可以组织团队教师分工协作式地参与其中，或集中指导学生阅读刑法学经典著作、撰写读书报告，或积极通过“一班一课一微信”的方式，建立班级微信群答疑解惑。学生课后可以将课堂学习与刑法学经典阅读过程中遇到的难题在微信群里向老师提问，但教师并非简单地直接作答，而是引导式回答，从而启发学生的思维并教会学生一些学习方法等。

（三）构建长效评价体系

融入刑法学经典阅读实践的“理实融合”教学模式是以学生作为主体，教师进行引导的研讨式、互动式教学模式，相较于传统的单纯由教师讲授型的理论教学更具有灵活性，因此对其教学评价也不能沿用传统的单一评价方式，而应进一步完善科学规范的长效评价体系，以避免评价标准主观随意性较大而不利于“以评促建、以评促改”等问题。

一是要完善阅读体系范式的评价,这一评价应面向师生双方。具体而言,一方面,针对学生参与刑法学经典阅读实践的评价考核,可以根据学生所处年级的不同而对评价和考核要求予以区分,依次递进式分为综述型、分析型、论文型三类标准。由于笔者所在法学院开设了法学卓越班并推行本科生导师制,有部分学生自刚入校时便选择了刑事法学科组教师作为导师,以及学院面向大二、大三的学生还开设了监狱法学、外国刑法、刑事疑难案例等三门与刑法学相关的课程,还有部分毕业生选择了刑事法学科组教师为毕业论文指导老师等,因而融入刑法学经典阅读实践的“理实融合”教学改革模式及其考核评价能以人才培养要求为契机,根据学生对刑法学科的兴趣流向而始终贯穿其中。对于本科一年级学生,仅考查学生的自主学习能力,包括自觉拓宽阅读面、有效进行文献检索、掌握一定的文献综述写作方法等;而对于已有一定刑法学经典阅读训练基础的二、三年级学生,则要求学生在拓展文献阅读、提升综述能力的基础上,强化对专业理论知识的理解,具备一定的“问题意识”,能独立分析思考与研究;对于毕业生,则要求学生具有一定的综合科研能力,能掌握毕业论文的写作方法,独立进行论文写作等。另一方面,该教学改革的目的是培养学生理论知识与实践综合能力,因此也应当充分了解学生对刑法学课程教学改革的期望,把学生的需求置于首位,反映在课程教学的评价过程中,则应不定期向学生征求意见,将教师指导学生开展刑法学经典阅读实践的情况也纳入评价体系。当然,以刑法学经典阅读促学生综合能力的提升并非一日之功,应将经典阅读训练予以制度化,进一步贯彻到法科学生培养的各个环节,强化对学生理论基础的培养以及实践能力的提升,并注重对经典阅读实践过程的监督与管理。

二是要加强对实施效果的客观评价。为避免传统教学评价仅针对课堂教学中教师理论讲授效果进行评价所带来的主观局限性,因而在课程教学中融入刑法学经典阅读实践的效果评价指标应倾向于从学生出发,将学生的阅读学习能力、综述能力、研究能力、语言表达等能力的提升、毕业论文写作的质量、独立或与指导教师合作发表论文情况、参与提高性与突破性实践情况、攻读研究生情况、学生的就业情况等作为评价依据,以使人才培养与教学改革效果评价更加客观全面。

结　语

当代法学人才培养要求创新,主要体现于问题意识与综合能力的培养,反映在培养方式上就是要谋求思维创新与能力创新。通过刑法学经典阅读实践构建“理实融合”双轨制教学模式,培养学生的阅读学习能力、综述与写作能力、语言表达能力、独立思考能力和创新能力,是基于培养高素质创新型卓越法治人才的有益尝试。通过刑法学经典阅读的教学改革实践,既能引导学生养成阅读习惯、激发学生学习兴趣、培养学生创新研究思维与观照现实的能力,又能创造良好的学术氛围,促进教学相长、教研相促。但作为一种新的教学模式,仍需要不断的探索完善,在实践中及时总结,以期为进一步提高刑法学课程教学效果和人才培养质量提供更多有益参考。

On the Construction of the Dual-Track Teaching Model of “Integration of Theory and Practice”

—Taking the Practice of Reading Classics in Criminal Jurisprudence as an Entry Point

Huang Mingru　Cheng Bo

Abstract: The exploration and practice of classic reading of criminal law is an attempt of teaching reform in line with the goal of cultivating outstanding legal talent with both moral and legal practice. From the selection of reading lists to the specific application of guided reading, special discussion, summary and comment, innovative research and other stages, the transferable experience of constructing generative teaching, expanding curriculum methods, and building a "community of teachers and students" has been formed. Through strengthening students' "problem awareness", enhancing teachers' inspiring ability, and building a long-term evaluation system in teaching practice, the teaching effect will be further improved. This mode has natural advantages and value for the construction of the dual-track teaching model of "integration of theory and practice", which is conducive to the cultivation of outstanding legal talent in legal education.

Key Words: the dual-track teaching model of "integration of theory and practice"; course teaching model; classic reading; outstanding legal talent

批判理论视域下法学在线教学的再思考

张　艳*

摘　要：在"互联网＋教育"的背景下，法学在线教学中存在的主要问题是，教师在线上课堂仍扮演核心角色，缺乏提高教学效果的有效互动，教学反思匮乏；学生缺乏自主学习能力，在时间管理、学习动机和有效利用法学资源方面仍存在困难；在线教学因过度关注技术的功能和便利性，忽略了技术服务于教育的核心价值。从批判理论的立场出发，法学在线教育应当构建对师生更为有利的"主导—主体"相结合的课堂教学结构；教师应引导学生利用在线教学平台提高自主学习能力；重视技术的价值理性，利用信息技术实现人的主体性价值，将学生放在教学活动的核心地位，以学生的自我发展与完善作为教学的最终目标。

关键词：现代信息技术　法学在线教学　批判理论

一、问题的提出

目前，人类正处于可能是历史上最伟大的技术

* 张艳，华中科技大学法学院博士研究生，西北政法大学行政法学院讲师。研究方向：法理学、行政法、法律文化。

变革之中,互联网的出现迅速催生了在线网络技术,21世纪的在线技术已经从经济、社会、政治、文化等多方面成功地联结起了整个世界。① 网络科技的快速发展,为从面对面的传统教学方式向在线教学的转变提供了可能性。

本以应对突发情况为主要目的的法学在线教学,也成为我们思考法学教学模式,推动法学教育改革的一个重要契机。各大高校法学院开展起来的大规模法学线上教学也暴露出了各种问题。作者根据法学课程在线授课的切身体会,试图从教师、学生、技术三个层面入手分析法学在线教学存在的问题,并通过批判理论观点的运用,重新审视目前法学教学改革的关键所在,打破固有模式藩篱,重新解读教师、学生、技术在信息化时代所应具有的地位和充当的角色。

二、法学在线教学中教师面临的主要挑战

(一)教师在在线教学中仍然扮演核心角色

法学在线教学是一个较新的领域,教师以及教学管理者都缺乏相应的经验。法学在线教学模式主要有两种:一种是教师提前用电脑、手机等设备把教学内容录制下来,再将录制好的教学资源传到雨课堂、超星学习通等网络平台,学生按教师安排自行学习;另一种是教师通过腾讯会议、QQ、钉钉等软件,坐在电脑和手机前全程直播上课,学生同一时间通过同一软件上课学习。前一种方式称为异步在线课程(Asynchronous Online Courses),后一种方式称为同步在线课程(Synchronous Online Courses)。②

虽然我们的教学已经从物理空间转移到虚拟空间,从集中式教学转向分布式教学,环境发生了根本变化,但从目前的法学在线教学来看,教

① See Victor C. X. Wang & Geraldine Torrisi-Steele, *Online Teaching, Change, and Critical Theory*, New Horizons in Adult Education & Human Resource Development 27, 2015, p. 18 – 26.

② See Yvonne M. Dutton, Margaret Ryznar, Kayleigh Long, *Assessing Online learning in Law Schools: Students Say Online Classes Deliver*, Denver University Law Review 96, 2019, p. 522.

师仍然占据主导地位，教师和学生的关系并未因为环境变化而进行实质性变革。互联网教育智能技术的迅速发展为在线教学提供了流畅的通信平台和便捷的学习工具，使在线教学成为信息时代的大趋势。然而，我们应认识到在线教学并非简单的“互联网 + 传统教学方式”，而应该充分利用互联网时代的优势，通过在线教学平台重塑教学内容，调整教学方式，优化教学目标，以逐步实现教学价值。尽管教学环境已转至分布式的虚拟空间，但我们的法学在线教学仍然坚持传统的讲授式方法，以教师为主导，学生为被动接受者的教学模式。这种方式未将学生置于教学的中心，未能有效利用互联网在线学习平台提供的优质、丰富的法学教学资源，也未融入互联网思维来变革教学模式。当前的法学在线教学大体上仍然基于传统的内容传递模型，未能意识到教师在法学在线教学中应扮演引导者和促进者的角色。教师应利用其专业素养和信息素养，帮助学生掌握法学基本技能，构建完整的法学知识体系，并结合各种实践活动如法律诊所、模拟法庭、校外实习等，以实现法学院学生的全面培养目标。

（二）教师在教学反思方面亟待加强

法学课堂教学不仅要有针对性地传输法学基本理论，培养学生的法学实践能力，更关键的是提升学生的元认知、反思性判断和高阶思维能力。为了达到这些教学目标，教师的教学反思显得尤为重要。哈贝马斯曾说过：“知识并非简单地被获得，而是通过反思构建而成。因为学习者会在给定的情况下处理实际的问题，教育者本身就是学习者——教学实践的学习者。”③在线法学课程目前仍处于发展初期，教师对于教学内容、教学方式以及教学效果的定期反思对于课程的持续改善至关重要。另外，反思也是教师的一种专业学习过程，在实现学生深入学习的同时也能够促进教师的个人发展。

通过多个学期亲身参与法学在线教学并对所在学校师生展开访谈，不难发现，教师在教学过程中往往缺乏有效的教学反思。作者认为，教

---

③ Murphy M. & Fleming T., Habermas, *Critical Theory and Education*, New York, Routledge, 2009, p.101.

师有效反思匮乏的原因大致可以概括为两点:一是教师不知如何反思,很多教师在意识到教学活动存在问题时,由于缺乏对教学反思具体步骤的了解,可能会在进行反思时感到困惑而无所适从。尽管大量的教学反思方式被论及和介绍,如反思日志法、问卷调查法、同行评课法、录音法、录像法、倾听学生意见等,但是,这些反思方法主要关注了教学过程的外在表现,而没有深入到教师个体的内在意识和思维中。这种表层反思或弱反思可能无法充分发挥反思作为一种高级认知活动的潜力,从而无法实现反思所带来的提高教学质量、更好地满足学生需求以及促进教师个人成长的双重效果。二是教学反思缺乏问题意识和问题导向,难以形成有效的解决方案。目前,大部分教师的教学反思只是简单回顾教学环节,没有针对具体问题进行反思。即使一些教师在教学反思中发现教学问题,他们的认识也通常仅限于实际操作层面,而对教学理念的关注明显不足。④ 这种反思对提高教师实践知识的效果有限,它仅在思维层面原地打转,无法准确评判和重塑法学教学理念,也难以解决教学过程中的实际问题。

(三)教师在提高在线教学效果方面缺乏有效互动

教育是一项系统工程,其中教育者与被教育者之间的互动是该项工程的重要内容之一。教师与学生在教与学的过程中,无论是知识的传递、思想的碰撞、行为的影响还是情绪的感染,都不是单向的。教育工程中的互动,尤其是那些有效互动,更是直接影响到教学过程和教学效果。

然而,目前多数法学在线教学只做到了将教学内容从实体教室转移到网络平台,其本质仍是单项的填鸭式教学,缺乏有效的双向互动。当前,许多教师的互动观念仅停留在视其为促进法学知识传授的教学技巧,而未充分理解互动在教学活动中的重要性,也未确立学生应是互动主体的观念。目前法学在线教学课堂所进行的互动多半是为了互动而互动,学生的主体地位并未得到足够重视,学生所具有的主观能动性也

---

④ 参见王海燕:《教师在线教学反思支架设计》,载《中国电化教育》2014 年第 3 期。教师教学反思的问题包括两类:一类是教育教学理念领域的问题;另一类是指向行为或操作的实践领域的问题。

无法真正发挥出来。在脱离高校现场教学环境的情况下,法学在线教学活动通过网络媒介进行,这种物理空间的阻隔导致教学活动往往呈现零互动或表面互动的状态。

在线法学教学的互动环节中主要存在以下问题:其一,从互动形式来看,课堂教学活动中,学生往往不主动表达自己的观点,只在被点名或要求回答时做出回应,使互动带有被动性,无法有效提升学生的创新和独立思考能力。其二,从互动内容来看,往往是以指定的法学课本知识为师生双方互动的主线,导致课堂上常常出现法学教师的"独角戏"和学生沉默的局面,而法学教学中尤为重要的平等、和谐以及对话式的互动却鲜有出现。其三,现有的法学在线教学互动主要集中在师生之间,而学生之间的互动明显不足。学生间的交流和互动能提升学生的独立意识和团队精神,推动学生个体和群体的协同发展,这些都是未来法律专业人才必备的素质。总之,教学互动不仅是教学技术的应用,更是教学艺术的体现。随着法学在线教学从传统实体教室向线上环境的转变,教师需将法学教学与互联网信息技术相结合,充分挖掘网络信息技术的潜能,以设计出更有效的法学教学互动。

三、学生在法学在线教学中遇到的困境

受突发事件的影响,高校普遍转向了慕课、空中课堂和网络直播等在线教学形式。在作者所在的高校,法学教学主要以在线直播方式进行,这将传统的共位集中式教学转变为异位散布式教学。这一变化为法学的授课和学习方式都带来了巨大挑战。结合师生的反馈以及本人作为一线法学教师的亲身经历,作者总结了在过去几个学期法学在线教学中学生所遇到问题和亟待解决的困境。

(一)缺乏自主学习能力是在学生层面存在的最主要问题

自主学习(Self-Directed Learning)通常指学习者无论有无他人的帮助,都会主动诊断学习需要,制定学习目标,识别学习所需人力和物力资源,选择、实施合适的学习策略,并评价学习结果。简言之,自主学习能

力就是指学习者表达学习需求、确定学习目标以及筛选学习资源的能力。⑤ 自主学习能力对于高校学生而言,是一种至关重要的学习方式。它可以帮助学生深入了解整个学习过程,并挑战对成人学习者学习特点的刻板印象。此外,自主学习能力有助于扩宽学生的思维视野,弥补他们在学生过程中的个体差异。⑥ 通过培养自主学习能力,大学生能够更好地适应不断变化的学习环境,成为终身学习者。可见,自主学习是适应当前法学教育变革的主要手段。然而,在我国高校,长期以来传统的讲授式教学一直是法学教学的主要方式。教师通过讲解、板书以及多媒体手段主导整个课堂教学,常常采用"满堂灌"的方式来解决学生的学习问题。在这种模式下,学生往往陷入被动学习的局面,缺乏学习的主观能动性。法学教学长期以来采用这种教与学的方式并不能真正培养好学生的自主学习能力。尽管随着法学教学改革的推进,课堂教学已朝着有利于学生自主学习的方向转变,但讲授式教学仍占主流。研究显示,我国学生的自主学习能力总体发展水平还是不高,⑦法学教育旨在实现素质教育和职业教育的高度融合,其实现程度在很大程度上取决于学生的独立思考和学以致用能力,以及主动有效地掌握法学知识、根据所学不断提出学习需求的自主学习能力。

通过对数个学期的法学在线教学实践进行全程观察,以及参与开学前为线上授课学生进行的线下相关法学学科的串讲、复习、考试、改卷等环节,作者明显发现,学生在法学在线教学过程中的自主学习能力较弱。具体表现在以下几个方面:首先,学生进行在线学习时难以做到学思结合、知疑善问;他们往往被动地参与到学习中,缺乏主动思考和提问。其次,学生难以针对自身学情进行自我检查和评价。例如,他们可能在梳理每节课掌握的内容、识别需要通过拓展阅读来深化理解的部分、思考

---

⑤ See Knowles M. S. , *Self-Directed Learning: A Guide for Learners and Teacher*, New York: Association Press, 1975, p. 20 – 44.

⑥ See Rosemary S. Caffarella, *Self-Directed Learning*, New Directions for Adult and Continuing Education 57, 2006, p. 29.

⑦ 参见庞维国:《自主学习:学与教的原理和策略》,华东师范大学出版社 2003 年版,第 16 页。

尚存的疑问以及检视是否达成本次法学课程设定的学习目标等方面,表现出不足。再次,在法学在线教学中,教师都不同程度地鼓励学生尝试多元化的学习方式,如通过建立虚拟学习群、使用线上教学软件的私聊功能等途径,方便学生在线参与,进行实时提问、共同讨论以及相互交流所学内容。然而,令人遗憾的是,教师的美好意愿往往得不到实现;学生之间在课堂内外的相互切磋和讨论仍然相对较少。最后,学生在线学习的常用方法与传统线下学习方法并无显著差别。尽管部分学生会利用多媒体网络信息技术在课堂笔记中加入录音、截屏等内容以丰富笔记,但总的来看,学生在法学学习方法的独立性和自主性方面仍有很大的提升空间。例如,学生应在课前预习教学内容,课后整理和归纳所学知识,针对自己尚未掌握的薄弱环节进行复习,并借助丰富的互联网资源自主查找相关资料进行拓展和补充学习。此外,学生还应提升学术文章的阅读能力,提高批判性思维能力及解决实际问题的能力。然而,目前学生在这些方面的表现相当欠缺。

(二)学生在法学在线教学中面临的其他困难

自主学习能力不足是法学在线教学中学生存在的最显著问题。除此之外,他们还在其他方面遭遇一些挑战。

1.学生的时间管理能力有待提高

法学在线教学为学生提供了更为灵活的学习模式,让学生有更多自主性去安排自己的学习。然而,这种灵活性同时也对学生的时间管理能力提出了更高的要求。学生在居家学习期间,由于“学校式”学习氛围的缺失⑧,他们往往缺少了在校学习时所具有的驱动力、凝聚力和熏陶力。由于缺乏时间管理能力和任务优先级判断,学生们往往难以合理分配时间和精力,造成学习效果不佳以及课程的延误。另外,在线教学过程中,学生与同学和教师之间不能面对面地交流,导致他们在学习过程中缺乏足够的社交互动,影响学习体验。因此,在线课堂中,学生难以集

⑧ School Climate see Halpin A. W., Croft D. B., *The Organizational Climate of Schools*, Chicago, IL: Midwest Administration Centre of the University of Chicago, 1963, p. 87 – 90.

中注意力,也很难合理安排日常居家时间来规划学习。

2. 学生在学习动机和自律能力方面表现欠佳

在法学在线教学过程中,由于缺乏教师和同学的实时鼓励和监督,学生们可能难以保持持久的学习动机,从而导致他们的学习主动性不足,热情不高。这种情况通常表现为在线上课堂环境中,学生不愿主动提问、回答问题、参与课堂讨论或寻求帮助。还有很多学生初次接触线上课堂氛围以及在线沟通的新方式,容易受到诸如社交媒体、游戏等外部因素的干扰。对于自律能力较弱的学生来说,在线教学更容易使他们分心,无法建立稳定的学习习惯,难以合理利用充裕的时间在法学知识领域进行探索,极大地影响了学习效果。

3. 学生在有效利用学习资源方面存在困难

为丰富法学在线教学内容,学校和教师积极提供多样化的教学资源,包括收集免费在线法学课程、制作微课、慕课和短视频,提供电子书、教案、案例分析、法律汇编、习题、试题及相关PPT等海量资源,以便学生在线学习。面对庞大的在线资源,学生一开始会充满喜悦并迅速保存,但很快可能就会因为资源过多感到疲惫。这一普遍现象主要源于学生在筛选、整合和判断资源方面的能力不足,导致他们难以有效挑选出高质量和与学习需求相关的内容。同时,缺乏明确的学习目标和计划使学生无法有针对性地利用这些资源,反而可能因过多的资源产生焦虑和压力,担忧无法充分利用这些资料,进而影响学习效果。

四、法学在线教学过程中技术的价值理性被轻视

21世纪以来,大数据、云计算、人工智能等新兴信息技术在互联网领域蓬勃发展,对教育的深度改革产生了深远影响。近年来成为人们热议的“慕课”“空中课堂”“智慧教室”“数字化教室”等都是信息技术对教育变革的生动见证。我们现在正身处一个“互联网+教育”的时代,也正经历着教育领域的重大变革和发展机遇。2010年,我国颁布了《国家中长期教育改革和发展规划纲要(2010—2020年)》,强调“信息技术

对教育发展具有革命性影响,必须予以高度重视";[9]2012 年,教育部制定了《教育信息化十年发展规划(2011—2020)》,提出"充分发挥现代信息技术优势,注重信息技术与教育的全面深度融合"。[10] 这两份标志性文件凸显了我国对教育信息化的高度重视。与此同时,我国各级各类学校也开始了对于教育信息化实现方式和路径的探索。在信息时代,每一个教育工作者都必须思考这样一个问题:如何认识信息技术对教育发展所带来的革命性影响,因为"当基本认知方式都发生改变的时候,在此基础上建立的教育大厦必然发生意义深远的改变"[11]。

信息技术与高校法学教学课堂的结合已经成为当代法学教育发展的一种趋势。目前,有许多信息技术可用于在线教学,教师可以根据自己在线课堂的需求,灵活选择不同的软件和工具。作者所在高校法学在线教学主要选择具有课堂直播功能的腾讯课堂、腾讯会议、钉钉、雨课堂、学习通等软件来开展在线教学。这些软件有些除了具有直播功能外,还兼顾了教学资源整合、课程进度管理、在线互动交流以及学生成绩评估等多方面的功能。除此之外,师生还可以通过微信群、QQ 群、百度网盘等辅助在线教学工具,使法学课堂教学呈现更加丰富和多样的教学模式。显而易见,信息技术加持下的法学在线教学,不仅能够避免传统法学课堂教学方式的单一性和教学资源的有限性,而且还能够为学生提供多元化的学习途径。信息技术的运用,支撑了法学教育的转变。可以明显看到,在迅速发展起来的法学在线教学中,教师们在课堂教学过程中都或多或少地融入了现代信息技术的应用。

在线课程的出现和不断普及,确实凸显了技术在教育领域的重要性。技术在整个教育过程中既要发挥工具作用,又要兼顾人文关怀和价

---

⑨ 《国家中长期教育改革和发展规划纲要(2010—2020 年)》,中华人民共和国教育部 2010 年 7 月 29 日,http://www.moe.gov.cn/jyb_xwfb/s6052/moe_838/201008/t20100802_93704.html,详见第十九章。

⑩ 《教育信息化十年发展规划(2011—2020 年)》,中华人民共和国教育部 2012 年 3 月 13 日,http://www.moe.gov.cn/srcsite/A16/s3342/201203/t20120313_133322.html,详见序言。

⑪ 余胜泉:《技术何以革新教育——在第三届佛山教育博览会"智能教育与学习的革命"论坛上的演讲》,载《中国电化教育》2011 年第 7 期。

值引导,这就是教育技术所具有的工具理性和价值理性。然而,当前我们对于教育技术的应用仅仅停留在追求便利与提高效率的层面上,却很少关注如何充分利用技术来开发真正吸引学生的法学教学策略,更谈不上在技术世界中促进人的生命成长。

在法学在线课程的发展过程中,确实存在技术工具理性与价值理性关系的失衡,这明显揭示了技术价值理性受到忽视的问题。在在线教学实践中,我们可能过度聚焦技术的功能性和便利性,而忽略了技术应该服务于教育的核心价值。这一问题本身及其产生的影响,引发了深入的思考和关注。其一,课程目标有所偏离。在线教学中,由于过度依赖技术工具和平台功能,可能会使教师偏离既定的课程目标。在课堂设计和实施过程中,教师可能会无意中忽视了对学生批判性思维、创新能力和职业素养等方面的培养。其二,师生互动的质量和数量减少。当过分强调技术手段时,可能会导致师生之间的交流变得更加表面化和疏远,减少了师生之间的直接互动,尤其是在案例讨论、模拟庭审等互动密集的活动中。师生互动的减少不仅影响教学质量,同时也会阻碍学生在实践操作、沟通表达等方面的均衡发展。其三,对人文关怀的忽视。法学在线教学中过分强调技术,可能导致教师忽视人文关怀和价值引导,从而影响学生在道德观、正义感和社会责任感等方面的培养。其四,价值观教育缺失。过度依赖技术手段开展法学在线教学可能导致价值观教育的缺失,这使学生在获取法律知识的同时,可能容易忽视在道德品质和人文素养方面的发展,这种现象可能会对学生在实际工作中展现的综合素质和能力造成影响。

总的来说,在整个法学在线教学的过程中,教育者通常更注重技术本身,却容易忽视如何有效利用这些技术来实现教育目标和推进教育价值的重要性。要解决这个问题,我们需要在教育过程中更加关注技术的价值作用,并在实践中不断寻求工具理性和价值理性的平衡,使技术真正成为教育的有力支撑,以实现学生在法学领域的全面发展。

五、批判理论视域下的法学在线教学发展完善的可行之路

信息技术的迅猛发展,使传统的教育方式与学习方式受到了极大的

挑战。大数据背景下,"互联网+教育"已成为改变传统教学模式的主要媒介,甚至很多学者认为"互联网+教育"已经完全颠覆了传统教学模式。事实上,通过突发事件期间作者所在高校法学在线教学的实际情况可以看出,目前的法学在线教学,只是信息技术与法学课程的简单结合。如果想要改变或重构传统的教育理论,实现信息技术与法学教育的深度融合,那么就需要从批判理论的立场出发重新审视信息技术时代法学在线教学过程中存在的种种问题,进而构建新的法学在线教学理念,这或许能够为解决法学在线教学中存在的问题提供一条切实有效的可行之路。

批判理论是由法兰克福学派在20世纪30年代的德国所创立。批判理论的基本宗旨是知识不能与它所存在的系统主体分离开来,所有的知识都是由各种人和系统的利益所形成的。[12] 批判理论的基础是诸如阿道尔诺(Adoron)、霍尔海默(Horkheimer)、马尔库塞(Marcuse)和布鲁克菲尔德(Brookfield)等理论家所提出的批判性思维。批判性思维被认为是一种优化我们思维方式的艺术,它涉及对思维方式进行反思和思考。在批判性思维基础上所提出的意识形态批判是批判理论的核心。批判理论的核心在于对意识形态的批判。这种理论认为,意识形态包含了看似显而易见且有道德吸引力的信念和价值观,但这些实际上维持着不公正的社会和政治秩序。要摆脱社会压迫,个体需摆脱这些意识形态幻觉。因此,成人学习的批判理论应着眼于如何抵抗意识形态操纵。[13] 在教育活动中,意识形态批判的重点是帮助人们认识到在他们所持有的观点下这些意识是如何形成的。批判理论与教育者和学习者密切相关,因为高校环境下的师生作为成熟的个体,不仅被各种任务和生活问题所包围,而且还被意识形态所包围。正如斯蒂芬·D.布鲁克菲尔德(Stephen D. Brookfield)所强调的那样,没有意识形态的批判就不可能改

---

⑫ Nichols R. G., & Allen-Brown V., *Critical Theory and Educational Technology*, New York, Simon & Schuster Macmillan, 1996, p. 226.

⑬ See Brookfield S. D., *Repositioning Ideology Critique in a Critical Theory of Adult Learning*, Adult Education Quarterly 52, 2001, p. 7-22.

变观点。[14] 因此,将批判性理论用于变革法学在线教学,通过批判性反思来改变当下法学在线教学的实践不失为一个明智之举。

(一)运用批判理论重构法学在线教学过程中的师生关系

在批判理论的基础上,教师应该反思法学在线教学中的"我们如何看待自己",即教师如何看待自己在法学在线教学中的地位和作用。正如前面所提到的,大部分法学在线教学都倾向于复制传统教学方法,在线平台成为重现传统教学方法的工具。教师作为课堂教学的主体而非促进者的模式长期存在于我国的法学教育理念中,对于教育者和学习者而言,跳出这种模式来重新定位是很困难的。大部分教师没有利用批判理论,可能是因为他们不了解批判理论,或者是他们不希望改变现状,他们可能认为作为法学教师,应坚持传统角色。批判理论的应用要求教师从教学者的角度审视自己的教学理念,而非欣然接受传统师生关系。尤其是在法学线上课堂上,更不能生搬硬套传统课堂"以教师为中心"的教学结构,而应构建对教师和学生而言更为有利的"主导—主体相结合"的课堂教学结构,法学教师的角色应转变为帮助学生学习知识的促进者。

教育信息化的实现有赖于信息技术与教育教学的深度融合。法学教学的最终目的是促进法学学习者的自主深度学习,面对网络时代信息的快速增长扩散,法学教学的核心是要使学生从大量的知识内容中解放出来,培养学习兴趣,形成"自主、探究、合作"式的学习习惯。为了实现信息化与法学教育的深度融合,更好地促进学生有针对性地学习,信息化时代法学教师的角色必须加以改变。传统模式下,将法学教师定位为信息的传播者、课堂内容的讲授者以及教学过程的组织者,法学教师的任务以教学内容的单向传输为主,大部分法学课堂往往只关注法学知识点和基本理论的传授,而忽略学生的学习过程、学习方法和情感态度。学生的学习质量由教师最终评定,学生只是被动地应试和接受评定,教师处于高高在上的教学中心位置,从而导致教师与学生无法形成良性互

---

⑭ Brookfield S. D., *The Power of Critical Theory: Liberating Adult Learning and Teaching*, San Francisco, CA: Jossey-Bass, 2005, p. 11 – 12.

动的平等关系,这种教学模式制约了法学学生的自主学习和创造力发展。实践证明,以传统教学模式开展的线上教学效果并不乐观。

为了充分利用在线教学的信息化教学环境改变法学教学无法实现教学相长的局面,教师的角色应转变为学生学习的指导者、帮助者和促进者,改变教师牵着学生鼻子走的法学教学方法,启发、引导学生自主学习,使学生真正成为法学学习的实践者和主人。结合批判理论,以学生为主体来设计整个法学教学内容,不失为改变传统模式下忽略知识自身发展性和学生被动接受知识这一教学困境的一剂良方。只有通过教学过程中师生关系的重构,学习者的法学思维能力、创新能力、法律实践能力以及对于"伪知识"的甄别能力才能得到充分发展,才有可能实现卓越层次的法律人才培养,释放出法学教育所带来的切实红利。

(二)从批判理论视角重新审视学生在法学学习中的地位

从传统的角度来看,学生在很大程度上被视为信息的被动接受者。即使是在法学在线教学的环境下,也只是利用信息化技术更方便灵活地实现教学内容的传递,学生依然没有成为课堂的主体,没有从知识的被动学习者转变为知识的主动探索者。对于法学学生如何学习,应从批判理论视角出发,将注意力转移到如何帮助学生有效地掌握社会所需的法律知识上。批判理论使教师更加关注学生能否参与那些能发展批判性思维的活动,对于信息时代的学习者而言,批判性思考的能力显然至关重要。法学,作为一门富有实践特质的学科,更加强调对学生在解决问题、法律推理和论证、口头和书面表达、咨询谈判、法律工作组织和管理,以及认识和解决道德困境等方面的能力培养。然而,传统法学教学模式难以培育这些法律人才所需的全面能力,只有以批判性的视角重新定位学生在学习过程中的角色,我们才可能真正培养出优秀的法律人才。

在信息时代,我们的教学应符合以学生为中心、以学习为中心的理念,给予学生以学习的自由度、控制权和自我责任感。学习者应以批判性的眼光来审视传统的学习策略,不能满足于对知识的字面理解和机械记忆,而是要掌握其内涵及本质,不断完善自身的认知结构,将被动学习转变为促进自身不断更新和完善的自主学习,从仅为了应试而学转变为主动学习立足于社会所需的各种知识和技能。学习者应利用法学在线教学平台,培养自身独立学习的批判性思维能力,从而使学习者能够批判性地学习新的观念和方法,并将它们融入原有的认知结构中,能够在新旧知识体系和理念之间通过对比寻找联系,并能够将已有的知识迁移到新的情境中做出判断、决策以及解决实际的问题。⑮ 对于法学专业的学生而言,只有通过自主学习以及在此基础上带来的深度学习,才能提高法科学生所应具有的各种能力。当学生成为学习的主体,能够发挥自身的主观能动性而自主建构知识体系时,他们才能“以学导教”,促进教师的教学发展。教育者本身就是学习者——教学实践的学习者,当传统法学课堂教学结构被彻底颠覆后,教师和学生的角色都会发生根本性变化,不再是只强调教师一方或学生一方角色的重构,而是坚持教师和学生之间形成“主导—主体”相结合的课堂教学结构,强调学教并重的教学理念。在这种情况下,教师和学生才可能批判性地思考如真理、理论、现实、知识和力量之类的基本概念,质疑既有的认知。这些都将推动法学教育者和学习者双方努力突破自己的舒适区,将学习视为完成人的发展、实现人的价值的重要途径,使终身学习成为师生共同努力实现的目标。⑯

(三)在工具理性和价值理性有机统一的前提下看待技术与教学的关系

随着信息技术的普及,各种技术手段逐渐渗入工作、学习等领域。2018 年,教育部启动了《教育信息化 2.0 行动计划》,这表明现代信息技术与教育的全面深度融合已经成为教育变革与创新的主要趋势。人类一直通过教育来掌握技术,反之技术也在推动着教育的创新,教育与技术相辅相成,相得益彰。通过大规模的在线教学实践,可以明显看出现代信息技术为知识的传播提供了多元信息渠道,技术成为了传统教学改

---

⑮ 参见何玲、黎加厚:《促进学生深度学习》,载《现代教学》2005 年第 5 期。

⑯ See Victor C. X. Wang & Geraldine Torrisi-Steele, *Online Teaching, Change and Critical Theory*, New Horizons in Adult Education & Human Resource Development 27, 2015, p. 18 – 26.

革的驱动力。在在线教学环境中,技术为学习者提供了超越单一地点和时间进行学习的机会,被视为增强传统课堂教学的有效工具,从而使在线教学过程中过度依赖技术,技术至上竟成为在线教学的核心理念。

目前,包括法学学科在内的各学科对于在线技术的使用往往出于方便和灵活的考虑,在线教学仅仅关注教学任务和目标的达成,而忽视了学生在课堂中的接受度以及情感体验,更谈不上使用技术来鼓励学习者的参与、自我调节和协作。当法学在线教学如火如荼快速发展的时候,确有必要通过批判理论来重新审视法学在线教学技术,否则,技术就难以为法学在线教学赋能。如何从价值观角度来看待技术是首先要解决的问题,将科学技术视为核心的工具理性思维是当下对于技术最主流的解读。马克斯·韦伯指出:“工具理性是以能够计算和预测后果为条件来实现目的的行动。在工具理性行动中,着重考虑的是手段对达成特定目的的能力或可能性。”⑰工具理性的主导将导致师生都以教学任务的实现以及教学效率的提高为终极目标,甚至有些法学课程以传授考试方法、提高应试技巧作为教学的主旨。工具理性只看到了信息网络技术所带来的工具性价值,却忽视了人在使用技术过程中的主体价值,更不用说通过信息技术实现人的主体性价值。⑱ 工具理性批判理论是继承了韦伯理论的法兰克福学派思想中最为深刻的部分,而与工具理性相对应的价值理性则恰恰是契合了“以人为本”的理念,将学生放在法学教学活动的核心地位,秉持促进人自身发展与完善的教育理念,以学生的自我发展与完善作为教学的最终目标。法学在线教学环境下通过技术赋能教学,以技术的价值为法学在线教学提供智力支撑,只有将工具理性和价值理性有机统一起来,才能最终实现以学习者的自我发展和完善为特征的终身学习,才能真正实现信息技术时代法学教育的终极追求。

---

⑰ 参见[德]马克斯·韦伯:《经济与社会》(上卷),林荣远译,商务印书馆1997年版,第57~60页。

⑱ 参见刘春燕:《当代教育中的工具理性主义》,载《江西教育科研》2004年第8期。

结　语

因突发公共卫生事件而被动开展起来的大规模在线教学,为我们提供了一个难得的机遇,深入审视并思考在信息技术时代下法学教育的实质与挑战。我们不仅从中透视出"互联网+教育"背景下法学在线教学存在的突出问题,更为重要的是,我们要科学应变、主动求变,善于在变革中把握机遇,在创新中化危为机,以科学方法精准施策,切实把挑战转化为深化法学教育改革和推动法学教育发展的契机。同时,我们也看到了法学教学模式变革中在线教学转危为机的曙光。在这个充满希望的全新时代,现代信息技术对教育领域的影响愈加广泛和深刻。如何更好地将信息技术与法学教育深度融合,发挥技术内生变量的作用去改善传统法学教育所面临的困境,从而促成真正的为未来而教、为未知而学的教育理想的实现,仍是我们将持续予以关注的问题。

Rethinking Online Teaching of Law from the Perspective of Critical Theory

Zhang Yan

Abstract: The large-scale online teaching launched due to the COVID-19 pandemic prevention and control is an unprecedented challenge in the history of education in China. In the context of "Internet plus Education", the main problems in online teaching of law are as follows: teachers still play a core role in online classes, lacking effective interaction to improve teaching effectiveness and insufficient reflection on teaching; students lack self-learning ability and still have difficulties in time management, learning motivation, and effective use of law resources; online teaching tends to overemphasize the functionality and convenience of technology, neglecting the core value of technology serving education. From the perspective of critical theory, online teaching of law should construct a classroom teaching structure that is more favorable to teachers and students with a combination of "leadership and subject"; teachers should guide students to improve their self-learning ability through online teaching platforms; emphasize the value rationality of technology, use information technology to realize human subjectivity value, put students at the core of teaching activities, and take students' self-development and improvement as the ultimate goal of teaching.

Key Words: modern information technology; online teaching of law; critical theory

信息化时代的法学实践教学方法革新

——以家事法教学中运用类案检索方法为例*

郝　佳　李凯文**

摘　要：类案检索是信息化时代法学实践教学方法革新的重要途径和有效方案。以吉林大学法学院和西北政法大学为起始的类案检索教学改革试点经验，证实了该种教学方法在学生法律思维训练、法学分析能力提升、自主学习能力养成方面的效能。但必须承认，类案检索方法在受益于信息时代给予的信息便利的同时，也受制于信息公开的有限范围。跨越这一障碍，不仅需要文书公开制度的开放与包容，更需要法律共同体多机构间的有效合作。

关键词：信息化时代　法学实践教学　类案检索　家事法

---

* 本文为西北政法大学2018年教学改革项目"以法律适用为导向的家事法学课程体系建设研究"后期成果，项目编号：XJY201807。本文受到西北政法大学2022年教学改革项目"民法典实施后家事法鉴定式案例教学改革研究"的支持，项目编号XJY202207。

** 郝佳，西北政法大学民商法学院副教授，法学博士。研究方向：婚姻家庭法、民法。李凯文，吉林大学法学院家事司法研究中心副主任。研究方向：家事法研究。

一、问题的缘起：信息化时代法学教学方法的挑战与困境

(一)信息化时代法学教学方法面临的挑战

我们身处的时空，是以互联网、大数据、区块链等语汇为关键词的信息化时代。较之于以往，信息化时代在信息储量、知识获取渠道和市场交易模式三个方面都具有颠覆性的变化。巨变之下，传统法学教育面临着一系列挑战。

首先，互联网为海量信息聚集提供无限容量的平台，人们可获取的信息量超出以往任何时代。传统法学教育以存量信息、知识的传递为基本模式，这种模式在“书本知识就是全部知识”的低信息量时代是完全可以起到“传道、授业、解惑”的教学目的和培养目标的。但是，在信息爆炸的今天，这种传统模式的信息传递量显然是远远不够的。一个更为残酷的现实是，传统法学教育模式是以信息由教师到学生的单项传递为主要方法的，这种信息传递的速度根本无法赶上现代信息的更新速度。

其次，网络科技的进步为知识获取渠道向公开化便捷化发展提供了技术支持，法学院对法学知识的“垄断”被打破，自主学习壁垒进一步被消除。传统法学教育模式重在讲授法律制度的背景原理和适用。在师生存在信息差的时代，法学院教师经过多年的学习，先行掌握了更多的法学知识，甚至于通过参与立法，在法律文本的解读上形成了专家话语权威。这种背景之下，法学院对于法律知识的垄断是必然的，也是有其历史正当性的。但是，信息化时代下，一方面信息公开的推行如公开立法从结构上打破了法学院对法律知识和话语的垄断，《民法典》《证券法》《妇女权益保障法》等多部法律的出台都经过了充分的公开征求意见；另一方面，网络科技的发展，各种付费或免费知识平台的出现，如抖音、微信公众号、B 站等，极大地拓展了知识获取的渠道，互联网自身就形成了一个没有围墙、没有门槛的“法学院”。法学教育如果不及时迭代升级教学方法和内容，就有可能面临时代的淘汰。

最后，区块链技术的广泛应用，使去中心化成为可能，导致市场交易和社会生活形态交往模式的多样化，进而导致纠纷的多样化。较之于变

率较高的市场和社会生活,法律制度总是滞后的。法学教育的一项重要内容,就是要赋予学习者应对变化的能力,即在滞后的制度与超前的市场交易和社会生活现实中寻求纠纷的解决方案。这一点在信息时代显得尤为突出。

(二)信息化时代法学教学方法的现实困境

面对时代的挑战,已有学者敏锐地指出:"'粗放式'发展的高校法学教育以及单向式的法学知识传授,越来越无法满足社会治理的需要和时代发展的要求。"①建设一流的法学学科,首先应明确在现今时代下,法学学科培养的目标。对此,教育部在2021年发布《法学类教育质量国家标准》,其中对于法科学生能力培养规格有明确的要求:"具备独立自主地获取和更新本专业相关知识的学习能力;具备将所学的专业理论与知识融会贯通,灵活地综合应用于专业实务之中的基本技能;具备利用创造性思维方法开展科学研究工作和创新创业实践的能力;具备较高的计算机操作能力和外语能力。"无论是从信息时代下法学一流学科的建设需要考虑,还是从现下法学教育质量的新国家标准出发,革新单项式粗放型的教学方法都是法学院校的首要任务。

对标法学教育质量新国家标准,不难发现,当前的法学教育,尤其是本科教育,距离实现国家标准所确立的学生能力培养目标,还有一定的差距。以西北政法大学的家事法教学为例,该校该门课程体系下共设置两门具体课程,分别是家事法学和家事法案例研习,家事法学侧重婚姻家庭和继承法律基础理论和基本制度的讲授,家事法案例研习以讲解婚姻家庭和继承领域的典型案例为重点。

传统的单项式粗放型的教学方法不可避免地存在下述局限:

第一,适用性缺失。由于将授课的重点集中于制度学理基础的讲授,单项式粗放型教学方法往往忽略现行法律法规具体条文的讲授,这直接导致在授课效果上,学生对于学理的了解要多于对规范的了解,对于学理的兴趣大于对规范的兴趣,甚至于只知学理,不知规范,进而面对

---

① 董玮、孙鹏:《高等政法院校法学一流学科建设论》,载杨宗科主编:《法学教育研究》第31卷,法律出版社2020年版。

实务问题，只能纸上谈兵，无从下手。

下面是笔者在课堂上的一次提问：

师：什么是离婚损害赔偿？

生：离婚损害赔偿是指配偶一方过错侵害配偶他方基于配偶身份而享有的合法权益，并导致婚姻关系破裂，离婚时无过错配偶对由此所受的损害有权请求赔偿。离婚损害赔偿分为离因损害赔偿和离婚损害赔偿两大类。《民法典》规定了离因损害赔偿。

师：一方出轨导致离婚，是否构成《民法典》上引发离婚损害赔偿的事由？

生：……（回答不一，大多数回答构成，少部分回答不构成，但均无法说明理由）

在上述问答中，可以看出，学生对于离婚损害赔偿制度的学理基础记忆熟练，基本能够做到对答如流，但是，当问题被导向实操判断层面时，学生当即陷入困惑，无法自行作出判断。这与授课过程中大量讲授理论知识而忽略法律规范的讲习是有直接关系的。

第二，体系性缺失。如前所述，家事法课程的讲授，主要集中于婚姻家庭法、收养法和继承法这三大基本制度，其中又以婚姻家庭法为重。长久以来，基于“婚姻法是民法特别法”的传统共识，在家事法课程上主要讲授三大基本制度的特性，尤其是在讲座式的教学方法下，在每一个主题的讲授过程当中，都在刻意强调制度的特性，例如对无效婚姻制度、可撤销婚姻制度的讲授，重点在于对婚姻无效的法定情形和撤销婚姻的法定事由进行解释。不可否认的是，此种方法是实务中辨识无效婚姻和可撤销婚姻的基础，也是家事法课程中结婚制度的重点授课内容之一。但是，仅在婚姻家庭法的框架之内讲授无效婚姻和可撤销婚姻，只解释其与结婚法定条件之间的关联，学生不足以完成对该制度具体运行的掌握。撤销权的行使有无期限，该期限应当如何理解，与民事基本制度中的除斥期间是否一致，进而是否适用《民法典》总则编中关于除斥期间的规定，这些都需要系统化、体系化的法典思维。

第三，有效互动缺失。长期以来，以学理知识的讲授为核心内容的单项式粗放型教学方法已经形成了路径依赖,由于需要用大量的时间进行背景知识的灌输,导致课堂时间严重不足,因此,客观上无法给予学生更多的自主参与时间。另一方面,对于学理知识的简单灌输,使与学生的有限互动也仅仅局限于针对既有知识,尤其是课本知识的简单问答,对学生而言,仅需要背诵即可,自主思考几无可用空间。家事法与学生生活最为贴近,这一课堂本该是最易引发学生讨论和参与的,但多年来互动形式单一(仅问答,且少有学生主动回答),无法形成有效互动,背诵依然是学生学习的主要手段和方法。

上述传统授课和教学方法的局限,使学生在知识更新、自学能力、处理实务案件能力等方面的学习效果都大打折扣,非但无法适应信息化时代对法学职业的要求,还很大程度上消减了信息化时代给学习法学知识和法学技能带来的便利。

有鉴于此,西北政法大学在家事法案例研习课程和家事法方向研究生培养的过程中,试点了类案检索教学方法,利用中国裁判文书网、威科先行等案例大数据平台,通过案例检索、裁判文书阅读、类案规则总结分析等一系列教学活动,指导和引导学生掌握学习和研究方法,提升学生的自主学习能力,收到了良好的效果。本文正是对这次教学改革试点过程的梳理、呈现和思考。

二、信息化时代、类案检索方法与法学实践教学

信息化时代给司法领域带来了不同于以往的巨大变迁。人民法院信息化建设与司法体制改革“共生共长”,深化司法责任制综合配套改革、全面落实司法责任制,是新一轮司法体制改革的重要任务。其中,健全、完善类案检索机制,使在先案例成为法官作出裁判的参照或参考,是统一法律适用、促进公正司法的重要制度保障。最高人民法院及地方各级人民法院积极推动类案检索工作,将“类案检索”定位为具有中国特色的、成文法体系下的具体制度,旨在实现法律的统一适用,也为法学实践教学方法的革新带来了可能。

(一)类案检索方法是信息化时代的特定产物

信息化时代下司法公开使案例研究成为可能。“信息技术不仅支撑

了现今所有司法公开平台,直接拓展了司法公开的广度、深度、维度,提高了司法公开的质量和效率,并且催生了'司法公开理念''司法公开模式'乃至整个'司法理念''司法模式'的转型升级。可以说,没有信息化就没有现代意义上的司法公开。"②最高人民法院共建成了审判流程、庭审活动、裁判文书和执行信息"四大公开平台",并且还建立了中国司法案例网、中国司法大数据服务网等其他信息公开平台。在人民法院裁判文书没有大规模公开以前,传统法学研究仍集中于规范研究或学理研究,案例研究因缺乏研究素材导致其适用空间相对有限。同时,随着《最高人民法院关于案例指导工作的规定》《〈最高人民法院关于案例指导工作的规定〉实施细则》《最高人民法院关于落实司法责任制完善审判监督管理机制的意见(试行)》《最高人民法院关于统一法律适用加强类案检索的指导意见(试行)》《最高人民法院关于完善统一法律适用标准工作机制的意见》等一系列司法文件的出台,案例研究的重要程度和可操作性已经上升到了一个空前的高度。

司法改革背景下案例研究的重点在于类案检索,旨在统一法律适用、促进公正司法。案例研究通常可分为"个案研究""大数据研究""类案研究"三大类。个案研究主要是从个案的事实认定与法律适用出发,采取"三段论"或者是鉴定式的法律分析方法进行法律规则层面的研究。大数据研究主要是通过云计算、统计分析与算法等手段进行的统计学研究或者是对各类案件宏观走势的预测研究,属于一种定量分析。类案研究不同于大数据研究的定量工作,集中于事实对比与案件定性,是超越于个案研究的、针对某类案件的整体性的研究,其中涉及类案的界定、地位及判断标准、判断方法,类案检索的目的、前提、情形、范围、顺序及方法等众多具体问题。近些年,"类案检索与裁判规则研究"成为了新的一类研究方法③,这一研究方法是以公开裁判文书为依据,在既有规范存在的事实基础上进行"案例"检索,寻求"类案"的检索结果,并且

② 毕玉谦等:《民事诉讼架构下的司法公开》,中国政法大学出版社2020年版,第348页。

③ 参见法律出版社出版的"中国法院类案检索与裁判规则专项研究"系列丛书。

在类案检索结果的基础上"归纳""总结""概括"既有规范所对应的具体裁判规则,最后以通过类案检索总结而来的裁判规则为起点,重新反思既有规范的法律适用与理解问题。这一过程不是案例的数据统计,不是案例的事实比对,而是案例所承载规则的规范研究。这一过程不是传统的规范研究,不是传统的学理研究,而是以案例为基础事实的规范研究。

类案检索方法得益于信息化时代下的人民法院信息化建设与司法体制改革的共同推动,可以说是信息化时代的特定产物,从而为法学实践教学方法的革新带来了可能。

(二)类案检索方法是法学实践教学的重要内容

为实现人才培养目标,提高学生解决实际法律问题的能力,案例教学、实践教学、鉴定式教学和论辩式教学④等模式和方法广泛进入课堂,使传统法学课堂单项式粗放型的授课方式逐渐被打破,课堂活力和生机越发显现。但是,不得不面对的尴尬是,方法的革新并未完全达致预期的效果,学生解决实际问题的能力并未得到显著的提升,"同加快建设社会主义法治国家的新形势新要求相比,法治人才培养质量和机制还存在一些不足和问题,主要表现在……教学实施偏重于西方法学理论,缺乏鉴别和批判;法学教育重形式、轻实效。"⑤

有效解决问题的前提是准确分析问题,提高学生解决实际问题的能力有赖于建立良好的分析问题的方式、方法和体系化的思维模式。由此,2021年颁布的法学教育新国家标准要求强化实践教学,在理论教学课程中应设置实践教学环节,改革教学方法,强化案例教学,理论教学中增加模拟训练和法律方法训练环节,挖掘充实各类专业课程的创新创业教育资源。类案检索方法恰是适应了这一要求,是当前信息化时代下法学实践教学的重要组成部分,是法学教学方法革新的必然选择。

---

④ 如西南政法大学开展的双师制教学就是其中一种,此种教学方法要求每堂课配备两名专业教师,一方面,教师可以根据自己的特长在该课程的不同阶段作为主讲,发挥专业方向优势;另一方面,在遇到争议问题时,由两名教师各自陈述观点,形成碰撞,进而引发学生的思考。

⑤ 黄进:《志存高远　培养卓越法治人才》,载《光明日报》2017年5月26日,第11版。

1. 类案检索方法是法学教育回应司法实务的必然要求

一方面,从人才培养角度看,司法实务是法学教育人才培养的一个重要面向。如前所述,类案检索是司法实务工作的必备技能。在法官、检察官、律师、公证员为主要组成部分的司法实务领域,对于大部分法律业务而言,类案检索都是一项必备的工作要求。类案检索方法和技术的使用,有助于保证裁判尺度的统一,进而使司法实务共同体之间,能够进一步构建法律技术对话平台,进而提升整个司法实务体系的运转效率。因此,在法学基本素养养成阶段,培养学生的类案检索技能,养成体系化分析问题的法律专业思维模式,是法学院作为法律职业共同体成员所必须完成的任务,是整个法律职业体系运转的原动力。

另一方面,类案检索方法的适用和对其适用的研究,是法学教育所承载的重要内容。方法论的开发是一直以来法学教育研究领域的研究洼地。司法实务领域对类案检索的适用,主要在"用",但如何能够更好地发挥类案检索方法,提升其检索效率和裁判规则总结效能,就需要法学院在方法论层面做进一步的研究。也就是说,法学院交给学生的类案检索方法也不是一尘不变的,必须根据实务需求的变化,随着时代的发展做进一步的提升和迭代更新。

2. 类案检索方法是学术研究问题意识的重要来源

法学教育的另一个重要面向是法学研究,法学院不仅要培养精于实务善于实务的技术型人才,也需要为学术研究储备人才。更为重要的是,在实务与理论高度融合的信息时代,司法实务与学术研究之间呈现融通互惠的基本样态。司法实务能够为学术研究提供源源不断的研究素材,学术研究能够为司法实务提供不断更新的理论和智力支持。二者的融合需要实务工作者和理论研究者均具备一定的问题意识。类案检索恰恰是培养法律工作者问题意识的有效方法。

正向来看,类案检索能够通过梳理同类型案件,发现法律制度在运行过程中存在的问题,进而向法学研究提问,通过研究推动该类问题的解决,推进相关制度的完善。反向来看,最为直接的是,类案检索也是检验命题是否为真的有效手段。以论文选题工作为例,笔者在指导研究生论文的过程中,在选题阶段即要求学生引入类案检索的方法。某学生初次拟定的题目为《遗产酌分制度研究》,其论文结构的设计也完全是教科书式的。在经过类案检索之后,该学生发现,酌分制度在实务中并未呈现明显的适用难题,也并未有实质性的同案不同判的情况出现。由此,及时更换选题,在更换选题之前,更是自觉采用了类案检索制度来寻找和验证有价值的选题。

三、两校到五校——家事法教学中运用类案检索方法的实践

类案检索方法作为信息化时代的特定产物,构成了法学实践教学的重要内容,已经处于先行先试的阶段。自2020年起,笔者依托于天驰君泰律师事务所⑥和吉林大学法学院家事司法研究中心⑦逐步开展了“类案检索的技能养成与学术训练”教学项目,围绕家事法领域将授课对象设定为高年级本科生和低年级硕士研究生,参与单位由原初的吉林大学法学院和西北政法大学民商法学院的“两校合作”规模,逐渐发展为吉林大学法学院、南京师范大学法学院、苏州大学王健法学院、西北政法大学民商法学院和上海政法学院国际法学院的“五校联动”规模。

(一)课程概述

“类案检索的技能养成与学术训练”教学项目不同于传统的法学理

⑥ 天驰君泰律师事务所成立于1994年,是中国早期成立的大型综合性律师事务所之一,曾获得中华全国律师协会授予的“全国优秀律师事务所”荣誉称号,共在上海、西安、广州、长春、南京、深圳、天津、成都、重庆等26地设有分所。在中国家事法领域内,天驰君泰律师事务所常年协办中国婚姻家事法实务论坛、家事诉讼程序理论与实务论坛、律师家事法行业发展论坛以及家事法讲坛(网络)等重大活动,在业内颇具影响力。

⑦ 吉林大学法学院家事司法研究中心成立于2021年1月,是以吉林大学法学院为依托的非实体研究机构。中心始终坚持贯彻落实习近平总书记关于注重家庭家教家风建设的重要论述,坚持贯彻落实党中央关于司法体制改革的重要部署,注重实体法与程序法的结合、理论与实践的结合、法学与其他学科的结合,发挥吉林大学法学院多学科综合优势,面向中国实践和问题,推动家事司法研究的不断深化,并通过推动理论研究成果的转化,践行高校的人才培养、服务社会职能,促进实务部门与科研机构的深度合作,力求为中国特色社会主义法治建设提供有益的智识经验。

论教学,也不同于新兴的法学实践教学⑧,是以“规则”为中心展开的案例检索训练,通过案例检索学习规则、案例检索反思规则以及案例检索完善规则,同时兼顾了“检索”的实践技能面向和“规则”的理论研究面向,是一个综合性的教学项目。

该教学项目分为“技能养成”阶段与“学术训练”阶段。在“技能养成”阶段可以锻炼到五种能力:第一,检索能力;第二,案例检索后总结裁判规则的总结概括能力;第三,如何形成该裁判规则的论证能力;第四,辅助于裁判规则的图表设计和分类能力;第五,汇报成果的表达能力。而在“学术训练”阶段可以贯彻“从生活揭示法理、由法理透视生活”的宗旨,从“类案检索”这项制度以及所研究的案例、规则出发,达到“生活”与“法理”彼此参悟与印证的境界,强调面向实践,理论研究源于对实际生活之事例的分析,培养独立思考的学术能力。

在具体课程安排中共分 3 次课程展开,第 1 次课程为导论分享,由授课老师讲述本教学项目的开办原因、具体课程设计以及类案检索的背景性知识、案例检索技能、如何制作类案检索报告等具体内容,同时也会提供选题参考资料和分组规则。第 1 次课程结束后,由学生各自分组各自选题进行案例检索和报告撰写,经授课老师提出修改意见后进行针对性调整,历时约一个月,进入第 2 次课程。第 2 次课程为《类案检索与裁判规则专项报告》作业的 PPT 汇报与点评,不仅考察各组学生的检索过程和报告内容,也是在考察汇报成果的表达能力。第 2 次课程结束后,则是由“技能养成”阶段转入到“学术训练”阶段,强调面向实践的问题建构能力,强调运用理论分析实践问题的分析能力,培养独立思考的学术研究能力,要求将检索报告转化为学术论文,历时约一个月,进入第 3 次课程。第 3 次课程则是专门的“类案检索的技能养成与学术训练”研

⑧ 以湖南师范大学法学院为例,2016 年便将《大数据与法律检索》课程纳入了法学专业本科生培养方案,并于 2020 年将课程开发为在线开放课程,上线中国大学 MOOC 平台。2022 年又与北大法宝学堂共同举办“大数据与法律检索”暑期学校,展开系统的法律检索与法律大数据分析训练。

讨会,旨在进一步提升学生们的表达和写作能力。⑨

(二)课程启示

"类案检索的技能养成与学术训练"教学项目作为家事法教学中运用类案检索方法的初步实践,从"两校合作"到"五校联动",在课程内容角度始终坚持以案例观点类型化为基础,围绕裁判规则进行学术与技能训练;在课程战略角度始终坚持从判决中培养问题意识,找到有趣的研究素材,然后锻炼总结分类概括能力、论证能力与表达能力;在日后工作角度则是始终坚持实现法学技能的差异化竞争优势,全方位锻炼学生们的能力。但是随着该教学项目的持续性开展,也有一部分的课程设计内容需要不断地反思和调整:

第一,家事法领域是否是类案检索法学实践教学课程的最佳领域?力度空前的司法公开才使类案检索成为可能,但是在裁判文书公开问题上,根据2016年《最高人民法院关于人民法院在互联网公布裁判文书的规定》第4条第4款的规定,离婚诉讼或者涉及未成年子女抚养、监护的裁判文书不在互联网公布。但是,"在实践中,离婚诉讼裁判文书'不公开'制度与民事案由制度,两种制度之间的不协调,导致'离婚诉讼'概念在民事案由制度中出现不同的理解。"⑩基于对此规定的不同认知,家事法领域公开的裁判文书数量目前面临着严峻的挑战,从而导致可供检索的范本相对有限,大大限缩了类案检索方法的教学效果。但不可否认的是,家事法领域的话题和研究问题更加贴合生活,相对而言更受学生们的青睐。

第二,选题内容是否应具有理论延展性?如上所述,本教学项目分为"技能养成"阶段与"学术训练"阶段,不同阶段分别有着不同的课程

⑨ 参见李凯文:《五校联动|类案检索的技能养成与学术训练综述(2022年春季学期)》,载微信公众号"咸鱼法学"2022年6月21日,https://mp.weixin.qq.com/s/NaRm6AkPwtQbR8xx66ilpg;《会议综述|类案检索技能养成与学术训练专题研讨会暨天驰君泰(上海)类案检索奖学金设立仪式》,载微信公众号"咸鱼法学"2022年8月2日,https://mp.weixin.qq.com/s/zaTSWp256K8W6NlPAsRlXA。

⑩ 侯学宾:《裁判文书"不公开"的制度反思——以离婚诉讼为视角》,载《法学》2020年第12期。

目标。在技能养成阶段，主要是为了提升学生们检索能力和学习规则、反思规则、完善规则方面的能力。但在学术训练方面，则主要是训练学生们发现问题、凝练观点和论证问题的能力。这一过程需要增加类型化处理经验和不断地积累基础知识，无法通过检索技能本身一蹴而就。因此，如果要兼顾两个阶段的课程目标，就势必要求选题内容应具有理论延展性，这样才能深度挖掘学生们的学术潜力。⑪ 但是，不得不承认并非所有的学生都会进入到学术训练阶段，没有理论延展性的选题也并非不能作为类案检索的选题，有时候一些普通的选题更契合技能养成阶段的课程要求。⑫

第三，教学内容更应突出实践技能还是思维锻炼？客观而言，"学术训练"阶段对思维锻炼提出了非常高的要求，"技能养成"阶段则是需要同时兼顾实践操作和思维锻炼。尤其是在检索过程中如何实现科学性、客观性、可还原性和可检验性的要求，是需要在操作层面予以严格指导的。但是在有限的课程时间内，如果就数据库的功能对比与选择、检索关键词的选取与设定、案例阅读的基本方法、类案检索报告的模板对比与灵活运用等诸多实践操作问题均详细展开，将会耗费大量的时间、精力、人力和物力。但如果将实践操作层面的内容予以删减，突出强调思维锻炼层面的课程训练，那么课程的操作性、互动性和举例性也会对应地有所减损。因此，如何平衡本教学项目的实践操作性和思维锻炼性之间的关系，将会是一个非常重要的问题。

第四，授课对象应偏向于本科生还是硕士研究生？本教学项目无论是从课程内容角度，还是从课程战略角度，或者是从日后工作角度均没有刻意区分授课对象是本科生还是硕士研究生，旨在打造一门通用课程。但是在从"两校合作"到"五校联动"的不断规模化过程中可以发现，本科生的训练大多停留于"技能养成"阶段，止步于实现案例观点的

⑪ 有同学在本科阶段参与本教学项目，选择了《如何认定"忠诚协议"的效力》的选题内容，后来在硕士研究生阶段改写为学术论文并成功发表。参见侯学宾、曲颢：《忠诚协议制度化的法经济学考察》，载《法治社会》2022年第4期。

⑫ 如《民事诉讼中微信聊天记录如何作为有效证据使用》《婚姻关系解除时返还彩礼的数额如何确定》《如何认定网络主播的事实劳动关系》等选题。

类型化,大多都无法深入到裁判规则总结性的训练,更是难以进行“学术训练”阶段的相关训练。面对本科生,需要不断地追问“是否通过检索总结出了裁判规则?”“是否实现了以通过类案检索总结而来的裁判规则为起点,重新反思既有规范的法律适用与理解问题的训练目的?还是仅在锻炼归纳分类能力?”等问题。针对这一教学现象,如果要坚持原初的课程设计,是否意味着要将本科生剔除出授课对象?或者是为了保留本科生这一授课对象,就意味着不得不改变原初的课程设计?这些问题的解答亟须进一步认真思考。

第五,教学方式应强调线上授课还是线下授课?本教学项目自开创之初就面临着地理上的授课障碍,演变为“五校联动”规模后更是不得不完全采用线上授课模式。如上所述,本教学项目在后续开展过程中面临着实践操作性和思维锻炼性之间的平衡。客观而言,实践操作性教学采用线下“小班制”授课方式为宜,思维锻炼性教学则无特殊要求。“高校法学专业开展在线教育,既要遵从高等教育和在线教育的一般规律,又要契合本专业的学科特色与实践需求。以分类设计为前提、以自主学习为基础、以资源建设为保障、以多样互动为方法、以案例教学为途径、以法理阐释为引领,是法学专业开展在线教学的六个要旨。”⑬因此,在综合考虑疫情防控、地理距离以及授课内容等因素后,如何通过线上授课模式实现课程效果最优化,将会决定本教学项目能否进一步做大做强,由“五校联动”演变为“N 校联动”。或者是精简为单一院校,其地理位置便于授课老师进行线下授课,从而形成一个新的课程体系。

四、类案检索方法在法学实践教学中适用的困境及解决

类案检索方法受益于信息化时代,也逻辑地受制于信息化时代。类案检索主要以法院公开的裁判文书为基本素材,目前条件下,离开裁判

⑬ 王奇才:《论高校法学专业在线教学的要旨与趋势》,载《中国大学教学》2020 年第 8 期。

文书,类案检索将无法开展。对于法院而言,基于系统的内部性,法院对既有裁判文书有自由阅取的编理,因而这一问题不构成限制。但是,对于法学院的法学教学而言,因为只能借助中国裁判文书网等公开平台,因此,其检索的深度和广度都受到平台上所载案件量的限制。一旦文书公开被限制,法学课堂上的类案检索方法就会直接受到冲击,无法开展。

家事法教学,在这一问题上就显得尤为急迫。2016 年最高人民法院颁布《最高人民法院关于人民法院在互联网公布裁判文书的规定》,将离婚诉讼、涉未成年子女抚养监护的裁判文书列入不公开的范围。这意味着,家事案件中的大部分都无法在公开的裁判文书网站上检索到。即便能够检索,也将是隐去了主要案件事实和相关信息的"阉割版"文书。由此,即便类案检索方法在笔者的教学和司法实务工作中一直在使用,但检索的全面性和权威性,尤其是对家事案件检索的全面性和权威性实际上是打了折扣的。

这一问题的解决,一方面有待于最高人民法院逐步放开家事案件的文书公开限制⑭;另一方面,在限制未放开的阶段,也可以通过加强法学院与实务部门的合作为途径,充分运用法院、检察院、律师事务所⑮等机构信息便利,利用学生的实习、实践、双方联合授课等途径和形式,多渠道地训练学生的类案检索技能,发挥类案检索在法学实践教学中的作用。

---

⑭ 已有学者对离婚诉讼裁判文书的不公开决定提出了疑问。详见侯学宾:《裁判文书"不公开"的制度反思——以离婚诉讼为视角》,载《法学》2020 年第 12 期。

⑮ 对律师事务所而言,其代理的案件库也具备一定的体量,完全可以作为学生类案检索技能训练的素材库。

Innovation of the Method of Practice Teaching of Law in the Information Age

—Taking Case-Based Retrieval in Family Law Teaching as an Example

Hao Jia　Li Kaiwen

Abstract: Case-based retrieval is an important way and an effective scheme for the innovation of the method of practice teaching of law in the information age. The pilot experience of teaching reform of case-based retrieval, starting at the Law School of Jilin University and Northwest University of Political Science and Law, has confirmed the effectiveness of this teaching method in training students' legal thinking, improving their legal analysis ability and cultivating their autonomous learning ability. However, it must be admitted that the case-based retrieval not only benefits from information convenience given by the information age, but also restricted by the limited scope of information disclosure. It requires not only the openness and inclusion of the document disclosure system, but also the effective cooperation among multiple institutions of the legal community to overcome this obstacle.

Key Words: information age; method of practice teaching of law; case-based retrieval; family law

裁判文书释法说理诉求下的刑法案例教学:类型、方法及实践*

王焕婷**

摘　要:高校法学教育应对提升裁判文书释法说理水平的司法诉求作出回应,不同类型的刑法案例教学有利于理论和实践并重的法学教育目标的实现。以案释法服务于刑法规范知识的传授,未来仍应强化其在刑法基础课程中的作用。以法释案的案例教学应强调刑法规范适用于具体个案的方法论,鉴定式案例分析法则提供了不同类型的犯罪审查框架和认定规则。实践该方法的德国案例研习课程模式难以被借鉴,在我国应以介绍模式代替实践模式,以实现对此方法的传授。独立于基础刑法课的案例课程的设置,应以实务为导向开展以法释案的分析。注重以团队教学为模式,赋予学生案例分析的主体地位,在刑事一体化视角下,对整体化、动态化、原生化的案件事实和法律问题进行抽丝剥茧式讨论。

---

* 基金项目:论文系扬州大学2021年教改项目"刑法案例分析的方法及实践运用"(YZUJX2021 - D4)的阶段性成果;论文受本人主持的2021年国家社会科学基金后期资助项目"被害人自陷风险的刑法归责研究"(21FFXB072)的资助。

** 王焕婷,扬州大学法学院副教授,法学博士。研究方向:基础刑法与比较刑法。

关键词:释法说理　以案释法　以法释案　方法论　案例课程

一、问题缘起:法学教育尚未能满足司法实践的诉求

正义是法律的灵魂也是其理念,在实践法律的司法活动中,裁判文书成为正义能否被实现的重要载体。但司法公正并不能够通过“生搬”抽象法律规范而“硬套”至具体案件的结论彰显出来,其建立在对案件事实经由证据规则的检验从而被确认的前提下,司法人员对相应实体规范加以论证,并为裁判结论提供充足说理的基础上,因而“正义不仅是最终结果的正确性,还包括‘基于正确理由’得出该结果”。①

然而长久以来,我国裁判文书多因空有结论但论证说理不足而饱受诟病。不说理式、难说理式、理难说式、说理难式裁判文书比比皆是的司法状况,成为司法改革的难点和痛点。从《人民法院五年改革纲要(1993—2003)》的出台至《人民法院第四个五年改革纲要(2014—2018)》的发布,再至2018年《关于加强和规范裁判文书释法说理的指导意见》(以下简称2018年《指导意见》)的颁布和2021年《关于深入推进社会主义核心价值观融入裁判文书释法说理的指导意见》的出现,最高人民法院一直致力于对裁判文书释法说理工作的推动。我国学者从不同角度为释法说理的完善提供方案,司法部门也在尝试制作“标准型”裁判文书作为模板。但裁判文书水准的整体性提高,很难通过司法人员对于学理成果和模板的个体性学习而实现。在释法说理成为普遍的司法诉求的当下,高等法学教育作为“批量式”培养法律职业人才的基地,应为此一诉求的实现助力。遗憾的是,我国法学教育因在知识传授面向的基础性、体系性不足,在技能培养即如何适用法律解决具体案件上的“全方面缺席”②而难以发挥这样的功效。在司法不断强化裁判文书释法说理的当下,需要思考的是,法学教育应如何做出变革?对此,笔者将结合专业教学,以刑法案例教学的改革为例,尝试为此问题的解决提供可行的

---

① [德]英格博格·普珀:《法学思维小学堂:法律人的6堂思维训练课》,蔡圣伟译,北京大学出版社2011年版,第124页。

② 参见何美欢:《理想的专业法学教育》,载《清华法学》2006年第3期。

方案。

二、传统以案释(刑)法教学模式的功能与局限

对于裁判文书释法说理诉求的实现来说，未来职业者对于刑法条文的准确理解，自然不可或缺。尤其是对于刑事疑难案件而言，争端问题能否得到公平公正的解决，更多地依赖于司法人员对于刑法规范的把握。事实上，刑法教学也是以刑法知识的传授为目标的，并且在此教学模式下，也会采纳案例教学法。只是其并不关注案件本身的完整性解决而旨在经由此将具有争端性、典型性的刑法适用问题呈现出来，因而服务于刑法规范的理解，属于“以案释法”型案例教学。

(一)以案释(刑)法教学的功能

以案释法类型的案例教学，一方面能够透过个案，使抽象的刑法规范具体地被诠释出来。例如，在对《刑法》第20条第3款所规定的“行凶”的阐释上，不结合案例便难以达到让学生准确理解何谓“行凶”的教学效果。若能将“于海明正当防卫案”③等相关案例拿来，以此分析不法侵害人基于不确定的故意而持刀追赶防卫人的行为是否是“行凶”，学生会更加深刻把握“行凶”这一用语的含义。另一方面则在于建构体系性的教义学理论，确保刑法规范的现实运行不致出现矛盾和冲突。例如，在对《刑法》第133条“逃逸致人死亡的……”规定的理解上，多数学说将其视为结果加重犯，该款规定的适用以行为人先前的肇事行为构成了交通肇事罪为必要。④ 反对论者认为其并非结果加重犯，该款的适用不以先前的肇事行为成立基本犯为前提。⑤ 若对规范进行纯粹的理论分析，并不能得出孰是孰非的结论，而经由对案例的考察，则能够探寻出对此一规定的正确理解。

---

③ 《第十二批指导性案例》，载中华人民共和国最高人民检察院2018年12月19日，https://www.spp.gov.cn/spp/jczdal/201812/t20181219_402920.shtml。

④ 参见张明楷：《刑法学》，法律出版社2011年版，第635页。

⑤ 参见陈伟：《“疑罪从无”与“疑罪从轻”的抉择——以一则典型刑事案例为例》，载《河南大学学报(社会科学版)》2015年第1期。

对此可借用诸如“邵大平交通肇事案”(《刑事审判参考》第1118号)来分析。该案中,行为人违章驾驶车辆撞到被害人致其受伤倒地后逃逸,被害人被后续车辆碾压致死。根据结果加重犯的主张,判断行为人是否要对死亡结果负责,首先要确定其先前的肇事行为是否成立了交通肇事罪。而依司法解释的规定,行为人肇事行为成立基本犯需要同时满足“致1个被害人重伤+负事故全部或主要责任+逃逸”三个条件,但该案中难以确定其肇事行为是否导致了被害人的重伤。根据疑罪从无原则,行为人连基本的交通肇事罪都不构成,“逃逸致人死亡”的规定更不能被适用。而大量司法案件表明,除当即造成被害人死亡的情况外,肇事行为对被害人造成的伤害程度,在行为时根本难以确定。重伤结果的不可确定性、刑事诉讼证据规则的限制性,使得将该规定理解为结果加重犯,不具有可行性,且无罪结论也导致“逃逸致人死亡”的规范效果大打折扣。而该规范的目的恰恰在于要求行为人对于那些仍有生存可能(无论受伤程度如何)的被害人,予以及时救助从而最大限度地保全生命。但结果加重犯的理论却鼓励着肇事者不去救助被害人而是选择逃逸,毕竟选择救助而救助不成功时行为人仍可能要对死亡结果负责而构成基本的交通肇事罪;而选择逃逸,即使被害人最后死亡了,却可能不负担任何刑事责任。因此,宜将该规定理解为独立于基本犯的加重处罚条件。

(二)以案释(刑)法教学的局限与刑法案例教学的困境

以案释法功能的“点状性”——仅作用于对刑法规范中的个别概念、单个构成要件要素的阐释和理解,表明其不承担也无力承担亦属刑法教义学重要组成部分的法学方法的训练和培养任务。而这恰恰是“以法释案”型案例教学应有的功能——锻炼法学生面对完整的刑事案件,应当怎样对其做出分析,从而对行为人是否承担相应刑事责任做出判断的能力。此种类型的案例教学与司法人员“以(刑)法定案”的工作相当,其最为能够培养法学生司法职业技能,但却未受到刑法教育的重视。长期以来以案释法的案例教学,挤占了以法释案教学的地位,一些高校在基础课程之外尽管开设了案例课,但形式性的“以法释案”背后仍是实质性的“以案释法”，关注的并非是对案件的整体性分析方法而仍旧是围绕某些规范理解所产生争议的分析。

单一性“以案释法”刑法案例教学所造成的直接影响是，学习了刑法总论和分论的法学生，在面对刑事案件时仍不知如何下手分析。尽管在刑法总论关于犯罪成立规格和标准的课程部分，法学生习得了认定行为是否构成犯罪的审查框架，因而无论是适用犯罪构成四要件还是德日三阶层，学生均可据此对相关行为进行体系性的审查，在每一个步骤将自己的心证呈现出来。这对于极为简单案例的分析而言当然不会存在什么难题，然而现实案件的复杂性决定了，单纯使用某罪犯罪构成来分析，并非总是奏效。例如，针对未满 16 周岁的甲要求已满 16 周岁的乙为其入户盗窃而在户外望风案，只要学习过共同犯罪的学生，都能得出甲不构成盗窃罪而乙构成该罪的结论。但如何将该结论的分析过程透过盗窃罪的犯罪构成呈现出来，却成为困扰法学生的一大难题。可能更让学生无所适从的是，对于丙故意杀害丁，但并未既遂情形的处理，依照相关理论可能很容易得出故意杀人是预备、中止还是未遂的结论，只是基础刑法课程的学习并未让其获得对于犯罪停顿形态应在犯罪构成体系的哪个位置进行分析的方法和技能。

偏重法学知识忽略法学方法传授的我国刑法教学，在理论层面压缩了刑法教义学的范围，造成了法学生习得刑法知识的结构性偏差——空有丰富的理论知识，却不具备适用知识分析具体案件所需要的方法和技能；在实践层面造成裁判文书说理性的不足，这主要缘于裁判文书即出自在研习刑法的学生生涯中未曾接受案例分析方法训练的司法人员之手。因而大量刑事裁判文书，凸显有罪和无罪的结论却弱化甚至消弭了刑法规范与案件事实的对应性分析过程。更为明显的是，犯罪构成要件作为审查框架，在个案裁判中也未能被体系性地加以适用。例如，在张海庚、吴佳良强奸罪案一审刑事判决中，人民法院在判决部分仅指出“被告人张海庚、吴佳良违背妇女意志，强行轮流与妇女发生性关系，其行为已构成强奸罪,且具有轮奸情节”。⑥ 由此来看,实务几乎架空了犯罪构成的作用,其所具有的确保刑法适用的可预测性、有罪或无罪论证过程的公开性、查找论证结论差异的效率性的功能,也没有发挥出来。

针对当前裁判文书暴露出的以上问题,2018 年《指导意见》提出了“阐明事理”以及“讲究文理”的要求。前者强调裁判文书在内容上要重视论证,明确个案中的行为是否构成犯罪、构成何罪及其理由,加强涵摄环节在裁判文书中的地位,最大限度地公布出司法人员的心证,确保结论的可被验证性和说服力。而后者所提及的“逻辑清晰”,更多的是对刑事裁判文书中分析行为人刑事责任的形式要求,即严格按照犯罪构成有体系、有层次、有逻辑地将切割后的案件事实进行检验,避免无序以及并不经济的重复验证。基于目前我国刑法案例教学的现状和裁判文书释法说理应具备“阐明事理”和“讲究文理”的以上要求,作为培养未来法律职业人员阵地的中国法学院校,显然不能继续无视刑法教义学课程中刑法案例分析方法的传授之缺漏,也不能对司法实践呼吁高校要强化法学生刑法案例分析思维、方法和技能的诉求,不作任何回应。在此背景下,关注刑事案件本身的解决,验证相应刑法规范能否运用于个案的以法释案成为重要的案例教学类型。

三、以(刑)法释案的鉴定式分析方法:类型化审查框架与规则

与刑法教义学中有关规范知识的形成相比,在刑事案件的分析应遵循怎样的方法论部分,我国刑法学者的建树明显少了很多,甚至可以说是“无”。主要的原因可从历史的变迁中寻找:多重因素影响导致新中国第一部刑法——1979 年《刑法》,晚于新中国成立 30 年才得以出台。彼时学者的主要任务是刑法规范体系的建构。在从 1979 年《刑法》的颁布到 1997 年《刑法》的修正的 18 年,学者在积极展开对 1979 年《刑法》规范的阐释之余,巨大社会变迁出现的新问题使学界为填补 1979 年《刑法》的漏洞和修正不再适应社会发展的旧规范,做出积极回应。此时学

⑥ 浙江省嘉善县人民法院刑事判决书,(2015)嘉善刑初字第 291 号。

界无暇顾及有关刑法适用的方法论问题,而内含452个条文的1997年《刑法》的颁布加重了学者的规范阐释任务。及至21世纪的第一个十年,刑法适用渐趋稳定、规范阐释任务的紧迫程度降低。且随着学者对于德日刑法理论的深入学习,刑法教义学的方法论部分开始受到关注。在以培养法官为教育目标,⑦因而将案例教学与实践作为精髓的德国法学教育中,一种关于案例分析的思维框架和模式的鉴定式案例分析法,逐渐被介绍至我国,论者以此尝试回应我国司法对于法律人才实践能力的诉求。

(一)类型有别的犯罪审查思维框架

德国法学院使用的鉴定式案例分析法,在对刑事案件的解决上涉及三个步骤。除步骤一以假设形式先行指出"××的××的行为,涉嫌触犯刑法第××条的规定,可能构成××犯罪"以及最后的步骤三得出该行为人是否成立此罪的确定性结论外,支撑鉴定者得出结论的分析过程——步骤二,是核心环节。阶层犯罪论体系作为审查行为是否构成相应犯罪的模型,在步骤二中不可或缺,鉴定者在此要遵循从构成要件该当性到违法性再到有责性的审查顺序。由于当前德国普遍适用新古典主义暨目的论体系,因而审查者在构成要件阶层不仅要审查客观构成要件是否被满足,还要完成对主观构成要件的分析。随后再审查有无违法阻却事由;当行为的不法性被肯定后,进而考察刑事责任能力及期待可能性等问题。我国犯罪的认定也强调以犯罪构成四要件为依据,这和德式的案例分析模式似乎并没有什么不同,毕竟其中判断行为是否构成犯罪的要件并无二致。但是,我国并未进一步实现对犯罪审查框架的类型化和具体化,即对于不同类型的犯罪——故意与过失、作为与不作为、既遂与未遂(中止、预备),对其进行审查的框架结构存在差异,而这恰恰是德式刑法案例分析法的特色。

在犯罪审查框架的把握上,"故意作为的犯罪既遂"成为最基本的模板。通过对案件事实的审查,在选择可能适用的故意犯罪罪名后,审

⑦ 参见葛云松:《法学教育的理想》,载《中外法学》2014年第2期。

查者便需要适用该罪犯罪构成对相关案件事实进行一一审查。其任务是实现构成要件与事实之间的涵摄,⑧以得出事实是否应被该构成要件所评价的结论。在此适用的是逻辑三段论方法:

大前提:若行为满足构成要件T,当承担法律后果R。

小前提:案例事实S可被涵摄于构成要件T之下。

结论:案例事实S应科以法律效果R。⑨

逻辑三段论并不直接出现在犯罪审查框架中,其更多的是作为主观的思维过程而存在,且反映于每一个犯罪阶层以及各个构成要件要素对事实的评价之中。小前提所涉及的涵摄决定着犯罪审查的内容和大致流程,如对于犯罪既遂案的审查,在客观构成要件层面,需要说明行为人所需要实现的行为和结果及其他要素,在对个别法律要素进行解释的前提下,继续说明行为人所实施的行为和结果是否属于构成要件行为和构成要件结果,再论证两者之间的因果关系。例如,甲将乙的手机扔到了河里,对此,若适用故意毁坏财物罪来审查,在客观构成要件阶层中要呈现的内容是:

行为人必须将他人的财物予以毁损,毁损指使财物发生物理形态的变化或者使其丧失使用价值。甲将乙的手机扔到了水里,手机进水后不再能够被使用,因而出现了构成要件结果。且甲将手机扔进水里的行为和乙的手机受到损坏的结果之间具有因果关系,至此故意毁坏财物罪的客观构成要件被实现。

当客观构成要件被满足后,需要审查主观构成要件的故意——行为人对该当客观构成要件的事实是否存在"认识"以及对该事实的发生具有"意欲":

依据《刑法》第14条规定,甲在行为时必须具有故意。故意是指对于该当客观构成要件的认识和意欲。该案中由于甲已认识到

⑧ Nikolaus Bosch, Übungen im Strafrecht, 8. Auf., 2017, S. 23.

⑨ 参见[德]埃里克·希尔根多夫:《德国大学刑法案例辅导》,黄笑岩译,北京大学出版社2019年版,第6页。

将乙的手机扔到河里会导致手机毁损，他也意欲毁损该手机，因此甲在行为时具有故意。

对于多数行为而言，该当构成要件即可基本肯定不法的存在，若无明显违法阻却事由的存在，违法性阶层的判断可以非常简单地用结论性表述呈现，并进入有责性阶层的分析。由于刑事责任能力的认定也易于把握，如无特别情形存在，可直接得出行为人有责的结论。

当案件事实经由预先审查认定可能属于“故意犯罪未遂”，就不能完全适用前述犯罪审查框架来分析。此时，首先得从主观构成要件审查行为人是否具有故意，因为根据刑法理论，只有故意犯罪才有未遂形态，若罪过形式是过失就没有必要继续审查客观构成要件及其他阶层。当主观罪过的故意被肯定后，需进一步审查客观构成要件，在此需先从着手加以检验，至于违法性和有责性阶层的分析，和故意作为的犯罪既遂并无差异。其整体审查框架是：

预先检验（××的行为没有既遂）⟹行为决意（主观构成要件要素的审查）⟹着手（客观构成要件要素的审查）⟹违法性⟹有责性

对“过失犯罪”的审查框架和对故意犯罪的审查存在较大的差异，这一方面与德国刑法论者为过失犯罪架构多种独立的犯罪审查体系有关，另一方面，也与过失犯罪特有的作为评价标准的形式概念相关。过失犯罪审查体系的内部差异主要在于：过失是被置于构成要件阶层还是仍留置在有责性阶层；在客观构成要件层面是使用以客观注意义务为核心的概念体系还是为 Roxin 所倡导的客观归责体系。目前，在传统审查框架中加入客观归责体系部分审查内容的做法更受认可：

行为与结果之间的因果关系⟹（具有客观预见可能性的）客观注意义务的违反⟹客观避免可能性⟹结果的客观可归责性（规范保护目的、义务违反关联、自我负责）

违法性阶层的分析和故意犯罪一样，在有责性阶层需要审查的主要内容是：

责任能力⟹(具有主观预见可能性的)主观注意义务的违反⟹主观回避可能性

“不作为犯罪”的审查框架因类型的不同而有所差异。由于刑法对于纯正不作为犯罪的构成要件做出了明确规定,如《刑法》第395条规定的巨额财产来源不明罪,在认定拒不说明财产来源的不作为是否构成犯罪时,按照“故意作为犯罪既遂”的框架审查即可。在对不纯正不作为犯罪予以审查时,审查者首先需要判断行为人的行为方式是作为还是不作为。关于二者的区分标准,学界多主张规范性的价值判断,即从规范角度考察行为人是创设了法不容许的风险还是可被期待的对既有风险予以消减。⑩ 确认属于不作为后,可进行后续的审查。其与作为犯罪的审查框架的不同在于客观构成要件层面所要审查的内容:

构成要件的实现⟹事实性因果关系的存在⟹未实施可被期待的行为(保证人地位)⟹作为的可能性(客观和主观可能性)

(二)鉴定式案例分析的独特规则

1.共犯行为主体犯罪审查的顺序

相较于单个行为主体实施一个或多个行为,多行为主体共同实施违法行为且分工各有不同时,对其予以审查存在的主要问题是评价的先后顺序。我国法学生在处理此类案件时,通常会一并认定各行为人构成何罪,而后再简单地指出××是主犯,××是(胁)从犯/教唆犯。这样的结论不仅缺少说理论证,还没有注意不同行为主体被审查时应有顺序上的差异。尤其当案件当事人分属正犯、帮助犯或者教唆犯时,基于共犯从属性原理,就更要注意行为主体的评价顺序。例如,在以下案例中:C想要A杀害仇人B,A接受了C的建议及杀人的计划,当B途经其潜伏地时,A用铁棒对准B的头部用力一击,B死亡。经由预先判断可以看出,A可能是该案中的正犯,C可能是教唆犯。在此,应先分析正犯A的刑事可罚性,进而开启新的审查体系分析C的刑事责任,对于教唆犯的分析,在构成要件该当性中的具体内容和正犯也存在显著差异:

---

⑩ 参见黄荣坚:《基础刑法学》(下),中国人民大学出版社2009年版,第447页。

C的刑事可罚性:C让A使用铁棒伏击杀害B,涉嫌触犯《刑法》第232条、第29条的规定,可能构成故意杀人罪的教唆犯。

1. 构成要件

1)客观构成要件:教唆犯的刑事可罚性以存在故意且违法地实施构成要件的主行为以及教唆者的教唆行为为前提。

a. 故意且违法的主行为

正犯A已实现了《刑法》第232条规定的构成要件,且行为具有违法性,其已经满足《刑法》第29条规定的相关前提。

b. 教唆行为

根据《刑法》第29条的规定,教唆者必须"教唆"他人实施犯罪。"教唆"是指使他人引起行为决意。C引起了A实施杀害B的行为决意,因此C的行为符合《刑法》第29条的规定的教唆行为。

2)主观构成要件:依据《刑法》第14条、第29条的规定,C在主观方面要有"双重教唆故意"。C不仅对故意且违法的主行为的实施和既遂有故意,也对自己的教唆行为具有故意。C唆使A犯罪并为使A有效地实施犯罪计划,而给出了具体建议。C知道他的建议就对A的意思形成产生何种影响,并且他希望A能够成功,因此,C具有《刑法》第14条、第29条意义上的故意。

对于间接正犯的认定,首先需要分析被利用者的行为,并适用新的审查框架,在客观构成要件中,需要适用间接正犯理论论证其对事件的负责性。在主观构成要件中,则着重分析行为人对支配关系的认识。

2. 同一行为的犯罪审查顺序

犯罪构成要件要素的部分重合、罪界区分的模糊性和行为定性的争议性决定,对于某一行为的犯罪审查会涉及多个罪名。罪名的选择需要在否定他罪构成的可能性的基础上,再借由妥当罪名的犯罪审查加以确定。出于经济性考量,犯罪审查的顺序性,即成为需要注意的事项。

首先,同一行为的故意犯罪审查优于对应的过失犯罪。同一行为的故意和过失犯罪并非互斥关系,而是不法程度存在高低有别的位阶关系。在罪过形式并不明显的情形下,应先从故意犯罪开始审查。因为在确定是故意犯罪时,即无必要再开启新的审查框架分析是否构成相应的过失犯罪。但如果先分析过失,即使得出肯定结论,审查者还需进一步审查是否符合故意犯罪的构成要件。

其次,具有包容评价关系的重罪审查优于轻罪。如果相关行为在适用包容评价关系的重罪和轻罪存有疑虑时,比较经济的审查方式也是应从重罪开始审查,若行为该当了重罪犯罪构成,即无必要审查是否构成轻罪。相反,若先从轻罪的审查入手,即使能得出肯定结论,还需审查比轻罪不法要素更多的重罪是否被满足了。

最后,(情节/结果)加重犯的审查优于基本犯。无论是情节加重犯还是结果加重犯,均存在独立的犯罪构成要件,尽管其和基本犯罪构成要件共用一个罪名,但在审查时仍应选择是适用加重还是基本构成要件,在适用的优先顺位上,若个案可能存在加重处罚的事由,即应优先适用加重构成要件来审查。

3. 争端法律问题中法律学说的引入

刑法案例教学不仅要关注案例分析的形式要求,还要注重对于法律适用不明的疑难案件的处理方法。法律适用不明既可能源自刑法规范内涵的模糊性也可能是刑法规范的欠缺从而致使司法对于案件的解决存在一定的争端。此时借鉴以刑法规范为基准并对其做出阐述的刑法理论、援引相关问题的不同学说主张来论证说理、通过学说填补刑法漏洞,⑪成为解决争端问题的良剂。为强化裁判文书的说理论证,2018 年《指导意见》第 13 条也明确指出法官可依“法理及通行学术观点”作为裁判的理由。未来,法律学说的援引可能成为司法裁判的常态,这就要求法学生在法学教育之初,就要掌握适用法律学说解决争端案件的方法。

首先,在案例审查之初,审查者应能够快速发现可能的争端问题。与法官在处理刑事案件时面对着来自辩护人和公诉机关对案件中某一问题的法律处理存在不同看法,因而可直接知晓争端问题之所在不同,

⑪ 参见彭中礼:《司法裁判引证法律学说的功能研究——基于生效裁判文书的实证分析》,载《现代法学》2022 年第 1 期。

法学生在分析案件时,要能自觉发现有争议的问题是什么。

其次,注重处理争端问题的体系位置。刑事案件的分析始终应在犯罪审查框架中展开,遵循审查顺序,而不能基于对争端问题的发现及对争端学说的熟知,在案例分析的开端即大谈特谈。例如,在对打击错误的案件进行分析时,仍应先分析客观构成要件的该当性,进而在主观构成要件层面分析行为人打击错误是否影响故意的认定;对于法益的阐释,其所处的体系位置,更加需要注意,由于法益并非是犯罪评价的标准因而在犯罪审查框架中并无一席之地。但法学生在分析案例时通常先说明个罪的法益为何,而后分析某罪主客观要件是否被满足,如此操作,不仅并未说明法益与犯罪构成是否为被满足的关系,而且使得对法益的分析之于犯罪的认定成为无关的事项。由于法益多与对犯罪要素的理解有关,有时也影响着被害人同意的认定,甚或在罪数的认定上也发挥着功能,因而应在相应问题的处理上对其进行阐释。

最后,应注意法律学说援引的妥当性。2018年《指导意见》确立了以"通行学术观点"为准的法律学说引用原则,因而在争端问题的处理上,法学生也应把握此一原则。在德国鉴定式案例分析过程中,对于争端问题的处理,也要求法学生适用通说。如在处理打击错误案件时可做出以下分析:有观点认为,此种情形下应否定故意的存在,因为在行为时点,×仅具有杀害××而非×××的认识和意欲,其对于×××的死亡结果不具有故意。但主流观点却认为,此种情形下仍应肯定故意的存在,因为在行为时,×具有杀害人的认知和意欲,对于×××的死亡结果具有故意。不过通说援引的原则性要求,并非未给非通说观点的援引留有空间,法律规范的滞后性及学说的运动式发展决定了在既有通说难以达到公平公正的处理结果时,所谓的非通说即可被援引。⑫

四、刑法案例教学的实践展开

在明确有关刑法案例教学的类型以及刑法案例分析的方法论前提

---

⑫ 参见金枫梁:《裁判文书援引学说的基本原理与规则建构》,载《法学研究》2020年第1期。

下,需要进一步思考的是,我国今后的刑法案例教学应当如何开展,如此方能契合强化刑事裁判文书的释法说理这一普遍的司法实践诉求。

(一)重视以案释(刑)法的知识传授功能

我国的刑法教育,首先仍应继续采纳以案释(刑)法的模式及类型。因为无论未来的法学教育发展到何种地步、法学教育的目标究竟是什么,其核心始终都应该是与法律条文的理解有关的法学知识的传授。案例的分析和裁判不能脱离主体对于法律条文的把握,若对法律条文并未达到熟悉的程度,即使掌握了案例分析的方法,也不大可能得出正确结论。而以案释(刑)法对于加深学生之于规范的理解的作用巨大,同时也使法学教育摆脱了纯粹的理论桎梏,增加了教学活动的生动性、互动性。从法学教育的目的来看,以案释(刑)法尽管重视刑法规范的演绎与诠释,但也是培养法学生的法律适用能力的重要方式。在作为传授知识的刑法总论和分论课程中,其被越来越多的教师所使用。我国目前有关刑法案例教学的著作,如陈兴良教授主编的《判例刑法教程》,其中涉及的案例,依循我国刑法的文本内容顺序来编排,探讨的内容即争议焦点实际是实务在具体个案中如何实现对某一具体规范的理解和适用。这样的案例分析方式,和刑法课程中的案例教学一样,关注的并非是整体案例本身,而是聚焦于个案具体情节的法律适用,因而服务于刑法教义学活动的开展。

我国刑法教师在教授基础刑法课程时,多是援引他国司法案例或者学者为实现对某一刑法理论的说明而编造的案例,如此做法导致我国刑法教学和本土司法的疏离,不利于法学生对于我国司法观点的把握。在我国裁判文书网络化和刑事指导案例不断出台的当下,未来以案释法教学中刑事案例的选取方向应由域外转向域内,刑法教师要注重对于裁判文书的收集和整理工作,以类案形式将相关案件归置起来,从而更为鲜明地向法学生呈现刑法规范在司法适用中的情状,以对比方式让学生把握法律争议点所在。类案不同判决结论现象的存在,能够激发法学生对于规范理解的兴趣,并在讨论中升华自己对相关问题的思考。这样的案例教学模式,能够改变教师主动讲授、学生被动接受的现状,使法学生变被动为主动。长此以往,不仅会加深其对规范的理解能力,也能够有效地提升其法律思辨能力。

(二)以(刑)法释案方法论教学的开展方式

1.采纳鉴定式案例分析"实践"模式的困境

对应于培养法官的教育目的,德国高校尤为注重法学生适用法律能力的培养,因而在教师的讲授课程之外,还开设案例研习课,法学生主要学习鉴定式案例分析法,并对此加以训练。而要完成的家庭作业、期末考试以及第一次国家考试,均要使用鉴定式分析方法完整详细地呈现对案例的分析过程及最后的结论。课程设置的考核方式以及未来职业的要求,使德国法学生自入学之初便陷入各专业案例研习课的题海战中,大量且反复的训练不仅使其掌握了一整套案例分析的框架和方法,对于法律规范也有了更为深入的理解和把握,而规范之于实践的运用,大大提高了其适用法律的能力和思维。德国法律职业者运用法律能力的培养,正是借助于高强度的案例分析课程实现的。

只是从目前现状来看,我国法学教育若要原封不动地借鉴德国的这种案例研习课程,因缺少必要的对接机制而降低了可行性。这主要表现在无论是一般的期末考试还是获取法律职业资格的国家考试,受传统法学教育观念的影响,目前仍是以法律知识的考查为主,对于法学生法律适用能力的考察不足,从而导致法学生实践案例分析的兴趣和动力不足。以多数高校刑法期末考试为例,其通常由选择题、判断题、名词解释题、论述题和案例分析题组成,前几部分分数的获取依赖于学生对于刑法知识的熟记程度,案例分析尽管在考察学生适用刑法的能力,但通常只要学生给出的结论正确即可获得分数,因而并不注重分析的过程,案例分析所占据的分数比重较低也难以激发学生在案例分析上的学习热情。尽管目前的法律职业资格考试调整了以往主观题仅占据1/4比重的格局,因应于强化法律运用能力培养的法学教育目标,但效果还是被打了不小的折扣。此外,在高校不断要求教师提升科研水平、增加科研成果的现状之下,高校教师工作的重心越来越向科研偏重,对于教学所倾注的时间可能较少,而案例研习课程的设置,尽管学生是主体,但教师仍需承担繁重的批阅任务,而这会花费大量的时间和精力,尽管一些教师有心想做,但多却无能为力。

2. 可行的替代方法——专注于刑法案例方法本身的"介绍"模式

尽管因客观条件的欠缺,推行鉴定式案例分析法的德国刑法案例研习课程难以为我国所直接借鉴。但是鉴定式案例分析法本身,作为刑法教义学的重要组成部分,不仅有被采纳的必要性,也有其可行性。笔者认为,讲求犯罪审查顺序的逻辑性和犯罪审查经济性的不同类型的犯罪审查框架,应当作为基础刑法课程内容的一部分而在对应的知识论部分呈现出来。如此,即使没有专门的刑法案例分析课,法学生也能把握并熟悉各个类型的犯罪审查框架究竟是什么。至于刑法案例分析所需要注意的重要事项与规则,亦可透过罪与罪之间、基本犯与加重犯之间的关系或者共同犯罪的基本原理等阐释出来。

因而与注重对于刑法鉴定式案例分析法的实践和训练的德国做法不同,我国可以以对该方法的介绍为重心,弱化对其的操作和运用,节省开设刑法案例研习课程而产生的各种成本。尽管相较于实践模式,介绍模式对于法学生法律适用技能的提升效果不甚明显,但确实是最为契合我国现有法学教育现状的做法。当然为避免案例分析方法的传授过于抽象化、理论化,授课教师可以在相应部分,给出一至两个具有代表性的案例分析题目,让学生适用相应的犯罪审查框架和案例分析方法完成案例的分析。教师可抽查审阅学生完成的作业情况,总结案例审查过程中存在的共性问题,并反馈给学生。如此循环往复的操作和训练,法学生基本也能够把握住案例分析的方法。

介绍模式的开展需要刑法教师对该方法予以了全面、详细的把握。鉴于刑法教材结构偏重于知识论的现状,未来在教科书中引入该方法或者以专著形式介绍该方法,就成为必要且急需完成的工作。而为填补当下的缺漏,刑法教师可通过翻阅德国刑法教课书⑬和有关刑法案例分析

⑬ 参见[德]乌尔斯·金德霍伊泽尔:《刑法总论教科书》(第6版),蔡桂生译,北京大学出版社2015年版。

著作[14]的方式实现对鉴定式案例分析法知识的获得。

(三)以实务为导向的刑法案例课程的设置

在剥离案例研习课程模式的外壳而抽取出纯粹的刑法案例分析方法,并将其置于基础刑法课程,成为填补我国刑法案例分析欠缺方法论的空缺的可行性方案后,需解决的新问题便是:外在于基础刑法课程的刑法案例分析应当如何开展,方使其具有独立的价值。

对此,有论者以德国案例研习课程的缺陷和对英美法系刑法案例分析模式的观察为视角,提出不同的案例教学模式,如法律诊所教育、个案教学法、个案全过程教学法等。[15] 尽管不同案例教学模式的侧重点及实践的目的有所偏差,却具有诸多共同之处。此类教学模式不仅注重对案件的整体性分析,更为重要的是,其以实务为导向以避免刑法案例的分析沦为刑法知识和理论传授的附庸。首先,以实务为导向的刑法案例教学,不仅关注实体刑法如何适用的问题,亦注重案件事实的认定规则和技艺的传授,因而能够提高法学生"阐明事理"的能力。其次,以实务为导向的刑法案例教学,也能够提升法学生刑事程序法与实体法一体化适用的能力,让法学生树立刑事实体与程序并重的法律思维。实践中刑法案件的解决需要程序和实体法的"珠联璧合",一份彰显公平正义的刑事裁判文书,不仅要求裁判内容合乎刑法规范,还要确保司法程序的正当性。再者,以实务为导向的刑法案例教学,更能凸显案件中当事人主体的鲜活性,而非期末考试试题中、教师课堂举例讲授中生硬的、无血无肉的 A、B、C。诸多案件的发生都有其缘由,行为人也并非均是无恶不作的"敌人",对于刑事案件解决,严格适用刑法尽管无可厚非,但也不能完全不考虑"情"的因素。在刑法适用存在的弹性空间范围内,结合个案具体情形,将"情理"清晰阐述出来,会为刑案的处理增加一些"烟火气",为刑法的适用提升一些"温度"。处理刑事案件注重情与法的结合,能够助益于法学生多元法律思维的培养。

---

⑭ 参见[德]埃里克·希尔根多夫:《德国大学刑法案例辅导》,黄笑岩译,北京大学出版社 2019 年版。

⑮ 参见章武生:《"个案全过程教学法"之推广》,载《法学》2013 年第 4 期。

刑法案例分析的实务导向决定课程的设置和传统案例教学模式要有明显的不同。一方面,就分析样本而言,整体化、动态化、原生化的案件应取代片段化、静态化、裁剪化的传统案件。与传统案例教学中教师主动诱导、学生被动思考的情境不同,完整且未被裁剪加工的复杂案件的呈现,对于并无实践经验的法学生而言,尽管分析的难度系数大大提高,但只有如此形式的案件,才使刑事一体化的分析成为可能,学生可首先适用证据法则实现对案件事实的认定并提取出需要适用刑法评价的对象。另一方面,刑事案件的解决是个系统性工作,因而不能将案件解决的任务全部交由刑法教师承担。这需要由来自刑法、刑事诉讼法等领域的实务人员组成的教学团队以内部有效分工的形式完成相应的分析工作。再者,课程应能充分调动法学生分析、思考问题的积极性和主动性,从而增强案例教学的效果。因而在案例分析过程中,应以法学生为主体,学生不仅要在课下做大量的准备工作和查阅资料,还需要在课堂上将其观点和主张展示出来,而相应部分的授课教师仅发挥引导、提示、主持、归纳和总结的作用。而且案例分析的复杂性和琐碎性决定各个环节的工作也难以凭借一己之力完成,因此小组共同作业会是刑法案例教学课程的重要形式。

以实务为导向的刑法案例课程的设置,对于法学生法律适用能力和思维能力、辩论能力、口才表达能力、文书写作能力的培养,都是非常有益的。在高校开展这种职业技能训练,对于裁判文书释法说理尤其是“阐明事理”“讲明情理”方面能力的提升而言,是一种超前贡献。

结　语

从刑法教学视角看,以案释法的模式强化了法学生对于刑法规范的理解和把握,能够提升未来法律职业者“释明法理”的能力。在法律职业技能的培养成为法学教育的目标的当下,借鉴德国的鉴定式案例法,将不同犯罪类型的犯罪审查框架以及刑事案例分析的主要方法和技巧,主要以介绍的形式,让法学生加以了解,并通过小型案例的形式完成实践操作,是目前比较妥当的做法。这至少能使法学生掌握一套严谨的刑事案例分析方法,增强其逻辑思维能力,从而促进未来法律职业者"释明法理""讲明文理"能力的双重提升。独立于基础刑法课程的刑法案例课应成为今后教学的重要类型,案例的选取应以实务为导向,无论是事实的认定还是法律的适用、无论是程序性问题还是实体性争议等,均要成为分析的对象,以此着重提升未来法律职业者的"阐明事理""讲明情理"技能。未来,我国刑法案例教学应兼采不同的模式和类型,如此才能使法学生获得刑法适用的知识论、方法论,并掌握一体化分析刑事案件的技能,这是提高我国刑事裁判文书释法说理水平的重要前提。

Teaching of Criminal Law Case under the Appeal of Interpretation of Law and Reasoning in Judicial Documents: Types, Methods and Practice

Wang Huanting

Abstract: Legal education in colleges should respond to the judicial demand for improving the level of interpretation of law and reasoning in judicial documents. Different types of criminal law case teaching are conducive to the realization of the goal of legal education with equal emphasis on theory and practice. The interpretation of laws with cases serves the teaching of criminal law norms, and its role in basic courses of criminal law should still be strengthened in the future. Interpreting cases by law should emphasize the methodology of applying criminal law norms to specific cases, and the identification-based case analysis method provides different types of criminal review frameworks and rules. The German case study course, which practices this method is difficult to be used for reference. In our country, the introduction model should be used instead of the practice model to realize the teaching of this method. The setting of the case course, which is independent of the basic criminal law course, should be practice-oriented to carry out the interpretation of the case by law. Focusing on team teaching as a model, giving students the main role in case analysis, and from the perspective of criminal integration, it will discuss the facts and legal issues of cases that are integrated, dynamic, and original.

Key Words: interpretation of law and reasoning; interpretation of laws with cases; interpreting cases by law; methodology; case course

刑事诉讼法条解构式案例研习法研究：以余金平交通肇事案为例*

林艺芳**

摘　要：刑事诉讼法条解构式案例研习法是在借鉴德国的鉴定式案例分析方法的基础上形成的案例教学方法。以余金平交通肇事案为例，该教学方法可以分为选择问题、界定问题、涵摄问题和回答问题四个逻辑思维步骤，即选定案例涉及的核心问题，以现行立法规定为依据对问题进行解析，将立法规定与案例事实进行比较考量，从而得出问题的最终答案。在运用该教学方法时，应注重教师作用的发挥和案例研习报告的写作，应鼓励学生进行延伸性思考，并与其他实践教学方法进行有机结合。

关键词：鉴定式案例分析方法　案例教学　法条解构　刑事诉讼　余金平交通肇事案

近年来，在我国法学高等教育领域，不少学者推崇德国的"鉴定式案例分析方法"。作为一种典型的

---

* 基金项目：2020年湖南省教育科学"十三五"规划课题"多元互动背景下法学本科案例教学研究"（项目编号：XJK20BGD024）的研究成果。

** 林艺芳，福建师范大学法学院、纪检监察学院副教授，法学博士。研究方向：刑事诉讼法。

案例教学方法,它在德国法学基础教育中发挥了中流砥柱的作用。它首先要求列出一个请求权基础,从该请求权基础中得出与本案判决相关的法律效果,然后对该法律效果所依赖的事实构成要件进行分析。① 这种教学方法在刑法、民法等实体法领域可以得到有效应用,但在诉讼法领域,尤其是刑事诉讼法领域,似乎缺乏适用空间。究其缘由,适用刑事诉讼法及相关规定解读案例,并不存在特定的请求权基础。换言之,寻找案例中特定的请求权基础,并非解决一个刑事诉讼案例所必备的前提条件。不过,鉴定式案例分析方法中所蕴含的"三段论"研究思路、法律规范使用规则、法律规定与学术争议的融会贯通等,均值得刑事诉讼法案例教学予以借鉴。随着经典刑事诉讼案例的不断涌现,教师在刑事诉讼法教学过程中适用案例并不少见,但是目前并未形成一套如鉴定式案例分析方法这般逻辑严谨、切实可行的教学方法论。鉴于此,笔者将以余金平交通肇事案为例,在借鉴德国的鉴定式案例分析方法的基础上,试图以我国立法司法现状为背景,以法律规定和案件事实的互动为核心,以规范分析和理论辨析为主线,构建所谓的"刑事诉讼法条解构式案例研习法",以期对刑事诉讼案例教学有所助益。

一、余金平交通肇事案案情介绍

余金平交通肇事案是我国近年来刑事诉讼领域争议最多的案例之一。案件发生于2019年6月5日,当日晚,余金平和朋友聚餐时喝了四两白酒,随后自行驾车回家。当行至北京市门头沟区河堤路1公里处时,余金平所驾车辆在行车道内持续向右偏离并进入人行道,随后撞击到了在人行道上行走的宋某,致宋某当场死亡。随后余金平并未停车查看,而是在校正行车方向之后直接将车开离现场。余金平将车开回自家地下车库,并步行前往现场查看。随后,余金平躲进了一间足疗店,并在第二天五点左右前往公安交警支队投案自首。2019年8月2日,北京市

① 参见[德]德特勒夫·雷讷、黄卉:《鉴定式案例分析法的基础与技术》,载《法律适用》2021年第6期。

门头沟区人民检察院以余金平犯有交通肇事罪为由，向北京市门头沟区人民法院提起公诉。检察院认为余金平具有自首情节，自愿认罪认罚，赔偿被害人家属并获得谅解，提出有期徒刑三年、缓刑四年的量刑建议。北京市门头沟区人民法院于2019年9月11日作出一审裁判，判决被告人余金平犯交通肇事罪，处以有期徒刑二年，并未完全采纳检察院的量刑建议。随后，被告人余金平不服提出上诉，请求撤销一审量刑，改判缓刑。北京市门头沟区人民检察院也以量刑错误为由向北京市第一中级人民法院提出抗诉。北京市第一中级人民法院于2019年12月30日作出判决，以交通肇事罪判处余金平有期徒刑三年六个月，仍未完全采纳余金平和检察机关的上诉抗诉理由和量刑建议。

该案案情并不复杂，但是其中却涉及不少值得讨论的刑事诉讼法律适用和理论争议难题。另外，由于备受关注，该案件的一审、二审裁判文书皆在网上公开披露，有助于全面完整地了解案件基本情况。因此该案非常适宜作为刑事诉讼法条解构式案例研习法的案例素材。

二、刑事诉讼法条解构式案例研习的基本逻辑步骤

德国的鉴定式案例分析方法遵循“设问—定义—涵摄—结论”的思维过程。设问旨在提出案例中所涉及的核心问题，列出可能适用的法律规范；定义在于对设问中的概念进行界定，拆分其构成要件；涵摄是指将案例事实与立法规定进行对照，判断是否符合构成要件；结论则是对设问的回答，得出最终的判断。② 这是一种典型的“三段论”法律分析逻辑。③ 根据这一逻辑，刑事诉讼法条解构式案例研习法可分为如下步骤，即“选择问题、界定问题、涵摄问题及回答问题”。需注意的是，这些步骤的展开除了以案例事实内容为依据，应紧密围绕当前立法，注重对

② 参见夏昊晗：《鉴定式案例研习：德国法学教育皇冠上的明珠》，载《人民法治》2018年第18期；罗钢、陈正湘：《刑法鉴定式案例教学改革刍论》，载《教育观察》2020年第25期。

③ 根据德国法学家伯恩·魏德士的论述，三段论式的法律适用过程可以分为四个步骤：一是认定事实，二是寻找相关的法律规范，三是以整个法律秩序为准进行涵摄，四是宣布法律后果。参见[德]伯恩·魏德士：《法理学》，丁小春、吴越译，法律出版社2003年版，第296～297页。

法条的理解与适用，使分析过程面向法律实务，具有现实可行的基础。这也是本案例教学法被称为“法条解构式”的缘由所在。

（一）选择问题

刑事诉讼法条解构式案例研习法的起点是从特定案例中选择可供分析的问题。这与德国的鉴定式案例分析方法有所区别，后者首先需要列出一个请求权基础。相比之下，刑事诉讼程序并非以请求权为核心展开，也不存在所谓的请求权基础。但是，刑事诉讼程序的各个环节皆涉及一些核心问题，是需要通过法条的解析与理论的论证予以考察的。核心问题的选择，应符合以下要求：一是应当与案例事实存在紧密的联系，即可以在后续步骤中，通过案件事实的涵摄，而得出相应的结论。二是应当有相应的刑事诉讼法律规定基础。如果该问题尚处于立法规定的空白地带，既未被规定于刑事诉讼法中，亦未被纳入刑事诉讼配套司法解释及程序性规定等文件的规制范畴，那么就无法在后续步骤中罗列出相关规定，并结合案情作出合法的结论。且对于不存在立法基础的问题，学生可以做的也并非法条解构，而是制度建设，这也偏离了本研习方法的初衷。应注意，此处的“立法基础”强调的是刑事诉讼立法规定，如果某一问题被规定于刑法或者其他部门法中，且不以刑事诉讼相关规定为依据，那么也不符合该要求。三是应当属于刑事诉讼法学研究的“显性问题”，即该问题具有一定的刑事诉讼理论基础，且具有一定的可挖掘性。一些在刑事诉讼领域没有争议的问题，或者对案件诉讼程序基本运行或最终裁判结果影响不大的问题，无须纳入其中。

案例核心问题的数量无须进行特别限定，但是，仍需注意多个核心问题之间是否存在的“一般与特别”关系或者交叉关系。例如，“尊重与保障人权”与“犯罪嫌疑人、被告人的辩护权保障”，即属于典型的“一般与特别”的关系。此时，应贯彻“特别优于一般”的原则，要求学生的分析报告尽可能体现具体问题，而不是泛泛而谈。再如，“犯罪嫌疑人、被告人律师辩护制度”与“犯罪嫌疑人、被告人法律援助制度”，二者明显存在交叉地带，即“犯罪嫌疑人、被告人法律援助辩护制度”。此时，交叉部分往往才是核心问题的准确界定，学生应将核心问题细化至交叉部分，以实现核心问题选择的精准化。

就余金平交通肇事案而言，实务界、理论界主要围绕如下三大难题展开热议：第一，余金平是否具有自首情节，即余金平在事故发生后驾车逃逸，直至隔天才到公安机关投案，且在法庭上坚称自己离开现场时不知道撞了人，这种情况能否被认定为自首情节。第二，认罪认罚案件中检察机关量刑建议与法院裁判的关系如何，即在余金平与检察机关达成认罪认罚协议的前提下，无论是一审还是二审法院，皆未完全采纳检察机关量刑建议，这种做法是否违反法院裁判采纳检察院量刑建议的相关规定。第三，二审判决是否违反上诉不加刑原则，即在该案中，二审法院不仅仍未采纳检察机关量刑建议，而且在一审判决基础上继续加重被告人刑罚，这种做法是否符合上诉不加刑相关规定。这三个问题都与案例事实存在紧密的联系，只不过其中的第一个问题，即余金平是否具备自首情节，是刑法所规定的内容，与刑事诉讼程序的运行关联性不大，因此不能通过刑事诉讼法条解构式案例研习法予以分析。而第二和第三个问题皆属于典型的刑事诉讼难题，具有一定的理论基础以及可供讨论的空间。且这两个问题相互之间不存在“一般与特别”关系或者交叉关系，也难以再精确至更具体的知识点，因此可以作为“核心问题”进行刑事诉讼法条解构式案例研习。

在德国的鉴定式案例分析方法中，学生应当自行从案例中寻找请求权基础，作为设问的前提。请求权基础的可靠与否，是决定最终分析报告的成败关键，同时寻找合理的请求权基础，也是考察学生法律问题挖掘能力的重要依据。与之相比，在本文所分析的刑事诉讼法条解构式案例分析方法中，核心问题视具体情况，可由学生自行从案例中挖掘，亦可由教师为了特定教学目的而予以事先确定。前者旨在考察学生发现问题的能力，学生能否确定案例中涉及的一个或者多个核心争议点，可以作为判断其逻辑分析能力和基础知识扎实程度的重要因素。因此，这种方式更适用于已经完成刑事诉讼法基础知识学习或者其中特定知识点学习的学生。而后者，即由教师提前确定案例涉及的核心问题，则有助于引导学生认识刑事诉讼法特定知识点或者加深学生对特定知识点的理解,因而更适用于学生学习刑事诉讼法基础知识的初期。

再以余金平交通肇事案为例,该案亦可以通过两种方式融入刑事诉讼案例教学中。其一,当学生学至认罪认罚从宽制度或者上诉不加刑原则时,教师将该案例抛出,要求学生结合案件事实,分析相应知识点中涉及的疑难法律问题。其二,在学生已经完成刑事诉讼法整门课程学习的基础上,教师再介绍这一案例,要求学生从案例中提出可供讨论的核心问题。教师从中评判学生能否准确抓住案例中涉及的认罪认罚相关问题以及上诉不加刑问题,作为对学生学习情况的考核标准之一。

(二)界定问题

在德国的鉴定式案例分析方法中,一旦确定了请求权基础,那么下一步就应当对其内涵予以明确,尤其是要对其构成要件进行解析。根据这一思路,在刑事诉讼法条解构式案例研习法中,界定问题意味着,对选定的问题应按照刑事诉讼立法规定的基本要求和刑事诉讼程序运行的基本逻辑予以全面分析,探讨该制度或者程序的构成要素、前提条件、适用范围、适用情形、相应后果以及救济手段等。同时应注意的是:

第一,解析问题时应严格遵循最新的刑事诉讼立法规定,鼓励学生以《刑事诉讼法》为基本依据,兼顾《刑法》《监察法》《法律援助法》《人民检察院组织法》《人民法院组织法》等其他刑事诉讼法律渊源,并结合由公安、司法机关或者其他部门出台的相关司法解释或者程序性规定,其中尤以《最高人民法院关于适用〈中华人民共和国刑事诉讼法〉的解释》(下文简称《刑诉法解释》)、《人民检察院刑事诉讼规则》、《公安机关办理刑事案件程序规定》三个文件为重。同时应注意的是,上述不少文件历经多次修改,除非存在溯及既往的特殊情况,学生应引用最新的法条,避免已被删改的规定。

以余金平交通肇事案为例,首先,调节认罪认罚案件检察机关量刑建议与法院裁判之间关系的法律规定主要体现在《刑事诉讼法》第201条和2019年最高人民法院、最高人民检察院会同公安部、国家安全部、司法部制定的《关于适用认罪认罚从宽制度的指导意见》(下文简称《认罪认罚指导意见》)第40条。前者为2018年《刑事诉讼法》修订时新增，后者是为贯彻落实2018年修改后的《刑事诉讼法》、保障认罪认罚从宽制度正确有效实施而出台的解释性规定，二者皆不存在相应的旧法条。其次，规定上诉不加刑的法条主要包括《刑事诉讼法》第237条和《刑诉法解释》第401条至第403条。前者第1款在2012年《刑事诉讼法》修订后增加“第二审人民法院发回原审人民法院重新审判的案件，除有新的犯罪事实，人民检察院补充起诉的，原审人民法院也不得加重被告人的刑罚”。这一规定，并延续至最新修订的2018年《刑事诉讼法》中。后者在《刑诉法解释》2012年和2021年两次修订中也分别有所改动。尤其是2012年《刑诉法解释》第325条第1款规定的“不得加重被告人的刑罚”被2021年《刑诉法解释》第401条第1款修改为“不得对被告人的刑罚作出实质不利的改判”，扩张了上诉不加刑原则中所谓“不加刑”的范畴。对此，学生应注意适用最新规定，考察新规定与案件事实之间是否存在关联性。

第二，解析问题时应准确理解刑事诉讼制度的内涵。“法有限而事无穷”，立法者无法完全预见未来可能发生的情况，甚至难以穷尽立法当下的所有情况，且法律语言具有多义性、模糊性与变动性，④法条规定中不可避免地存在意思表达不清晰、不确定之处。因此，单纯根据现行刑事诉讼立法规定解析问题，可能面临“有法难依”的情况。对此，学生应以法教义学的方法去探求刑事诉讼法法条背后的含义，即以体系化视角对现行规定作出适宜刑事司法实践的解释。这种方法要求学生不仅对法条进行字面含义的描述，还应当合理适用目的解释、体系解释、文义解释等常规解释方法，并在特定情况下进行一定的价值判断。而在所谓的价值判断中，除了法律效果之外，还应包含一定的社会效果、政治效果。⑤ 在刑事诉讼领域，主要体现为对刑事司法的程序正当需求、对公检法各部门具体工作的效率需求、对裁判结果的相对公正需求和社会可接受需求等。学生们可以通过参照国家刑事政策性文件、最高人民法院

---

④ 参见付子堂、胡夏枫：《立法与改革：以法律修改为重心的考察》，载《法学研究》2014年第6期。

⑤ 参见凌斌：《什么是法教义学：一个法哲学的追问》，载《中外法学》2015年第1期。

和最高人民检察院发布的刑事诉讼指导案例等非正式法律渊源的方式，辅之以权威刑事诉讼学术研究成果，综合进行解读。

例如，在余金平案件中，在理解前述调节认罪认罚案件检察机关量刑建议与法院裁判之间关系的《刑事诉讼法》第201条时，学生首先应当对法条本身进行观察。该法条第一款规定“对于认罪认罚案件，人民法院依法作出判决时，一般应当采纳人民检察院指控的罪名和量刑建议”，这里的“一般应当”措辞相对模糊，究竟意味着法院应当一律采纳检察机关的量刑建议，还是意味着法院拥有绝对独立的裁判权，可以不采纳检察机关的量刑建议，单从法条字面很难得出答案。对此，学生应继续结合该法条的其他内容予以理解。该条第一款详细列举了不予采纳量刑建议的几种例外情形，⑥这说明，除非出现例外情况，原则上人民法院应当采纳检察机关的量刑建议。但是该条第二款紧接着规定检察机关量刑建议明显不当时，人民法院的相应处理手段，⑦这又说明，人民法院对量刑建议仍保有一定的审查权，被告人被判以何种刑罚的最终决定权仍掌握在法院手中。再参考《认罪认罚指导意见》第40条的规定：“对于事实清楚，证据确实、充分，指控的罪名准确，量刑建议适当的，人民法院应当采纳。”这也进一步说明，人民法院对于人民检察院提出的量刑建议有独立的审查判断权，如果认为明显不当，是无须采纳的。

对于这一问题的理解，还可以结合主流学术论述以及有关指导案例进行分析。在学界一般而言，检察机关的量刑建议权被认为是公诉权的下位权能，属于提起公诉权中的量刑请求权，因此其不应直接造成实体后果，属于“取效行为”。与之相比，法院是决定犯罪是否成立的唯一机关，法院的量刑权是法院审判权的固有内涵，是能够直接产生实体效果

---

⑥ 即《刑事诉讼法》第201条第1款规定的：“……（一）被告人的行为不构成犯罪或者不应当追究其刑事责任的；（二）被告人违背意愿认罪认罚的；（三）被告人否认指控的犯罪事实的；（四）起诉指控的罪名与审理认定的罪名不一致的；（五）其他可能影响公正审判的情形。”

⑦ 即《刑事诉讼法》第201条第2款规定的：“人民法院经审理认为量刑建议明显不当，或者被告人、辩护人对量刑建议提出异议的，人民检察院可以调整量刑建议。人民检察院不调整量刑建议或者调整量刑建议后仍然明显不当的，人民法院应当依法作出判决。”

的“予效行为”。检察机关的量刑建议是无法对法院的量刑权直接产生拘束力的，[⑧]这一观点也体现在最高人民法院的有关指导案例中。在《刑事审判参考》第130辑刊发的第1449号案例，即“孙惠中以危险方法危害公共安全案”中，裁判理由认为，即便在认罪认罚案件中，检察机关量刑建议权的属性并未改变，仍属于求刑权的范畴，不是检察机关代为行使法院裁判权。人民法院对认罪认罚案件中的量刑建议仍要从事实基础、证据能力、认罪认罚自愿性以及法律的正确适用等方面进行实质审查，有权修改其认为不当的内容。[⑨] 从这个角度看，余金平交通肇事案虽然属于认罪认罚案件，但人民法院也并非一定要采纳检察机关提出的量刑建议，一审、二审法院未完全遵循量刑建议作出裁决，并不违背立法精神。

（三）涵摄问题

在德国的鉴定式案例分析方法中，涵摄是将案件事实与法律规定作比较的过程，即将法律规定分解为各个构成要件，并逐一与案件事实进行对应，以得出结论。这是一种双向交流的过程，[⑩]与之相比，刑事诉讼法条解构式案例研习法则相对复杂一些。刑事诉讼程序并不围绕所谓的请求权基础展开，也难以将特定机制、制度、程序环节的相关规定划分为规整的构成要件，因此在进行案例研习时无法完全遵循上述做法。不过，以法律规定涵摄案件事实，仍是刑事诉讼法条解构式案例研习法的重要一步，只不过此时需要根据具体问题进行具体分析，适用特定的涵摄手段。

例如，余金平交通肇事案的一个核心问题是上诉不加刑原则的适用。该原则被规定在《刑事诉讼法》第237条：“第二审人民法院审理被告人或者他的法定代理人、近亲属上诉的案件，不得加重被告人的刑罚……人民检察院提出抗诉或者自诉人提出上诉的，不受前款规定的限

⑧ 参见陈卫东：《认罪认罚案件量刑建议研究》，载《法学研究》2020年第5期。

⑨ 参见最高人民法院刑事审判第一、二、三、四、五庭编：《刑事审判参考》（总第130辑），人民法院出版社2022年版，第14～15页。

⑩ 参见陈文、王中昊：《鉴定式案例分析教学法刍议》，载《中国多媒体与网络教学学报（上旬刊）》2020年第4期。

制。”据此,只有被告人一方提起上诉的案件,二审法院不得加重被告人的刑罚。该规定的目的在于解除被告人上诉被加刑的顾虑,保障被告人的上诉权利。该原则的适用必须满足如下条件:一是只有被告人一方提起上诉,包括只有被告人自己或者其法定代理人、近亲属提起上诉的情况。二是人民检察院未提出抗诉或者自诉人未提出上诉。我国立法在上诉问题上未规定“禁止不利益变更”原则,这意味着,即便检察官为被告人利益提起抗诉,仍允许二审法院作出不利于被告人的判决变更。结合余金平交通肇事案的具体事实,一审程序结束之后,被告人余金平不服判决提出上诉。与此同时,北京市门头沟区人民检察院也以量刑错误为由向北京市第一中级人民法院提出抗诉。亦即,在此案中,被告人与检察机关双双提出了上诉或者抗诉,尤其是检察机关的抗诉行为,不符合上诉不加刑的适用前提。因此,二审法院无须受上诉不加刑原则的约束,可以在全面审查案件的前提下作出有利于或者不利于被告人的改判。⑪

总结上述分析过程可知,在刑事诉讼案例中以立法规定涵摄案件事实,关键在于辨析特定刑事诉讼制度的适用条件,考察案件事实是否符合该条件。只有在满足条件的前提下,才能以相应的刑事诉讼立法规定约束案件的裁判或者其他诉讼行为。应当注意的是,此处所谓的“适用条件”,应当作广义理解,包括立法关于特定刑事诉讼制度适用范围或者具体情形的规定,包括正面的要求和反面的例外。例如,前述《刑事诉讼法》第201条规定了人民法院一般应当采纳检察机关量刑建议的例外情形,那么这些情形也应作为适用条件的组成部分,在涵摄过程中被考虑进去。此外还需注意的是,在案例研习的具体实践中,涵摄问题与定义问题这两大步骤并非截然分开,二者可以同时进行,即一边寻找立法规定,并对立法规定予以释义,一边将案件事实代入法律规定之中。

(四)回答问题

在德国的鉴定式案例分析方法中,最后一个步骤是结论,结论应与

---

⑪ 参见刘计划:《抗诉的效力与上诉不加刑原则的适用——基于余金平交通肇事案二审改判的分析》,载《法学》2021年第6期。

设问呼应，得出肯定或者否定的回答。⑫ 与之类似，刑事诉讼法条解构式案例研习法也应设置回答问题这一步，作为整个学习过程的终结。回答问题旨在回应研习过程中所选定的核心问题，学生应当用简洁明了的语言依次展示出最终的答案，无须重复上述的分析过程和佐证材料。例如，在余金平案件中，学生应当就案例中涉及的认罪认罚从宽制度中量刑建议权与法院裁判权的关系、上诉不加刑原则的适用等核心问题依次给出答案。就前者而言，学生应当明确回答法院有权不采纳检察机关提供的量刑建议，作出独立裁判；就后者而言，学生应当明确回答二审裁判可以加重余金平刑罚，不受上诉加刑原则的约束。⑬

三、刑事诉讼法条解构式案例研习的主要操作过程

上文展现的是刑事诉讼法条解构式案例研习法的基本逻辑思维过程。在运用该方法时，教师应当准确定位自身角色，充分发挥必要的指导作用；学生应当进行案例分析报告的写作，学会运用规范的法学语言将上述思考过程展示于书面上，这些都是该案例分析方法得以顺利落实的前提和要求。此外，刑事诉讼法条解构式案例研习法并不提倡一种“就事论事”的简单思维模式，应鼓励学生结合司法实务和法学理论进行延伸性思考；其亦不提倡一种“非此即彼”的绝对独立教学方式，应与其他具备实践色彩的教学方法予以结合，综合提升学生各方面能力，这些也都是该案例分析方法得以提升质效的可靠保障。总之，在适用该案例分析方法时，还应遵循如下操作过程：

（一）准确定位教师角色

刑事诉讼法条解构式案例研习法是以学生为中心的教学方法。学生通过对案例的阅读、法条的分析以及知识的涵摄，得出于实践有益的

---

⑫ 参见夏昊晗：《鉴定式案例研习：德国法学教育皇冠上的明珠》，载《人民法治》2018年第18期。

⑬ 对于这两个问题，学生也可能根据分析方法和路径的不同，给出不同的答案，即认为法院应当采纳检察机关提出的量刑建议，以及二审法院应受上诉不加刑原则的限制，不得加重余金平的刑罚。

答案。不过,在法学教育过程中,“教”与“学”往往是相辅相成的。该方法并非单纯地放手让学生独立完成案例研究任务,教师也应当在其中发挥其特有的“指导”作用。具体而言,教师主要承担如下角色:

一是铺垫,教师应当为学生提供可予研究的案例素材。我国经典的刑事诉讼案例不计其数,但并非所有案例都可适用该教学方法进行分析,应选择问题突出、材料丰富的案例作为研习对象。但哪些案例符合上述要求,作为法学初学者,学生往往难以作出合理判断,此时就需要教师在课前对案例进行遴选,甚至对案例素材进行适当剪辑,保证学生能顺利开启案例研习任务。

二是释明,在学生进行案例研习之前,教师应当对何为“刑事诉讼法条解构式案例研习法”进行解释,并介绍该教学方法的基本步骤和注意事项,以及最终需要提交的报告形式。在学生进行研习的过程中,一旦其有任何方法方面的困惑,教师也应及时为学生答疑解惑。不过教师的解答应止于技术层面,不能将案例需要研习的核心问题及其答案直白告知。

三是组织,刑事诉讼法条解构式案例研习法鼓励学生独立完成案例研究工作,但是在具体操作中可以采取多种路径:既可以要求每个学生单独完成案例研习作业,也可以要求学生以小组为单位进行讨论式研习;既可以要求学生在课堂上即时完成这项工作,也可以要求学生在学习完基础知识之后,于课后进行案例研习。这就需要教师根据教学情况和评价指标,有选择地组织学生进行具体操作。

四是评估,学生进行案例研习的最终成果,应当交由教师进行评价。对此,教师应针对个案制定相对合理且具体的评价指标,例如核心问题选择的准确性、法条分析的充分性、案例与法条结合的正确性、逻辑推理的顺畅性、语言表达的清晰性等,对学生案例研习情况进行整体评估。

(二)合理规范案例研习报告的写作

在德国的鉴定式案例分析方法中,案例分析实践最终要落实到书面上,形成一份所谓的“鉴定式报告”。报告的写作,不仅能够梳理案例分析逻辑思维过程,而且足以锻炼学生的法学写作能力,因此也应当为刑事诉讼法条解构式案例研习法所借鉴。学生应将上述选择问题、界定问题、涵摄问题和回答问题的过程,总结为"案例分析报告"。报告写作应遵循逻辑清晰、语言精炼的基本要求:

一方面,如果报告中涉及多项核心问题的,应当分别就这些问题进行界定和涵摄,并给出最终答案。在对多个核心问题进行排序时,可以将重要的或者更有研究价值、实践价值的问题居于前位,其他问题居于后位;也可以根据核心问题与刑事诉讼基本环节的关联性,根据刑事诉讼流程顺序进行排序。例如,在余金平交通肇事案中,两个核心问题并无何者更具价值之分,此时可以根据刑事诉讼运行规律,将涉及一审环节的认罪认罚案件检察机关量刑建议与法院裁判关系这一问题置于前位,将涉及二审环节的上诉不加刑问题置于后位。

另一方面,撰写报告应使用专业、客观、简洁的法律语言。法学领域有自己专门的语言体系,学生在写作报告时应使用规范的"法言法语",避免民间化、口语化的表达。语言表述应当客观理性,避免带有强烈情绪色彩、煽动性或者偏见性的话语。此外,语言表述还应简洁明了,避免为了突显自己的学术积累而使用拗口、复杂的语言,或与核心问题无关的空话、套话。

(三)积极鼓励延伸性思考

德国的鉴定式案例分析方法遵循典型的三段论逻辑。本文所介绍的刑事诉讼法条解构式案例研习法借鉴于此,也必然深受"三段论"推理模式的影响。然而近年来在司法领域,三段论日益成为人们批判的对象,不少学者认为,三段论只能用于解决简单的案例,一旦案例中的事实出现不确定的情况或者法律规定出现模糊之处时,三段论往往派不上用场。⑭ 三段论将复杂问题简单化,可能掩盖司法过程的繁杂性,而案件解决的现实要求往往比想象中复杂得多,可能不止于具体的案件本身,更可能关涉整体司法层面的某种体系性安排或者权力博弈。譬如前述余金平交通肇事案,该案之所以引发诸多讨论,正是由于《刑事诉讼法》

---

⑭ 参见孙海波:《告别司法三段论?——对法律推理中形式逻辑的批判与拯救》,载《法制与社会发展》2013 年第 4 期。

第201条和第237条等相关规定的模糊性,以及其背后所隐含的种种现实因素,包括认罪认罚案件中检察院主导责任与法院审判中心地位之争,以及对抗式司法模式与协商式司法模式之分。面对此种情况,单纯的三段论思维模式显得无所适从。因此,在刑事诉讼法条解构式案例研习法的运用过程中,除了培养学生适用法律解决具体问题的能力,也应当强调其对司法实践的全局观和诉讼理论研究的深刻性。在处理案例之余,鼓励学生进行延伸性思考,透彻分析案例背后蕴含的实践问题和理论难题。

(四)有机结合其他实践教学方法

与法律诊所、模拟法庭等教学模式不同,刑事诉讼法条解构式案例研习法更倾向于书面的操作:案情的展示以案卷为依据,中间的逻辑推理过程和最终的研习结果,皆以书面形式出现;其注重法条的教义分析和争议点的理论研讨,缺乏上述其他教学模式所追求的动手操作过程;其仅针对案件中较具争议性的个别问题进行研究,无法让学生亲身全程体验到真实的诉讼过程。不可否认的是,刑事诉讼法条解构式案例研习法所欲训练的逻辑推理能力和法律写作能力亦是实践教学的对象,但缺乏实操场景的案例研习法,会不会演变成"书面"研习法,仍是值得思考的问题。

解决这一问题的方案在于,将该案例研习法与其他法学实践教学方法进行有机结合。例如,将其融入模拟法庭教学实践中,要求学生在模拟法庭进行过程中,对案件中涉及的核心问题从法律规定视角进行理论研讨。这样一来,既能破解模拟法庭过分关注法庭"表演"、忽略知识系统学习的弊端,[15]也能有效增强法条解构式案例研习法的"实践"色彩,使学生的法律推理能力、法条搜索和解读能力、理论研讨能力和动手操作能力得到全面提升。再以余金平交通肇事案为例,教师在引导学生进行该案的分析时,既可以要求学生根据案卷所描述的情况进行法条解构式研习,并撰写案例分析报告;又可以以该案中的一审或者二审为基本

⑮ 参见吕辉:《审判学视域下模拟法庭教学模式的完善策略探讨》,载张光君主编:《应用法学评论》总第4辑,社会科学文献出版社2021年版。

背景，让学生分别承担其中的检察官、被告人、辩护人、证人等角色，进行模拟审判的演练，锻炼学生的实践能力。

Research on the Legal Provisions of Criminal Procedure Deconstructive Case Study Method: Taking Yu Jinping Traffic Accident Case as an Example

Lin Yifang

Abstract: The deconstructive case study method of legal provisions in criminal procedure is a case teaching method based on the German appraisal case analysis method. Taking Yu Jinping traffic accident case as an example, the teaching method can be divided into four logical thinking steps: including problem selection, problem definition, problem subsuming and problem response, namely to select the core problems involved in cases, analyse these problems based on the current legislative provisions, compare the legislative provisions with the facts of the case, and thus conclude the final answer of the problem. In the application of this teaching method, we should pay attention to the role of teachers and the writing of case study report, students should be encouraged to extend their thinking, and this method should be organically combined with other practical teaching methods.

Key Words: appraisal case analysis method; case teaching; legal provisions deconstruction; criminal procedure; Yu Jinping traffic accident case

“中国法律史”本科课程教学改革片思*

朱　腾**

摘　要：“中国法律史”虽然一直是法学本科核心课程之一，但由于教学内容、教学组织与形式等方面的缺陷，往往被学生们视为不得不学，又略感抵触的必修课。为了摆脱此种困境，教学改革实为必需，或可从课程教学整体方案之改进及课堂教学质量之提升两个方向上展开。其最终目标则是使“中国法律史”成为教学内容兼顾基础性和启发性、教学手段灵活多样的优质本科课程。

关键词：教学改革　教学方案　课堂教学　教学目标

在法学本科课程体系中，无论是出于对文化自信的强调，还是出于对法科生的理论素养的重视，“中国法律史”（曾以“中国法制史”为名）一直都被列于法学核心课程的范围之内。尽管如此，与中国

---

* 本项研究获北京市教育工会（北京高校青年教师创新教研工作室）支持。

** 朱腾，法学博士，中国人民大学法学院教授。研究方向：中国法律史。

法律史学因遭遇所谓学科认同“危机”①以至于法史学界陷入“畏难取巧、寻找捷径、年复一年的方法讨论”②相适应,“中国法律史”课程也往往被学生们视为畏途或者说不得不学,但又心生抵触的名不符实的必修课,教学改革遂被提上议事日程。③ 而在近年来,高校教学质量已引起社会的广泛关注以至于教学改革成为包括法学在内的各学科的教学前行方向的情况下,怎样设计、讲授“中国法律史”课程就更需要任课教师群体详加思考。鉴于此,笔者将在总结自己的教学经验的基础上对这一问题稍作探讨以求教于方家。

一、教学困境之形成的可能性原因

毋庸赘言,欲思考“中国法律史”课程质量的提升之道,首先就应明了该课程何以成为所谓“名不符实的必修课”。原因当然颇为多样,但如崇尚实效的社会风气对高校环境的影响、课时安排不合理等问题无疑不是普通任课教师甚至某个教学机构所能解决的,这里仅尝试分析任课教师对教学的有可能改进之处。私见以为,或可从教学内容、教学组织与形式两个方向上展开。

(一)教学内容

尽管本科课堂教学会呈现某些前沿观点以启发学生们思考,但其基本目标是让学生们掌握课程主要知识点、学界通说。正因如此,以这些知识点或通说为全部内容的教材往往在教学中承担着重要参照功能。

---

① 参见王志强:《我们为什么研习法律史?——从法学视角的探讨》,载《清华法学》2015年第6期;朱腾:《走出中国法律史学“危机”论——从缺乏共享平台的学科间的对话说起》,载《中国法律评论》2022年第1期。

② 马小红:《中国法史及法史学研究反思——兼论学术研究的规律》,载《中国法学》2015年第2期。

③ 如,邓建鹏在2011年就已撰文专门探讨“中国法律史”教学的困境及其克服办法;又如,李俊强、周静怡又在2017年分别撰文考察“中国法律史”教学模式之调整。参见邓建鹏:《回归法学教育的立场——中国法制史教学的困境与思考》,载王瀚主编:《法学教育研究》第5卷,法律出版社2011年版;李俊强:《“中国法制史”教学范式改革之我见》,载王瀚主编:《法学教育研究》第16卷,法律出版社2017年版;周静怡:《“中国法制史”课程的改革与思考》,载王瀚主编:《法学教育研究》第16卷,法律出版社2017年版。

所以,一旦教材的精良程度不足,学生们就难以对课程的教学内容产生兴趣,这种现象在"中国法律史"本科教学中似乎一直存在。

首先,目前被普遍采用的各种主流《中国法律史》教材大多根据王朝更替来划分中国传统法的演进阶段,或者说在时间轴上将王朝更替史与中国法律史合而为一。此种教材编写方式自然可以与学生们在进入大学前已获得的中国史知识相衔接,从而为学生们提供最为简洁、明了的中国法律史分期以便于他们对众多知识点加以归类和记忆。但是,不得不指出的是,法律、经济、学术思潮、风俗习惯等各历史侧面其实皆有其独立的前行轨迹,具有关键意义的转折点很可能不是随着王朝更替而出现的。进一步说,以各历史侧面为研究对象的诸种专门史学就应致力于寻找其自身的特定分期标准,④整齐划一地用王朝更替来切割专门史的发展过程无疑不利于揭示历史的连续性。正如梁启超在点评中国古代以"一朝为一史"的历史叙事模式时早已指出的那样:"时代与时代,相续者也,历史者无间断者也。人间社会之事变,必有终始、因果之关系,故于其间若欲划然分一界线,如两国之定界约焉,此实理势之所不许也。"⑤具体到法律史领域,例如主流教材往往把春秋时代与战国时代合并起来以为中国法律史的一个发展阶段,但事实上,前者在历史风貌上与后者截然不同,⑥前者可谓三代之余续,后者实为秦汉之起始;与之相适应,春秋时代在法律形式、礼法关系及时人对政治、法律秩序的理解上亦与战国时代有着明显的差异。既如此,按照教材的分期法讲解所谓"春秋战国法律史"就有可能导致学生们对三代法文化的最终流向、秦汉法制的直接渊源印象不深,法律史学知识的体系性则因历史本身的连续性被人为地切断而略显破碎。又如,主流教材惯于将"隋唐法律史"

④ 冯天瑜就曾对中国、日本、欧美等地区的研究者提出的多角度的中国史分期标准有所总结。参见冯天瑜:《"封建"考论》,武汉大学出版社2006年版,第361~371页。

⑤ 梁启超:《中国历史研究法》,中华书局2009年版,第173页。

⑥ 顾炎武在《日知录·周末风俗》中就论道,"如春秋时,犹尊礼重信,而七国则绝不言礼与信矣,春秋时,犹宗周王,而七国则绝不言王矣。春秋时,犹严祭祀,重聘享,而七国则无其事矣,春秋时,犹论宗姓氏族,而七国则无以言及之矣。春秋时,犹宴会赋诗,而七国则不闻矣,春秋时,犹有赴告策书,而七国则无有矣。邦无定交,士无定主,此皆变于一百三十三年之间。史之阙文,而後人可以意推者也。不待始皇之并天下,而文武之道尽矣"。

单列一章,但以中国史学的重要观点——"唐宋变革论"为参考,唐中期可谓隋唐史的分水岭,隋至唐前期之法制乃魏晋南北朝时代的种种法制变革之总结,唐后期之法制则为五代至北宋法制建设之先声,因此,以教材的分期法讲解"隋唐法律史"或有将传统法的两个发展阶段混同之嫌,对学生们掌握传统法的内在演进逻辑而言亦有所不便。

其次,以往"中国法制史"与"中国法律思想史"为两门课程,《中国法制史》教材的主要内容集中于历朝历代的法律制度,《中国法律思想史》教材则侧重于阐发古圣先贤的法律学说。至今日,这两门课程已合并为"中国法律史"一门课程,但各类主流的《中国法律史》教材在内容分布上却明显表现出重制度、轻思想的倾向,对法律制度、思想赖以存在的各历史时期的整体背景则更是一笔带过。此种教材编写法无疑会造成思想、制度"各自为战",法律与社会、政治、经济、学术思潮的关系难以被揭示出来,法律史失去动态感等一系列问题。课堂教学以此种教材为基础展开,大概也难以让学生们感受到中国法律史本应具有的生动、丰富感,更无法真切地体会到传统中国的各种法制设想的创意及无奈,以至于"理解先人的法律智慧""唤起对中国传统文化的尊重和自豪感"等高尚教学理想皆缺乏被落实的可能。

最后,主流教材往往将某个王朝或若干王朝的法律制度大致划分为刑事、民事、经济管理、司法等若干领域,这种以现行部门法为参照切分传统法的知识归类法显然是为了凸显中国法律史学的学科定位即法学二级学科。正因如此,在浏览主流教材的目录时,学生们很自然地会将"中国法律史"视为法学课程。但同样值得注意的是,当阅读教材的各章节时,他们又难免从字里行间体会到一种刻意的穿越、比附感。之所以如此,或是因为中国法律史学成为法学学科的组成部分实为中国近现代的"西学东渐"之风引发的学科分野以及历史系因师资之限制而无法对中国史的全部侧面展开研究所致,⑦其作为专门史学之一与整体上具

⑦ 参见尤陈俊:《知识转型背景下的中国法律史——从中国法学院的立场出发》,载《云南大学学报(法学版)》2008年第1期。

有强烈实践性的法学之间是存在一定的隔膜的。⑧ 进一步说,这种隔膜决定了"中国法律史"教学对法科生培养的意义很大程度上不在于单纯向学生们输出貌似与现行部门法一一对应,但又不具备实践可能性的传统法律知识,而在于阐发各项法律制度在中国历史上究竟是在什么样的整体环境中生成、演化、被废止,从而深化学生们对"法律乃社会之产物、法律非万能"这一点的认识以使其在维护法律权威的同时能够保持对现行法的反思意识。以此立论,主流教材对历代法制的阐述方式于解明中国法律史学作为法学学科的性质未必确有实益,以其为基础讲授历代法制恐怕也不易产生良好的教学效果。

(二)教学组织与教学形式

毫无疑问,课程质量在根本上取决于教学内容,但这并不意味着教学组织与教学形式不重要。妥当的教学组织可以引导学生们有针对性地展开自主学习并提高课堂教学的效率,优异的教学形式则可以增强教学内容的趣味性与可接受性。但据目前笔者所了解的情况,"中国法律史"课程在教学组织和教学形式上似乎也略显不足。

以教学组织论,虽然学生们通过中学阶段的学习和阅读对中国史已有所了解,但中国法律史知识基本上是不会在其中学阶段所能接触到的历史读本中出现的,因此,任课教师大多会提醒学生们做好课前预习工作以免他们对课堂讲授的内容感到过于陌生以至于影响教学效果,也会期望学生们借助课后复习来深化其对课堂所得的记忆和理解。问题在于,无论任课教师怎样强调预习、复习的重要性,如果教师未能为学生们提供除教材之外的丰富、多样的学习材料,那么,所谓"预习""复习"最终往往只能停留在教师的语重心长之建议的层面,这正是目前"中国法律史"课程在教学组织上遇到的一重难题。此外,为了拓展学生们的知识面、启发他们思考,任课教师大多会推荐学生们阅读《中国法律与中国社会》等论著,但倘若无法对阅读效果加以考核或者此种考核在整个教

⑧ 有关这一点,先前,笔者在撰文考察中国法律史学如何逐渐成为一种纯学术时已有论述。参见朱腾:《走出中国法律史学"危机"论——从缺乏共享平台的学科间的对话说起》,载《中国法律评论》2022 年第 1 期。

学规划中占据的地位不高,那么,学生们是否会阅读这些论著以及阅读态度是否认真恐怕都令人存疑,而这一点就构成了“中国法律史”课程在教学组织上的另一重难题。

以教学形式论,近年来,为了提升大学的课堂质量,众多文件、专家频繁地抛出增强课堂互动、运用新技术手段等对策,但考虑到学生们习惯于边听课边做笔记,其文史涵养又不足以支撑其在课堂上对中国法律史学的各类问题详加议论,所谓课堂互动其实是缺乏可操作性的。不过,线上资源、教学软件、课件制作程序所内藏的某些技巧确实可以为教学内容之展示的立体化、层次性提供助益;略为遗憾的是,到目前为止,这些技术手段似乎并未在“中国法律史”课程教学中充分发挥作用以至于课堂风格仍较为传统、刻板。如此,熟悉各种新技术且期望见到大学教学较之高中教学的明显差异的学生们难以对“中国法律史”课堂产生热情、保持专注可以说是非常自然的。⑨

上述种种揭示了“中国法律史”课程所面临的若干教学困境,那么,解困之道又如何呢?

二、有关课程整体教学方案的改进

《孟子·告子上》云:“先立乎其大者,则其小者弗能夺也。”此语本是针对心与身的主从关系而发,但亦可引申出“思考问题应当先抓住关键,其他部分自会迎刃而解”之意。在“中国法律史”教学改革方面,私见以为,首要的是课程总体设计的调整,否则,具体的教学过程的改进就会缺乏方向性。以下将从三个方面对课程整体教学方案的更新略作探讨。

(一)知识点重新组合

如前所述,主流《中国法律史》教材以朝代更替为纲、以部门法分别

⑨ 应当指出,这种教学困境其实并非“中国法律史”课堂之专利,实乃互联网技术之发展所带来的人际交流方式的深刻改变在高等教育领域的负面体现。参见李婧嵘:《互联网时代法学混合式教学的需求、挑战与应对》,载杨宗科主编:《法学教育研究》第32卷,法律出版社2021年版。

为目,将中国法律史学的诸多知识点予以归类、组合;此种教材编写法既不利于揭示中国法律史自身的连贯性发展,也容易导致中国传统法成为现代法的简单比附,以至于学生们难以通过据教材展开的教学活动而感受到一个相对真实且多姿多彩的中国法律史。针对这一问题,最为彻底的解决办法是,放弃法律史分期,将一众知识点纳入体现中国传统法之特征的各专题之下。较早的教材如陈顾远的《中国法制史概要》及仁井田陞、戴炎辉、林咏荣各自撰写的《中国法制史》等皆采取此种编写法,⑩新近教材如李启成所著《中国法律史讲义》及石冈浩等所著《史料からみる中国法史》亦如此而为。⑪ 然而,这种解决之道似乎也不无隐患,最主要的就是,本科生在对中国法律史缺乏基本了解的情况下突然接触专题性知识难免会感到难度过大,对预习、复习如何进行也会颇感茫然。有鉴于此,或许应在纵、横两个方向上设想更为稳妥的调整方案。

从纵向上说,对中国法律史加以分期于学生们掌握传统法发展的阶段性,进而厘清中国法律史的主线是有所裨益的,只不过有关分期标准的设定应更多地考虑传统法自身的演进逻辑而非王朝政治史。传统法是由律、令、比、故事、格、式、敕、例等各部分构成的,但在有文字记载的中国史的很长一段时期内,律、令都是法体系的基本要素,⑫因此,以律与令的变迁轨迹为基准来划分中国法律史的主要阶段似乎是可能的。滋贺秀三就根据作为法典的律与令的演变过程而将战国至南宋的法律史划分为“原始律令期”(战国、秦汉时代)、“真正律令形成期”(魏晋南北朝时代)、“律令古典期”(隋至唐中前期)、“律令变形期”(唐中后期至南宋)四个阶段,并指出由于以元代为过渡,作为法典的令至明清时期归于消失,律令对峙的形态最终让位于“法”“例”之分。⑬ 如果以滋贺秀

⑩ 具体可参见林咏荣:《中国法制史》,台北,大中国图书公司1976年版;陈顾远:《中国法制史概要》,商务印书馆2011年版;[日]仁井田陞:《中国法制史》,牟发松译,上海古籍出版社2011年版;戴炎辉:《中国法制史》,台北,三民书局2015年版。

⑪ 具体可参见[日]石岡浩:《史料からみる中国法史》,法律文化社2012年版;李启成:《中国法律史讲义》,北京大学出版社2018年版。

⑫ 参见[日]中田薰:《法制史論集》(第4卷),岩波书店1964年版,第6、68页。

⑬ 参见[日]滋贺秀三:《中国法制史論集　法典と刑罰》,创文社2003年版,第20~23页。

三之说为参照,并强调三代至春秋时期乃令之发展的起点,战国秦汉时期已出现律与令的编纂意识,律与令在法律体系中的地位于明清时期呈较为明显的下滑之势、至近代则成为历史遗迹,或许就能以律与令的演化为基准而将中国法律史的全体划分为“律令法准备期”(三代至春秋)、“律令法初创期”(战国秦汉)、“律令法发展期”(魏晋南北朝)、“律令法兴盛期”(隋至唐中前期)、“律令法调整期”(唐中后期至两宋)、“律令法衰弱期”(元至清)、“律令法退出期”(晚清民国)七个阶段。相应地,“中国法律史”课程教学的内容也可划分为八大部分,即“导论”与此七个阶段的法制。如此,课程教学就既有可能避免据王朝更替来讲解中国法律史所导致的对法律史之连续性的人为破坏,又充分考虑学生们自主学习的可操作性。

从横向上说,虽然中国史之各阶段的法制必定是一个整体,但课程学习却不能不按照法制所适用的各个领域展开;否则,课程内容就会略显混乱以至于学生们难以掌握课堂教学的逻辑。以此为前提,不得不说,主流教材按照现行部门法切分传统法的编写方式在一定程度上也不乏为课程教学提供便利之意图,所以,问题的关键其实并不在于是否要切分,而在于怎样切分。首先,众所周知,关乎罪名与刑罚的刑事法和关乎官吏任用、考课、监察等的职官管理法在传统法中占据着重要地位,所以,无论怎样调整课程内容,此二者都一定是任课教师讲解各阶段法制时需要倍加关注的领域。其次,尽管随着中国法律史学研究的推进,学界倡议重视对传统民事法的研究以免给世人带来古代中国“只有刑法,没有民法”的印象,但即便不问“民法”这一概念能否被毫无窒碍地适用于对中国古代法的分析,也应注意到,在传统中国,官府并无主动介入民间“细故”的热情以至于国家对民事问题少有集中立法,所谓“民事法律规范”往往表现为分散的民事习惯。这样一来,学者们对所谓“传统民法”作深入考察自然有助于开拓法律史学之研究空间,但在课堂之上广泛地讲授此类知识却未免陷入支离破碎、不够周延、有欠深度等难题中,因此,在“中国法律史”课程课时有限的情况下,将“民事法”视为一个专门领域来讲解其实是不切实际的。另一方面,由于在中国古代,家是治安、授田、征发徭役、贯彻主流道德观等社会治理事项得以展开的基础,政府对家庭法或家族法的重视程度可谓极高,故包括婚姻、继承、亲子关系等内容的家庭法或家族法大概是“中国法律史”课程应当讲授,也可以讲授的与“民事法”有关的内容。再者,土地、赋税、徭役等是君主对臣民之统治关系以及君主调动社会资源之能力的真切体现,历朝历代皆不乏对其予以规范的法律制度,⑭因此,财税、赋役法制实应成为“中国法律史”课程教学内容的重要组成部分,但这似乎正是以往课程教学内容之短板。最后,中国古代的司法制度向来为“中国法律史”课程所重视,其构成要素主要包括司法机构、诉讼程序、讼师及幕吏活动等。此种知识点组合法显然是受到了现行诉讼法学对诉讼制度之阐述方式的影响,但必须注意的是,现行诉讼法学的知识讲授逻辑的成立是以司法、行政的相互区分为基础的,而在中国古代,所谓权力分工意识恰恰是不存在的,“司法”具有“行政性质”或者说只不过是“行政的一环”,⑮所以,参照现行诉讼法学来讲授传统司法制度容易混淆古代政府机构的职能定位,掩盖传统诉讼制度的诸多特征。因此,对“中国法律史”课堂教学中习惯提及的“司法机构”的介绍或许更应在讲解“职官制度”时进行,而对所谓“诉讼程序”的阐发则更应强调其行政性。概言之,中国法律史学的任课教师对中国史之各阶段法制的讲授大概可从刑事法、职官管理法、家庭法、财税赋役法、诉讼制度等部分展开,以便尽可能地为学生们呈现传统法的真实样态。

(二)课堂内外相对化与线上线下相结合

所谓课堂内外相对化即课堂教学向课外延伸并最终使课堂与课外的界线趋于模糊;其目的在于充分发挥学生们的学习主动性,令课外学习分担课堂教学的一部分任务。这在“中国法律史”教学中尤其值得注

⑭ 以往,法史学界多将这类法律制度概括为经济法制。而对历朝历代的经济立法状况,杨一凡曾做过如下总结:“历代以令、则例、条约等形式颁布的经济法规、法令不胜枚举,在各地自然条件千差万别和经济发展状况复杂多变的条件下,这些法规法令有效地调节着各种生产关系,保障着国家经济的正常运转,所谓中国古代经济立法不发达的结论有待商榷。”杨一凡:《重新认识中国法律史》,社会科学文献出版社2013年版,第505~506页。

⑮ 参见[日]滋贺秀三:《清代中国の法と裁判》,创文社1984年版,第8页。

意，究其原因，大致可归结为两点：第一，学生们对传统社会的各种法律现象之出现的历史背景是否熟悉无疑会影响到其对课堂上提到的法律与社会、政治、经济、学术之关系的理解程度，但在课堂上详细阐发各历史阶段的基本面貌恐怕又将为有限的课时量所不许；第二，同样基于课时量的考虑，课堂讲解多围绕中国法律史学的通说展开，对学术前沿则最多只能点到为止，故质疑通说以启发学生们思考的教学任务也不得不通过课外教学活动来完成。问题在于，既然课外学习的有效性在很大程度上取决于学生们的学习主动性的发挥，那么，正如前文所云，在教师并未给学生们提供足够丰富的课外学习资源以至于学生们仍然只能阅读教科书的情况下，所谓学习主动性恐怕是很难被激发出来的，课外学习的意义也就颇为有限了。在这方面，网络技术及诸多线上资源或许能够为课堂内外相对化的实现提供助益。

首先，微信群、腾讯会议等软件或程序为师生之间、学生们相互间的课外交流提供了平台，任课教师可以充分利用这些平台为学生们的课外学习提供指导并及时了解其学习效果。其次，百度网盘、阿里云盘等云储存终端使任课教师与学生们共享课外学习资料变得颇为便捷。至于课外学习资料的种类，电子版论文、著作可谓必备，因为阅读文献无论是对课前预习，还是对课后质疑通说、启发思考而言都具有毋庸置疑的意义。不过，考虑到学生们所需学习的专业、公共课程较多，面对大量文献往往会产生畏难情绪以至于最终放弃阅读或敷衍了事，任课教师在上传电子文献时应当有所选择、精简，并同时提供“文献简介”以便学生们有针对性地挑选阅读材料。除了电子文献之外，任课教师还可以上传视频资料至云储存终端，如中央电视台等媒体机构所拍摄的大量与中国法律史有关的优秀纪录片（《中国通史》《复活的军团》《揭秘“睡虎地”》《玄奘之路》等）、各类中国法律史专题讲座视频等。这些课外学习资料将为学生们呈现文字之外的影音信息，既能增强课外学习的趣味性，亦可强化学生们对中国史、中国法律史的印象，从而成为课堂教学的极佳辅助。综合这两方面，可以认为，网络技术在给课程教学造成冲击的同时也为课程质量的提升带来了不容忽视的契机，线上线下相结合的课程进行方式使课堂外教学也实质性地成为了课程教学的组成部分。

(三)考核覆盖教学全过程与考核形式的多样化

考核是课程教学的重要组成部分,成绩导向往往使考核对学生们的学习规划产生颇为明显的影响,因此,在调整“中国法律史”课程整体方案时,究竟如何进行考核就是一个必须认真思考的问题。单纯以期末考试来决定课程学习的最终成绩难免引发学生们对平时学习的懈怠,故以目前情况论,不少任课教师都会把课程总成绩拆分为平时、期中、期末三部分以实践考核覆盖教学全过程并向学生们传达“求知重在日常、贵在持之以恒”的学习理念。问题在于,如果三部分的比例设置仍表现出对期末成绩的偏重,那么,要将学生们的注意力适度引向日常学习其实还是有困难的。换言之,在总成绩的构成上,应使平时、期中成绩所占的比重接近期末成绩,甚至与后者分庭抗礼。

还值得一提的是,为了强调日常学习的重要性,除了提升平时、期中成绩在课程总成绩中所占的比重之外,设想灵活且有助于目标实现的考核方式同样不可等闲视之。首先,在平时考核上,任课教师可通过微信、腾讯会议交流或课下面谈等形式随时进行。如此,则可淡化考核,并在相对轻松的环境中了解学生们在课堂内外的真实学习情况。其次,在期中考核上,不妨让学生们就任课教师提供的适合课外阅读的电子文献中的一种(或若干种)撰写读书报告,或制作 PPT 展示论著的逻辑结构、基本内容及自己的阅读联想、心得,或录制一定时长的介绍其阅读情况的小视频。这样,学生们可能就无法对课外延伸阅读持应付的态度,而期中成绩则切实地成为了学生们对日常阅读、思考之投入程度的体现。最后,在期末考核上,通过闭卷考试督促学生们诵记基本知识点无疑是必要的;否则,学生们的课程学习容易陷入舍本逐末之境地,即基础知识不牢固,却对所谓前沿问题夸夸其谈。但是,这并不意味着期末考核只能承担探测学生们对所谓“重点”的突击背诵能力的作用。事实上,在期末考核中亦可设计具有一定分值的开卷考试,以一至两道开放性题目考察学生们对中国传统法及其近代转型的整体理解。由此,学生们自然能意识到,如缺乏一定的日常积累,便难以在期末考核中取得优异成绩;所谓期末成绩究竟如何也就与临考前的集中背诵之所得略有分离了。总之,多样化的考核形式或可使考核覆盖教学全过程真正得到落实,进而推动本科课程教学目标的达成,即“让学生们在掌握课程主要知识点、学界通说的基础上展开思考”。

三、关于如何提升课堂教学质量的设想

在“中国法律史”课程的进行过程中,课堂教学是师生互动的集中呈现环节,往往会对课程本身是否能给学生们留下深刻的总体印象产生相当明显的影响,因此,这里拟结合前文对课程教学之整体方案的设想探讨可能的提升课堂教学质量的措施。

首先,在学期初,任课教师或可考虑建立课程微信群。其目的主要有二:第一,在课程教学开始之前,向学生们展示整个学期的教学安排如课堂纪律、成绩构成、考核方式、提交期中作业的时间等以便学生们制定学习计划,并在详细对比各类教材的优劣后为学生们推荐两到三种教材,分别说明其使用之法;第二,方便在课程进行过程中向学生们发布通知,与学生们交流其课内外学习情况、期中作业集中反映出来的问题、其对课堂的改进建议等。如此,所谓课堂内外相对化、线上线下相结合等教学方案也就具备了付诸实践的条件。

其次,课堂教学正式启动后,在每一堂课进行之前,任课教师或可通过课程微信群将课堂讲解的主要内容、学生们适合观看的纪录片等视频资料的下载链接及提取码等告知学生,并设计板书,制作集文字、图片、音频、视频、动画效果于一体且全程摆脱鼠标操作的提纲挈领式而非面面俱到式的多媒体课件;学生们则可通过浏览视频了解课堂讲解的内容所涉及的历史阶段的整体风貌及其发展趋势,通过阅读教材的相关章节熟悉任课教师将在课堂上展示的法律史知识的梗概,明确其难点及重点,进而对法律史知识与所谓历史整体风貌及其发展趋势之间的联系形成初步认识。

在进入课堂之后,除了注意语调变化、合理运用手势、与学生们保持目光交流、适当提问、呈现课前设计的板书之外,任课教师似乎还应充分

发挥多媒体课件对课堂教学进程的引导作用,并以课件中的文字、图片同时出现或再对其伴以音频的方式对重要史料、知识点、学术观点等予以强调,也可以借助视频深化学生们对相关知识点的理解。另外,由于学生们对中国法律史学的知识点较为陌生,直白地讲解各种制度难免显得枯燥,同时也为了适应法学教育对所谓案例教学法的重视,先前已有学者主张在“中国法律史”课程教学中应当引入案例教学法。[16] 此种畅言无疑是富有新意的,也是难能可贵的,但值得思考的是,为了向学生们呈现“活的法律史”[17],是否只能以案例为依托?事实上,笔者认为,不妨对“案例”做扩大理解,历史人物、事件、案件乃至文学作品等或许都可以用来引出课堂教学的内容或展示传统法的运行。例如,《汉书·李广传》云:

> 至莫府,谓其麾下曰:“广结发与匈奴大小七十余战,今幸从大将军出接单于兵,而大将军徙广部行回远,又迷失道,岂非天哉!且广年六十余,终不能复对刀笔之吏矣!”遂引刀自刭。百姓闻之,知与不知,老壮皆为垂泣。而右将军独下吏,当死,赎为庶人。

这段史料是对学生们较为了解的汉代名将李广之死的记载。任课教师可据此提问:“为何李广宁愿‘引刀自刭’,也不愿意面对‘刀笔之吏’为自己辩白?‘刀笔之吏’是些什么人呢?”紧随于此,任课教师即可讲解秦汉时代的文法吏政治、诉讼程序以及刀笔吏在诉讼中发挥的作用等一系列问题,有层次性地为学生们揭示秦汉时代有关诉讼的制度设计。又如,在讲解唐代流刑时,为了让学生们理解流刑的惩罚效果,任课教师不妨提及李白的一首诗即《早发白帝城》。此诗乃李白在被流放

---

[16] 参见邓建鹏:《回归法学教育的立场——中国法制史教学的困境与思考》,载王瀚主编:《法学教育研究》第5卷,法律出版社2011年版;尤陈俊:《知识转型背景下的中国法律史——从中国法学院的立场出发》,载《云南大学学报(法学版)》2008年第1期。

[17] 邓小南在二十年前提出了“‘活’的制度史”这一概念,认为“有‘运作’、有‘过程’才有‘制度’”,因此,制度史研究应当重视发展和动态,重视制度与导致制度变更的多元因素、动力之间的关系。参见邓小南:《走向“活”的制度史——以宋代官僚政治制度史研究为例的点滴思考》,载《浙江学刊》2003年第3期。显然,此说强调制度史研究既应关注制度本身的运转,也应注意制度与其他历史现象之间的互动。这里借用此说以示“中国法律史”课堂教学需要为学生展示传统法在历史上如何被适用以及传统法在整理历史语境中发挥的功能。

后，因遇赦而返还的途中所作，其字里行间透露出来的欢快情绪反衬出了流放对作为乐天派人物的李白的心理打击。由于学生们对此诗较为熟悉，有关此诗的解读或可让学生们对流刑的惩罚效果形成更为直观的印象。概言之，随着多样化的历史素材成为课堂讲解之内容的一部分，再加上多媒体课件的辅助，学生们所听到的中国法律史课堂就将从略显单调的制度介绍转变为对人物群体或个体参与其间的鲜活、生动的中国史之侧面[18]的立体展示。

在每一堂课结束之后，任课教师应通过与学生们面对面或线上交流及时了解课堂教学效果，记录学生们集中反映的未能理解到位的知识点并思考在下一堂课的适当环节稍作补充。此外，任课教师可通过微信群向学生们发送课后阅读材料及适合其观看的法律史专题讲座视频。这样，前文所提及的“课后质疑通说、启发思考”的实践基础即可宣告达成。

最后，在学期末，任课教师应在最后一堂课上说明期末考核的方式，就学生们在课程教学过程中的投入略示感谢以为师生互相尊重之意，并对学生们通过微信群或私下交流的方式提出课程改进建议表达期望。如此，课堂教学或可真正做到有始有终，课堂质量的提升方案也才有可能体现出较强的针对性。

四、结论

目前，“教学是一门良心活”已成为高校中的流行语。此语一方面展现了高校教师因教学质量之高低难以用量化标准来评价而不得不基于为师者之本心坚守讲坛的无奈，另一方面却也意味着对重教学实关乎为师者的“良心”或者基本职业道德这一点的强调。既如此，重视教学改革，根据教学实践经验不断提升教学质量，进而为学生们提供优质课堂可谓理所当然。中国法律史学为法学的核心课程之一，课程质量的优

⑱ 先前，法律史论著虽然也会对人物有所论及，但往往是在详述制度时一笔带过以至于本应丰富多彩的法律史变得枯燥、苍白。因此，近年来，学界也出现一种“让‘人’回归法律史研究”的呼声。参见李在全：《让“人”回归法律史研究》，载《史学月刊》2023年第1期。事实上，这种呼声不仅应引起法律史研究的注意，也值得在法律史教学中多作思考。

化自然更应引起任课教师群体的关注,本文所阐释的就是笔者基于自己的观察所得及实践经验而总结出来的"中国法律史"本科课程教学改革措施。笔者并无意宣称这种总结是全面而彻底的,亦无自信主张这种总结能实质性地推动"中国法律史"课程教学质量的普遍提升。笔者只是借本文表达一重思考,一重关于在"中国法律史"课程质量的优化上一线教师是否仍可有所作为的思考;一重期待,一重对同道们共同关注"中国法律史"课程教学并为之贡献智慧的期待。当"思考"促使"期待"转为现实,"中国法律史"或许就有望真正成为学生们因错过而引以为憾的本科课程。

Thoughts on Teaching Reform of the Undergraduate Course: The Legal History of China

Zhu Teng

Abstract: Although the course, The Legal History of China, has been one of the core undergraduate courses of law for a long time, due to the defects in teaching content, teaching organization and teaching form, it is often regarded as a compulsory course that students have to learn but feel slightly contradictory. In order to avoid this predicament, teaching reform is indeed necessary, which may be developed in two aspects: the improvement of the overall scheme of curriculum teaching and the promotion of classroom teaching quality. The ultimate aim of the reform is making the legal history of China a high-quality undergraduate course with both fundamental and enlightening teaching contents and diversified teaching methods.

Key Words: teaching reform, teaching project, classroom teaching, teaching objectives

国家事权视域下法学教材建设的现实挑战与实施路径

姜　洁*

摘　要：为强化教材建设国家事权地位，国家从机构设置、制度建设和政策激励上进行了一系列顶层设计。在国家事权视域下，法学教材建设不仅面临着教材管理、教材规划、教材审核、编写方式、出版准入和备案等教材建设机制中国化的挑战，而且受法学学科体系和现代信息技术的冲击，亦面临着教材内容时代化和教材形式多样化的挑战。构建中国自主法学教材体系是实施法学教材建设的必然路径，具体而言：应坚持正确导向，以习近平法治思想统领法学教材建设，并注重提炼和总结中国法治经验，注重对中国优秀传统法律文化的创造性转化和发展；要处理好立足中国与借鉴国外、政治性与学术性、统编教材与自编教材这三对关系；建设好法学核心课程教材、法学新兴学科和交叉学科教材、涉外法学/国际法学教材、法学实践实训类教材这四个系列。

关键词：国家事权　政治导向　自主教材体系　法学教材

---

* 姜洁，高等教育出版社副编审。研究方向：教育学、出版学。

一、教材建设是国家事权

教材建设是育人育才的重要依托。建设什么样的教材体系,核心教材传授什么内容、倡导什么价值,体现国家意志,是国家事权。党的十八大以来,以习近平同志为核心的党中央高度重视教材建设,作出一系列重要指示:

2014 年,党的十八届四中全会通过的《中共中央关于全面推进依法治国若干重大问题的决定》就提出,创新法治人才培养机制,组织编写和全面采用国家统一的法律类专业核心教材,纳入司法考试必考范围。2016 年,习近平总书记在哲学社会科学工作座谈会的讲话中指出,要"形成适应中国特色社会主义发展要求、立足国际学术前沿、门类齐全的哲学社会科学教材体系",而且每个学科都要构建成体系的学科理论和概念。2017 年,习近平总书记在中国政法大学座谈会上的讲话指出,要"打造具有中国特色和国际视野的学术话语体系,尽快把我国法学学科体系和教材体系建立起来"。2020 年,习近平总书记在教育文化卫生体育领域专家代表座谈会上提出,要"强化教材建设国家事权地位",首次明确了教材建设的国家事权地位。这是立足当今中国国情和发展实际,着眼于建设教育强国、加快教育现代化、办好人民满意教育,深刻把握教育教学规律和人才培养规律,总结我国教材建设正反两方面经验做出的重大创新。2022 年,党的二十大报告进一步明确提出:"深入实施马克思主义理论研究和建设工程,加快构建中国特色哲学社会科学学科体系、学术体系、话语体系,培育壮大哲学社会科学人才队伍。"

为贯彻落实习近平总书记关于教材建设的指示精神,国家从机构设置、制度建设、政策激励等全方位各方面入手,打了一套漂亮的组合拳。

在机构设置上,2017 年国务院成立国家教材委员会,这是新中国成立以来国家层面首次成立的教材机构,体现了国家对教材编写的高度重视。国家教材委员会由国务院原副总理刘延东同志担任,教育部部长、中宣部副部长担任副主任,组成人员包括 22 名部门委员和 27 名专家委员。教育部教材局承担国家教材委员会办公室工作,拟订全国教材建设规划和年度工作计划,负责组织专家研制课程设置方案和课程标准,制定完善教材建设基本制度规范,指导管理教材建设,加强教材管理信息化建设。马克思主义理论研究和建设工程(简称“马工程”)重点教材就是须经国家教材委员会审定通过才能出版的。2018 年,教育部成立课程教材研究所,主要承担开展课程教材研究咨询、教材标准制定、教材编写指导审核、教材实施情况调研统计等职责。2019 年和2023 年,经高校及研究机构自主申报,第三方专业机构组织资格审核、专业评审、审核确认和公示,教育部先后认定并公布了两批国家教材建设重点研究基地名单,围绕聚集专业力量、探索教材建设规律、建设教材数据中心、促进研究成果交流传播、开展咨询指导服务等五个方面任务,努力建成专门研究课程教材的专业智库。

在制度建设上,发布了教材建设规划和多个教材管理办法。2020 年,国家教材委印发了新中国成立以来国家发布的第一个大中小学教材建设规划——《全国大中小学教材建设规划(2019—2022 年)》。教育部先后印发了《中小学教材管理办法》《职业院校教材管理办法》《普通高等学校教材管理办法》《学校选用境外教材管理办法》四个领域的教材管理办法,多次强调要始终坚持正确的政治方向和价值导向,健全教材建设相关规章制度,依法依规推进教材建设和教材管理。

在政策激励上,2021 年,国家教材委员会组织开展了首届全国教材建设奖评选工作,共授予 10 种教材“全国优秀教材特等奖”、200 种教材“全国优秀教材一等奖”、789 种教材“全国优秀教材二等奖”,授予 99 个集体“全国教材建设先进集体”称号和 200 名同志“全国教材建设先进个人”称号。获奖教材涵盖了高等教育所有学科门类、76 个本科专业类。其中,高等教育领域有 2 种法学教材获得一等奖,10 种法学教材获得二等奖。全国教材建设奖是教材领域的最高奖,由国家教材委员会主办、教育部承办,每 4 年评选一次,是检阅、展示教材建设服务党和国家人才培养成果,增强教材工作者荣誉感、责任感,推动构建中国特色、世界水平教材体系的一项重大制度,有助于带动更多优秀人才参与教材建设,激励各方面更好地推动教材建设高质量发展。

从习近平总书记的重要指示,到一系列顶层设计和建章立制,充分体现了国家对教材建设工作的重视。“教材建设是国家事权”战略地位的确立,有利于构建新时代教材建设的领导体系和工作机制,充分发挥教材在立德树人、培养时代新人中的核心作用,从而提升高水平教材研究和建设工作质量。

二、教材建设机制、内容和形式面临现实挑战

(一)教材建设机制中国化

1. 实行分级管理的教材管理体制。即在国家教材委员会指导和统筹下,高校教材实行国务院教育行政部门、省级教育部门和高校分级管理。同时,强化高校在教材管理方面的职能职责,明确要求高校成立教材工作领导机构,健全校内教材管理制度,负责教材规划、编写、审核、选用等,高校党委对本校教材工作负总责。

2. 教材规划既强调国家层面的整体规划、分类推进,又鼓励各省、各高校根据本地实际、本校人才培养目标和学科优势,制定体现区域和高校学科优势与特色的教材规划。例如,为推动“马工程”教育部重点教材建设在已有成就基础上取得更大进展,教育部于 2022 年发布《新时代马克思主义理论研究和建设工程教育部重点教材建设推进方案》(简称《新马方案》),计划用 5 年时间重点建设 200 种左右精品教材,其中在法学教材建设领域重点推进如下方案:(1)补充、拓展建设现有教育部马工程重点教材课程未覆盖的、意识形态属性较强的法学学科专业课程教材;(2)打造中国法学系列教材,更好地用中国理论解读中国实践,用中国实践丰富中国理论,用中国话语阐述中国发展;(3)补充完善公安与司法类高等职业学校专科教材和法学研究生核心课程教材。

3. 实行分级分类教材审核机制,坚持凡编必审。即国家统编教材由国家教材委员会审核。中央有关部门、省级教育部门审核本部门组织编写的教材。高校审核本校组织编写的教材。专家学者个人编写的教材由出版机构或所在单位组织专家审核。

4. 教材编写方式更趋灵活多样。例如,《新马方案》规定了直接编

写、申报编写与组织修订三种教材编写方式。直接编写，即由国务院教育行政部门直接组建团队编写；申报编写，即主要由高校组建团队申报编写，计划每种教材建设一至三种；组织修订，即对已有多个版本的教材组织遴选、修订。同时明确，无论是哪种编写方式，都要严把审核政治关、学术关，凡纳入教育部马工程重点教材建设的，须经国家教材委员会审核认定。

5. 教材出版实行出版准入和备案制，要求出版社不仅要成立专门政治把关机构，把好教材政治关和质量关，还要加大经费投入，建强工作队伍和专家队伍。

（二）教材建设内容时代化

改革开放以来，有三次大规模的国家统编法学教材活动：一是1983年前后司法部组织的法学统编教材。二是1999年教育部组织编写的法学核心课程教材。三是2004年启动的中宣部和教育部负责的马工程教材。这三次教材统编活动，都具有鲜明的时代性，与法学专业教学和课程改革同频共振，在不同历史时期为法治人才培养发挥了重要作用。

习近平总书记指出：学科体系同教材体系密不可分。学科体系建设上不去，教材体系就上不去；反过来，教材体系上不去，学科体系就没有后劲。① 新时代做好法学教材建设，就要关注法学教改动向，熟悉法学学科、专业和课程设置。具体而言：

1. 关注法学新兴学科。例如，根据2021年新修订的《普通高等学校本科专业目录》和《研究生教育学科专业目录（2022年）》，“纪检监察学”被增设为法学类专业。纪检监察学是以纪检监察理论、制度与实践为研究对象的新兴学科，是我国纪检监察体制改革向纵深发展的成果，随着该学科在体系建构、理论研究、课程设置等方面的发展，其教材建设亦应提上日程。又如，党内法规学是近年来逐渐形成并发展起来的、兼跨法学、政治学、党建学等领域、以党内法规为研究对象的新兴学科，已经形成一套科学规范的概念体系、知识体系和理论体系，成为一门独立

① 参见习近平：《在哲学社会科学工作座谈会上的讲话（2016年5月17日）》，载《人民日报》2016年5月19日，第2版。

学科,相关教材亦应运而生。

2. 关注新文科建设。新文科寄希望于通过文科与其他学科的交叉融合、文科的内部融通重组,借助新研究方法和新技术手段,从以学科为导向逐步转向以需求为导向,来认识和解决文科发展中的实际问题,进而满足快速发展的社会需要。2021 年 3 月,教育部发布《关于推荐新文科研究与改革实践项目的通知》,同时公布《新文科研究与改革实践项目指南》,设立 6 个选题领域、22 个选题方向。同年 10 月,教育部发布《关于公布首批新文科研究与改革实践项目的通知》,公布了认定的 1011 个新文科研究与改革实践项目,其中涉及法学类有 68 项。在公布立项项目的同时,教育部对新文科项目的实施提出了原则要求,即:要坚持正确政治方向和价值导向,聚焦人才培养,推进教育教学改革,提高专业质量、课程质量、教材质量、技术水平,加强理论研究和规划总结,扎实推进项目实施,实现文科教育真改、实改、新改、深改。

(三)教材建设形式多样化

当今科技发展日新月异,互联网、大数据、人工智能、虚拟技术等进入法学领域,极大地提升了人类探索未知、塑造未来的能力,给法治运行带来了一场智能化革命。一是出现了一批法学与新技术交叉、融合的新兴课程,如人工智能法学、数据法学、大数据与法律文献检索等。二是法学课程的形式也发生了根本变化,如国家一流课程中的线上"金课"、线上线下混合式"金课"、虚拟仿真"金课"和社会实践"金课",以及近两年推进的国家虚拟教研室等。三是学生的学习方式亦有翻天覆地的变化,按需学习、移动学习、碎片化学习等正成为学习的主要方式,学生更倾向于根据自己的兴趣特点、学习快慢程度,自主掌控学习节奏,自主规划学习路径。

在现代信息技术与教育教学深度融合的今天,靠纸质教材包打天下的局面已经不复存在了。教材编写出版部门应当综合运用多种介质,研发表现力丰富的新形态教材,弥补纸质教材所缺乏的立体性、互动性,并且可以通过互联网技术,实现教材的及时更新,使知识的传递更为灵活迅速且人性化。例如,充分利用二维码移动阅读技术,既可与裁判文书、案例详解、图片照片、音视频等资源关联,精简教材篇幅的同时为读者提供丰富的教学资源;也可即测即评,实现在线答题、获取答案和解析;还能进行浏览量、下载量等数据分析,并据此了解读者的学习轨迹和旨趣,从而进一步提高教材编写质量,使教材更宜教宜学。二维码就像一个索引,成为连接线下教材和线上课程的桥梁和窗口。

关于新形态教材的具体形式,对于立法变化频繁的教材、法规汇编类教辅用书,可采取活页式;对于实践实训类教材,可采取工作手册式;对于法律职业资格备考教材,可采取有声书形式;对于那些配备有丰富图片、音视频等多媒体资源的教材,可采取数字教材形式。

三、构建中国自主法学教材体系是必然路径

加快构建中国特色哲学社会科学体系,归根结底是建构中国自主的知识体系。而构建中国自主法学教材体系是构建中国自主知识体系的重要组成部分,也是国家事权视域下实施法学教材建设的必然路径。

(一)坚持正确导向

1. 以习近平法治思想统领法学教材建设。新修订的《法学类专业教学质量国家标准(2021 年版)》,将“习近平法治思想概论”增设为法学专业核心课的“第一课”。中央宣传部、中国法学会组织编写的《习近平法治思想概论》教材已于 2021 年 9 月由高等教育出版社出版,解决了教材急需的问题。要把新时代中国特色社会主义思想落实到各法学学科的教材编写和教学工作中,努力培养造就更多具有坚定理想信念、强烈家国情怀、扎实法学根底的法治人才。② 王晨同志指出,要进一步深化对习近平法治思想理论体系、话语体系、教材体系的研究,要继续做好《习近平法治思想概论》教材进校园、进课堂、进头脑工作,并及时总结编写经验,坚持以习近平法治思想为统领,推动形成适应全面依法治国

② 参见习近平:《坚持走中国特色社会主义法治道路 更好推进中国特色社会主义法治体系建设》,载《求是》2022 年第 4 期。

要求、立足学术前沿、门类齐全、学段衔接的法学教材体系。[③]

2. 注重提炼和总结中国法治经验。我国在长期的法治实践过程中,从实际出发提出了一系列新理念、新主张。例如,从和平共处五项原则到构建人类命运共同体、推进全球治理体系变革等主张,已载入联合国多项决议和国际多边机制的宣言和成果文件,得到国际社会日益广泛的认同和支持,展示出强大的国际影响力。又如,我国面对脱贫攻坚等严峻挑战,始终坚持“人民至上、生命至上”的理念,取得了举世瞩目的成就,彰显了中国特色社会主义国家治理和法治体系的优越性。再如,我国为加快推进“一带一路”建设,在建立健全海外法律和安全风险的评估与防范机制,坚持共商共建共享原则,建立诉讼、调解、仲裁有效衔接的多元化纠纷解决机制等法律制度建设方面作了诸多有益探索,对改革和完善全球治理体系做出了突出贡献。这些内容,理应在国际法、民商法等教材中予以充分体现。

3. 注重对中国优秀传统法律文化的创造性转化和发展。我国历经五千多年文明发展史,形成了世界法制史上独树一帜的中华法系。与大陆法系、英美法系、伊斯兰法系等不同,中华法系是在我国特定历史条件下形成的,凝聚了中华民族的精神和智慧:出礼入刑、隆礼重法的治国策略,民惟邦本、本固邦宁的民本理念,天下无讼、以和为贵的价值追求,德主刑辅、明德慎罚的慎刑思想,援法断罪、罚当其罪的平等观念,保护鳏寡孤独、老幼妇残的恤刑原则,等等,都彰显了中华优秀传统法律文化的智慧。[④] 在教材中对这些思想精华进行总结提炼,并进行创造性转化、创新性发展、批判性继承,有益于传承和弘扬中华优秀法律文化的精髓,彰显法治的中国精神和民族品格,从而增强中国人民的法治文化自信。

(二)处理好三对关系

从国家事权的战略定位出发,以构建中国自主法学教材体系为目

---

③ 参见王晨:《以习近平法治思想为指导 坚定不移走中国特色社会主义法治道路》,载《求是》2021年第22期。

④ 参见习近平:《坚定不移走中国特色社会主义法治道路 为全面建设社会主义现代化国家提供有力法治保障》,载《求是》2021年第5期。

标,法学教材建设应处理好以下三对关系:

1. 立足中国与借鉴国外的关系。由于国家性质、历史传统的不同,各国法律理念、法律文化、法律制度等必然存在差异。在经济全球化背景下,中西法律不仅有冲突,更是体现为趋同和融合。“任何国家、民族的文化都是在吸收、融合优秀外来文明的基础上发展壮大的,而且,那些善于学习、借鉴优秀外来文明的国家和民族总是能够保持繁荣强盛。”⑤法学教材既要大胆吸纳外国法律制度中反映市场经济和社会发展共同规律和时代精神的法律概念、法律规则,加速我国法治现代化的进程,又要立足中国,坚持社会主义的法治理念,警惕用西方资本主义法治理论剪裁中国法治实践,用西方资本主义法治价值观评价中国法治发展。

2. 政治性和学术性的关系。教材作为特殊的知识载体,在知识的选取、组织和呈现上天然具有意识形态属性,体现出较强的政治性。“教材建设是国家事权”的核心要义就是,教材建设应充分体现国家意志,坚持党的领导,服务国家发展战略大局。法学教材理应贯彻《高等学校课程思政建设指导纲要》的要求,自觉融入课程思政的内容,使学生在润物细无声中,真正实现爱党、爱国、爱中华优秀传统文化。同时,法学教材还应当体现学术性。首先,应坚持教材的基础性,科学、准确反映本课程的基础知识,阐释清楚学界普遍认同和定型的知识体系。其次,教材应当遵守本学科学术规范,进行严密逻辑推演,建构科学理论体系。最后,教材还应进行学术创新,紧跟学术前沿,而不是墨守成规,因袭旧说。

3. 统编教材与自编教材的关系。一方面,法学教材不同于一般图书,法学教材的编写和出版不能完全市场化,特别是在国家事权的视域下,要坚持统编教材的主体地位;另一方面,要建设立足学术前沿、门类齐全、学段衔接、覆盖全面的法学教材体系,单靠统编教材是远远不够的。在国家负责统编基础性的、意识形态属性较强的教材的同时,不断创新教材编写出版体制机制,充分调动各方力量参与教材编写,从而形成良性的、开放的、有序的教材出版市场。

---

⑤ 尹伊君:《文明进程中的法治与现代化》,载《法学研究》1999年第6期。

(三)建设好四个系列

1. 继续完善法学核心课程教材。核心课程教材历来是法学教材建设的主体和重点,统编和自编版本众多。但核心课程也是不断调整、变化的,应随着《法学类教学质量国家标准》的修订,推进新设核心课程教材的建设。例如,“法律职业伦理”是《法学类教学质量国家标准(2018年版)》新增的核心课程,这主要是基于法律职业的内在要求和法治人才培养的现实需求。法律职业行为规范要行之有效,需要法律人树立牢固的职业伦理意识,即法律职业者需要具有运用职业伦理规则处理各种复杂的法律问题的能力,以及对法律职业所应有的根植于灵魂深处的神圣感、敬畏感和责任感。⑥ 因此,在编写法律职业伦理教材时,就要从始至终贯彻法治理念,要把立法为公、执法为民的职业宗旨,追求真理、维护正义的崇高理想,崇尚法律、法律至上的坚定信念,认同职业伦理、恪守职业道德的自律精神等⑦,讲清楚、说明白。

2. 创新编写法学新兴学科和交叉学科教材。新兴学科和交叉学科既有区别,又有重合之处。法社会学是交叉学科,但不能说是新兴学科;而新兴学科大部分是交叉学科,如前文提及的党内法规学、纪检监察学等。兹举几例如下:(1)随着总体国家观的提出,2021年初,国务院学位委员会、教育部决定设立“国家安全学”一级学科。为培养通晓国家安全战略的决策型人才和实践型人才,除在学科建设、课程设置上布局外,教育部教材局正在组织编写国家安全学教材,准确解析总体国家安全观的内涵、意义和具体内容,从而切实践行总体国家安全观,增强学生自觉维护和塑造国家安全的意识和能力。(2)法学院校开设人工智能法课程的越来越多。2017年,西南政法大学联合几家科技公司成立人工智能法学院,设立应用法学和人工智能法学两个法学二级学科,立足培养通识和专才兼备、知识和技能并举的高素质法律人才。2019年,在上海市法学会、科大讯飞等单位的支持、协助下,上海政法学院人工智能法学

---

⑥ 参见许身健:《法律职业伦理课程的春天》,载《检察日报》2019年12月11日,第7版。

⑦ 参见张文显:《法治中国时代的法学教育》,载张文显主编:《中国法学教育年刊(2012—2013)》(创刊号),法律出版社2014年版,“代发刊词”。

院成立了,当年即开始招收人工智能法学专业方向的本科生(全国首招)和人工智能法学方向的法律硕士研究生。为做好人工智能法学人才的培养和教学工作,上海政法学院和高等教育出版社正合作编写人工智能法学专业教材。(3)上海交通大学凯原法学院与高等教育出版社合作研发和编写了“新文科·交大法学创新系列教材”,《法社会学》《经济与法律》《金融科技法》《法律与认知科学》等新兴、交叉学科教材,不仅反映了法学与社会学、经济学、金融学等学科的融合发展趋势,而且展示了大数据、人工智能等信息技术对法学带来的机遇和挑战,具有相当的前瞻性和引领性。

3.精心编写涉外法学/国际法学教材。世界正处于百年未有之大变局,我国国际地位显著提高的同时,也面临着外部环境的严峻挑战,急需一大批通晓国际法律规则的高素质专业人才,以维护我国的国家利益。但目前已出版和正使用的涉外法学/国际法学教材存在不少问题,如缺乏系统性策划、重理论轻实务、对我国涉外法治实践反映不充分等,急需加强对涉外法学教材的统筹规划、分类指导、树立标杆。在策划编写该系列教材时,要以培养高素质高水平涉外法治人才为目标,集合全国优势作者资源,重点编写三个系列,即(1)国际法系列教材,如国际公法、国际私法、国际经济法、国际组织法、国际海洋法、国际人权法、国际环境法、国际金融法、国际贸易法、国际税法、国际商法、世界贸易组织法、仲裁法学等;(2)国别法系列教材,如欧盟法、美国法、英国法以及“一带一路”共建国家的法律概论类教材等;(3)国际法英文系列教材,适应双语或全英文教学的需要,增强学生运用专业外语的语言能力和开展涉外法律服务的专业能力。同时,教材编写应始终把握中国特色,坚持中国立场,并应特别注意知识体系和教材体系的本土化改造。

4.注重研发法学实践实训类教材。习近平总书记指出:“法学学科是实践性很强的学科。法学教育要处理好法学知识教学和实践教学的关系。学生要养成良好法学素养,首先要打牢法学基础知识,同时要强化法学实践教学。要打破高校和社会之间的体制壁垒,将实际工作部门的优质实践教学资源引进高校,加强校企、校地、校所合作,发挥政府、法院、检察院、律师事务所、企业等在法治人才培养中的积极作用。”⑧《法学类教学质量国家标准(2021年版)》明确规定:法学类专业教育是素质教育和专业教育基础上的职业教育。法学类专业课程总体上包括理论教学课程和实践教学课程,其中实践教学课程体系包括实验和实训课、专业实习、社会实践与毕业论文。法学类专业培养方案总学分一般不超过160学分,其中实践教学累计学分不少于总学分的15%。

因此,要从实践教学的真实需求出发,结合虚拟仿真教学平台、实验实训教学平台、虚拟教研室等新型教学形式的应用特点,研发案例教学、模拟法庭、法律诊所等实践实训类教材,力争实现实践教学的知识传授、能力养成和伦理素质的三重功能,⑨切实提高学生的法律实践操作能力。此外,还要吸收理论水平较高的实际工作部门专家、学者,参与教材编写工作,把我国法治建设实践的鲜活案例和生动实践反映进教材中。

尺寸教材,悠悠国事。在全面依法治国的新时代,为强化教材建设的国家事权地位,必须以习近平法治思想为引领,创新教材建设机制、内容和形式,构建中国自主法学教材体系,用心打造培根铸魂、启智增慧的法学精品教材,为培养德法兼修的高素质法治人才作出新的更大贡献。

On the Realistic Challenge and Implementation Path of Law Teaching Materials Construction from the Perspective of National Authority

Jiang Jie

Abstract: A series of top-level designs have been carried out in China

⑧ 习近平:《论坚持全面依法治国》,中央文献出版社2020年版,第177页。

⑨ 参见刘坤轮:《〈新文科建设宣言〉语境中的新法科建设》,载《新文科教育研究》2021年第2期。

in terms of institutional setting, system construction and policy incentives in order to strengthen the national authority status of teaching materials construction. From the perspective of national authority, the construction of law teaching materials not only face the challenges of localization of construction mechanisms, such as management, planning, review, compilation, publishing access and filing of teaching materials, but also face the challenges of modernization of content and diversification of form due to the impact of law discipline system and modern information technology. The inevitable path to implement the law teaching materials construction is to build its independent system in China. Specifically, it should adhere to the correct guidance of Xi Jinping Thought on the Rule of Law, and focus on refining and summarizing China's experience in the rule of law, and on the creative transformation and development of Chinese excellent traditional legal culture. It should properly handle the three pairs of relations between being based on China and learning from foreign countries, political nature and academic nature, state-compiled teaching materials and self-compiled teaching materials. It should construct the four series of teaching materials that is law core curriculum, law emerging disciplines and cross-disciplines, foreign-related law or international law, and legal practice and training.

Key Words: national authority; political guidance; independent teaching materials system; law teaching materials

习近平金融法治论述指导下的新金融法学教材建设*

巫文勇　李泽军**

摘　要：金融法学教材建设是金融法治人才培养的前提和基础，也是我国金融法治建设的重要组成部分。我们应该以习近平金融法治相关论述为指导，以其"金融核心论""金融本源论""金融安全论""金融改革论""全球金融治理论""党对金融工作集中统一领导论"作为教材编撰逻辑和理论基础，结合新时期我国金融发展和金融法治建设需要，对我国金融法学教材进行适应性改革和创新。新时期我国金融法学教材建设的价值导向与基本原则，应该围绕着金融服务实体经济、国家金融安全、新金融法治人才培养目标，以"组织、行为、监管、退出和国家安全"作为逻辑基础和体系结构，采取金融法学和金融学知识交叉融合的教材内容，秉持传统金融法和新科技金融法学理论、规则相结合的功能型教材编撰

* 基金项目：江西省2020年高等学校教学改革研究课题"新金融模式下金融法'五区块'功能教学法研究"（项目编号：JXJG－20－4－3）。2021年度国家社会科学基金项目"法定数字货币发行与运行制度规则建构研究"（项目编号：21BFX123）。

** 巫文勇，江西财经大学法学院教授，博士生导师。研究方向：金融证券法、公司企业法。李泽军，江西财经大学法学院2021级博士研究生。研究方向：金融证券法、公司企业法。

范式，实现金融法学教材结构体系和内容建设的双重创新。

关键词：金融法治　教材建设　金融安全　内容创新

金融法学教材不仅是金融法学知识传承的载体，而且还是规范金融法学教学内容和提高教学质量、实现国家金融法治的重要工具。但是，在当前世界金融体系和金融环境发生巨变的情况下，我国既有的金融法学教材都已经无法完整描述或准确预测金融发展对金融法治的冲击与重塑。① 因此，我们应该顺势而变、回应现实需要，对金融发展和金融法治建设中出现的各种理论与实践问题进行改革和发展。“密切关注金融领域的前沿动态，即时更新或补充金融领域前沿发展，才能保持教学内容的时新性和有效性。”②

一、习近平金融法治论述对我国新时期金融法学的创新与发展

“大国崛起需要与之相匹配的大国金融。”③历史经验表明，世界经济强国的崛起要以金融发展和金融强国为前提。只有成为金融强国，才能成为经济强国并持久拥有竞争优势，立于世界经济不败之地。对此，习近平总书记从以下方面进行了阐述：一是金融是国家重要的核心竞争力，金融安全是国家安全的重要组成部分，金融制度是经济社会发展中重要的基础性制度。二是金融要把为实体经济服务作为出发点和落脚点，全面提升服务效率和水平。三是要把主动防范化解系统性金融风险放在更加重要的位置，着力完善金融安全防线和风险应急处置机制。四是要加强党对金融工作的领导，坚持稳中求进工作总基调。④ 习近平总

① 参见解凤敏、何凌云：《互联网技术发展“去中心化”冲击下金融学专业理论基础课程教学改革探索》，载《金融教育研究》2019 年第 1 期。

② 解凤敏、何凌云：《互联网技术发展“去中心化”冲击下金融学专业理论基础课程教学改革探索》，载《金融教育研究》2019 年第 1 期。

③ 孙雪芬：《习近平关于金融工作的重要论述及其当代价值》，载《江淮论坛》2019 年第 5 期。

④ 参见习近平：《服务实体经济防控金融风险深化金融改革　促进经济和金融良性循环健康发展》，载《人民日报》2017 年 7 月 16 日，第 1 版。

书记对金融工作的重要论述，奠定了我国金融法治建设的理论基础和经济逻辑，所蕴含的新思想、新概念和新论断成为了我国新时期金融法学教材建设的科学指南、思想精髓和内涵表达。

第一，习近平金融法治论述对金融法治战略地位和领导力量的创新与发展。习近平总书记在部署金融工作时多次提到了金融是实体经济的血脉。他认为，金融是国家重要的核心竞争力，金融安全是国家安全的重要组成部分，金融制度是经济社会发展中重要的基础性制度，⑤我们必须充分认识金融在经济发展和社会生活中的重要地位和作用，切实把维护金融安全作为治国理政的一件大事，扎扎实实把金融工作做好。⑥ 要坚持党中央对金融工作集中统一领导，确保金融改革发展正确方向，确保国家金融安全。⑦ 我国能否成为一个金融强国，我国政府能不能驾驭好世界第二大经济体，“从根本上讲取决于党在经济社会发展中的领导核心作用发挥得好不好”。⑧

第二，习近平金融法治论述对金融法价值和基本原则的创新与发展。习近平总书记的“金融核心论”“金融本源论”“金融安全论”“金融改革论”“全球金融治理论”“党对金融工作集中统一领导论”，构成了我国新时期金融法治建设的逻辑主线、理论基础和价值导向。习近平金融法治论述对我国新时期金融法治价值和基本原则的创新发展：一是提出通过金融法律制度规范与完善金融资源配置和宏观调控方式，引导金融“脱虚向实”服务实体经济，发展普惠金融，满足人民群众多样化的金融需求。二是要求加大我国金融市场开放力度、加快金融国际化、提高我国金融的国际竞争力，金融科技创新在拓展金融行为能力、行为模式的同时，也必须采取有效措施维护国家金融安全。为了确保我国金融发展

⑤ 参见习近平：《服务实体经济防控金融风险深化金融改革　促进经济和金融良性循环健康发展》，载《人民日报》2017 年 7 月 16 日，第 1 版。

⑥ 参见习近平：《金融活经济活金融稳经济稳　做好金融工作维护金融安全》，载《人民日报》2017 年 4 月 27 日，第 1 版。

⑦ 参见习近平：《服务实体经济防控金融风险深化金融改革　促进经济和金融良性循环健康发展》，载《人民日报》2017 年 7 月 16 日，第 1 版。

⑧ 参见习近平：《在党的十八届五中全会第二次全体会议上的讲话（节选）》，载《求是》2016 年第 1 期。

和国家金融安全，习近平总书记提出了“坚持党对金融工作的领导”、“维护国家金融安全”和“控制系统性金融风险”等金融法治基本原则。

第三，习近平金融法治论述对金融行为规范和国家金融安全的创新与发展。习近平金融法治论述中除了原则性和纲领性指引外，还包含了一系列具体的行为规范和国家安全阐述。在金融行为规范建设方面，习近平总书记提出我国当前和今后一段时期内的主要任务：一是深化金融体制改革、优化金融产业结构，通过“三去一降一补”[9]提高企业竞争力，改善企业发展外部条件。二是建立有效的金融企业激励约束机制、创新投融资模式，建设多元化融资体系和多层次资本市场，完善金融服务网络，加强金融基础设施的统筹监管和互联互通。[10] 三是健全金融风险监测预警和早期干预机制，“建立稳定、可持续、风险可控的金融保障体系”。[11] 在国家金融安全保障方面，习近平总书记提出：一是要持续推动全球金融治理体系改革，强化国际金融安全网，落实国际各项金融改革举措，共同维护国际金融市场稳定；二是坚决反对金融霸凌主义和单边主义，加快我国反金融制裁立法，建立完善的国家金融安全法律保障体系。

二、习近平金融法治论述对我国新时期金融法学教材建设的影响

习近平金融法治论述包括金融法治指导思想、本质特征、建设目标、根本价值、基本原则，以及金融法治的推进方式等在内的理论阐述和思想体系。[12] 习近平金融法治论述作为我国法治建设的重要组成部分，客观上要求金融法学在教材建设上作出积极的回应，建立起以习近平金融法治论述为指导，并能够反映出我国新时期金融法治发展的教材体系。

---

⑨ “三去一降一补”即去产能、去库存、去杠杆、降成本、补短板五大任务。

⑩ 参见习近平：《服务实体经济防控金融风险深化金融改革　促进经济和金融良性循环健康发展》，载《人民日报》2017年7月16日，第1版。

⑪ 习近平：《携手推进“一带一路”建设》，载《人民日报》2017年5月15日，第3版。

⑫ 参见胡明：《用中国特色社会主义法治理论引领法治体系建设》，载《中国法学》2018年第3期。

因此,我们应该深入学习并深刻领会习近平金融法治论述,认真分析其思想和理论论述对我国金融法学教材建设的影响。

(一)习近平金融法治论述对教材结构体系和内容的影响与改革需求

我国现行金融法学教材版本种类繁多,但普遍存在结构体系、内容选择和编撰风格雷同的问题。其共同特点是,先阐述国内外金融法律制度渊源、解释金融法律制度概念和基本理论,然后按照金融机构类别编撰货币发行、银行存贷款、证券发行与交易、金融信托和融资租赁等相关内容。虽然21世纪以来互联网金融快速发展,大数据、区块链、云计算和人工智能在金融领域被广泛应用,但是金融法学教材对此的反应则相对迟滞,未能实现金融创新与金融法学教材改革同步进行。换言之,金融发展、科技金融在推动新金融法治理论发展,形成新的秩序规范的同时,未能及时改变旧的金融法学教材编撰范式和进行新的理论与内容选择,使金融法学教材无法适应"创新、复杂、开放而多变的金融市场"。[13]

党的十八大以来,习近平总书记针对我国金融发展中存在的问题,提出了加强党对金融工作的领导、服务实体经济、防控金融风险、深化金融改革、完善金融市场体系、创新和完善金融调控、推进构建现代金融监管框架、加快转变金融发展方式、健全金融法治和保障国家金融安全等重要论述。这些论述将在很大程度上修正我国既有的金融产业政策、金融宏观调控、金融市场监管和金融行为规范的内涵与外延,并形成了国际金融法治和国家金融安全制度新论断。当然,这些重要论述也对我国

---

⑬ 本文作者2021年出版的《新金融法律制度学》对此进行了较大的创新:一是改变了按金融机构顺序编撰方式,建立了一个以"金融法基本理论—金融机构设立条件—金融市场行为规则—金融监管和法律责任—金融机构市场退出"为逻辑架构的教材体例,实现了教学内容的逻辑链接性和知识的可读性。二是改变了传统金融法学教材单独、孤立,即没有逻辑串联地逐个介绍金融机构的编撰方式,而是以金融功能为基础,将不同金融机构从事相同金融行为的制度规则和法律责任进行总括,知识的传送更关注金融机构的融合化经营和共性。三是在金融发展创新的基础上,增加保险交易所、票据交易所和互联网金融、金融衍生产品交易等新内容和新规则,嵌入货币支付结算行为基本理论和法律制度章节,并将金融机构市场退出法律制度、问题金融机构国家救助法律制度作为教材的重要章节,以弥补其他金融法学教材缺失这一重要模块的缺陷。

金融法学教材建设产生深刻的影响:一是要求将党对金融法治工作的领导。通过法律制度建设推进我国金融体制改革、实现金融产业结构调整、创新金融服务模式、控制重大金融风险和维护国家金融安全等论述转化为金融法学教材内容。二是将习近平总书记的金融开放思想和开放战略纳入教材内容,并增加国际金融法律制度和国家金融安全章节,在此基础上将保障国家金融安全和反金融制裁法律制度作为教材重要内容。

(二)习近平金融法治论述对金融法价值和原则表达的影响与改革需求

我国现行金融法学教材大多没有对金融法的价值进行概括与阐述,仅对金融法功能进行了描述。⑭ 虽然二者并不完全相同,但其核心内涵存在重叠或交叉。换言之,价值是金融法律制度的目标导向,而功能则是实现金融法律制度价值的能力。理论上,金融法的价值可概括为“金融秩序、金融效益、金融安全”。党的十八大以来,习近平总书记对金融工作的论述,赋予了我国新时期金融法价值新表达、新内涵,通过金融法治建设,实现资源优化配置、“脱虚向实”服务实体经济、控制重大金融风险、保障国家金融安全。习近平总书记对金融法价值的丰富和发展,客观上也对我国金融法学教材中的金融法价值内涵与外延阐述提出了改革要求。

“金融法的基本原则,是金融立法的指导思想,是调整整个金融关系、从事金融调控、监管活动和金融业务活动必须遵循的行为准则。”⑮ 金融法基本原则是金融法本质和内容的最集中表现,并对金融法中各个具体的法律制度有着最普遍的意义和指导作用。但是,金融法基本原则

---

⑭ 朱大旗编撰的《金融法》将金融法功能概括为:“确认金融机构的法律地位,建立、健全金融机构组织体系”“培养和完善金融市场体系,规范和调控金融市场行为,协调、确保金融市场各参与者的合法权益、提高资金运行效率,实现资金融通的个体效益目标和社会整体效益目标的有机统一”,以及“确定金融宏观调控、监管目标,规范金融调控、管理、监督行为,完善金融宏观调控、监管体系”。参见朱大旗著:《金融法》,中国人民大学出版社2015年版,第8页。

⑮ 朱大旗:《金融法》,中国人民大学出版社2015年版,第8~9页。

并不是固化或恒定不变的,而是与特定时期国家金融基础、发展环境、货币政策目标和金融法治建设需求相适应,具有明确的准则性、导向性和时代性。2017 年朱崇实、刘志云编著的《金融法教程》,将金融法基本原则归纳为"兼顾金融安全、金融自由以及金融公平""促进金融业发展""分业经营、分业管理""保护投资者利益""与国际惯例接轨"五项原则。但是,随着金融发展和金融法治环境的变化,金融法原则也应该顺势而变。根据习近平总书记对金融工作的论述,更为精准的金融法原则表达应该是"坚持党对金融工作的领导"、"金融服务实体经济"、"控制重大金融风险"和"保障国家金融安全"。这些原则更加精准地阐述了我国金融发展的方向、领导力量,高度概括了金融法治建设的精神实质、基本要求、行动纲领和实现路径,因而需要反映到我国新时期金融法学教材中。

(三)习近平金融法治论述对金融法学概念和内容的影响与改革需求

我国金融法学作为一门独立学科产生于 20 世纪 80 年代,并开始进行教材建设。因此,特定的金融发展时期使相关概念、用语和教材内容也打上了特定时代的烙印。进入 21 世纪后,科技与金融的深度结合,使人类正在凭借信息科技、数字技术迅速进入金融数字化和全球化时代,并呈几何级数发散和拓展。科技创新在促进世界金融快速发展的同时,金融新概念、新规则和新理论的产生,也使金融法律制度进入一个产生、试错、修正和完善的交替演进与循环发展时代。换言之,"当前金融系统经历的巨变及其对社会经济运行的重塑是任何已有教材都无法完整描述或准确预测的",⑯因此客观上也要求我国的金融法学教材建设,必须密切关注金融领域的前沿动态,即时更新或补充金融领域前沿发展的内容,保持教学内容的时新性和有效性。⑰

---

⑯ 解凤敏、何凌云:《互联网技术发展"去中心化"冲击下金融学专业理论基础课程教学改革探索》,载《金融教育研究》2019 年第 1 期。

⑰ 参见解凤敏、何凌云:《互联网技术发展"去中心化"冲击下金融学专业理论基础课程教学改革探索》,载《金融教育研究》2019 年第 1 期。

习近平总书记在推进我国金融发展与金融法治建设的过程中，“提出了一整套新概念、新命题、新论断、新观点、新理论，形成了内容丰富、体系完整、逻辑严谨、具有成熟理论思维和鲜明实践面向的法治理论”。[18] 其中，新概念与新用词的典型代表有“金融脱虚向实”“反金融制裁”“供给侧结构性改革”“互联网＋平台金融”“控制重大金融风险”等。然而，有关金融发展和法治建设的核心理论：一是要以金融体系结构调整优化为重点，优化融资结构和金融机构体系、市场体系、产品体系。[19] “保障国家金融安全”“金融是现代经济的核心”，建立“开放、包容、透明、非歧视，以规则为基础、合作共赢的新型国际金融关系”。“概念是人们认识事物的结晶，判断推理的基石，逻辑思维的扭结，理论体系的主词”，[20]内容是精神的表达、理论的阐述和诠释。因此，新时期金融法学教材建设的重要任务之一，就是将这些新概念、新用语和新理论融入金融法学教材中并加以使用和阐释。

三、习近平金融法治论述指导下的金融法学教材建设价值导向与结构体系

习近平总书记围绕金融发展、国家金融安全，提出的一系列金融法治新理念、新概念和新理论，实现了金融法治理论创新、制度创新、实践创新。因此，金融法学教材作为我国新时期金融法治建设的重要组成部分，应置于这一大的维度下进行审视。以习近平金融法治论述为指导，从我国社会经济发展和基本国情出发，“总结和运用党领导人民实行法治的成功经验，围绕社会主义法治建设重大理论和实践问题”，[21]建立与我国金融体制改革与金融发展相适应的教材结构体系和内容选择。

---

[18] 张文显：《新时代全面依法治国的思想、方略和实践》，载《中国法学》2017年第6期。

[19] 参见习近平：《深化金融供给侧结构性改革　增强金融服务实体经济能力》，载《人民日报》2019年2月24日，第1版。

[20] 邱本：《经济法专论》，法律出版社2015年版，第18页。

[21] 中共中央文献研究室编：《十八大以来重要文献选编》（中），中央文献出版社2016年版，第159页。

(一)习近平金融法治论述指导下的金融法学教材价值导向和基本原则

科技金融的发展、世界金融环境的变化,在改变传统的货币形态和金融运行模式的同时,也在改变金融法律制度范式。对此,作为金融法治人才培养基础的金融法学教材也应该作出及时合理的反应。在延承传统金融法核心价值观念和理论的同时,将科技金融法律理论与行为规则、新时期国际金融法律关系、金融制裁与反制裁理论、规则和措施纳入新金融法学教材中。新时期金融法学教材建设应该充分反映我国金融法治建设从"管理和秩序"向"国家金融安全""金融秩序稳定""金融消费者与投资者利益保障"三重价值目标转变。这既是金融法学教材相关概念解释、基本理论阐述的价值导向和基本原则,也是新时期金融法学教材建设必须遵守的指导思想与行为逻辑。

第一,金融法学教材建设的价值导向。金融法是调整金融关系的制度性学科,动态发展的金融行为客观上难以建立绝对固定、整齐划一的金融法律制度和金融法学教学内容,而需要建构与金融发展步速相一致的动态化金融法学教材体系和内容。也即,教材结构体系设计、内容选择与阐述必须遵循"金融发展和金融环境变化—金融法理论和行为规则变化—金融法学教材内容、体系结构修正和重构"的逻辑路径交替前行。换言之,金融法学教材要能够准确、及时反映国内外金融法理论发展与实践的变化,而不能出现时空迟滞。目前,我国金融底层技术和金融环境发生了根本性变化,因此金融法学教材结构体系和内容选择也应进行相应的变革。概言之,我国新时期金融法学教材建设既要善于提炼标识性概念,打造易于为国际社会所理解和接受的新概念、新范畴、新表述,引导国际学术界展开研究和讨论,[22]又要聚焦国内外金融业所共同关注的问题,增强我国金融法治理论和金融法学教材的国际影响力与话语权。

第二,金融法学教材建设的基本原则。金融法学教材是对特定时期

---

[22] 参见习近平:《在哲学社会科学工作座谈会上的讲话》,载《人民日报》2016年5月19日,第2版。

国家或区域金融法学理论和制度的高度概括与阐述。因此,我国新时期金融法学教材建设不应该是金融法学概念、规则的简单集合或罗列,而是金融、经济、科技和法学理论、金融行为规则的完美结合。金融法学教材既要传承传统金融法学核心理论和内涵,也要吸收金融创新的新理论和新规则,还要吸纳相关学科的理论知识,以此体现金融法学教材建设的跨学科、跨专业的学术格局和视野。为了实现这一目标,金融法学教材编撰应坚持以下基本原则:(1)金融法学理论和金融学知识相结合原则。因为金融法学是建立在金融学基础上的制度性学科,只有充分理解了金融现象、金融规律和金融操作程式,才能把握金融行为理论原理和制度规范。(2)传统金融法和科技金融法理论相结合原则。因为科技金融并不会改变金融的本质属性,所以要求教材建设既要围绕金融主体、金融交易和金融监管等传统金融法理论展开,也要关注科技创新带来的新金融范式和行为规则变化。(3)教材内容选择前瞻性与审慎性相结合原则。金融科技创新要求教材建设以开放性姿态和前瞻性视野,及时将新理论和新规范纳入其中。但是,金融创新是一个不断试错、修正和完善的过程,相应的制度规则也频繁修改或废止,所以应该审慎地将新金融法律理论和制度规范纳入教材中,以免将大量还没有形成定论的理论和制度规范进行定论性阐述。

(二)习近平金融法治论述指导下的金融法学教材结构体系和内容选择

学界普遍认为,金融法学是一门逻辑关联性不强,制度规则描述多于理论论证的学科,这一特征也不可避免地反映在教材的逻辑结构和内容选择上。为了解决这一长期困扰金融法学教学的问题,在新教材建设中,我们应该以习近平金融法治论述为指导,建立以金融是现代经济的核心、守住不发生系统性风险、把维护金融安全作为治国理政的一件大事、加强党对金融工作的领导和确保国家金融安全为理论基础和逻辑关联的包括“金融和金融法基本概念”、“金融市场主体组织法律制度”、“金融市场行为法律制度”、“金融市场监管法律制度”和“国际金融法和国家金融安全法律制度”在内的新金融法学教材结构体系和内容选择。

第一,金融法学教材体系结构编排的逻辑基础。我国新时期金融法学教材结构体系设计,应该以习近平金融法治论述为理论基础和逻辑顺序,结合我国金融发展和国际金融秩序的变化,将其划分为:金融和金融法基础理论、金融主体组织法律制度、金融行为法律制度、金融监管法律制度、金融机构市场退出法律制度、国际金融法和国家金融安全法律制度六模块。相应的,金融法学教材结构体系与内容应包括:"金融法基本理论—金融机构设立条件—金融市场行为规则—金融监管和法律责任—金融机构市场退出规制—国际金融法和国家金融安全。"金融法学教材结构体系设计应以金融功能为基础,关注科技金融带来的行为变化,注重教材内容的逻辑连贯性和知识的可读性。

第二,金融法学教材内容选择的基本要求。我国新时期金融法学教材不仅要建立与金融发展和金融法治建设相适应的教材结构体系,还要改革传统落后的教材内容,将习近平总书记关于金融发展、国家金融安全所提出的金融法治新概念、新理念和新理论纳入其中,编撰成逻辑严密、系统完整的新时期金融法学教材内容。新金融法学教材除了延续传统的金融法基本理论、金融机构设立条件、金融市场行为规则、金融市场监管规范,以及问题金融机构行政处置、破产清算和国家救助规则等内容外,还应该增加科技金融和数字货币等新理论、新规则的阐述,并将国际金融法和国家金融安全法律制度等内容也作为教材的主要内容进行编撰。

四、习近平金融法治论述指导下的金融法学教材内容改革与发展创新

我国新时期金融法学教材建设,应该坚持以习近平金融法治论述为指导,结合科技金融发展与世界金融环境的变化选择教材内容,并做到教材内容观点正确、选择合理、覆盖全面、逻辑关联,能够有效促进我国的金融发展,推动金融法治建设实践。

(一)金融法学教材对金融法价值和基本原则的阐述与发展

金融法价值和基本原则是习近平金融法治论述的重要组成部分,

"蕴含着丰富的法学命题和法律判断，是繁荣和发展法学研究事业的理论基础"。㉓ 金融法学教材对于金融法价值和基本原则的诠释与创新，应该放置于习近平总书记关于"金融是国家重要的核心竞争力，金融安全是国家安全的重要组成部分，金融制度是经济社会发展中重要的基础性制度。必须加强党对金融工作的领导，坚持稳中求进工作总基调，遵循金融发展规律，紧紧围绕服务实体经济、防控金融风险、深化金融改革三项任务"㉔的金融发展和金融法治建设理论下进行。

第一，金融法学教材对金融法价值的阐述与发展。传统金融法律制度的价值在于"维护金融秩序"、"保障金融安全"、"保护金融投资者利益"和"提高金融效率"。但在科技金融不断发展的背景下，新科技在催生新金融模式、拓展其金融行为能力、加快金融国际化发展的同时，也在改变金融法治的价值导向和制度目标。习近平总书记对我国金融发展和金融法治建设的论述，丰富发展了"维护金融秩序"、"保障金融投资者利益"和"提高金融效率"等既有原则的含义，还改变了"金融安全"的价值内涵与外延。在风云变幻的国际形势下，金融风险将不再局限于传统的经营性风险或国家内部因素引发的风险，还有国家博弈风险、国家战略风险。因此，在实现我国金融发展的同时，必须保障国家金融安全，防止国外敌对势力对我国发起金融战。相应的，我国金融法学教材对"金融安全"的诠释也应该作出相应调整，从单纯的内生性金融风险视角下的"金融安全"向国家战略视角下的"国家金融安全"方向转变。

第二，金融法学教材对金融法基本原则的阐述与发展。习近平总书记对我国金融工作的论述，创新了我国金融法治基本原则，也为金融法学教材基本原则的阐述与发展提供了理论基础和思想内涵。具体而言，新金融法教材应对金融法基本原则的改革如下：一是将党对金融工作的领导作为金融法的基本原则纳入金融法学教材。二是将维护国家金融

㉓ 莫纪宏：《论习近平法治思想理论体系的二元化逻辑结构及功能》，载《行政管理改革》2021 年第 3 期。

㉔ 习近平：《服务实体经济防控金融风险深化金融改革　促进经济和金融良性循环健康发展》，载《人民日报》2017 年 7 月 16 日，第 1 版。

主权和金融安全写入金融法学教材,以落实习近平总书记的"总体国家安全观"。三是丰富"宏观调控与市场机制相结合原则"的内涵,将稳步推进金融体制改革,强化金融市场基础性功能,放宽金融市场准入,作为其新内容。四是在"正确处理效率和公平关系原则"中,融入以人民为中心的金融发展思想,在高质量发展中促进金融服务的获得感,确保全社会各个群体普遍能享受金融发展所带来的红利。五是创新"金融开放与发展原则",将其拓展为"多边合作共赢、共商共建共享"、"反对单边金融制裁"和"反对金融霸凌主义",维护世界金融规则的权威性,改革现行国际金融体制中不合理规则。

(二)金融法学教材对教学内容的选择与创新

新时期金融发展"面临的法律问题都是技术发展给传统法律秩序带来的挑战,在发展中遇到的问题必须在发展中解决,现代技术带来的一系列法律问题也必须采取技术手段予以回应与化解",㉕并将其结果反映到金融法学教材中。

第一,金融市场主体组织法律制度内容改革与创新。教材中"金融市场主体组织法律制度"部分,其主要内容和知识点包括金融机构的设立条件、市场准入的实体和程序性规则以及理论原理,具体包括金融机构注册资本要求、组织结构和公司治理、从业人员资格和其他市场条件,以及金融市场准入的审核原则和程序等。这一部分的内容选择与阐述应该充分贯彻习近平总书记关于确立企业投资主体地位,平等对待各类企业投资主体,着力放开市场准入,凡是法律法规未明确禁入的行业和领域都应该鼓励民间资本进入,健全优胜劣汰市场化退出机制,完善企业破产制度的理论论述。对于境外资本进入我国金融市场,应该以国务院 2018 年发布的关于全面开放金融市场,对外资进入我国金融市场不设持股比例和业务范围限制的规定为编写基础,对教材中滞后的金融市场主体组织法律制度和理论进行修正。

第二,金融市场行为法律制度内容改革与创新。教材中"金融市场

㉕ 赵自轩:《美国的数字资产继承立法:争议与启示》,载《政治与法律》2018 年第 7 期。

行为法律制度"部分,其主要内容包括货币发行、支付结算和清算,以及金融产品的发行、上市、交易规则和理论原理等。这一部分的内容选择、编撰和阐述应该以习近平总书记关于"金融服务实体经济、防控金融风险、深化金融改革""创新、协调、绿色、开放、共享"的发展理念为基调,围绕"供给侧结构性改革"的产业结构优化和宏观调控政策措施,以建设现代化金融体系、市场体系、发展体系为目标,选择教材内容。一是要将科技金融、绿色债券、基金和"碳中和"等金融行为规则与标准作为教材的新内容;二是要将建立和完善大宗商品贸易法律制度,加强金融服务支撑系统建设,提高国家能源和原材料安全保障水平和话语权的要求纳入教材的相关编目进行阐述。实践证明,当一个国家在充分尊重金融规律的基础上,立足于自身的"国家禀赋"而创造性地运用金融工具和金融手段时,可以显著地提升本国的经济实力和综合竞争力。㉖

第三,金融市场监管法律制度内容改革与创新。教材中"金融市场监管法律制度"部分,其主要内容包括监管体系、监管机制、监管机构、监管方式、监管措施以及法律责任等。这一部分的内容选择和编撰要从以下四个方面进行:一是将坚持党对金融工作的领导,加快政府职能转变,贯穿于金融监管内容编撰全过程。二是将对"管住人、看住钱、扎牢制度防火墙,要管住金融机构、金融监管部门主要负责人和高中级管理人员,加强对他们的教育监督管理,加大金融领域反腐败力度"的论述作为金融监管目标。三是将维护金融公平、改善金融支持、强化激励机制、集聚优秀人才,对看准的、确需支持的,政府可以采取一些合理的、差别化的激励政策。㉗ 作为监管路径。四是将运用现代科技手段和支付结算机制,适时动态监管线上线下、国际国内的资金流向流量,使所有资金流动都置于金融监管机构的监督视野之内作为监管创新。㉘

第四,国家金融安全制度的编撰与内容阐述。"当今世界是一个变

㉖ 参见陈雨露、马勇:《大金融论纲》,中国人民大学出版社2013年版,第16页。

㉗ 习近平:《加大支持力度增强内生动力 加快东北老工业基地振兴发展》,载《人民日报》2015年7月20日,第1版。

㉘ 参见习近平:《深化金融供给侧结构性改革 增强金融服务实体经济能力》,载《人民日报》2019年2月24日,第1版。

革的世界,是一个新机遇新挑战层出不穷的世界,是一个国际体系和国际秩序深度调整的世界。”㉙面对风云变幻的国际政治经济新格局,习近平总书记提出了“总体国家安全观”,并强调金融安全是国家安全的重要组成部分,金融安全涉及国家的前途和命运。相应地,作为金融法治建设的重要组成部分,我们应该在金融法学教材中增加“国际金融法律制度与国家安全立法”章节,其主要内容应包括国际金融法律制度、反金融制裁、国家金融安全保障措施与路径等。这一部分的编撰和阐述,应该以习近平总书记关于金融安全是国家安全的重要组成部分,是经济平稳健康发展的重要基础。维护金融安全,是关系我国经济社会发展全局的一件带有战略性、根本性的大事的论述为基础,㉚以建立“共商、共建、共享”的国际金融体系,加大金融市场开放力度,加快人民币国际化水平和速度,防范金融市场开放带来的金融风险,建立国家金融安全保障审查认证制度,反金融制裁为主基调的教材内容。

结 语

习近平总书记关于金融工作的重要论述,是我国新时期金融法治建设的指导思想,也是我国新金融法学教材建设的理论基础。习近平金融法治论述具有高度的理论原创性,在丰富和发展我国金融法治理论内涵、修正金融法律价值、基本原则和行为规范的同时,也对建设中国特色社会主义金融法学教材提出了新要求。我们应该以习近平金融法治论述为指导,统筹金融法学教材的整体设计、提升金融法学教材内容编撰的自主性、科学性和适用性。在当前金融法学既有理论、行为规则与金融科技创新、金融单边主义加剧、国际金融制裁盛行多重悖论的情况下,金融法学教材不能只是简单地反映这一学科的历史传承和理论根基,其所担负的历史使命也不应仅仅是对成熟金融法学理论的归纳和记载,而

㉙ 门洪华:《关于中美战略竞争时代的若干思考》,载《同济大学学报(社会科学版)》2021年第2期。

㉚ 参见习近平:《金融活经济活金融稳经济稳 做好金融工作维护金融安全》,载《人民日报》2017年4月27日,第1版。

应成为一个金融创新、规则形成以及金融法治理论探讨的重要空间。更为关键的是,还要通过教材建设积极参与并辅助完成我国金融发展中的金融法治理论完善与规则制定。

The Construction of New Financial Law Teaching Materials under the Guidance of Xi Jinping's Discourse on Financial Rule of Law

Wu Wenyong Li Zejun

Abstract: The construction of financial law teaching materials is the premise and foundation for the training of financial rule of law talent and an important part of the construction of financial rule of law in China. We should be guided by Xi Jinping's discourse on financial rule of law, and take his "financial core theory" "financial origin theory" "financial security theory" "financial reform theory" "global financial governance theory" and "the theory of the Party's centralized and unified leadership in financial work" as the logic and theoretical basis for the compilation of teaching materials. At the same time, combined with the needs of China's financial development and financial rule of law construction in the new era, we should carry out adaptive reform and innovation on our financial law teaching materials. The value orientation and basic principles of financial law teaching materials construction in China in the new era should focus on the goals of financial services for the real economy, national financial security, and the training of new financial rule of law talent, take "organization, behavior, supervision, exit and national security" as the logical basis and system structure, adopt the content of the teaching materials that integrate and cross the financial law and financial knowledge, and adheres to the functional compilation paradigm of teaching materials that combines traditional financial law and new technology financial law theories and rules, so as to realize the dual innovation of structure system and content construction of financial law materials.

Key Words: financial rule of law; teaching materials construction; financial security; content innovation

我国政法院校司法鉴定学科发展的困境与出路

——以研究生教育为视角

段黎宇　贾治辉*

摘　要：我国政法院校以司法鉴定学、物证技术学、法庭科学为专业或研究方向培养硕士、博士研究生，这与公安院校培养的刑事科学技术专业研究生有显著区别，形成了人才培养的错位发展格局。前者注重“法学＋鉴定技术”，后者突出刑事鉴识技术。然而，由于国家层面上未能对前述学科按各自的特点进行合理设置，在把公安技术学增设为工学学科下的一级学科后，政法院校获得的刑事科学技术硕士、博士学位授权点之间存在学科冲突，因而政法院校的该类学科生存和发展亟待根据培养人才的特点确定新的科学归属。司法鉴定学科的庞大知识体系、法学教育对鉴定技术的轻视以及政法院校资源的有限导致我国司法鉴定学科的发展陷入瓶颈。目前，政法院校司法鉴定学科发展面临名称分散化、定位边缘化、研究成果局限化的难题。故以国家法治

---

* 段黎宇，中国政法大学证据科学研究院研究人员，司法文明协同创新中心博士生。研究方向：司法鉴定、物证技术。贾治辉，西南政法大学刑事侦查学院教授。研究方向：司法鉴定基础理论、司法鉴定制度及物证鉴定。

建设需求为统领，统一学科名称与学科特色定位，明确学科的独立新文科地位已经成为该学科建设发展的当务之急。本文提出司法鉴定学科培养人才的新模式、明确“法学+鉴定技术”的学科特色、构筑独立学科的共同体发展平台、力争各种资源扶持等思路，以期更好推动该学科的建设发展。

关键词：司法鉴定学科　研究生教育　新文科　独立学科

一、问题的提出

司法鉴定学是以提供科学证据为目的，运用现代自然科学理论与技术成果，研究鉴定的原理、方法、技术、程序、规范以及鉴定意见审查评断与运用的法学边缘学科。在我国也被称为刑事科学技术或物证技术学，在国外则被称作法庭科学①。笔者均用“司法鉴定学”指代，后文会阐述其中原因。

为贯彻落实党的十八大作出的战略部署，加快建设社会主义法治国家，《中共中央关于全面推进依法治国若干重大问题的决定》中指出：全面贯彻证据裁判规则，严格依法收集、固定、保存、审查、运用证据，完善证人、鉴定人出庭制度。故司法鉴定学在我国法学教育和司法实践中将发挥更重要的作用。改革开放以来，政法院校依托为公安机关培养技术人才的窗口期，大力发展司法鉴定学科，使司法鉴定学科在我国实现了从无到有、从有到多的突破。但是，2011 年国务院批准在《学位授予和人才培养学科目录》的工学门类下，增列公安技术（0838）一级学科，开创了公安技术教育摆脱政法院校，由公安院校垄断的模式。② 学科政策的变动导致政法院校的公安技术专业逐渐陷入困境，司法鉴定学虽是政法院校研究证据技术与方法的学科，却因学科的行业归属受到较大冲

① 参见刘家兴等主编：《北京大学法学百科全书》，北京大学出版社 2001 年版，第 424 页。

② 参见程琳：《以新设公安一级学科为龙头，努力开创公安教育新局面——关于公安一级学科建设与发展的若干思考》，载《中国人民公安大学学报（社会科学版）》2011 年第 2 期。

击。受公安技术学科的行业特色及行业限制,政法院校获得公安技术学科硕博点的可能性微乎其微。故将之前"法学+技术"的司法鉴定学科或相关专业高质量发展下去是所有政法院校共同面临的挑战。

2020年11月,教育部发布《新文科建设宣言》,在全面部署新文科建设的过程中,无疑会对人文社会科学产生革命性的影响,也将促使着法学教育再一次转型③。值此契机,政法院校已不宜为取得公安技术学科的硕士、博士授权点而纠结,可以根据自身人才培养的国家法治建设的需求和特色,争取设立新的学科。当前政法院校在探索司法鉴定学科建设和发展方面面临学科设立或归属的困境,使学科发展举步维艰。例如,司法鉴定学科一直作为各高校的自设法学二级学科,甚至是自设二级学科下的某研究方向,如此边缘的地位无法与公安技术学在公安院校的地位相比拟。这直接影响到了学科建设、研究生就业以及学生学位论文的学科归属,也间接影响到各政法机关招考、用人单位选聘、群众认知等。再者,今天的新技术革命已经开辟了诸如电子签名鉴定、网络远程勘验、电子数据鉴真等交叉性的新型鉴定需求,对人才的专业素质和综合能力要求不断提高。由于教育资源的不平衡配置,开设该学科的院校依然沿用过去传统的方式培养学生。因此,笔者认为有必要深刻剖析政法院校发展司法鉴定学科的困境和原因,并提出相应的解决对策,前瞻性地规划出司法鉴定学的学科发展路径。

二、设立司法鉴定学科的必要性和意义

(一)司法鉴定学科的未来发展潜力巨大

智慧法院、智慧检察和智慧公安已经成为国家法治建设的时代潮流,这些智慧的核心是科技创新与司法实践的深度融合。虽然刑事司法是国家治理中一个重要方面,但是民事、行政、仲裁、各种形式的调解、预防纠纷和化解矛盾以及犯罪防控都需要司法鉴定技术,因而社会需求使

③ 参见黄锡生、王中政:《新文科与法学教育的现代化转型》,载杨宗科主编:《法学教育研究》第36卷,法律出版社2022年版。

得司法鉴定技术同时向法庭审判与社会防控两个方向发展。公安技术本身的行业属性并不能全然满足社会发展的需要,而司法鉴定技术一方面具有补强公安技术的价值;另一方面能够满足司法以及社会治理多方面、多维度的需求。一个学科的设立是由社会发展的需求决定的,司法鉴定学科有明确的社会需求,有自身的国际和国内发展基础,因而完全有必要成为一个独立的学科。在依法治国、科学技术和数据快速发展的社会背景下,司法鉴定学科必然成为有社会影响力的学科,中国的法学教育必须培养出懂技术的法官、检察官、律师、企业法务等法律人才以适应时代的进步。现代诉讼涉及的科学问题越来越多,可以说如果没有司法鉴定活动,就不能保证准确认定案件事实,做到案结事了④。在科技和数据时代,科学证据在司法等活动中的地位越来越重要,因而必须加强司法鉴定学科的建设和发展。

(二)司法鉴定学科的教学历史由来已久

我国政法院校长期在法学人才培养中坚持司法鉴定学的教学、科研和检验工作。传统的“五院四系”一直在法学教育中开设“司法鉴定学”、“物证技术”、“法医学”等课程。其中,中国人民大学的徐立根教授教授,中国政法大学的金光正教授、张保生教授,西南政法大学的周应德教授、邹明理教授,华东政法大学的杜志淳教授、中南财经政法大学的胡向阳教授等一批学者为其发展做出突出贡献。“五院四系”先后在法学学科下设立二级学科的司法鉴定、物证技术硕士点,有的在诉讼法学、侦查学博士点下培养司法鉴定方向博士研究生,有的则自设司法鉴定博士点。在我国司法鉴定学科的发展历程中,上海司法鉴定研究所(现司法鉴定科学研究院)为我国的司法鉴定师资培养、理论和技术创新、司法鉴定技术规范制定和司法鉴定质量管理,以及司法鉴定服务社会做出重大贡献。经过长期的发展,我国的政法教学过程中已经形成了司法鉴定的教学师资团队,取得了突出的研究成果,不仅培养了大批鉴定专业技术人才,而且为提升法学人才培养的综合素质起到特殊作用。同时,司法

④ 参见[美]彼得·巴尼特:《法证科学职业道德:刑事技术职业标准》,王进喜译,中国法制出版社2013年版,第3~4页。

鉴定教学团队本着人才培养、科学研究、服务社会的职能，积极开展司法鉴定的社会服务，为司法实践和社会矛盾化解提供高质量的鉴定意见，取得了良好的社会效果。中国政法大学司法鉴定中心、上海司法鉴定科学研究院、西南政法大学司法鉴定中心均入选国家级鉴定机构。

（三）发展司法鉴定学科任重道远

如今，在庭审活动中，越来越多的鉴定人参与庭审，对专门性问题发表看法以帮助法官完成事实认定工作。有学者调查了我国某县2007—2012年法院受理的带有司法鉴定的案件数，增长率高达119.16%，从167件增加到了366件（同期案件总量增长了20.23%，从9321件增长到了11207件）⑤。事实上，公安技术学学科长期在我国刑事司法实践中的行业发展应用具有特殊的专业性和局限性，知识产权、产品质量、资产评估、司法会计、司法精神病鉴定等，以及新兴的大数据鉴定等并不在公安技术的学科建设与发展范围内，人才培养、科学研究和服务社会需要“法学＋证据技术”的新学科来承担，由此认为，政法院校建立独立的司法鉴定二级学科势在必行。探讨该学科建设和未来设计，探寻适应社会发展的高层次技术型法律人才培养模式，具有越来越大的理论和现实意义⑥。

社会对技术型法律人才的需求，除人才数量需求外，还体现在人才质量层次上。2021年，司法部印发《法医类　物证类　声像资料司法鉴定机构登记评审细则》（后文简称《司鉴评审细则》），该细则对我国司法鉴定机构与鉴定人提出了更高的标准和要求，尤其是鉴定人科研成果、论著成果等科研能力将作为专业技术能力之外的一个评价标准⑦。该标准提高了鉴定人的准入门槛，对比过去，科研能力并不为鉴定人所重视。同时导致部分鉴定人因无法满足所列条件而难以继续执业。该细则充分说明随着社会的发展与进步，我国技术型法律人才的能力与素质

---

⑤　参见胡铭：《鉴定人出庭与专家辅助人角色定位之实证研究》，载《法学研究》2014年第4期。

⑥　参见易旻、鲁琴：《论法科学学科建设》，载《中国司法鉴定》2008年第2期。

⑦　司法部：《法医类、物证类、声像资料司法鉴定机构登记评审细则》，2021年6月15日。

亦要与时俱进。由此,高层次的技术型法律人才的培养重任自然而然就落到了司法鉴定学科上。

司法鉴定学正处于不断发展之中,诉讼中的专门性问题随着社会的发展不断出现,新的鉴定理论与方法也在不断形成。今天,围绕司法鉴定的分支学科群数目庞大,足以支撑司法鉴定实现由研究方向到二级学科的跃升,而诉讼法学继续包容司法鉴定类学科则略显臃肿与吃力。1995 年以前,司法鉴定等技术类课程曾是中国政法大学等高校法学院的必修课程。后来,随着高校法学教育的改革,法学核心课程的设置冲击了法学教育本身的规律性,这些课程不再是必修课程,甚至随着我国法学院设立的泛滥,许多法学院因师资不足、设备缺乏而根本无法开展相应的教学。随着科学证据在诉讼中的广泛应用,以及法官审查科学证据职责的强化,我国法学教育中科学要素缺失的缺陷日益显见⑧。例如,民事诉讼中由于有法官对科学证据缺乏认识,无法正确收集指印检材与样本,致使鉴定工作长时间滞留于委托受理环节⑨;或者有法官完全将鉴定意见视为审理裁判依据,导致“不鉴不判”等乱象。

所以,中国法学教育建设并发展司法鉴定学科乃大势所趋。司法鉴定学科有助于推动我国法学教育体系的完善,培养“法学 + 司法鉴定技术”人才,弥补现实缺口,为实现全面依法治国的目标助力。

三、政法院校司法鉴定学科的发展困境

(一)学科名称分散化

统一的学科名称是学科建设与发展的前提。司法鉴定学繁杂多样的名称是阻碍该学科进一步壮大的先天缺陷。目前,对于司法鉴定学科,我国不同政法院校有不同的称谓,甚至同一院校内部也存在不同称谓(见表 1)。

---

⑧ 参见王进喜、胡萌:《论科学证据审查范式的发展与法学教育的应对》,载《中国司法》2015 年第 7 期。

⑨ 参见段黎宇:《论民事诉讼中笔迹、指印鉴定的多次取样问题——基于 50 个法院委托司法鉴定案例的实证研究》,载《河南司法警官职业学院学报》2021 年第 3 期。

表1　几大院校司法鉴定学科设置情况

院校	本科阶段	硕士研究生阶段	博士研究生阶段
中国人民大学	—	诉讼法下物证技术方向	诉讼法下物证技术方向
辽宁大学	—	司法鉴定	—
中国政法大学	—	证据法学下法庭科学方向 法律硕士(法庭科学)	法庭科学
西南政法大学	刑事科学技术	侦查学下物证技术方向 法律硕士(证据调查与实务)	侦查学下证据技术与方法 法庭科学
华东政法大学	—	司法鉴定	司法鉴定
西北政法大学	刑事科学技术	司法鉴定	—
甘肃政法大学	刑事科学技术	司法鉴定	—

表1展示了我国开设司法鉴定类专业的部分高校,在研究生阶段的人才培养方案中,除去“司法鉴定学”这一名称外,还有物证技术、法庭科学、证据调查、证据技术与方法等称谓。与之相对应的本科阶段专业则一致被称为刑事科学技术。事实上,虽然学科名称不一致,但知识体系并无本质区别。从教材来看,《物证技术》与《司法鉴定学》的知识体系基本一致,尤其是基本原理、鉴定步骤方法和各类物证的检验鉴定部分基本一致,仅存在研究对象范围不同导致的差别。由于时代的进步,司法鉴定学的内涵和外延发生较大变化,案件的专门性问题决定了司法鉴定的对象范围大于物证的范围,同时司法鉴定法、鉴定制度、鉴定意见、鉴定质量管理等也是司法鉴定学研究的对象,成为司法鉴定知识体系的组成部分。虽然其他学科名称的教材不尽相同,但其主要内容大同小异(见表2)。此外,在《法学百科全书》和《中华法学大辞典》中将司法鉴定学、物证技术学、法庭科学这几个概念作等同解释⑩。

⑩　参见陈光中主编:《中华法学大辞典·诉讼法学卷》,中国检察出版社1995年版,第608页。

表2　各校教材内容比较

出版院校	教材名称	相同之处	差别之处
西南政法大学	《司法鉴定学》[1]	1. 科学原理部分:物质交换理论、同一认定理论、种属认定理论 2. 检验鉴定部分:笔迹鉴定、印章印文鉴定、伪变造文书鉴定、文书制作时间鉴定、形象痕迹检验、化学物证技术、生物物证技术、声像资料鉴定、电子物证技术	学科概念、鉴定制度、程序、规范、鉴定机构、鉴定人等
华东政法大学	《物证技术学教程》[2]		物证技术学科概念、历史发展
中国人民大学	《物证技术学》[3]		物证技术学科概念、物证提取技术
中国人民公安大学	《刑事科学技术》[4]		学科概念、刑事科学技术信息管理系统、法庭科学实验室介绍
中国政法大学	《司法鉴定学总论》[5]	科学原理部分:物质交换理论、同一认定理论、种属认定理论	学科概念、司法鉴定管理、实施、质量监控、鉴定机构、鉴定人鉴定责任等

注:为了更好表明学科的近似关系,特意增加了公安院校教材《刑事科学技术》作为比较。

〔1〕参见贾治辉主编:《司法鉴定学》,法律出版社2015年版,第3~6页。

〔2〕参见许爱东主编:《物证技术学教程》,法律出版社2016年版,第2~5页。

〔3〕参见徐立根主编:《物证技术学》,中国人民大学出版社2011年版,第2~5页。

〔4〕参见罗亚平、张绍雨主编:《刑事科学技术》,中国人民公安大学出版社2015年版,第3~6页。

〔5〕参见郭金霞编著:《司法鉴定学总论》,中国政法大学出版社2019年版,第2~4页。

(二)学科定位边缘化

当前,司法鉴定学的学科定位处境尴尬,在公安技术学与法学之间艰难发展,即司法鉴定学自身没有独立成为法学下的二级学科,而在公安技术下也不符合学科目录范围。研究生教育中的司法鉴定学,对应关联的是公安技术学科中的二级学科刑事技术,由于公安技术学科是国家的“特殊学科”,具有鲜明的行业性和保守性,其特殊性在于不能在社会整体公共安全范畴上来理解学科,而要从公安机关行业需求来定义和使用学科,因而司法鉴定学不可能成为公安技术下的二级学科。然而,司法鉴定学自带科学技术的属性能否得到法学学科认可又是一大难题。因此,从公安院校的视角看,政法院校的司法鉴定学不属于其学科范围;而从政法院校的视角看,由于法学属于文科,而司法鉴定学的技术特征明显,且法学特征,尤其是证据法学特征被忽视,从而认为其属于非法学,认可度不高。事实上,交叉学科是现代学科发展的主流,司法鉴定学属于“法学+技术”的交叉学科,归属法学符合现代学科发展的潮流。

1. 内部边缘化:政法院校教育体系的忽视

司法鉴定学科在政法院校中被忽视主要体现在其学科的自设性和依附性两个方面。研究生的司法鉴定类专业存在两种发展模式,一种是在法学一级学科下自设司法鉴定专业,如辽宁大学、华东政法大学;另一种是让司法鉴定学作为一个研究方向依附于其他学科进行发展,如西南政法大学。不难发现,如果继续沿袭以上模式发展司法鉴定类学科,该学科会始终处于配角的被动状态。例如,在倾向于公安专业的院校中该学科有被兼并的风险,物证技术被视为侦查学科内核⑪,或者教学过程中从观念、师资和资源上带有明显的公安、侦查情结,教学配置上倾向于刑事侦查的学习模式⑫。而在法学强势的院校中,司法鉴定理论的研究无法摆脱诉讼法的附属,未能完全具有独立的学术品格和应有的学术地位⑬。

2. 外部边缘化:用人单位招录体制的排斥

对技术型法律人才需求最大的是公安机关,但是,政法院校学生进入公安体系内并不容易。抛开公安联考不谈,即便通过社会公务员招录引进技术人才,与司法鉴定学科的机会也基本为零。以2021年的公安部和某省的公安机关职位招录情况为例(见表3),公安体系内从事物证

---

⑪ 参见蔡艺生、吴晖:《关于物证技术地位的思考——兼论侦查学应然之研究对象》,载《江西公安专科学校学报》2006第3期。

⑫ 参见裴小梅:《司法鉴定学教材建设的新思考》,载《河南省政法管理干部学院学报》2006年第4期。

⑬ 参见郭华:《司法鉴定研究三十年检视与评价》,载《中国司法鉴定》2008年第5期。

鉴定和法庭科学的工作,其专业要求并没有政法院校的司法鉴定或物证技术专业。事实上,司法鉴定与刑事科学技术只是同源不同脉的关系,并非天差地别。检察机关对技术型法律人才也有需求,基层检察院有检察技术科,市级或省级检察院一般内设有检察技术处。但是,笔者查阅多个省份近几年的检察机关的职位招录表,发现检察机关依然以"法学+法律职业资格证书"作为限制条件,即便司法鉴定学的学生致力于进入检察部门从事技术工作,也毫无专业优势可言。

表3　公安机关职位招录情况

公安机关	职位名称	职位描述	专业要求
公安部	警务技术职位	刑事技术调研指导、发展规划研究制定	诉讼法学、中国语言文学、行政管理
	警务技术职位	主要从事法庭科学生物技术方向前沿技术研究与应用	分析化学、微生物学、生物化学与分子生物学
	警务技术职位	主要从事案件现场勘查,情报信息系统运行维护、分析研判,数据库技术应用;电子物证检验鉴定和技术研究工作	电子科学与技术、信息与通信工程、控制科学与工程、计算机科学与技术、软件工程、网络空间安全
某省公安系统	基层警务技术职位(物证检验及鉴定)	从事基层技术工作	刑事科学技术专业、法化学专业
	基层警务技术职位	从事基层技术工作	公安技术类

那么,为何社会对司法鉴定学人才的接受度较低呢?难道政法院校司法鉴定学培养的人才当真无法与公安技术学人才相比较?非也,华东政法大学作为国内唯一一所拥有司法鉴定硕士、博士点以及博士后流动站的高等院校,在司法鉴定办学中应该是首屈一指的,根据该校的一份

就业统计,2008—2017年以来毕业的60名硕士生中,2人在公安机关工作,4人在国家安全机关工作,4人在检察院工作,6人在司法鉴定机构工作,4人从事律师工作。各用人单位对该校培养的司法鉴定专业人才给予了较高评价,毕业生工作能力得到高度认可,印证了该校司法鉴定专业人才培养体系的科学性⑭。反观将物证技术置于侦查学之下的其他高校,同样是培养技术型法律人才,硕士毕业生面临着学习内容、专业学科、毕业学位三者的不可调和困局。换言之,学司法鉴定技术,冠以公安学科之名,授的却是法学硕士学位。这严重阻碍了人才产出方与人才需求方的沟通衔接,导致学科建设日益落寞,不断被用人单位边缘化。

(三)研究成果局限化

纵观我国司法鉴定学科的研究生科研成果,暴露了以下几个问题。第一,研究对象桎梏化。该问题具体表现为:对理论研究的倾向、对传统物证研究的倾向。笔者统计了西南政法大学2017—2019年物证技术方向硕士研究生的学位论文,总计约47篇,其中撰写技术型论文的仅占1/4,其余则是研究司法鉴定制度、专家辅助人、鉴定管理、诉讼视角下的鉴定问题等理论问题。至于技术性论文成果较多的华东政法大学,则表现出传统物证研究多,新兴技术研究少的特点。2018—2020年的司法鉴定硕士学位论文中,痕迹文书类、声像与电子证据类、法医类占比依次为:65%、22%、9%,其余则是理论类和司法会计类。第二,研究成果同质化。该问题在理论性研究中比较突出,主要表现为围绕同一主题撰写多篇论文。例如,以“鉴定意见质证”为选题的“物证鉴定意见质证实质化研究”、“刑事鉴定意见质证与认证问题研究”和“论鉴定意见质证体系的构建”就表现出严重的趋同现象。这种现象反映出司法鉴定学科建设的技术基础需要加大投入,增加技术设施设备和科研经费投入,同时培养“技术+法学”的高水平人才,为司法鉴定学科建设奠定基础。

综上所述,我国政法院校司法鉴定学科所面临的困境,不仅影响了其自身的发展,而且从长期来看也不利于科技和数据高度发达时代下国

⑭ 参见王连昭:《司法鉴定专业人才培养体系研究——以华东政法大学为例》,载《净月学刊》2017年第5期。

家法治建设的发展。如果法学教育忽视司法鉴定技术的学科建设和发展,仅依靠行业性的公安技术学科发展,这不仅制约了"以审判为中心"的诉讼模式的发展,而且也不利于公安机关、检察机关和审判机关以及社会鉴定机构等队伍建设。

四、原因分析

(一)政法院校法学教育理念与公安技术学科定位的影响

教育体系事关学科设立、人才培养、专业划分等,决定着学科发展前景。司法鉴定学科面临的困境与现行法学教育体系的定位有关,即法学教育崇尚纯法学发展,忽视法律实践人才的综合素质培养,尤其是科学技术素质的培养。

自20世纪50年代以来,政法院校就在法学教育中开设了司法鉴定学或物证技术学专业,目的在于培养满足司法实践需求的法学人才。以西南政法大学为例,20世纪80年代至90年代在法学人才培养方案中开设了犯罪侦查学(含鉴定技术)、痕迹学、法医学等司法鉴定具体课程,为法学人才综合素质培养起到积极作用。改革开放以来,司法鉴定科技的飞速发展,法学教育、公安教育和司法实践对司法鉴定技术人才需求越来越迫切,需要把司法鉴定学或物证技术学设为法学学科下的独立二级学科,以促进其发展。中国人民大学徐立根教授向原国家教委提出了在高等学校设立物证技术学学科的建议,原国家教委采纳了这个建议⑮。在以后的法治建设发展中,科技方法和科学证据成为司法文明建设的重要内容,司法实践需要高质量发展的司法鉴定技术和科学证据。由此,我国对司法鉴定学、刑事科学技术的学科规划和建设已成必然。在学科设置时是在工科目录下增设物证技术学,还是增设公安技术学一级学科,并将物证技术或刑事技术作为其下二级学科成为争议的焦点⑯。历史选择了后者,把刑事科学技术设立为二级学科。至此,法学教育中

---

⑮ 参见何家弘:《从犯罪侦查学到物证技术学和证据调查学》,载《法学家》2010年第4期。

⑯ 参见黄守龙:《物证技术学的学科归属与研究生教育》,载《公安教育》2002年第11期。

的司法鉴定学在法学一级学科下未能设立二级学科，而在公安教育中又没有学科归属，处于没有学科依托的状态。近年来法学教育理念偏重法学原理、法律规范、法条适用等理论性内容灌输，忽视科学证据调查与科学证据等实务所必需的司法鉴定学教学。对比域外的法学教育理念，其认为法律涉及社会生活的各个方面，只有在学习了有关社会、理工、经济等大学本科的知识后，才能入法学院研习法律。显然，我国目前法学院校所实施的法学教育基本上是书本教育，其实践性和技能性都远远不能适应法官审判工作的需要⑰。故我国崇尚的法学理论教育导向进一步影响了司法鉴定学科的设立和发展。2014 年全国政协委员、九三学社河南省委主委张亚忠针对我国法学从业人员司法鉴定相关知识薄弱的突出问题，向最高人民法院提出了《关于我国案件审理中“司法鉴定盲”现象亟待矫正的提案》，更是从侧面反映了司法从业人员司法鉴定基本理论与专业知识的匮乏⑱。

（二）学校资源所限

目前，开设司法鉴定学科研究生教育的院校多为文科高校，而学科建设又必须有相应的人才，以及设备、资金的投入。由于法学教育的教学和研究无须投入大量科技设备，因而从平衡教学成本的观念上学校难以支持高投入的司法鉴定研究和教学，从而影响了学科建设的基础。近年来从事司法鉴定学教学的中青年教师队伍中有越来越多的理工科硕士、博士，但由于高校对司法鉴定学的设备、资金投入不足，影响了师资队伍和研究平台的建设。受政法院校自身对司法鉴定学科建设投入不足的影响，使其在人才培养、科学研究、服务社会方面对国家和地方法治建设的贡献有限，导致国家和地方财政支持力度亦受到影响。事实上，我国政法院校都设立了服务社会的司法鉴定中心，中国政法大学和西南政法大学都拥有国家级的司法鉴定中心，其各自的司法鉴定中心不仅为

⑰ 参见李江涛：《比较法视野下的法律职业人才培养——以法官培养为中心》，载《辽宁行政学院学报》2014 年第 2 期。

⑱ 参见李学博、曲伶俐：《高校法学专业学生司法鉴定课程的教学趋势与方法探讨》，载《大学教育》2017 年第 7 期。

培养师资、科学研究和学生实践提供了平台,而且也能够获得收入满足学科建设资金。然而,司法鉴定中心的收入大多被用于支持法学教育和学科建设,而非司法鉴定学科建设。

(三)学科特色不鲜明

司法鉴定学与法庭科学均译自 Forensic Science,从学科内容上看,该学科是综合运用化学、物理学、生物学、电子信息技术等自然科学理论、方法和技术手段,研究和解决物证发现、记录、检验、鉴定问题的一门综合性学科。根据我国大部分教材观点,该学科在检验鉴定部分的内容包括:痕迹学、文书检验、司法化学、生物物证、声像资料与电子证据内容,有的教材甚至还包括司法会计鉴定、司法精神病鉴定等内容。虽然司法鉴定学科知识涉及的专业领域广泛,知识结构体系庞大复杂,但是作为一门边缘性、交叉性和应用性较强的学科,有自身解决案件专门性问题的特点。从学科特点上看,自然科学技术大量运用于法律活动中,研究生人才培养中不能只侧重技术学习,亦不能只追求法学知识灌输,必须体现“技术 + 法学”的问题导向特色。在学科建设和研究生培养中,各政法院校尚未体现出司法鉴定学科建设的特色发展和人才培养,尤其是研究生培养。研究生培养涵盖司法鉴定领域的方方面面,没有自身的特色和优势方向,就会影响研究生培养质量和学科建设。尽管复杂的学科知识决定了培养司法鉴定学研究生的双重条件:“理工背景 + 法学知识”,但是不同政法院校的特色发展,才是解决司法鉴定人才培养和学科建设的关键所在。

五、政法院校司法鉴定学科的发展出路

(一)统一学科名称

学科名称的统一是提升司法鉴定学科地位的先决条件,已经有不少学者注意到此问题,主张统一为“物证技术学”“司法鉴定学”“法庭科学”的观点都有。虽然从研究对象和内容特点来说,不同名称都有其合理性,但是学科名称应考虑学科的历史发展、立法和司法实践,因而笔者粗浅认为“司法鉴定学”作为学科名称比较合理。其理由如下:首先,物

证问题只是案件专门性问题的一类,使用司法鉴定概念,相关的法律文件能够合理包含物证问题。全国人大的立法使用司法鉴定概念,中央政法委在一些规范文件中也使用司法鉴定概念,司法行政机关明确司法鉴定管理职责,并在司法鉴定执业分类中把物证类鉴定作为司法鉴定的一个分支。例如,2021 年司法部印发的《司鉴评审细则》中明确将司法鉴定业务划分为:法医类、物证类、声像资料类三大领域,可以看出物证技术鉴定属于司法鉴定范畴。其次,从司法活动与鉴定技术的关系来看,“法庭科学”“证据科学”“司法鉴定”等名称虽然都能适用,但是从名称使用的现实情况看,综合考量各名称的使用院校数量、教材数量、规范性文件使用率、学科级别后(见表 4),不难发现“司法鉴定学”这一名称已经具备较好的理论现实基础。再次,从名称变动历史看,北京大学曾经邀请业内专家学者对学科名称进行过一次大的论证,最后决定该学科的名称应统一使用“司法鉴定学”。这不仅简洁明了地直接反映出本学科的内涵与外延和与国际通行的名称接轨,而且也充分体现了我国在学科命名上的严谨治学态度和中国国情⑲。综上,笔者认为将该学科名称统一为“司法鉴定学”是合理的。

表 4　不同称谓使用情况

学科称谓	使用院校数量	“本名称”的教材数量	规范性文件使用率	学科级别
刑事科学技术	+ + +	+ + +	+ +	目录内二级学科
物证技术	+ +	+ +	+ +	二级学科下研究方向
证据科学	+	-	-	无
法庭科学	+	-	+	二级学科下研究方向
司法鉴定学	+ + +	+ +	+ + +	目录外自设二级学科

注:以上统计指标无法做到详细量化,笔者选择“ + ”与“ - ”代表不同称谓的使用情况与排名。“ - ”表示基本没有;“ + ”表示有,但是数量占比极少;“ + + ”表示数量占比较多,但不超过半数;“ + + + ”表示数量占比在一半以上。

⑲ 参见张玉镶、孙东东:《北京大学司法鉴定室召开关于建议统一使用“司法鉴定学”学科名称的论证会》,载《中外法学》1994 年第 1 期。

(二)明确两个定位:学科属性与教学理念

1. 独立的法学二级学科

回顾司法鉴定学科的发展,20世纪使用“物证技术学”名称的学者,就曾要求将该学科作为法学研究生教育体系下的独立二级学科[20]。当下,把“司法鉴定学”确定为法学下的二级学科,已经成为政法院校努力的共同目标。在硕士研究生培养中,辽宁大学、华东政法大学、甘肃政法大学、西北政法大学已成功将司法鉴定学自设为法学二级学科,同时华东政法大学拥有司法鉴定博士学位点。此外,2019年9月,上海政法学院开设本科法学(法庭科学方向),面向理科学生招生。这一专业方向的招生,在国内开创了政法院校培养司法鉴定技术本科人才的先河。虽然有的学校在侦查学学科内培养物证技术方向研究生,但碍于侦查学自身处于法学与公安学的学科归属矛盾中,难以体现其发展特色;而在证据法下培养法庭科学方向的研究生也是不得已的权宜之计。面对国家法治建设发展的需要,司法鉴定学成为独立学科各方面的条件已然成熟,因此应该在现有自主设立的法学二级学科,以及相关学科研究方向的基础上,争取把司法鉴定学列为正式的法学独立二级学科。

2. 在“法学+司法鉴定技术”的框架内建设特色学科

“法学+司法鉴定技术”人才培养模式是司法实践的需求所决定的。司法鉴定学科有别于公安技术的特色就是在司法鉴定技术素质培养的基础上,体现法学特色,使学生同时具有良好的法律和鉴定技术素养,能够较好地解决司法实践中不断增长的科学证据审查和采信问题。不同政法院校的司法鉴定学科建设应体现不同的特色,在不同的鉴定研究领域和方向形成优势,从而实现科学建设和研究生培养的错位发展,为社会需求提供高水平的研究成果和高质量的专门人才,从而促进学科的可持续发展。其实,法学下开展技术型学科并非一时兴起之事物,在法庭科学较为健全的美国,有很多的法学院校开设类似的专业或课程,

---

⑳ 参见徐立根:《加强物证技术学学科建设》,载《法学杂志》1992年第2期。

如约翰·杰伊刑事司法学院、密歇根州立大学、俄克拉荷马州立大学等㉑。美国警察教育培训体制与我国不同,但是社会对技术型法律人才的需求是相同的,借鉴美国的相关经验,笔者认为"法学+司法鉴定技术"作为技术型法律人才的培养模式具备合理性与可行性。

(三)多措并举优化学科

首先,司法鉴定学科知识结构庞大复杂,为兼顾物证类、法医类、声像资料类等难题,可以采取校际合作、校企合作培养的模式联合培养研究生。如东南大学在2011年首创的在法学硕士点中独立设置"医事法""工程法"两个专业,同时在法律专业硕士研究生培养上实施"法学+医学(工学)"双专业交叉性的"4+3"模式,培养高层次复合型法律人才㉒。各政法院校可参考东南大学医事法学硕士培养模式,与医学院校在导师选聘、论文归属、学时安排等环节达成共识,协作培养法医鉴定人才。同理,当物证类与声像资料类技术研究达到一定深度时,亦可寻求理工院校的合作,采用双导师,甚至多导师的创新培养模式。其次,良好的学科平台有助于把握学科前沿领域与学科知识体演进趋势,把握学科共同体与学术圈业态。当前具备条件开设司法鉴定学的院校,虽有学科大一统的趋势,却仍然处在百花齐放的阶段。为了解决学科割裂分散,各个院校各行其是的学科现状,有必要以开设该学科的院校作为基本核心,融合院校附属司法鉴定中心,一同构筑学科平台,促进科学建设和研究生培养。学科共同体的形成,将为学生跨校交流、增设司法鉴定类期刊、获取刑事科学技术同等待遇、研究数据共享、统一学科代码、开设司法鉴定竞赛等创造有利条件。最后,学科建设离不开学校人才培养理念的转变和资源支持。司法鉴定学科建设和研究生培养,需要所属学校的大力支持。学校在支持司法鉴定学科时,可从以下三个方面入手:一是从经费方面投入,或支持司法鉴定服务收入用于购买设备、实验器材、资

㉑ 参见[美]D. A. 马特尔主编:《司法鉴定科技前瞻》,何晓丹主译,科学出版社2021年版,第107~108页。

㉒ 参见刘艳红、单平基:《以专业深度交叉融合助推新法科建设》,载《民主与法制时报》2021年2月4日,第5版。

助研究。二是鼓励学生提升鉴定技术实操能力,参照研究生培养的"三助"制度,设立"助鉴"制度。三是加强法学核心课程知识的学习,打开就业通道,增进与社会鉴定机构的合作与交流,拓展学生的就业机会。

On The Dilemma and Resolutions of the Development of Judicial Expertise Discipline in Colleges and Universities of Political Science and Law in China

—From the Perspective of Postgraduate Education

Duan Liyu　Jia Zhihui

Abstract: China's colleges and universities of political science and law cultivate master's and doctoral students according to the majors or research directions of science of judicial expertise, material evidence technology and forensic science. This is obviously different from the postgraduates majoring in criminal scientific technology cultivated by police colleges, which forms a dislocation development pattern of talent training. The former focuses on the science of law plus expertise technology, while the latter emphasizes criminal identification technology. However, due to the failure to set up the above-mentioned disciplines reasonably according to their respective characteristics at the national level, after the police technology was added as the first-level discipline under the engineering department, there are disciplinary conflicts in the authorization points of obtaining master's degree and doctoral degree in criminal science and technology in colleges and universities of political science and law. Therefore, the survival and development of this discipline in colleges and universities of political science and law urgently need to determine a new scientific attribution according to the characteristics of cultivating talent. It is the huge knowledge system of judicial expertise, the contempt of legal education for judicial expertise and the limited resources of colleges and universities of political science and law that lead to the bottleneck of the subject's development in China. At present, the development of judicial expertise in colleges and universities of political science and law faces the problems of name decentralization, position marginalization and limitation of research results. Therefore, it has become an urgent task for the development of discipline construction to unify the name and characteristics of the discipline and clarify the independent new liberal arts status of the discipline under the guidance of the needs of national rule of law construction. Therefore, this paper puts forward some ideas, such as a new mode of cultivating talent in judicial expertise, clarifying the disciplinary characteristics of law plus expertise technology, building a community development platform for independent disciplines, and striving for various resources to support it, so as to better promote the construction and development of this discipline.

Key Words: judicial expertise discipline; postgraduate education; new liberal arts; independent discipline

比较研究

英国涉外法治人才培养模式及其启示*

刘亚军　张羽佳**

摘　要：我国涉外法治人才培养模式现阶段还存在涉外课程覆盖面不全、缺乏针对性培养方案、涉外实践教学能力不足等问题。英国法学教育长期位居世界一流水平，本文分析了英国涉外法治人才培养模式及法学教育体系的完备性和多样性、法学专业人才的多元化培养、涉外法学教育的实践性和专业性等方面特点，通过对格拉斯哥大学的案例分析，提出增加涉外课程、推动境外实习、增设多元化考核模式等方案，为我国涉外法治人才培养模式的发展和完善提供借鉴。

关键词：涉外法治人才培养　涉外法治课程　英国法学教育

2020年11月，中央全面依法治国工作会议在京召开，习近平总书记提出要坚持统筹推进国内法治和涉外法治。2022年1月26日，教育部、财政部、国

* 项目信息：秦创原创新驱动平台跨境知识产权保护法律问题研究，编号：SWFZ2023A15。

** 刘亚军，西北政法大学国际法学院院长，教授，经济学博士。研究方向：国际经济法，法学教育。张羽佳，西北政法大学"西北地区对外开放法律问题研究"方向在读博士研究生。研究方向：国际经济法。

家发展改革委在发布的《关于深入推进世界一流大学和一流学科建设的若干意见》①中提出,“双一流”建设应当推进国内和国外一流大学之间的交流合作,开展双向留学机制的新模式,提升人才培养国际竞争力,为涉外法治人才提供一流的发展、交流平台。目前,我国涉外法治人才短缺,无法应对日益复杂多变的国际局势需求,导致我国在诸多涉外重大案件中屡遭困境,制约了我国在全球法治体系变革中的话语权和影响力。因此,借鉴国外大学先进人才培养经验,创新涉外法治人才培养模式,对我国法治人才培养具有积极意义。

一、英国涉外法治人才培养历史进程

英国涉外法治人才培养的起源可以追溯到中世纪,当时英国的法学教育系统已经初具规模和体系。随着英国在殖民时代的扩张和对外贸易的增加,对外事务涉及的法律问题也逐渐增多,英国开始逐步加强对涉外法律领域的培训和研究。英国法学教育在18世纪末得到了更为系统和完备的发展,包括建立了一系列法学院、法律研究机构和法学出版社等,形成了一个比较完整的教育体系。随着英国工业和经济的快速发展,涉外法治人才的需求也在不断增大,英国法学教育也在19世纪迎来了变革性的时代。在这一时期,英国各地区纷纷创办大学,时至今日,英国大学法学院排名已升至世界大学法学院排名前列(见表1)。

① 参见《教育部　财政部　国家发展改革委关于深入推进世界一流大学和一流学科建设的若干意见》,载中华人民共和国教育部网2022年1月26日,http://www.moe.gov.cn/srcsite/A22/s7065/202202/t20220211_598706.html。

表 1　英国知名大学法学院情况

大学名称	创校时间及法学院建院时间	QS 排名	法学院背景	外籍教师占比	国际学生人数及占比
牛津大学	1096 年/1509 年	2	1509 年建立的布雷齐诺斯学院是牛津大学法学院最初的雏形，是英国最负盛名的高等学府之一。牛津大学法学院是牛津大学社会科学部下的一个学院，其研究领域覆盖了公法、私法、国际法、比较法等领域	54%	9024 人/41%
剑桥大学	1209 年/1858 年	3	剑桥大学 1504 年开设钦定民法讲座，1800 年开设唐宁讲座，但直到 1858 年设立了法律荣誉学位后法学院才初现雏形，其研究领域包括公司法、知识产权法、公法、私法、刑法等多个领域	52%	7865 人/38%
格拉斯哥大学	1451 年/1451 年	66	法学院随建校时成立，是苏格兰最古老的法学院，目前该法学院是英国十人法学院之一	60%	13848 人/43%
阿伯丁大学	1495 年/1945 年	151 ~ 200	1495 年，阿伯丁主教和苏格兰大臣威廉·埃尔芬斯通创立了阿伯丁大学并设立法学院，是英国的顶级法学院之一	61%	5020 人/40%
爱丁堡大学	1583 年/1707 年	17	法学院建立就建校时间来说较晚，法学院在英国极具盛名	45%	15268 人/45%

续表

大学名称	创校时间及法学院建院时间	QS 排名	法学院背景	外籍教师占比	国际学生人数及占比
邓迪大学	1881 年/1881 年	251 ~ 300	法学院隶属于社会科学院,教授苏格兰和英国法律,是英国唯一允许学生取得英格兰和威尔士、苏格兰以及北爱尔兰司法系统资格的大学	50%	3629 人/25%
伦敦政治经济学院	1895 年/1895 年	13	法学院是该校最大和最杰出的院系之一,拥有 1224 多名专业教职员工。它拥有一个独特的国际学术社区,教授来自世界各地的学生	64%	8958 人/73%
伦敦国王学院	1829 年/1831 年	15	潘迪生法学院是英格兰最古老的法学院之一,并被公认为世界上最好的法学院之一,其研究和教学注重人权、气候变化的法律影响、全球化、国际关系贸易等方面	45%	17592 人/52%

资料来源:参见《2022 年 QS 世界大学学科排名:法律与法律研究》,载 World University Rankings, https://www.qschina.cn/university-rankings/university-subject-rankings/2022/law-legal-studies。

20 世纪,随着国际关系和经济全球化的发展,英国对外事务的复杂性和多样性不断增加,为了满足国际合作需求,英国开始不断创新涉外法治人才培养模式和方法,推动涉外法律教育的多元化和实践性教学模式的发展。其中,通过建立一系列专业性强、实践性强的涉外法学专业和涉外法律教育项目,培养了大批高质量涉外法治人才,在国际事务中为英国发挥了重要作用。

进入 21 世纪以来,作为欧盟成员国身份,英国本土法系更倾向于鼓励更多地理解和使用比较方法,将国际法律体系嵌入国内法律体系,并将其运用在法学教育之中。② 在英国脱欧之前，每年有大约 3 万名英国学生去欧洲国家留学，英国法学院申请在欧洲学习或培训的人数在过去七年中增长了 50%，1/5 的教学和研究人员来自欧盟。有数据统计，2016 年到 2017 年，约 1600 名在校生前往欧洲国家学习、培训或参加志愿者活动，欧盟委员会提供的研究经费占大学总研究收入的 10.7%。③

二、英国法学院涉外法治培养课程体系

英国涉外法治人才培养课程特点主要包括以下几个方面：第一，法学课程设置注重国内法理论与国际法理论相互交融，涵盖英国法律体系、英国宪法、英国法院体系、英国法制史等多个方面，同时涉外法律课程以国际公法、国际私法、欧洲联盟法、跨境交易法、国际商法等为基础，促使学生在熟知本国法基础上了解涉外法律规则。第二，注重英语语言能力课程。英国作为国际金融中心和商业中心，英语语言的运用十分重要，因此英语语言能力课程也是必不可少的。第三，注重境外实践教学。实践教学环节是英国法学教育的一大特色，包括模拟法庭、法律实习、法律调研、法律文书写作等实践性课程。针对涉外法治人才培养，英国法学院加入境外实践模块，例如国际暑期课程、开办跨境法律诊所等，让学生与国际法律事务接轨，增强实践能力和法律技能。

（一）本科课程

英国的法学院本科课程通常为三年制，学生在学习期间将接受广泛的法律知识和实践技能培训。学生在第一年需要学习国内法基础性课程，例如宪法、法学概论、债法义务（合约、不法行为及不当得利）以及家庭法。第二年的课程会在第一年的基础上增加难度并提高涉外性，课程主要涉及两个维度，国际审判制度和国际法律运作模式。针对毕业后选

② See Jessica Guth, Tamara Hervey, *Threats to Internationalised Legal Education in the Twenty-First Century UK*, The Law Teacher, 2018.

③ See Scottish Funding Council Report: EU Exit and Scottish Colleges and Universities, SFC (Jan. 1, 2018), https://www.sfc.ac.uk/publications-statistics/corporate-publications/corporate-publications-2018/SFCCP012018.aspx.

择从事涉外法律业务的学生,学校会相应地增设相关课程,例如,在第二学年学生可以在选修课方面选择国际私法和国际法前沿等课程。在第三学年,学校不再设定必修课程,为学生留出足够的时间开展境外实习。

多语言训练和法学写作能力的培养也是英国法学院重点关注的领域。例如,在格拉斯哥法学院本科学习期间,学生有机会学习一门外语并将该门语言与法律专业素质培养相结合,学校同时设有奖励机制,即学生每通过一门外语课程将会被授予相关法律语言荣誉学位(Law with Languages degree)。格拉斯哥大学法学院为在校本科生提供海外留学项目,每年有60%的优等学生在第三学年去往海外合作学校参加暑期海外课程。不论学生选择何种模式的课程设置,海外学习成绩都会被纳入申请学位的学分总数中,不涉及额外增加一年的学习时间。

英国法学学士学位设置的灵活性,以及对学生所需关键技能的培养、海外学习和参加就业机会的一体化制度,意味着攻读该学位将会为学生未来的职业生涯打下良好基础。由于英国的法系是由英格兰、威尔士或北爱尔兰所在的普通法系和苏格兰地区所在的大陆法系构成,对于希望在英格兰、威尔士或北爱尔兰从事律师工作的学生来说,普通法法学学士学位(Bachelor of Law,LL. B.)的学习为学生创造了一个适应不同法系的学习环境。

(二)研究生课程

英国的法学硕士培养分为两种:授课型硕士和研究型硕士,这两种硕士学位取得方式最主要的差别是学习时长和考核模式。授课型硕士学位针对涉外法律专业的学生开设了七个不同方向的专业,以格拉斯哥大学国际法方向为例,学生需要从以学校提供的课程中选择至少五门课程,并提交一篇属于该领域且不少于三万字的论文。研讨课的课前阅读材料及课后作业将会在学期开始之初由代课老师发布在Moodle④上,并

④ 英国大学用于选课、发布信息和学生与教授交流的平台,是英国大学网络信息平台中重要的在线学习工具或虚拟学习环境,它是学校和学生相互沟通、合作和建立学习社区的必不可少的一部分。在英国,对于该性质的平台每个大学有不同的叫法,例如剑桥大学称之为Paper,苏格兰大多数学校都称之为Moodle。

且附上该学年所有的课程安排,其目的在于让学生对课程设置有整体印象。

英国大学法学院在硕士培养阶段不仅对于课程安排有着细致的规划,同时也注重对学生法律文书写作能力的培养。在研究生阶段,学生将被要求写一篇3000字的学年论文,占课程最终分数的25%。每季度或每一学期一般会有阶段性论文考核,由教授或助教出题,该文章成绩不会被记入总成绩,其目的在于教授可以从学生的文章中了解其对于课程的掌握情况,并适当作出授课调整。阶段性论文不是拿到学分的必要要求,也不影响最终分数,旨在让学生有机会就相关主题进行法律分析写作,并在需要的情况下对学习进展提供反馈。

研究型硕士学位一般可分为研究型硕士学位和博士学位,通常针对已经有硕士学位的人。攻读该类型学位的学生在导师的指导下进行研究项目,没有正式的讲座或班级教学,主要依靠学生的实践报告和论文审查判定其是否满足毕业标准。研究型硕士学位的另一个特点是学生在攻读学位期间,学校会专门为学生设置专业技能课程,协助提升学生的法学与职业素养。格拉斯哥大学社会科学学院开展"毕业生技能计划",协助学生运用涉外专业技能进行学术交流,例如,参加国际法模拟法庭竞赛、如Telders国际法模拟法庭竞赛,或是到海牙和日内瓦等地进行实地考察,参观不同国际机构,掌握其实际运作方式等。

三、英国法学院授课模式

英国法学院注重实践教学与理论教学并行,以培养学生的法律学习技巧、文献分析和理解能力、逻辑论证能力为基础,同时加入多元化实践教学机制。法学院的课程大都以小班教学为主,每周会有讲授课、小组会或研讨会交替进行。根据班级规模和教授个人时间的安排,每学期会有一到两个客座研讨会,探讨当前较为热门的国际法话题,教授提出相关问题并引导学生解决问题。

在这些授课方式中,讲授课虽然是最基本的课堂模式,但总体课时数量占比并不高。讲授课课堂一般选择在较大的阶梯教室,以教师讲授为主,教师与学生之间很少有对话和讨论环节。这种模式的课堂注重学术的完整性和逻辑性,在教师的主导下,系统全面地进行学理和典型案例的分析、阐述,学生只需要跟随老师的思维进行思考并记录要点即可。

小组会和研讨会主要采用案例教学模式,通过具体案例引导学生思考并进行讨论,这个类型的课堂通常会邀请经验丰富的法官、检察官或是教授协助教学,训练学生开放自由的学术思维能力培养。小规模的教学方式的主角不再是教师,学生的参与和讨论将主导课堂进程。在此过程中,教学的目的不再是强迫学生接受,取而代之的是学生形成自己的思维逻辑,并对所讨论案件产生自己的判断。学生通过对案例的研习,加之具有实践办案经验的法官的协助引导,为其后期的实践课程打下基础。在这些案例中,不乏对国际热点问题的探讨,面对此类问题,基于英国特殊的地理位置和法律环境,学生不仅需要了解英国法律规则,还需要对欧盟法律规则有所掌握,这种教学模式下注重的便是法律现象背后所隐含的法学理论知识和国际法规则。

英国法学院另一具有特色的教学模式为实践教学,主要包含模拟法庭、法律援助研习和法庭旁听等方式。法律援助研习和法庭旁听在校外进行,由教授带队,前往与学校有合作的地方法院或是法律援助机构,参与真实案件的审理过程。在实践过程中,学生不仅可以了解真实司法审判的具体流程,还可以收获实践经验,锻炼独立思考和处理真实问题的能力。在与当事人、律师和法官的交谈中,学生逐渐掌握必要的职业技能,与课堂教学无法实现的部分互为补充。

四、英国法学院的考核评价体系

(一)考核方式

不论是在本科生阶段还是在研究生阶段,英国法学院的毕业考核都十分严格,但是其人性化的考试设置也为学生答题创造了极好的条件。大多数学校会采取2~3小时的集中闭卷考试,考试过程中可以携带相关条约和法规(但不包括判决书、评注或学术著作)的无批注副本,这些文件可以是已出版的文件汇编,也可以是单独的官方文件。考试题一般情况下有6~7道,学生从中选择3~4道进行作答。题目以论述为主,通常是提出一个学术观点,让学生进行个人理解阐述;或是引用知名判决中的法官论断,让学生作出理解性评论。

此类型的考题可以考察学生对一个问题的全面分析和思维逻辑,不仅要求学生在短时间内作出完整的表述,同时其段落之间的逻辑性更是重中之重。由于英国法系主要依靠判例进行案件分析,因此法律和案例之间的权衡也对学生的分析能力提出了挑战。学生在日常学习过程中需要记忆大量的案例,对于案件中的争议焦点、判决理由和案件名称等都要熟记于心,加之对日常学习成果的运用,才能在短短2~3小时完成考卷。在这样严苛的要求下,每门课达到A以上的学生寥寥数人,而每年平均成绩能达到B的学生占比也并不高,由此可见,英国法学院对于学生的考核十分严苛,但也正因如此,英国毕业的法学生的法学素养普遍较高。

(二)考核标准

英国法学院对学生的成绩评定分为两个部分,一是对论文成绩的评定,二是对考试成绩的评定。对于论文成绩评定,多数英国大学都拥有一套相对成熟的评价标准。具体来说,论文成绩由A至H分为8个等级,前三个等级中每个等级包含5个小级,E为及格线,若得分为H及以下,则需要重修该门课程,这个评分标准同样适用于考试成绩的评定。在这份论文评定标准中,最重要的板块是对于剽窃的定义。学校评审会认为授予学位和其他学术奖项是对学生个人成就的认可,学生不应从剽窃中获益,在没有确认出处的情况下,以任何形式提交或展示的他人作品的行为都将会涉嫌剽窃。所有涉嫌剽窃的个案,不论在学生毕业前或毕业后的任何学习阶段,评委会都会根据其《剽窃声明》(Plagiarism Statement)进行调查及处罚。剽窃包括在没有正式和适当的承认的情况下合并材料,即使并没有欺骗的故意,主要包含直接引用他人文献且不使用引号,整段转述且没有得到授权,文献来源未经认可,直接抄袭他人作品,抄袭其他学生的作业。对于论文、报告和学位论文,从任何来源获得信息或学术观点必须根据该学科的适当惯例标注该来源,任何未能充分得到承认或正确引用其来源而提交的论文将会被认为是剽窃作品。此外,考虑到有些论文需要学生借助小组学习来完成,这种形式下所提交的论文便不再适用个人学业论文的评估方法。

对于考试成绩的评定方式则直接关系到学生可以拿到何等学位,学位分为三个等级,分别为一等荣誉学位,二等优秀学位和三等普通学位。成绩为A的学生可以获得一等学位,成绩为B的学生可以获得二等学位,成绩在B以下的毕业生则获得普通学位。

五、英国涉外法治人才培养模式对我国的启示

(一)缩减国内课程模块,增加涉外课程

从"统筹推进"到"深入推进"涉外法治人才培养建设,国家不断赋予高校自主改革创新的权利,充分激发高校办学活力,探索适合学生发展的培养模式,建设高水平研究型大学。就目前来看,我国高校涉外人才培养方案每学期都配备大量课程,繁杂的课时压力无疑降低了学生对专业学科的钻研度。随着社会和法律环境的不断变化,新的学科和课程需求不断涌现,缩减课程数量可以让法学院更灵活地调整课程设置,更好地适应学科发展,同时缩减国内法课程数量可为增加涉外课程提供空间和资源。

就本科涉外法治人才培养而言,在前两年注重学生的理论基础学习,逐年增加课程难度,避免一次性在同一学年之内开设多门课程。对于法律硕士教育,应加强专业性授课,减少国内法课程和纯理论教学课程的数量。对比英国法学教育,本科生前两年只需学习五门必修课,每门课程配备40学分,后两年则进行多语言化实践教学;研究生在一年内完成四门课程,一门为国际法基础理论,其余三门均为欧盟相关法律,对于每门课程学生都享有充足的时间进行研究与运用。在2021年教育部发布的《法律硕士专业学位(涉外律师)研究生指导性培养方案》中,必修课皆以理论课程为主,虽然课程数量较普通法学硕士课程更多但其中并不包含别国国内法或是实践性较强的实务性课程,且各法学院教授过程中多不使用外语教学,因此毕业生能适应纯英语工作环境的人数也屈

指可数。[5] 英国与欧洲各高校之间教师流动十分频繁，学校汇聚具备各种语言授课能力的优质师资力量且开设大量与欧盟法、欧盟成员国国内法相关课程。强化外语写作和外语教学是涉外课程的表现形式之一，[6]在涉外法治人才培养的课程设置中应当增加纯外语授课及多语言的训练和处理国际案件的能力训练，根据国际形势及热点问题增设课程。在保留基础专业课的情况下，必修课部分可增加纯外语授课的涉外性质课程，如英国合同法、欧盟范围内管辖、承认与执行等。对于选修课，可不限制数量和方向，只设置最低学分要求，提升授课广度，适应多层次多领域法治人才需求。为确保学生全方面了解所选课程，学校在每学期开始前一周，各课程负责人应将整体学年安排提前发至学生手中，其中可载明所有选修课程的课程目标、教学方法、推荐书单、考核方式和单元课程安排细则等内容。基于涉外法治人才培养的独特性，除了最基本的国际公法、国际私法和国际经济法的核心课程之外，高校在设置选修课程时应当结合国际当前形势，拓展学生的国际视野，帮助学生全面掌握国际法的基本理论并提高在实践中解决问题的能力。

（二）依托"一带一路"推动境外实习

我国高校在设计培养方案中多加入境外实习模块，但大多数未能完全实现预期目标。例如，在涉外律师研究生指导性培养方案中鼓励研究生在校期间到境外实习，且实习期应达到6个月及以上，或在境外学习6个月以上并实习3个月以上可折抵涉外专业实习全部学分，但是在实际教学中，这一部分往往被省略。

当前，我国正处于深入推进全面依法治国、加快建设社会主义法治国家的重要时期，亟须涉外法治人才运用国内、国际制度应对诸多风险挑战，维护国家长治久安。"一带一路"的不断发展推动了我国和世界的沟通，在我国不断参与国际事务和国际经济贸易的过程中，现实要求

---

⑤ 参见中华人民共和国教育部，《法律硕士专业学位（涉外律师）研究生指导性培养方案》，其中7门必修课为：中国特色社会主义理论、法律职业伦理、法律专业外语、国际关系基础理论、国际公法原理与实务、国际私法原理与实务和国际经济法原理与实务。

⑥ 参见黄惠康：《从战略高度推进高素质涉外法律人才队伍建设》，载《国际法研究》2020年第3期。

我们不能只是被动地接受规则。涉外法治人才需善于利用国际规则,了解国际局势,在创建我国涉外法治体系的过程中积极主动地参与国际事务和国际治理,提升我国国际话语权和国际地位。如今,自2013年我国提出共建"一带一路"倡议至今,这十年得到沿线众多国家积极响应,为高校开展在校生境外实习提供了便利条件。依托"一带一路"开展境外实习可以通过以下三个方面进行。

首先,高校可以充分利用国际合作办学平台,以高校自主项目为载体,选择合适的实习对接机构,最大限度地争取当地政府和社会资源支持。例如,2019年"春晖计划2.0"就是通过高校项目资助国外留学人员回国开展学术交流、实践等活动。高校也可以申报对外合作科研项目,与国外大学之间建立交流平台,输送国内学生开展境外实习。

其次,随着数字化教学在教育中扮演着越来越重要的角色,构建"智慧教育""互联网教学""网络实践课程"势在必行。与传统实习模式不同,考虑到"一带一路"合作伙伴较为复杂的文化背景等因素,我国大学可以与当地高校、教育机构或是司法机构等建立网络实践科研平台,通过上传各国司法实践案例、特色化示范课程、直播国际案件司法审判等内容达到实习的目的。

最后,我国高校可以与"一带一路"合作伙伴高校合作开设假期实践课程。例如,英国大学部分法学院常年与海牙国际法研究院开展暑期课程联合培养计划,该课程每年七月开办,为期六周。此类课程具有课时周期短、实践性强和专业化精准教学的特点。在共建"一带一路"倡议背景下,我国高校可与沿线国家高校联合开设假期教学课程,为我国学生提供假期实习机会,同时结合不同国家法律教学体系特点,分别开设不同学科的实践课程,如莱顿大学法学院开设国际犯罪学暑期课程,牛津大学开设国际私法暑期课程,斯德哥尔摩大学法学院开设国际卫生法以及国际贸易法暑期课程等,多样化课程设置可以给予学生更多的选择空间,利用假期完成境外实习的项目规划。

(三)开办线上法律诊所丰富课堂形式

英国多元化授课包括以研讨会、法律诊所、司法实践等形式进行,培养学生在课堂内外独立学习和讨论的能力,形成批判性思维模式。在涉外法治人才培养方案中可以在单独的学期内给予学生充足的时间理解、运用一门课程的所有理论知识和实践方法,在课程总体安排中预留 2 至 3 周仅作为查阅资料阅读书籍的时间,将讲授与自我学习相结合,培养学生自学能力,夯实法学基础理论教育。

法学是一门实践性较强的学科,尤其是涉外法治人才培养,应对当前复杂多变的国际事务必须要涉外法治人才具备较强的实践能力。在涉外实践性教学模式中,律师和法律服务型人才的培养是关键。单纯的课堂教学模式无法满足各项实践综合素质的培养,因此高校应转变传统教学模式,在涉外法治人才培养过程中吸收涉外法治实务部门专家参与,带领学生实际参与到真实国际案件中,发挥涉外实务部门对于高校教学中的引导作用。例如,英国法学教育在课程设置过程中就明显注重实践教学和学生自主掌控课堂的能力,主要致力于加强学生在法律理论和法律实践两方面的综合素质培养。⑦ 在涉外法治人才培养过程中,授课应当以涉外法治理论和实践相结合作为基础,例如,在格拉斯哥大学的教学过程中,小组练习、角色模拟训练和教学研讨会等都被列为主要的授课方式,由学生准备和决定课堂相关的教学内容,老师仅对不足之处和复杂难点进行补充和解答。

另外,在法学教育日益数字化的过程中,线上法律诊所为学生提供了接触数字教学技术和发展核心竞争力的机会,可以说,法学教育模式的转变反映了法律服务提供方面的变化。法律诊所教学在英国法学教育中十分常见,对法律实践和法律教育方面具有独特的作用,诊所式法律教育强调体验式学习的价值,它超越了技能培训,呼吁学生参与法律实践以及在实践中促进法律职业道德发展。我国涉外法治人才培养方案中提到实践教学和训练部分可采取法律诊所的方式进行,具体实行方式可参考英国开设的开放司法中心(Open Justice Centre),该中心在线上法学院和社区之间以及法律学生和法律专业之间搭建桥梁,为学生创建

⑦ 参见王健:《西方国家怎样培养法律人才——法律人才培养模式之比较》,载王瀚主编:《法学教育研究》第 3 卷,法律出版社 2010 年版。

线上法律诊所,提供在线法律服务,并为那些可能没有机会访问面对面法律诊所的国内外客户提供法律咨询服务。线上法律诊所的一个重要特征是任何人都可以通过互联网连接到它,利用技术联系到世界各地,为涉外法治人才培养提供国际化教学资源。

完成实践后的自我评估与总结也是十分重要的,这是一种自我评估的形式,无论是学生所学到的东西还是实践项目带来的学术收益,都会让学校或组织者考虑下一次如何改进这个项目。自我评估可以从以下两个方面进行:第一,填写一份自我评估表,要求学生思考在实践过程中取得了什么成果,导师会将此表格与实践结果进行分析,用以评估学生是否符合授予结课证书的标准。第二,学生和指导老师共同开展研讨会议,讨论参与情况以及法律诊所实践中存在的问题和难点,从别人的经验中学习和反思自己的学习和工作。

(四)增设多元化考核模式

课程考核机制是检验涉外法治人才培养成果的重要一环,目前在我国高校涉外法学课程的结课方式局限于传统单一模式,大部分以闭卷考试的方式为主,题型以单选、多选、填空和论述等为主要形式,每学年基本不产生较大变动。英国法学院在结课方式上为学生提供多种方案,选择以论文成绩与期末考试成绩结合达到考核标准,和单独选择以论文成绩或是考试成绩作为结课成绩的方案都是被认可的。学生可选择自己擅长的方式完成课程考核,最终成绩不再单一的体现对基础理论的记忆成果,而更多地展现学生对法学的运用和理解,多元化的考核方式全面展现了学生的综合素质。

我国涉外法治人才培养方案中的课程考核方式可借鉴英国的做法为学生提供多种选择,在传统的笔试考试的基础上结合口试、论文、项目实践等多种形式。对于基础理论较多的课程可选择考试的方式进行考核,对于实践性较强的课程可以增加开放式问题、案例分析等更贴近实际工作的考察方式,以及考察学生法律知识的同时,注重提升学生的实践能力和综合素质。提高论述题、案例分析和简答题的占比,鼓励学生运用所学知识分析实际案件并阐述自己的观点,逐步从理论教学考核向实践运用教学考核转变。在考核标准上,可以采用评估矩阵、评价表等多种工具,评估学生在不同领域的表现,如专业知识、批判性思维、团队协作能力等。在考试结束后,学校应该及时向学生反馈考试成绩,并提供详细的考试分析,以帮助学生了解自己的优点和不足,促使其针对性地提高自己的能力。

考核模式的扩充丰富可以从以下几个方面进行:项目考核与实践考核相结合,通过学生完成特定的项目来考核其学习能力和实践能力,同时考核学生在实践中运用所学知识和技能的能力。首先在正式考核前,设置一次预备考试,以帮助考生了解考试形式和要求,测试他们的基础知识和能力。通过笔试,一般包括选择题、填空题、判断题、简答题等题型,考核学生对于法律理论、法律制度的掌握情况和案例分析等方面的能力。其次,还可以安排口试环节,以测试考生的口头表达能力、应变能力和解决问题的能力,口试一般以个人面试、小组讨论或模拟庭审等形式进行。最后进行模拟法庭辩论,考察考生的辩论能力和实际应用能力。考生需要在一定时间内准备辩论陈述、反驳和辩论总结等内容,并在模拟法庭上展示自己的能力。教师在考核结束后进行总结和评估,对考生的成绩进行评估和排名,并对考核流程和内容进行总结和反馈,帮助考生了解自己的优势和不足之处,以便今后更好地提高自己的能力。

加大论文考核比重,尤其是在研究生培养阶段,学术表达和法律文书写作可以直接反映学生学术研究水平和论文写作能力。每季度或学期设置阶段性论文考核,该文章成绩不被记入总成绩,旨在从学生的文章中了解学生对于课程的掌握情况,并适当作出授课调整,同时让学生有机会就课程相关主题进行法律分析写作,并在需要的情况下对他们的学习进展提供反馈。

推进自我评估考核的扩大使用,要求学生根据自己的学习和实践经验,对自己的能力和表现进行评估。首先,学生需要设定自我评估的目标,例如,评估自己在某个领域的能力、评估自己在某个科研项目中的表现等。目标需要明确、具体、可衡量,以便更好地进行评估和提高。其次,通过问卷调查、自我测试等方式收集整理自己的课堂表现、学术成果、实践报告等成果资料,在收集到足够的数据后对成果进行分析,以了解自己的优势和不足之处。最后,制订相应的行动计划,以提高自己的能力和表现,计划需要具体、可行、具有挑战性,同时需要考虑时间和资源的限制。

结　语

自2015年国家提出“双一流”建设以来,时至今日“双一流”建设已经进入第二轮实施规划。新时代我国在国际法治发展中面临着复杂多变的国际局势,对我国涉外法治人才培养提出了更高的要求。坚持服务国家战略需求,加快形成系统完备的涉外法律法规体系,积极构建更加完善的涉外法治体系不能缺少涉外法治人才的支撑。

英国的涉外法治教育在国际上享有很高的声誉,其课程涵盖了国际法、欧盟法、商法等多个国内及国际法领域,其独特的教学方法和课程设置,使其毕业生在全球范围内受到广泛认可。当前,我国涉外法治人才培养还存在诸多不足,借鉴国际先进法学教学模式是我国建设“双一流”过程中一条可取之径。在今后“双一流”建设中建议不断增加针对性培养方案,加强实践与理论相结合的教学方式,组织国际交流、教师互换、学生互派等合作,培养一批高素质涉外法治人才。

The Model and Implication of the Cultivation of Foreign-related Legal Talent in the UK

Liu Yajun　Zhang Yujia

Abstract: Currently, the model for the cultivation of foreign-related legal talent in China still faces problems such as incomplete coverage of foreign-related courses, lack of targeted training schemes, and insufficient foreign-related practical teaching ability. The legal education in the UK has always ranked first-class in the world for a long time. This paper analyzes the model of the cultivation of foreign-related legal talent in the UK, the completeness and diversity of the legal education system, the diversified training of legal professionals, and the practicality and professionalism of foreign-related legal education. Through a case study of the University of Glasgow, the paper proposes solutions like increasing foreign-related courses, promoting overseas internships, and adding multiple assessment model to provide guidance for the development and improvement of China's model for the cultivation of foreign-related legal talent.

Key Words: the cultivation of foreign-related legal talent; foreign-related legal courses; legal education in the UK

数字经济背景下美国法治人才培养模式探究

闫志开*

摘　要：在数字经济背景下，美国法治人才培养形成了法学与数字经济相关专业结合的跨学科模式。基于对美国大学法学专业排名前14所高校的研究，将美国法治人才培养模式归纳为增加跨学科的联合学位类型、扩充跨学科的课程体系和丰富跨学科的教研平台三个方面，并从基本类型、运行机理、教学成效等层面进行了深入分析。美国著名大学法学院的法治人才培养模式不仅具有明显的共同点，也有其差异之处，其取得的成绩与面临的挑战对我国法治人才培养均具有一定的启发意义。

关键词：法治人才　法学教育　数字经济　数字法　跨学科

信息技术催生了数字经济的兴起，既节约了成本、提高了效率，也挑战甚至摧毁了传统模式。数字经济给法治事业也带来了诸多问题：数据确权难题有待破解，数据共享流通障碍重重，数据安全和隐私

---

* 闫志开，东南大学法学院博士后研究人员，江苏师范大学法学院讲师。研究方向：数据法学。

保护体系尚不健全等,这给法律规则带来了全新挑战。传统的法治人才培养模式已难以应对网络时代的发展需要和数字经济对法律人才的需求。美国是数字经济大国,也是法学教育强国。自信息技术研发应用以来,美国著名大学的法学院就顺应数字经济发展变化,调整人才培养模式,取得了较好的成效。本文根据2023年《美国新闻与世界报道》(U. S. News & World Report)的美国大学法学专业排名,选取耶鲁大学、斯坦福大学、芝加哥大学、哥伦比亚大学、哈佛大学、宾夕法尼亚大学、纽约大学、弗吉尼亚大学、加州大学伯克利分校、密歇根大学安娜堡分校、杜克大学、康奈尔大学、西北大学、乔治城大学14所高校("T14")的法学院为研究对象,主要从学位类型、课程体系及教研平台三个方面,分析数字经济背景下美国法治人才培养的模式,以探索可资借鉴之处。

一、增加跨学科的联合学位类型

在数字经济背景下,无论是法律从业者还是企业高管,都比以往更需要对技术及其相关法律有深入的了解。为此,美国著名大学的法学院增加了联合学位,以满足在数据安全、人工智能和金融科技方面的法律需求。

(一)基本类型

近年来,美国法学院与其他学院的联合学位主要集中在技术与经济两个领域。根据侧重点的不同可分为两类:(1)多数法学院侧重于法律与信息技术的交叉关系。信息技术改变了法学专业的目标,也更新了法学课程的教学手段,跨越法学与信息技术学科的联合学位应运而生。例如,西北大学普里茨克法学院设立"科学法硕士"学位,以法律和技术的交叉点为中心,学生可灵活地设计适合自身兴趣和职业目标的课程计划。纽约大学法学院的"竞争、创新和信息法硕士"学位,致力于培养反垄断、知识产权或信息法方面的人才。(2)少数法学院侧重于数字经济研究。法律被视为一种治国之术,它与经济具有相互促进的关系。数字经济的发展呼唤懂经济、懂法律的数字法治人才。为此,一些法学院开设了法学与数字经济专业相结合的联合学位。例如,斯坦福大学法学专业与经济学、管理学等学科建立了联合学位,既为法科学生提供接触各领域创新成果的机会,也有助于通过法律推动这些领域不断创新。

(二)运行机理

在主办机构方面,联合学位多为法学院与其他学院共同设立。例如,纽约大学的“网络安全风险与策略硕士”由法学院和工学院联合设立,内容涉及网络安全风险的业务、监管和技术层面;密歇根大学的法律与信息双学位(JD + MSI)由法学院和信息学院共同开设课程,使学生获得法学博士(JD)和信息科学硕士(MSI)学位;哈佛大学法学院开展了与商学院联合培养(JD/MBA)、与肯尼迪政府管理学院联合培养(JD/MPP 或 JD/MPA)等项目,目标是综合多学科的研究方向,培养具有多领域知识的复合型人才。

在师生构成方面,教师与学员常有不同的身份和背景。例如,纽约大学法学院在全职教师授课的基础上,引入了由技术法、专利法和反垄断法等领域的诉讼律师讲授的课程,这些律师提供了基于实践的独到见解;乔治城大学法学院开设的技术法律与政策法律硕士(LL. M)和法律与技术硕士(M. L. T),既面向对技术感兴趣的法科学生,也面向希望提升专业技能的律师。

在学习模式方面,除传统的线下学习方式之外,增加了在线学习方式。例如,西北大学法学院的科学法硕士有全日制寄宿模式(9 个月)和兼职在线模式(2 ~ 4 年),这两种方式遵循相同的课程、要求和师资力量;①纽约大学的“网络安全风险与策略硕士”包括在线课程和混合学习模块,学生每周均需完成 10 ~ 15 小时的在线学习和混合学习,还要参加会议和聆听演讲。②

在课程构成方面,课程一般由必修课与选修课组成。以纽约大学的

---

① See Northwestern University Pritzker School of Law, *Program Formats*, Northwestern University (Jan. 16, 2023), https://www.law.northwestern.edu/academics/degree-programs/msl/program/.

② See New York University School of Law, *Overview: Masters Program in Cybersecurity Risk & Strategy*, New York University (Jan. 17, 2023), https://cybersecurity-strategy-masters.nyu.edu/program-overview/.

"竞争、创新和信息法计划"为例,学生必须至少修读24学分中的16学分,包括必修的基础课程(版权法、专利法、商标和虚假广告法这三门基础课程中的两门),而选修课则涉及反托拉斯法、人工智能与行政法研讨会、网络安全法律与策略研讨会、数字社会的全球法律实践研讨会等。③

(三)教学成效

美国多所大学法学院开设的跨学科课程,引导法科学生与计算机科学家、企业家和政策制定者接触,其教学成效是较为明显的,主要表现在以下三个方面:

1. 丰富了联合学位种类,学生得到更多的专业知识及其证明。法学院通过提供相关的联合学位,帮助学生成为法律及相关学科的专家和领导者。例如,伯克利法律与技术中心为法学硕士生和博士生提供了一个专门的证书课程,以表彰他们完成了以技术法为重点的3门核心课程、8个额外单元及1篇研究论文的课程;④宾夕法尼亚大学法学院支持的跨学科项目有11个,通过法学院提供的联合学位和证书课程有35个,法学院有77%的学生完成了联合学位或证书课程。⑤

2. 扩大了就业面,帮助学生实现了学习目标。例如,西北大学的科学法硕士计划为其学生提供一系列职业服务,包括专门的科学法职业顾问和一系列专业发展活动,帮助学生找到有价值的职位。从成果上看,科学法硕士毕业生也确实为雇主提供了巨大的价值。他们担任的职位包括数据分析员、企业家、投资助理、法律分析师等。2018—2020年的就业统计数据显示,93%的科学法硕士毕业生实现了课程目标:其中70%的人从事与科学法硕士学习相关的工作,23%的人从事其他教育项

---

③ See New York University School of Law, *LLM in Competition, Innovation and Information Law Requirements 2022 - 23*, New York University (Jan. 18, 2023), https://www.law.nyu.edu/graduateaffairs/academics/programrequirements/competitioninnovationandinforma-tionlaw.

④ See UC Berkeley School of Law, *J. D. IP & Technology Law Certificate*, UC Berkeley (Jan. 20, 2023), https://www.law.berkeley.edu/research/bclt/students/law-technology-certificate-program/j-d-law-technology-certificate/.

⑤ See University of Pennsylvania Carey Law School, *Joint Degrees & Certificates*, University of Pennsylvania (Jan. 21, 2023), https://www.law.upenn.edu/crossdisciplinary/jointdegree/.

目(医学、商业、技术等)。⑥

3. 培养了一批优秀人才,引领数字经济发展。例如,斯坦福大学位于硅谷的中心地带,是法律、计算机科学、工程和商业学院的枢纽。斯坦福大学法学院和计算机科学系始终位居各自领域的前列,引导联合学位学生从法律和技术角度开展前沿研究。斯坦福大学法学院的校友长期以来都是法律和技术领域的思想领袖,校友不仅创建了硅谷领先的律师事务所,而且许多人还担任了微软、苹果、思科和谷歌等科技公司的顾问。⑦

二、扩充跨学科的课程体系

法学是一门理论性与实践性较强的学科。对于数字法学来说,既要注重基础理论教育,又要注重实践锻炼。针对数字经济背景,美国大学的法学院在理论课程与实践课程方面均有所扩充。

(一)基本类型

美国大学法学院的实践课程卓有特色,而其理论课程也颇为丰富,二者相互呼应,实践经验有助于法律理论领域的讨论和深化。

1. 在理论课程方面。美国大学法学院的法律与数字经济相关的跨学科课程,大多是从关注知识产权开始,之后随着数字经济发展而不断扩展,现在则基本涵盖了技术法的全部领域,包括网络犯罪和网络安全、生物技术、娱乐法、电信监管等。这些跨学科的理论课程面临着如何纳入原有课程体系的问题。大致而言主要有两种方式:(1)将与数字经济相关的法学课程归入知识产权法体系。例如,在杜克大学法学院,与网络信息数据相关的法律都在"知识产权、科学和技术法"类别之下,包括人工智能法律与政策、网络安全法律问题、刑事调查中电子证据的获取

⑥ See Northwestern University Pritzker School of Law, *Careers and Professional Development*, Northwestern University (Jan. 22, 2023), https://www.law.northwestern.edu/academics/degree-programs/msl/careers/.

⑦ See Stanford Law School, *Law and Computer Science*, Stanford University (Jan. 23, 2023), https://law.stanford.edu/education/degrees/joint-degrees-within-stanford-university/law-and-computer-science/.

与披露、国际法中的网络武力使用等。(2)对于新设的数字经济相关的法学课程不作体系归类,保持原有的松散的开放的课程列表。例如,乔治城大学法学院每年开设的与数字经济相关的法学课程达500多门,以助于学生多角度理解数字经济法律问题。但是,这些课程之间时有交叉重叠,并无精确的体系划分。

2. 在实践课程方面。美国大学法学院的实践课程以法律诊所与外部实习为主,涉及社区、法院、律所、公司等,主要锻炼学生的合作、实证研究、政策分析、非诉写作等技能。主要表现为:(1)开设新的法律诊所。法律诊所教育要求法学院将法律作为一门学科的教学置于更广泛的现实之中。⑧ 美国法学院的法律诊所具有较为成熟的运作模式,近年来又新增了法律诊所类型,很多学院的法律诊所富有特色。例如,乔治城大学法学院有19个法律诊所,其中与数字经济相关的有通信与技术法律诊所、知识产权与信息政策诊所;耶鲁大学法学院设立媒体自由和信息访问诊所,通过影响诉讼、直接法律服务和政策工作来保护言论自由;哈佛大学法学院在内部诊所、外部诊所之外,新增了独立诊所项目,供有特殊需求的学生选择。(2)开设新的外部实习。实习的目标是通过为学生提供外部机会,让他们参与政府机构、非营利组织以及法院的工作,以补充传统课堂学习。实习是一门体验式课程,一般有两个相互关联的组成部分:学生们不仅要每周从事实践工作,常见的形式是在教授的监督下开展一个现实操作的项目,或者在外部组织进行实地考察;还要参加一个研讨会,重点讨论实践中出现的理论、技能和道德问题。例如,宾夕法尼亚大学支持学生在公共利益机构或政府机构实习,从事与技术政策、知识产权、反垄断、隐私和相关领域的研究,并设立暑期公益奖学金赞助学生。为了使课程内容与学生兴趣相匹配,宾夕法尼亚大学法学院提供了两种不同类型的外部实习:Gittis外部实习和Ad Hoc外部实习,前者包括费城地区政府和非营利组织提供的预先批准或常设的外部实习,后者是为在某一特定学科领域表现出浓厚兴趣的学生特设的

⑧ 参见休·麦克福尔、宋海彬、杨昊:《法律诊所教育需要理论吗?》,载杨宗科主编:《法学教育研究》第36卷,法律出版社2022年版。

体验式学习机会,必须申请学院批准。⑨

(二)运行机理

在课程设置方面,各法学院也根据不同标准优化课程体系。一方面,精心划分必修课与选修课。例如,西北大学法学院的科学法硕士课程侧重于法律、商业、监管的交叉。课程包括一套必修的基础课程和复杂实用的选修课程。其中,选修课程涵盖4个主要领域:知识产权和专利设计、商法和创业、监管分析和战略,以及技能发展。学生可在这些领域内混合匹配选修课。另一方面,在课程内容设置方面注重循序渐进,如伯克利法律与技术中心将课程分为三个部分:由普通教师讲授的基础课程、由主要教师和从业者讲授的定期更新的高级课程以及分析写作和研究性课程。

在教师构成方面,跨学科课程需要更加多元的师资结构。美国法学院跨学科教育的师资队伍中,不仅有来自法学专业的学者,还有信息技术、数字经济领域的专家。例如,乔治城大学法学院的教师队伍中既有一些信息技术法律方面的教师,也有在联邦机构、私营和非营利部门担任关键职位的专家,从而为课堂带来了现实世界的视角。伯克利法学院的跨学科课程由该学院教师、律师及科技公司顾问共同讲授,后者会将实践经验带入课堂。⑩ 密歇根大学法学院的"问题解决倡议"课程有两名指导老师,一名为密歇根大学法学院教授,另一名为美国经营加密资产上市公司的副总裁。⑪ 还有的教师本人就是多个学科领域的专家,如斯坦福大学的芭芭拉·范·谢威克既是法学专业的教授,也是电气工程

⑨ See University of Pennsylvania Carey Law School, *Ad Hoc Externships*, University of Pennsylvania(Feb. 10,2023),https://www.law.upenn.edu/clinic/ad-hoc-externships.php.

⑩ See UC Berkeley School of Law, *Students*, UC Berkeley (Feb. 12, 2023), https://www.law.berkeley.edu/research/bclt/students/.

⑪ See The University of Michigan Law School, *Class description*, The University of Michigan(Feb. 13,2023),https://michigan.law.umich.edu/problem-solving-initiative/cryptoassets-business-and-regulatory-issues.

专业的教授⑫。

在技能培养方面,注重学生综合技能的培养。在数字经济发展背景下,合格的法律人才需要了解信息技术和法律交叉的方式,并熟悉塑造实践的数字工具。法学院除了训练传统的写作、演说能力,还注重信息技术操作技能训练。例如,乔治城大学法学院的相关课程包括信息技术与现代诉讼法、律师的计算机编程、互联网诽谤模拟、信息技术交易的谈判战略、法律实践中的信息安全和技术等;西北大学法学院的科学法系列课程中,有一些课程侧重训练如何在数字经济中通过沟通与合作来解决问题。

(三)教学成效

很多时候,人们希望在校期间能够学到以后工作中实际应用的技能。从美国法学教育历史来看,“学生在法学院会学到什么”的答案很简单,那就是“如何像律师一样思考”。正如密歇根大学法学院的课程目录所解释的:“这里的努力不仅是理论上的,而且是实践上的;不仅要讲授原则,更要教育如何运用原则。”⑬美国的跨学科课程教育,在教学成效上基本达到了预期目的。

1.学生通过跨学科课程学习增加了真实体验,强化了思维方式,提高了法律技能。例如,哈佛大学互联网与社会中心的网络法律诊所,侧重于互联网、新技术和知识产权方面的问题,为客户提供优质的公益法律服务。学生们通过从事真实世界的诉讼、客户咨询、宣传以及交易案例,增强了应对高科技法律实践的能力。⑭ 有学生谈到:“通过与联合国儿童基金会合作,我有机会深入了解联合国机构如何将数据概念化以促进发展,以及这种概念化如何影响其实践和业务,这很有意思。”也有学

⑫ See Barbara Van Schewick, *Bio*, Stanford University Profiles (Feb. 14, 2023), https://profiles.stanford.edu/barbara-van-schewick#:~:text=Barbara%20van%20Schewick%20is%20an%20Associate%20Professor%20of,Engineering%2C%20and%20a%20leading%20expert%20on%20network%20neutrality.

⑬ See The University of Michigan Law School, *Experiential Learning*, The University of Michigan (Feb. 15, 2023), https://michigan.law.umich.edu/academics/experiential-learning.

⑭ See The President and Fellows of Harvard College, *Cyberlaw Clinic*, Harvard University (Feb. 16, 2023), https://hls.harvard.edu/clinics/in-house-clinics/cyberlaw-clinic/.

生认为:“在世界银行工作期间,我学到了很多关于法律团队如何支持国际组织的知识,还学到了如何引导一个项目从起步走向更为成熟的阶段。”[15]

2.学生在校期间尝试参与法律活动,并促进法律纠纷的现实解决。与数字经济相关的法律诊所为学生提供独特的机会,通过一系列不同的跨学科课程,让学生站在代表客户的立场,培养基本的数字技能和专业价值观,同时满足数字时代客户的法律需求。例如,宾夕法尼亚大学 Gittis 法律诊所的学生,每年服务客户 500 余人,每年为客户提供法律服务超 30000 小时。[16] 2009 年耶鲁大学法学院的四名学生成立了媒体自由和信息获取诊所,就透明度、言论自由和新闻自由等基本原则问题向独立记者、新闻机构、公共利益组织、活动家、研究人员等各类客户提供服务,对禁言令提起诉讼,为诽谤指控辩护,并提起了数十起诉讼。[17] 2023 年春季,哈佛大学网络法诊所的 5 名学生,在导师监督下代表作者联盟和 ComicMix 公司向美国最高法院提交了一份法庭之友简报(amicus brief),以支持缺乏相应辩护能力的一方当事人,预计会对法院裁决产生现实影响。[18]

三、丰富跨学科的教研平台

美国大学法学院有种类众多的教研平台。近年来,这些教研平台在数字经济的刺激下延伸到新的领域,体现了数字法学教育的延续性与及

---

⑮ See New York University School of Law, *Guarini Externship: Global Legal Practice in Digital Society*, New York University (Feb. 17, 2023), https://www.guariniglobal.org/guarini-externship.

⑯ See University of Pennsylvania Carey Law School, *Gittis Legal Clinics and Externships*, University of Pennsylvania (Feb. 18, 2023), https://www.law.upenn.edu/clinic/.

⑰ See Media Freedom and Information Access Clinic, *Mission & History*, Yale Law School (Feb. 20, 2023), https://law.yale.edu/mfia/about.

⑱ See Cyberlawclinic, *Clinic Files Amicus Brief on Behalf of Authors and Creators in "Bad Spaniels" TM Case*, Harvard University (Feb. 27, 2023), https://blogs.harvard.edu/cyberlawclinic/2023/02/27/clinic-files-amicus-brief-on-behalf-of-authors-and-creators-in-bad-spaniels-tm-case/.

时性。美国大学法学院的教研平台主要包括研究所与期刊两类。

（一）基本类型

1. 在研究所方面。美国多所大学法学院成立了与数字法治相关的研究所（研究中心），通过研讨会、学术计划和课程的组合，将教职员工、学生与众多学科的领导者聚集在一起，形成有特色的学术社区，促进学术研究的多样性发展。在研究内容方面，这些研究所的关注重心大同小异：纽约大学的 Guarini 全球法律与技术研究所引导学生从公共利益角度出发，分析由信息技术进步引发的关于隐私、消费者权利、言论自由和知识产权等领域的问题，寻求技术治理和法律政策的解决方案。乔治城法律隐私与技术中心将研究与行动结合起来，帮助立法者和受影响的社区实施隐私权利改革，培训法律学生与计算机科学家、工程师合作。纽约大学法学院的信息法研究所作为研究法律、政策和社会规范的学术中心，通过教师、学生和其他学科研究人员的参与，促进学生对数字网络社会中的信息流的认识。

2. 在期刊方面。在数字经济时代，美国多所大学法学院新增出版一些与数字经济相关的法学期刊，让学生负责编辑，或者针对在校学生留出版面。（1）学生负责编辑。学生编辑刊物是美国法学院的传统，在数字经济时代亦有延展。例如，《哈佛法律与技术杂志》是两年一度的开放获取法律期刊，每年由 150 多名学生组成整个编辑队伍；《斯坦福技术法评论》是一本学生学术刊物，主编及编辑均为学生；《伯克利科技法杂志》是一本由学生经营的出版物，涵盖知识产权、隐私和网络法领域的新问题，该杂志约有 150 名学生，每年出版 3 期学术著作。这些学术期刊的编辑资格都是基于申请并通过写作比赛确定的。（2）为学生文章留出版面。例如，《斯坦福技术法评论》面向本校法学院的所有学生以及美国律师协会认证的其他法学院学生开设有“学生笔记提交”专栏。伯克利法学院《年度评论》完全由学生撰写的文章组成，定期讨论数字经济领域重要的前沿问题。当然，这些期刊对学生文章的质量有着严格的把控机制。《斯坦福技术法评论》虽开设学生笔记专栏，但在通常情况下，该期刊的学术委员会是在没有任何识别信息的情况下审议和评估所有提交的文章。

(二)运行机理

在合作方式上,研究所之间经常合作。有的是校内合作,如纽约大学的 Guarini 全球法律研究所与该校的网络安全中心、创新法律与政策中心、信息法研究所及人工智能研究所合作密切。也有些属于校际合作,如伯克利法律与技术中心与阿姆斯特丹大学信息法研究所共同研究多国的知识产权和监管制度,并解决技术法国际发展的相关问题。

在研究方式上,主要有两种方式:一是举办研讨会。例如,纽约大学法学院的信息法研究所作为研究法律、政策和社会规范的学术中心,近十年来平均每年举办 3 个相关研讨会。[19] 会议结束后,相关视频资源可以在注册邮件列表后,在固定的网络频道上观看。二是开展学术项目。乔治城大学的"技术法律和政策学者"项目为学生提供了参与学术的机会。被选中参加该项目的学生有着各种各样的经历和背景,其关注重心也是不同的,但其共同点在于他们对法律和政策如何应对技术影响等问题都有着深厚兴趣,因此也会有各种各样的学术交流机会。

在刊物运作上,各刊物均有类似的支持机构。一是在行政方面由学院支持。例如,耶鲁大学法学院的学生事务办公室为期刊提供的行政支持包括:协助出版过程、预算监测及网站维护,每年秋天耶鲁法学院还会举办学生期刊展;《伯克利科技法律期刊》得到伯克利法律与技术中心的行政支持。二是在资金方面有赞助。例如,《哈佛法律与技术杂志》的资金来自律师事务所的捐助,而《哥伦比亚科技法评论》受到律师事务所和科技公司的赞助。

(三)教学成效

数字经济对法学教育的影响尚不完全确定,存在较大的变数与模糊性,它至少可以被分为三个相互作用但又截然不同的领域:数字经济、法律与信息技术。对此前沿未知领域,需要发挥好教研平台的功能,将教学技术和研究方法联系起来。美国法学院不断丰富教研平台,对于适应

---

[19] See New York University Information Law Institute, *About Us*, New York University (Mar. 16,2023),https://www.law.nyu.edu/centers/ili.

数字经济发展产生了积极功效。

1. 完善教研平台，促进了数字经济相关的法学发展。各类研究所通过定期举办讲座、小组讨论会和年度研讨会，致力于推广技术和法律知识。各相关法学期刊不仅讨论科技相关的法律问题，也在探索如何利用技术和网络使期刊更具趣味性。例如，《哥伦比亚科技法评论》不仅在期刊官方网站上发布，还在 Gizmodo 和 Engadget 等顶级科技博客上发布，[20]以促进学术论文的开放获取。《哈佛法律与技术杂志》发表了学者、从业人员和决策者关于各种主题的作品，成为世界上被引用最多的法律技术期刊。[21]

2. 开阔学生视野，提高学生的研究能力。让学生在培训过程中发展能力，参与知识的构建，这种教学方式的有效实践使得学生能够识别所学信息的来源。从长远来看，这会培养他们真正的学习兴趣。例如，纽约大学的 Guarini 全球法律与技术研究所致力于为 JD 和 LL. M 学生提供多样化和有意义的机会，学生可以接触到全球法律和技术实践，并可以探索技术法律领域的非传统职业道路。哈佛法学院学生编辑的学术期刊，在法律写作、编辑和学术方面为学生提供了宝贵的实践经验。伯克利法律与技术中心与《伯克利科技法律期刊》密切合作，共同商讨年度评论和研讨会问题，策划法律与技术午餐演讲会，引导学生参与讨论那些尚未进入公众视野的重要主题。

四、评析

教育模式被理解为以向学生传授知识为基础的不同类型的结构，其目的是获得更好的教育结果。面对法律界正在经历的巨大变革，美国著名大学的法学院普遍认为，其有机会也有义务成为这些变革和创新的推

---

[20] See Science and Technology Law Review, *About the Journal*, Columbia University Libraries(Mar. 28,2023), https://journals. library. columbia. edu/index. php/stlr/about.

[21] See The President and Fellows of Harvard College, *Student Journals and Publications*, Harvard University(Apr. 10,2022), https://hls. harvard. edu/student-life/office-of-community-engagement-equity-and-belonging/student-journals/student-journals-and-publications/.

动力。数字经济是信息技术与经济的结合,法学对数字经济的回应必然需要强化跨学科模式。

(一)各法学院教育模式的同异之处

数字经济对法治人才培养带来的冲击是全球普遍存在的。世界各国的许多大学都在对法治教育模式进行调整。鉴于法治人才培养通常有许多理论和实践目标,且并非所有目标都是同时追求的,因此不同国家、不同时期、不同学校甚至不同教师对培养目标的重视程度亦有差异。美国大学法学院的法治人才培养模式具有共同点,也有差异之处。

在数字经济背景下,法律与经济、技术的关系日益密切。从法律与经济的关系来看,法律可被视为促进经济效率的社会工具,而经济分析作为一种理论方法可以指导法律实践。从法律与技术的关系来看,技术更新领域涵盖了广泛的法律利益,这不仅体现在专利、数据隐私等对技术反应直接的领域,在民法、刑法等关联不太直接的领域也有体现。在此情形下,跨学科教育成为不容回避的现实需求。虽然每个学科都有自己的重点,但法律的性质更注重与其他相关学科的合作。毕竟,法律教育的目标之一是在社会、经济、政治和科学背景下理解和运用法律。从本质上来说,法律和其他学科通过联合规划、决策和目标设定而进行的合作,源于对其他学科为法律提供多种体验作用的欣赏。在相互理解和尊重的基础上形成的跨学科教育环境,有助于法学专业的学生更好地理解法律。近年来,美国法学院在联合学位、课程设置及平台方面均体现了法律与信息技术、数字经济的结合,形成了相通的教育模式。

美国著名大学的法学院开展跨学科教育的规模不同。有的法学院,如乔治城大学、宾夕法尼亚大学的法学院,课程体系庞大,强调丰富课程种类,从多个角度来深入解析数字经济的法律内容;有的法学院,如耶鲁大学、芝加哥大学的法学院,师生数量不多,课程体系较小,注重深耕细作。但是,各法学院不论规模大小,均注重结合自身实际,量力而行,扬长避短。例如,芝加哥大学法学院规模较小,注重强化学生与教师之间定期、深入的互动,同时法学院也注重扩大校外学习空间,实践平台覆盖了国会、政府机构和法院、律师事务所等,法学院还积极利用网络平台,为学生搭建世界级的学术社区。又如,斯坦福大学法学和计算机科学的JD/MS学位强调利用位处硅谷的地理特点,放大法律政策、技术突破和创业精神的混合环境优势。

(二)跨学科教育模式的成因解析

美国法治人才培养回应数字经济发展呈现的跨学科模式,是实用主义理念在数字经济背景下延续和深化的体现。实用主义是一种强调实用性和结果的哲学运动。在教育中,实用主义强调经验是实用主义的基础,行动比言语更重要。这与美国的法治人才培养模式的形塑相呼应。易言之,在数字经济背景下,美国法治人才培养的跨学科模式并非是法学教育体系的内生演化,而是回应外界现实需求的结果。

正如芝加哥大学在跨学科调查中所表明的:"法律不是在真空中存在的。只有了解法律如何影响其所管辖的社会的行为,以及法律如何反映该社会的价值观,我们才能理解法律和法律方法。"㉒美国研究型大学本科教育全国委员会在《重建本科生教育——美国研究性大学发展蓝图》报告中提出,学术专业必须反映学生的需要,而不是部门的兴趣或便利,因此应当消除跨学科教育的障碍。㉓ 因此,对于大学法科学生而言,不应仅把法律作为一门自主学科来学习;对于教师来说,也应当从一开始就引导学生关注社会科学、人文科学和自然科学。这种理念反映到现实教育中,就促使美国多所大学法学院将法学课程与其他专业课程相结合,以形成跨学科的综合优势。

(三)跨学科教育模式的成绩与挑战

从学生就业指标来看,美国法学院的这种跨学科培养模式基本是成功的。首先,法学院学生的职业面向覆盖广泛,与市场需求比例相应。法律学院的职业发展计划通常被描述为"三条腿的凳子",学生就业基本集中于私营企业、司法机关和公共服务三个领域。例如,弗吉尼亚大

㉒ See University of Chicago Law School, *Interdisciplinary Inquiry*, University of Chicago (Apr. 15, 2023), https://www.law.uchicago.edu/interdisciplinary.

㉓ See Boyer Commission on Educating Undergraduates, *Reinventing Undergraduate Education: A Blueprint for America's Research Universities*, U. S. Department of Education (Jan. 1, 1998), https://files.eric.ed.gov/fulltext/ED424840.pdf.

学法学院2019—2021届毕业生去向的数量和占比分别为:公司法律事务637人(70%),司法机关文书工作184人(20%),公众利益84人(9%),法律学术10人(1%)。[24] 其次,美国法学院的毕业生在法律市场中依旧占据主导地位。据统计,2007年至2022年,在美国最高法院任命书记官的毕业生来源前五名分别为哈佛大学、耶鲁大学、斯坦福大学、芝加哥大学和弗吉尼亚大学的法学院。[25] 这些数据能够从侧面证明,在数字经济变革的大背景下,美国著名大学的法学院延续了其传统优势。

当前,美国法学院的跨学科教育主要是两个或多个学科在学习过程中进行合作,促进跨专业的互动,以加强每个学科的实践。当然,为了确保跨学科教育事业的成功,在操作中尚有许多复杂的挑战需要应对:例如,不同学科在哲学和社会学方面的差异,包括职业之间的性别和阶级构成、专业尊重和对跨学科方法的运用程度、学科重点目标设定等。又如,不同学科在组织和结构方面的差异,包括教学计划之间的时间安排、学生的适当组合和水平、地理位置分离等。再如,不同学科的学术和专业方面的差异,包括角色重叠和融合,可能导致学科身份的迷失,进而出现难以确定核心内容等问题。怎样才能更好地应对上述挑战,其实是世界各国法学院在法治人才培养方面需要共同面对的问题。

总之,尽管存在上述挑战,美国法学教育的跨学科教育模式在实践中已经全面展开,并取得了相应的成效。这对我国深入推进数字经济背景下的法治人才培养也具有一定的启发意义和借鉴价值。

---

[24] See University of Virginia School of Law, *Facts and Statistics*, University of Virginia (Apr. 16, 2023), https://www.law.virginia.edu/facts-and-stats/careers-clerkships.

[25] See University of Virginia School of Law, *Careers at a Glance*, University of Virginia (Apr. 18, 2023), https://www.law.virginia.edu/facts-and-stats/careers-clerkships.

Exploration on the Rule of Law Talent Training Model in the United States against the Backdrop of Digital Economy

Yan Zhikai

Abstract: Against the backdrop of digital economy, the rule of law talent cultivation in the United States has formed an interdisciplinary model of combining law and digital economy-related majors. Based on the research of the 14 top-ranked universities in the United States for law majors, the rule of law talent cultivation model in the United States is summarized into three aspects: increasing the types of interdisciplinary joint degrees, expanding the interdisciplinary curriculum system and enriching the interdisciplinary teaching and research platform. In this paper, a profound analysis is made from the basic types, operating mechanisms, teaching effectiveness and other aspects. There are obvious similarities and differences in the rule of law talent cultivation model in the law schools of the famous universities in the United States, and their achievements and challenges have certain enlightening significance for the rule of law talent cultivation in China.

Key Words: rule of law talent; legal education; digital economy; digital law; interdisciplinary

教育法治

优质受教育权：智慧教育社会契约的权利基础*

宋 凡 龚向和**

摘 要：2021年联合国教科文组织发布的《共同重新构想我们的未来：一种新的教育社会契约》报告中指出，受教育权是新的教育社会契约的权利基础。相较于以教育机会为核心的公平受教育权而言，优质受教育权契合教育的数字化转型、高质量追求与整体性保障需求，在教育的人权保障范式、射程范围以及发展权能等方面具有明显的优越性，作为智慧教育社会契约的权利基础更具合理性。应充分发挥优质受教育权作为基本权利的防御权功能与受益权功能，对智慧教育选择、机会、条件与信息技术利用能力等方面进行保障，并构建起以优质受教育权为核心的客观价值秩序，强化智慧教育的制度性保障、组织保障与程序保障。

---

* 2021年教育部人文社会科学重点研究基地重大项目"教育法法典化视野下的公民受教育权保障研究"（21JJD820010）；2021年国家社会科学后期资助项目"普惠性、基础性、兜底性民生保障法律制度研究"（21FFXB003）。

** 宋凡，东南大学人权研究院研究人员，博士研究生。研究方向：人权法学、教育法治。龚向和，东南大学国家智慧教育治理实验基地首席专家，教授，博士生导师。研究方向：人权法学、教育法治。

关键词:优质受教育权　智慧教育　社会契约　主观权利　客观价值秩序

2021 年 11 月 10 日,联合国教科文组织发布《共同重新构想我们的未来:一种新的教育社会契约》报告(以下简称《报告》),其中最为核心的观点是“教育可以视为一种社会契约——一种社会成员间为了共享的利益而合作达成的默契协议”。① 如果说教育可以视为社会成员为了共同利益而达成的默示协议,那么目前正在进行的教育网络化、数字化、智慧化建设,也同样应属于新的教育社会契约的组成部分。

《报告》指出,“新的教育社会契约必须以受教育权为中心”。但当前的受教育权理论已经演化生成了公平受教育权、优质受教育权以及公平优质受教育权三种类型。② 其中,公平受教育权以保障受教育机会为核心,主要面向“有学上”的现实问题,优质受教育权以保障教育质量为核心,在解决“有学上”的同时更加注重“上好学”的利益保障,属于优质中包含公平。公平优质受教育权则是一种复合型权利,将公平与高质量进行了分开讨论。由于这三种权利所具有价值功能差异性较大,智慧教育所形成的社会契约应以哪种受教育权作为权利基础,仍是一个值得深思的问题。本文通过对智慧教育发展所具有的契约外观和契约内核进行探索,认为智慧教育的发展应将追求高质量教育的优质受教育权作为权利基础,并以优质受教育权的基本权利功能为核心建构相应的保障体系,以期为我国智慧教育发展行稳致远提供可行之策。

一、智慧教育的社会契约本质

(一)智慧教育的内涵界定

20 世纪 90 年代末以来,教育信息化坚持“面向学生、走进课堂、用于教育”的发展方向,不断整合与发展优质教育资源,历经教育信息化

---

① *Reimagining Our Future Together: A New Social Contract for Education*, UNESCO, https://www.fx361.com/page/2022/0331/10362420.shtml, Accessed November 10, 2021.

② 参见龚向和:《论新时代公平优质受教育权》,载《教育研究》2021 年第 8 期。

1.0与教育信息化2.0两个时期,对于传统教育产生了深刻的影响,“智慧教育”兴起于教育信息化之后,作为崭新的教育形态,智慧教育的内涵界定在学界仍然存在争议:

其一,如何理解智慧教育中“智慧”一词。“智慧”的本意是指对事物认识、判断、发明与创造的能力。目前大致可分为教育本体论与技术赋能论两种观点:教育本体论认为,教育不是知识的灌输,而是培养人们迅速获得聪明才智与创新创造能力的智慧传授活动,“智慧教育本质是通过转识成智培育智慧主体,以人获得解放,实现主动、自由、自觉发展”。③ 而技术赋能论认为,智慧教育属于教育信息化的技术进阶形态,强调利用信息技术改变传统的教育环境与教育模式,特别是在人工智能、虚拟现实以及区块链信息技术有了突破性进展之后,教育的信息化会越过量变与质变的临界点,走向智慧教育。④ 目前技术赋值论成为了主流观点,以至于“智慧教育”一词成为了技术赋能教育的特定名词。

其二,智慧教育的内涵如何界定。虽然智慧教育作为利用信息技术赋能教育的代名词,但技术如何赋能教育以及赋能到何种程度目前并不明确,主要存在三种具有代表性的观点:一是从技术赋能对象出发,认为智慧教育包含了利用技术融合构建学习环境,提升教师的教学方法,以及让学习者获得个性化教学与美好发展体验等方面,旨在培养具有良好的价值取向、思维品质、创造潜能的人才。⑤ 二是根据信息技术的具体应用领域,提出“智慧教育是充分而有效地利用现代信息技术实现智慧化教学、智慧化学习、智慧化评价、智慧化管理、智慧化服务以及增进学生高级思维能力和创新创造能力培养的教育”。⑥ 三是以人和人工智能进化为视角,提出智慧教育是“通过人机协同作用以优化教学过程与促

---

③ 参见邵晓枫、刘文怡:《智慧教育的本质:通过转识成智培育智慧主体》,载《中国电化教育》2020年第10期。

④ 参见陈琳等:《教育信息化走向智慧教育论》,载《现代教育技术》2015年第12期。

⑤ 参见祝智庭:《深度解读智慧教育》,载《智慧中国》2015年第4期。

⑥ 参见陈琳等:《教育信息化走向智慧教育论》,载《现代教育技术》2015年第12期。

进学习者美好发展的全人教育”。⑦ 综合以上几种定义来看,智慧教育仍立足于人本主义理念,以人的自由发展作为出发点与落脚点,即使持超人工智能时代的人机共教的观点,也是以全人教育作为最终目的。

然而,智慧教育是一个发展中的概念,当下仅处于萌芽时期,过早地以基本要素对其概念进行限定,反而可能阻碍智慧教育发展。应先根据智慧教育所涉主体来设定基本框架,在此框架内只要涉及利用信息技术对教育进行赋能的活动,都可纳入智慧教育范畴。因此,我们认为,智慧教育应属于立足于以“学生为中心”的人本主义价值理念,利用互联网、大数据、人工智能、区块链、VR、物联网等信息技术赋能传统教育,打造数字化、网络化、物联化、智能化、感知化、泛在化的教育新形态,进而优化教师的教学方式与学生学习条件的新型教育模式。

(二)智慧教育契约外观:教育公共事业的数字化转型

所谓外观,通常是指事物的外在形态或表现形式。《报告》将教育定性为了一种社会公共事业,并且是国家乃至全人类共同推动的社会公共事业。而智慧教育之所以能称为社会契约,主要是因为我国教育公共事业的数字化转型已然成为了未来发展趋势,这种转型的背后同样是社会公意的体现,在一定程度上代表着整个社会公民对教育的需求与选择。

首先,人们已经普遍接受了教育事业的数字化转型,智慧教育作为更高效优质的新型教育模式,正在被广泛应用到各个教育领域。截至2020年12月,我国在线教育用户规模达3.42亿,全国中小学联网率达99.7%。相较于线下教育模式,线上教育更具灵活性、开放性与包容性,而智慧教育比线上教育的科技化程度更加深入,包含了物联网、大数据、人工智能等新技术。据2021年《中国智慧教育区域发展研究报告》统计,全国目前已有58.7%的区域将智慧教育纳入地方发展规划,主要聚焦于智联校园、数字校园、精准教学、学习画像与智慧课堂等方面,56.52%的地区建立了统一的信息门户空间,并且有88.46%的区域信息

⑦ 参见张学军、董晓辉:《人机共生:人工智能时代及其教育的发展趋势》,载《电化教育研究》2020年第4期。

门户空间实现了师生一站式信息发布、获取、资源共享、学习交互等云平台化功能,可以预见,未来智慧教育将会有广阔的发展空间。

其次,国家在教育事业发展布局过程中,将以智慧教育为代表的教育数字化作为了主要发展方向。《国家中长期教育改革和发展规划纲要(2010—2020年)》将智慧教育发展领域划分为"加快教育信息化基础设施建设""加强优质资源开发与应用""构建国家教育管理信息系统"三大部分,初步形成了从网络、基础设施到数字化教育资源,再到数字化教育平台的推进模式,此后,国家又通过《教育信息化"十三五"规划》《教育信息化2.0行动计划》等政策文件,明确了智慧教育面向基础教育、职业教育、继续教育等教育环节的发展任务、行动计划以及保障措施。智慧教育发展依托人工智能、大数据、物联网、5G等新兴技术,加快了面向下一代智慧学习支持环境与教育信息化学术共同体的学科建设。党的二十大报告进一步强调:"推进教育数字化,建设全民终身学习的学习型社会、学习型大国。"

最后,智慧教育已经成为了全球教育的发展趋势,世界上许多国家相继出台了大量的智慧教育政策法规,许多国家早在20世纪便已经开始实施教育数字化转型。例如,美国在1996年发布的《国家教育技术规划》(National Education Technology Plan,NETP)中,便开始从教资培训与资金支持等方面推动教育信息化进程,并自2010年起,每四年推出一期《国家教育技术规划》。而欧盟在里斯本战略(Lisbon Strategy 2000)以及"在线学习行动计划"(The e Learning Action Plan 2001)中,也明确了教育信息化转型的目标,⑧并在2020年9月发布的《数字教育行动计划(2021—2027年)》中,对未来五年教育发展提出了新目标,强调要建立高效的数字教育生态系统,提高数字技能和数字转型能力,加强成员国之间的数字教育合作与交流,推进人工智能技术与教育的深度结合。此

⑧ 参见OECD, *How's Life in the Digital Age? Opportu-nities and Risks of the Digital Transformation for People's Well-being*。转引自张菊、金平:《欧洲教育信息化的现状及面临的挑战——基于对〈第二轮学校调查:教育中的ICT(信息通信技术)〉的文本分析》,载《中国教育信息化·基础教育》2021年第10期。

外,日本、韩国与新加坡也于20世纪90年代先后制定了《建立主导世界化、信息化时代新教育体制的教育改革》等教育信息化政策,并一直稳步推进智慧教育发展。⑨

(三)智慧教育契约内核:教育共同利益的科技化保障

利益是契约签订的源动力,人们只有在获取更多的利益的时候才会选择权利让渡,这也是智慧教育能被称为社会契约的核心所在。《报告》指出,新的教育社会契约是社会成员为了共同利益而签订的。这里的"共同利益"是2016年联合国教科文组织发布的《反思教育:向"全球共同利益"的理念转变》中提出的全新概念,与以"公私对立假设"为基础的"公共利益"不同,教育"共同利益"理念既反对极端个人主义,也反对狭义的国家主义,而是将"教育"与"知识"将视为一种全球共同利益。⑩ 而智慧教育属于技术视角下的教育社会契约,⑪其对教育共同利益的保障呈现科技化模式。

其一,智慧教育有助于塑造新一代"数字公民"的数字素养。"数字公民"最早出现于美国1998年版的《学生教育技术标准》,是对社会、道德、法律与人类相关问题的思考,而到了2016年版《学生教育技术标准》,"数字公民"便已成为了教育学的术语,其内涵为:"标准2——数字公民:学生能够意识到在互相联系的数字世界生存、学习、工作的权利与义务以及机会,他们能安全、合法、遵守道德并能够示范性地行动。"⑫智慧教育是数字空间中教育与信息技术的深度融合,物联网、虚拟现实、人工智能等技术将数字空间直观、立体地展现在学生眼前,学生在其中开展学习、工作、社交活动时,也会更加明晰并遵循相应的空间规则与道德法则,逐渐成为合格的"数字公民"。并且,"数字公民"对学生的要求并

---

⑨ 赵晓冬等:《教育信息化的国际行动框架研究》,载《中国远程教育(综合版)》2017年第10期。

⑩ 李政涛:《人工智能时代的人文主义教育宣言》,载《现代远程教育研究——解读〈反思教育:向"全球共同利益"的理念转变〉》2017年第5期。

⑪ 参见林可等:《教育何以构建一种新的社会契约?——联合国教科文组织〈一起重新构想我们的未来〉报告述评》,载《开放教育研究》2022年第1期。

⑫ 钱松岭:《数字公民的过去、现在与未来——访美国"数字公民教父"Mike Ribble博士》,载《中国电化教育》2019年第9期。

不止步于认识数字世界,而是沿着“学习使用技术”到“使用技术学习”,再到“利用技术变革学习”的逻辑对学生提出了更高的要求。由此可见,智慧教育的发展也在不断增强学生对技术接受、分辨、使用与优化的能力,塑造更具创造力的新一代“数字公民”。

其二,智慧教育有助于弥合因地域差异所导致的“教育鸿沟”问题。有学者认为,智慧教育可能会导致“数字鸿沟”与“技术鸿沟”等问题出现,影响教育的公平性。⑬ 但也有学者通过实证考察认为:只要正确运用互联网等信息技术,便能够起到缩小教育机会与教育结果不平等的作用。⑭ 其实,智慧教育中的互联网技术具有能够超越物理空间的能力特征,学生只要接入网络便能够获得海量的优质教育资源,这种变化对于很多的贫困地区学生而言,是从“无”到“有”的转变,而智慧教育中的大数据、人工智能等技术又可以进一步保障线上教育的优质化、直观化与智能化,极大地提升了学生接受线上教育的质量,进而将教育不发达地区学生的受教育条件从“有学上”转变为“上好学”,在很大程度缓解了教育发展不均衡问题。

其三,智慧教育有助于形成开放、平等、共享的全球一体化教育格局。智慧教育具有包容性与开放性,一是打破了因物理距离而产生的地域、领域与族域的教育界限,传统的“流水线”式教育模式正在被不断颠覆,人们可以随时随地获取经过大数据分析之后的数字教育资源,“教”与“学”的关系、学习的时间与空间都发生了革命性改变。二是通过各种信息技术对不同的信仰、风俗、文化、知识进行分析、整合、加工并广泛传播,加速了全球各国、各民族的文化知识交流与融合。三是以一种全球性视野重新定义了“知识”“教育”“学习”等人类教育的关键要素,进一步彰显了教育领域“人类命运共同体”理念。

---

⑬ 俞明雅、叶波:《“互联网+”能促进教育公平吗?——兼论“互联网+”教育公平的挑战与应对》,载《教育科学研究》2017年第4期。

⑭ 陈纯槿、顾小清:《互联网是否扩大了教育结果不平等——基于PISA上海数据的实证研究》,载《北京大学教育评论》2017年第1期。

二、优质受教育权作为智慧教育社会契约权利基础的合理性证成

(一)从公平到优质:受教育权研究内容的转换

纵观受教育权的发展历程,可以清晰地看到两条发展主线,从量变到质变,从规范形式到追求实质,逐渐演化生成了新时代公平优质受教育权。[15] 公平与优质作为受教育权的两种价值追求,并非一蹴而就,而是存在先普及公平,再实现优质的发展逻辑,即先"有学上",再"上好学"。特别是在新时代高质量教育体系建设的背景之下,受教育权在价值维度上从公平到优质转换的趋势愈发明显。

教育公平是社会公平的重要组成部分,也是矫正社会不公平的重要手段,[16]从1949年《中国人民政治协商会议共同纲领》中明确提出的,"有计划有步骤地实行普及教育",到2000年达到基本普及义务教育的战略目标。人们的教育权利诉求一直都是"普及",这也使学界始终以普及教育为研究重心。而在普及教育基本实现后,学界对受教育权的研究又集中体现在少数民族、农民工子女、残疾儿童等群体的教育机会平等。整体来看,公平受教育权主要是追求公民教育机会的平等或均衡,有学者甚至将受教育权本质归为"受教育平等权",或"享有国家、社会资源和国家、社会提供的受教育机会的权利"。[17]

优质受教育权则是人们对教育发展的全新权利诉求,正逐渐成为学界对受教育权研究的新方向。随着我国社会主要矛盾转化为"人民日益增长的美好生活需要和不平衡不充分的发展之间的矛盾",教育事业也开始迈向"公平而有质量"的阶段,在这一转型期的受教育权,"不仅在外延上从学校教育向家庭和社会教育扩展,而且在内涵上逐渐从获得教

---

[15] 参见龚向和:《中国受教育权发展的体系化、公平化和优质化》,载《人权》2021年第5期。

[16] 参见魏文松:《新时代公平优质受教育权:法理意蕴、规范基础与价值取向》,载《新疆社会科学》2020年第4期。

[17] 温毅斌:《"受教育权"的实质是"受教育平等权"——透析齐玉苓被冒名顶替案的司法解释》,载《上海教育科研》2003年第7期。

育机会向优质教育转变"⑱。对此学界主要从三个层面展开研究:一是现实考察。我国教育发展已经由基本均衡转向了优质均衡,应当将享受优质教育作为一种基本权利,在注重机会平等的基础上关注优质教育,形成新时代公平优质教育的权利话语体系。⑲ 二是理论证成。优质受教育权来源于人的社会属性要求,是人在社会生活中全面发展的必然要求,也是实现人民对美好教育生活需要的重要指引。⑳ 三是权利实现。教育从量向质的转化是受教育权保障的基本取向,应当将教育质量作为受教育权保障的实质标准,着力构建优质受教育权保障的国家义务与政府义务。㉑

(二)公平受教育权保障智慧教育发展的局限性

虽然公平受教育权作为教育发展的长期权利诉求,在很大程度上解决了义务教育普及的现实问题,但在普及教育基本完成以及教育数字化转型的背景下,将公平受教育权作为智慧教育社会契约的权利基础却可能存在局限性。

第一,智慧教育是技术成本与经济成本较高的新型教育模式,从教育的普及成本来看,还不宜将具有普惠性价值的公平受教育权作为智慧教育发展的权利基础。2020 年 4 月教育部专家组对首批"智慧教育示范区"进行的评估结果显示,"技术创新"与"资金投入"仍然是智慧教育发展最为突出的两个难点。㉒ "技术创新"决定着智慧教育的品质,"资金投入"则是智慧教育发展的驱动力,特别是智慧教育基础设施建设中人力、财力、物力的投入,都需要大量的资金作为后盾。如果依公平受教

---

⑱ 申素平:《建设高质量教育体系　更好保障公民受教育权》,载《中国高教研究》2021 年第 4 期。

⑲ 参见何海澜:《论儿童优质教育权利的法治保障》,载《人权》2020 年第 1 期。

⑳ 参见唐淑艳、龚向和:《美好生活视域下优质受教育权的逻辑机理和实现路径》,载《南昌大学学报(人文社会科学版)》2021 年第 6 期。

㉑ 参见魏文松:《论公平优质受教育权的国家义务》,载《西北民族大学学报(哲学社会科学版)》2020 年第 4 期。刘耀辉:《论保障受教育权的政府教育义务构造——从解决义务教育"入学难"问题切入》,载《行政与法》2016 年第 1 期。

㉒ 参见项阳:《任昌山:"智慧教育示范区"进展与未来》,载《中国教育网络》2021 年第 9 期。

育权的普及理念，与现阶段无法实现人人都享受智慧教育的现状不符。我们认为，对于智慧教育的发展应首先应当实现优质的智慧教育水平，再考虑将智慧教育逐渐普及，即在权利维度则应先将优质受教育权作为智慧教育发展的权利基础，当智慧教育普及的条件达到时，再将公平教育理念融入其中，逐步实现普及性智慧教育。

第二，公平受教育权虽对智慧教育中的“数字鸿沟”具有弥合功能，却与智慧教育所追求的高质量教育初衷并不一致。正如罗尔斯在《正义论》指出的，正义的第二原则是基于社会经济发展的不均衡，对于最少受惠的社会成员进行利益补偿，是一种合理的差别对待。公平受教育权的实质平等反对机械地一视同仁，特别是对农村及西部欠发达地区和少数民族、残疾人、农民工子女等特殊群体，国家与社会应给予特殊照顾。这种实质平等的理念在智慧教育领域主要表现为教育扶贫对“信息鸿沟”、“技能鸿沟”以及“智能鸿沟”的消除。㉓ 但发展智慧教育的目标并不止于此，其核心要义在于提升教育质量，满足高质量教育的社会需求。例如，教育部、工信部等六部门联合印发的《关于推进教育新型基础设施建设 构建高质量教育支撑体系的指导意见》开篇便提出，“教育新型基础设施是以新发展理念为引领，以信息化为主导，面向教育高质量发展需要”。

第三，保障智慧教育发展的受教育权属于典型的社会权，并不能以公平受教育权实现智慧教育的可诉性。公平受教育权主要以平等为内核，而近代自由主义之下的“平等”实际上是一种形式平等，例如，有学者指出，“平等只要保证站在起跑线上的个人的机会均等就可以了，并不意味着要由个人能力和努力而获得的成果也要均一化”。㉔ 在受教育权理论中，受教育自由权具有的可诉性主要表现在学习机会与学习条件方面，而智慧教育的高质量要求属于受教育权的社会权保障范畴，在可诉性层面明显窄于公平受教育权，只有义务教育阶段入学权以及免费权具

㉓ 参见冯仰存、任友群：《教育信息化2.0时代的教育扶智：消除三层鸿沟，阻断贫困传递——〈教育信息化2.0行动计划〉解读之三》，载《远程教育杂志》2018年第4期。

㉔ ［日］大须贺明：《生存权论》，林浩译，法律出版社2001年版，第33、138页。

有可诉性，[25]至少目前无法通过诉讼来实现获得智慧教育的机会与条件。

（三）优质受教育权保障智慧教育发展的优越性

优质受教育权生成于追求美好教育生活的新时代，在内涵与外延上都将“优质”作为核心要义，相较于公平受教育权的要求而言，优质受教育权在教育人权保障、权利射程范围以及发展权能等方面更加契合教育的优质化发展趋势，能够对智慧教育起到实质保障。

从教育人权保障范式来看，优质受教育权是人们追求美好教育生活过程中的权利转向，其以提升教育质量为目标，并且契合了教育人权保障数字化的大趋势。人权作为一种道德权利，如果范围过于狭窄或标准太低，或下降为只是解决温饱问题的贫困线，那便不能称之为一个民族的目标和理想。[26]而受教育权作为一项国际人权，其内涵虽具有法律的确定性，但也在不断发展。[27]随着智慧教育作为新兴的教育模式兴起，通过科技手段提升教育质量将会是未来教育发展的重心所在，也会是人们追求高质量教育生活的必然选择，以优质受教育权保障智慧教育发展既契合高质量教育体系建设，也对教育人权保障具有积极推进作用。

从优质受教育权的射程范围来看，其所包含的优质的学习机会权、学习条件权、学习成功权等多项子权利，对智慧教育发展的保障更为全面。如前所述，公平受教育权旨在实现学习机会的平等与均衡，对智慧教育的保障过于单一化、片面化，而优质受教育权则涵盖了学习机会权、学习条件权与学习结果权等多个方面。学习机会权仅是优质受教育权的一个基本面向，并且智慧教育所强调的学习机会权内涵更为丰富。此外，智慧教育通过大数据、人工智能、物联网、虚拟现实等技术所形成的泛在化、智能化、感知化、物联化的学习条件，以及通过这些新型教育设施所实现的教育结果，都不属于平等均衡的受教育范畴，而是直指高质

[25] 参见龚向和：《论受教育权的可诉性及其程度》，载《河北法学》2005 年第 10 期。

[26] 参见龚向和：《生存权概念的批判与重建》，载《学习与探索》2011 年第 1 期。

[27] 参见申素平：《重申受教育人权：意义、内涵与国家义务》，载《清华大学教育研究》2020 年第 6 期。

量教育。

从优质受教育权利的发展权能来看,其对智慧教育具有更深远的发展价值,能够保障高位阶的教育正义。教育的本质是为了人们更好地生存与发展,“受教育权与发展权有着价值目标与内在精神的高度契合和一致性”[28]。以机会均衡为核心的公平受教育权反而可能会限制智慧教育发展。优质受教育权中的“优质”是一种价值判断,其外延与标准对于智慧教育发展都具有极强的包容性,即使进入所谓的强人工智能时代,高度智能化的智慧教育仍可以被归为“优质”教育范畴,对优质受教育权加以保障。

三、以优质受教育权保障智慧教育发展的实施进路

(一)发挥优质受教育权在智慧教育发展中的防御权功能

防御权功能是受教育权的主观权利功能之一,要求国家公权力不得妨碍公民受教育权的实现,这种防御权功能具有浓厚的自由主义色彩,对应着国家的消极不侵犯义务。而智慧教育领域的受教育权的防御权功能因教育内容、实施方式与保障模式不同而存在诸多发展面向,对此,应以受教育权所涵摄的教育主体作为依据,建构起优质受教育权在智慧教育发展中的防御权功能体系。

首先,优质受教育权的防御权功能应保障学生接受智慧教育的选择自由权不受侵犯。正如劳凯声教授所指出的,对于学生而言,教育本身就是一项自主选择的天然权利,其价值基础是自然权利观和天赋人格权学说,强调个人根据自身需求作出某种个性化选择的可能性。[29] 在全球教育面临网络化、数字化、智能化转型的背景之下,学生接受智慧教育模式似乎成为了必然要求。虽然智慧教育发展的初衷是希望通过变革教育方式提升教育质量,大数据、互联网、人工智能等技术也为智慧教育的

---

[28] 张玉龙、尹奎杰:《受教育权能的多维面向及其实现》,载《东北师大学报(哲学社会科学版)》2021年第2期。

[29] 参见劳凯声:《从教育选择权看教育发展的历史性转折》,载《复旦教育论坛》2020年第4期。

因材施教、个性化学习提供了可能性,但并非所有的学生都能很好地融入智慧教育之中,如果学生通过传统的教育模式能够获得更多的文化知识与生活技能,那么在教育自由权保障层面就应当给予学生拒绝通过智慧教育学习的选择权利。此外,智慧教育具有“互联网+”“人工智能+”“区块链+”等不同类型,学生也有权根据其自身的学习习惯、学习能力以及学习效果来选择接受哪种类型的智慧教育。

其次,优质受教育权的防御权功能应保障教师的教学自由权不受侵犯。教师教学与学习者学习是教育活动的“一体两面”,在智慧教育发展过程中,优质受教育权的防御权功能至少应保障教师教学自由权的两方面内容:一是禁止利用人工智能取代教师开展教学活动。目前很多学者认为,如果人工智能体经过深度学习之后能够达到甚至超过教师的知识储备,那么人工智能体便具有取代教师对学生进行教学的可能性。[30]这是对教师教学自由权的侵犯,我国《教师法》第7条规定了进行教育教学活动是教师的权利,这项权利同样也是《宪法》中公民劳动权的一种形态。我们认为,无论在任何情况下,教师的教育主体地位都是不可能改变的,智慧教育的发展必须坚持由“人来教育人”的教育伦理底线,不能将教育学生的任务交给人工智能机器人。二是给予教师在教学过程中利用智慧教育或者传统教育展开教学的选择自由权。智慧教育具有强科技属性,但很多教师由于是数字时代的“移民”或者对信息技术的掌握能力不足,难以适应线上教学、智慧教育的科技化模式,为了提升教师的教学治理,应当设置智慧教学、传统教学以及复合式教学等多元教学模式。

最后,优质受教育权的防御权功能还应保障智慧教育发展中“未来学校”的办学自主权。所谓未来学校,是“基于未来人才培养需求与人工智能技术深度融合创新而形成的处于持续动态发展进程中的新型态

---

[30] 参见冯永刚、陈颖:《智慧教育时代教师角色的“变”与“不变”》,载《中国电化教育》2021年第4期。

育人场域"[31],将学习空间由"为集体授课而建"转变为"为个性学习而建",整体呈现出了一种优质教育的价值取向。自 2017 年教育部发布《未来学校研究与实验计划》至今,未来学校已经在全国许多省市展开试点,毫无疑问,未来学校将会以一种新型的办学类型出现。根据我国《教育法》第 29 条的规定,办学自主权的权利主体是"学校及其他教育机构",未来学校只是在办学模式上出现了新的变化,其本质上并未超出"学校及其他教育机构"的范畴,应当在设立、招生、教学、教师聘任以及受教育者管理方面享有与传统学校一样的办学自主权。

(二)发挥优质受教育权在智慧教育发展中的受益权功能

受益权功能是受教育权的另一项主观权利功能,强调国家具有给予公民物质、经济、程序上的帮助与给付义务,也被称为"给付请求功能"。优质受教育权在智慧教育中的受益权功能同样以请求权形式存在,但在智慧教育语境中,其本质是请求获得一种优质的教育利益,在保障内容和方式上与公平受教育权并不相同,具体应当包含三个方面:

一是以优质受教育权受益权功能保障受教育者获得智慧教育的机会。相较于传统教育所需要的学校、教师、教室等资源,智慧教育中的教育机会主要是指网络接入和电脑、移动设备的配套。需要注意的是,传统受教育权理论认为,教育机会的获得在义务教育阶段具有绝对性,在非义务教育阶段则只具有相对性,[32]但优质受教育权的受益权功能发挥往往会受限于成本与技术的成熟度等客观因素,整体上只具有相对可救济性。换言之,如果智慧教育在技术成熟度或经济成本上还无法达到全面普及程度时,受教育者不能因未获得智慧教育机会而向教育行政部门或司法部门请求救济。

二是以优质受教育权受益权功能保障受教育者具备获得智慧教育的条件。发展智慧教育不仅需要网络与电脑等硬件设施保障网络接入,同时也需要各种数字化教育的软件、数据库等教育资源保障智慧教育正

---

[31] 罗生全、王素月:《未来学校的内涵、表现形态及其建设机制》,载《中国电化教育》2020 年第 1 期。

[32] 参见申素平:《教育立法与受教育权的体系化保障》,载《教育研究》2021 年第 8 期。

常开展。根据智慧教育条件请求权的内容，大致可分为条件创设权与条件平等利用权两种类型，前者主要是指请求政府依职责创设供智慧教育开展的基础设施的条件，如国家开设的智慧教育平台、“24365”大学生就业服务平台等；后者则是要求受教育者能够平等地利用这些数字化教育的基础设施，不得因性别、肤色、民族、宗教信仰等客观因素对其进行差别对待。

三是以优质受教育权受益权功能保障受教育者的技术应用能力培养。信息技术能力作为智慧教育发展的“软实力”，应是优质受教育权受益权功能所要保障的核心内容。在具体实施层面，应不断完善教师与受教育者的智慧教育信息素养与技能培训机制，以教育行政主管部门与学校为主导，建立专业化智慧教育技能培训团队，由第三方评价组织依照《提升全民数字素养与技能行动纲要》等政策法规要求，定期对教师和受教育者的信息技术应用能力进行评估；加大学校教育与数字科技企业的合作力度，探索学校与企业“双师制”“双教室制”教学方式，聘用企业技术型人才进入校园开展常态化智慧教育技能教学，并推荐学生进入科技企业实习，从而形成“校内学知识，校外学技能”的协同育人平台。

（三）构建以优质受教育权为核心的智慧教育客观价值秩序

客观价值秩序理论是指基本权利所形成的价值秩序，“这一秩序构成立法机关建构国家各种制度的原则，也构成行政权和司法权在执行和解释法律时的上位指导原则”㉝，该理论强调的是基本权利对国家公权力的约束。基于客观法赋予基本权利的开放性特质，在这一抽象可能性之下，一切有助于实现基本权利的具体行为和具体制度都可能被解释为其内涵而被正当化。优质受教育权作为基本权利在智慧教育发展中所发挥的客观价值秩序，应从制度性保障、行政执法保障以及权利救济三方面展开：

在制度性保障层面，应当加快智慧教育“刚性”法律制度体系建设，并注入优质受教育权所追求的高质量教育发展价值理念。立法活动是

㉝ 参见张翔：《基本权利的双重性质》，载《法学研究》2005年第3期。

对教育资源的初次分配,也会直接决定着教育活动的发展面向。第一,要破解智慧教育制度保障“刚性不足”的问题。目前智慧教育很少出现在法律或宪法性文件之中,甚至作为教育基本法的《义务教育法》全文都未出现与教育数字化相关的内容,在未来的教育法典编撰以及各教育部门法的修订过程中,应注重引入以人工智能技术为核心的智慧教育内容。第二,要明确智慧教育的目标不是解决“有学上”,而是通过教育数字化转型来提升教育质量,属于高质量教育发展的范畴。在智慧教育法律制度建构的过程中,不仅要关注智慧教育基础设施的建设,更应当重点保障优质的数字化教育基础设施和教育资源供给。

在行政执法保障层面,应当强化教育行政部门的数字化执法水平与执法能力,为智慧教育营造出向上向善的发展环境。教育行政执法是国家依法治教的直接体现,也是规范智慧教育发展的主要方式。在智慧教育产业化运作过程中经常会出现违规采集信息、侵犯学生隐私、信息技术滥用等问题,为了确保智慧教育发展拥有良好的外部环境,教育行政主管部门需不断提升执法人员的数字素养与技术应用能力,不断提高智慧教育行政执法水平,及时发现并处理各种新型侵犯受教育者合法权益的行政违法行为,同时也要加强与网信、工业、信息化、市场监管等部门协同合作,形成多元化智慧教育行政执法机制。

在权利救济层面,应当加强对智慧教育的行政救济与司法救济,坚守智慧教育发展的法律“底线”。“无救济,则无权利”,以优质受教育权保障智慧教育发展必须要将权利救济落到实处。相较于传统的教育模式,智慧教育对于经济成本和技术成熟度都有较高的要求,因此,这种对“上好学”的教育内容的救济程度明显弱于对“有学上”的教育问题的救济。主要以行政救济和司法救济两种方式为主,其中,智慧教育的行政救济范围应涵盖智慧教育选择自由权、义务教育阶段智慧教育机会权与条件权等方面,而智慧教育司法救济主要针对义务教育阶段智慧教育的免费获得权与使用权。

The Right to Quality Education: The Right Basis for the Social Contract of Smart Education

Song Fan　Gong Xianghe

Abstract: In 2021, UNESCO launched the report "Reimagining our futures together: A new social contract for education", which pointed out that the right to education is the right basis of the new social contract for education. Compared with the fair right to education centered on educational opportunities, the right to quality education meets the practical needs of the digital transformation, the pursuit of high quality and the overall guarantee of education. Right to quality education has obvious advantages in the human rights guarantee paradigm, the range of education and the development of empowerment, and is more reasonable as the right basis of the social contract of smart education. The right to quality education, as the right basis, should give full play to the function of defensive right and the function of beneficial right, and guarantee the choice, opportunity, condition, and information technology utilization capability of smart education. Eventually, we should build an objective value order with the right to quality education as the core, and strengthen the institutional, organizational and procedural guarantees for smart education.

Key Words: right to quality education; smart education; social contract; subjective rights; objective value order

管理经纬

研究生教育质量监测的理论阐释与机制构建*

蔡艺生　王鑫宇**

摘　要：研究生教育质量监测具有收集和分析研究生教育和管理相关数据、掌握和了解本校研究生培养质量发展状况、指导和改进研究生教育和管理相关问题、约束和激励研究生教育和管理主体等作用。我国研究生教育质量监测经历了起步、发展和完善三个阶段。目前，研究生教育质量监测存在如下问题：科学性存在一定争议、主体职责定位不够明确、指标体系设置不尽合理、流程构建不完善、结果运用不足。应通过如下措施构建研究生质量监测机制：科学设置研究生教育质量监测机构、清晰定位研究生教育质量监测主体职能、系统构建研究生教育质量监测机制流程、合理植入研究生教育质量监测机制科技手段、全面评价研究生教育质量监测机制实效。

* 基金项目：2021年中国学位与研究生学会项目"我国研究生教育质量常态监控机制研究"，项目编号：2020MSA156。2021年重庆市教育科学"十四五"规划项目"互联网法治人才培养模式探索与实践"，项目编号：2021－GX－106。

** 蔡艺生，西南政法大学刑事侦查学院教授，法学博士。研究方向：教育管理。王鑫宇，西南政法大学刑事侦查学院硕士研究生。研究方向：教育管理和诉讼法学。

关键词:研究生教育质量监测　研究生培养　机制构建　职能定位　科技植入

一、问题的提出

教育质量保障与监测是研究生培养质量提升的两个方面。在处理研究生培养质量下降的问题时,从国务院学位委员会、教育部,到各高校,都将改革的重心放在教育质量保障方面,相对忽视了教育质量监测对研究生培养质量提升的重要作用。参照"教学质量监控科",以研究生院职能科室为基础,如何有效构建研究生教育质量监测体系?依据相关制度和规则,各主体在行使和实现监测监督管理权过程中的地位和作用如何?能否根据职权的配置和分布,建立起既涵盖研究生教育全过程,又兼容各主体具体教学活动的细密的教育质量监测流程,并通过对流程的控制,实现流程运行的高效和平衡?能否通过建立反映人才培养尤其是研究生教育活动的主要目标和要求、覆盖教育质量监测全过程的综合指标体系,对教育质量监测工作及其效果作出分析和评价?以上问题都是培养单位面临并直接关系到监控功能和研究生培养效果的根本性问题,也恰好是自恢复研究生教育以来始终未能妥善解决的关键性问题。

这些问题悬而未决的原因主要有三个方面:一是缺少制度设计和学理总结。就制度方面而言,无论是国务院学位委员会、教育部、省级学位授权单位,还是培养单位自身,都未能为高校内部教育质量监测提供明确系统的规范性指引。一方面,相关制度尚未厘清教育质量保障和监测的严格界限,混用教育质量监测和保障的概念,同时将教育质量监测摆在教育质量保障的附属位置;另一方面,相关制度对教育质量监测运行的各个关节和各个方面规定得不够具体,相对于丰富而复杂的研究生教学活动,现有的教育质量监测机制对细节和关键点的把控过于粗略,而且“实务界的经验总结往往是碎片式的，缺乏理论提炼和法理对接”①。二是传统计划思维惯性将政府的职能无限放大，高校自我评估仍处于被动状态②。高校的自我评估根本上还是为迎合政府的要求而构建，长期从属于政府层面的教育质量评估，或者是为了迎接政府的教育质量评估而进行的相关准备，没有形成培养单位改善教学质量的自发行动。三是高校放松主体责任。2013 年，《关于深化研究生教育改革的意见》中明确提出：“改革评价机制，建立以培养单位为主体的质量保证体系。”③但长期以来，整体意义上的研究生培养单位在“教育质量保障第一责任”④上认识不足。一方面，高校未能全面贯彻落实国家深化研究生教育改革的精神，转变学校办学理念，树立科学质量观。另一方面，高校也未能在原有研究生教育质量监测基本框架的基础上，不断创新监测机制，促进监测机制的发展和完善。

研究生教育质量监测的价值已经得到普遍认可，但是，如何恰当准确地探索创新高校内部的研究生教育质量监测机制，完善研究生教育质量监测体系，成为研究生培养质量提升的关键。本文基于以上背景及现状对研究生教育质量监测进行现实考察，对有效构建研究生教育质量监测机制的做法和思路进行深入探讨，以期从本质上为构建科学合理的研究生教育质量监测机制提出有效的参考和指引。

二、研究生教育质量监测概述

（一）研究生教育质量监测的概念

长期以来，学术界和实务界在表达教育质量监测时，通常会用教育

① 蔡艺生：《新时代高校教学督导工作机制的解释与塑造——以西南政法大学为分析样本》，载《警学研究》2019 年第 5 期。

② 参见刘洋：《我国研究生教育质量评价与保障体系建设初探》，载《继续教育研究》2014 年第 6 期。

③ 教育部、国家发展改革委、财政部，《关于深化研究生教育改革的意见》，载百度百科 2013 年 3 月 29 日，https://baike. baidu. com/item/关于深化研究生教育改革的意见/19456025? fr = ge_ala。

④ 王战军：《构建研究生教育质量保障体系——理念、框架、内容》，载《研究生教育研究》2015 年第 1 期。

质量评估、教育质量保障、教育质量管理等概念进行替代,相关概念使用一度混乱。这体现出教育质量监测一直以来缺乏独立地位,没有得到足够重视,也体现出既有学科理论体系并不包容教育质量监测。因此,厘清相关概念,对于清晰认识教育质量监测,赋予教育质量监测独立地位,促进教育质量监测相关研究的深入开展具有重要意义。

教育质量管理是指以确定教育质量方针、目标和职责为基础,运用科学的手段和方法,对教育管理过程中各项工作的过程及结果进行质量策划、质量保证(保障)和质量分析,实现教育质量水平提升的管理活动。⑤ 教育质量保证(或保障)与教育质量监测是其下位概念,二者构成培养质量提升的两个方面。从内容上看,教育质量保证主要是指正向教育资源的管理与投入、教育质量标准的设定和教学行为的实施与规范等。例如,确立研究生培养方案,制订学位授予标准,明确学科设置与调整规则。而教育质量监测则是指逆向的对教育管理和教学行为结果的监督与控制,如教育督导制度、学位论文评阅与答辩制度、研究生指导教师考核评价制度。教育质量监测有广义和狭义之分,广义的教育质量监测是指国家、社会相关机构和各高校以学生培养质量提升为目的,定期采集教育管理相关数据形成全国或各高校学生教育质量监测报告,为我国政府或培养单位自身完善各层级教育政策提供决策依据的常态化工作。狭义的教育质量监测是培养单位自我监测,指的是以培养质量提升为目的,以全流程、系统化、立体性的教育质量监测机制为基础,高校内部的教育质量监测单位对各教学主体和非教学管理主体的职权活动进行实时监测,收集相关数据形成整改意见并及时督促整改的常态化工作。

综上,研究生教育质量监测是指以研究生培养质量提升为目的,以全流程、系统化、立体性的教育质量监测机制为基础,高校内部的教育质量监测单位对各教学主体和非教学管理主体的职权活动进行实时监测并督促整改的常态性工作,是狭义上的研究生教育质量监测。

---

⑤ 参见徐金海:《教育质量管理的问题与对策探讨》,载《大学(研究版)》2019 年第 10 期。

（二）研究生教育质量监测的价值与功能

1. 收集和分析研究生教育和管理相关数据

监测工作人员在研究生教育质量监测工作中可以收集到大量的实用信息，特别是反映教育教学变化规律的信息，以便于更好地指导教学与管理工作的改善与提升。对不同的教学和管理工作设置不同的动态指标体系是教育质量监测的一项重要工作，也是收集和分析研究生培养相关数据的基础。研究生教育质量监测机构把监测流程控制和监督职权配置的各项规定和要求以及监测考察的一系列指标植入计算机辅助系统，利用计算机系统对相关数据进行收集和分析，不但可以提升数据的科学性和透明度，同样也是指导具体教育教学问题整改的基础。

2. 掌握和了解本校研究生培养质量发展状况

教育质量保证主要立足于正向的标准设定与资源投入，而教育质量监测则反向地对教育工作和研究生素质是否达到既定标准以及是否浪费教育资源进行实时监控和评估。研究生教育质量监测工作依靠独立设置的教育质量监测部门，实现对研究生全流程教育工作的“异体监督”，及时发现教育教学工作和教育管理工作中的问题。最终将监测工作的结果汇总，形成该培养单位的研究生教育质量监测报告。一方面，方便高校相关部门掌握和了解本校研究生培养质量发展状况和发展规律，为下一阶段的政策制定奠定基础；另一方面，回应社会关切，方便社会各界对培养单位批评指正、强化监督，形成促进研究生培养质量提升的合力。

3. 指导和改进研究生教育和管理问题

指导和改进是教育质量监测最重要的作用，研究生教育质量监测工作中收集的数据和发现的问题是指导和改进研究生教育、管理行为的基础。同时，是否经由“评价—反馈—改进”闭环，形成持续改进机制，也是质量监测机制考核评价的一项重要指标。因此，研究生教育质量监测的逻辑终点在于将监测工作中发现的问题进行整改。通过对监测意见的贯彻落实，能够弥补教育和管理的漏洞，形成对教育改革的前瞻性估计，促进研究生培养质量的稳步提升。

4. 约束和激励研究生教育和管理主体

约束与激励是教学管理当中的两类常规管理方式。[⑥] 质量问题的整改是约束教育管理主体的根本措施,教育质量监测的实施本身也是约束和激励被监测主体行为的重要措施之一。需要注意的是,尽管约束与激励是教育质量监测的重要功能,但受制于其附随属性,其最终的目标仍是保障教育质量的提升和教学目标的最终达成。

(三)研究生教育质量监测的历史考察

质量监测原本是一个管理学概念,1980 年前后,该理论进入高等教育领域,我国部分高校开始尝试建立教育质量监测体系。21 世纪伊始,主要依靠资源投入和分散配置的研究生教育发展模式,造成大量的资源浪费却并没有补齐质量短板,高层次教育领域逐渐认识到教育质量监测的重要作用。随着研究生教育改革的深化,加强教育质量监测机制建设,成为推动研究生教育内涵式发展的重要任务。回顾我国研究生教育质量监测的发展历程,大致可以分成以下三个阶段。

1. 研究生教育质量监测的起步阶段

1981 年,《中华人民共和国学位条例》及其实施办法的施行,开启了国家层面的研究生教育质量监测体系建设。随后,1983 年,国务院学位委员会决定对授予学位质量进行评估并构建各级学位授予质量的检查评估制度。此时的教育质量监测受制于传统计划经济的影响,既有的理论体系并不包容高校内部的教育质量监测。直到 1986 年,原国家教委下发《关于改进和加强研究生工作的通知》,指出要加强国家层面的研究生培养质量的检查,要求高校进行自查,这才逐渐开始建立高校内部的研究生教育质量监测机制。可以看出,在建立学位制度之初,研究生教育质量监测主要以国家层面的学位授权点的授权审核和研究生培养质量的检查为主,高校自身的教育质量监测作为补充,研究生教育质量监测尚处于起步阶段。

---

⑥ 参见兰珍莉:《研究生教育教学质量监控:内涵、功能及实现条件》,载《学位与研究生教育》2017 年第 4 期。

2. 研究生教育质量监测的发展阶段

1990 年之后,国家层面的研究生教育质量监测的力度加大。1991 年,国务院学位委员会联合各部门对前三批硕博授权学科、专业进行检查评估,确定是否可以继续硕博培养。1992 年,国务院学位委员会印发《关于委托地方学位委员会(教育委员会)对部分通用学科硕士学位和研究生教育进行检查和评估的通知》,以充分发挥地方政府在教育质量监测中的作用。1994 年以来,研究生培养单位检查评估不合格而限期整顿成为常态。

研究生培养质量整顿力度持续加大的外部压力,促进了各培养单位自我监测的完善和发展。各高校纷纷建立起"一线式"教育质量监测流程,包含研究生招考、研究生复试、中期审核、论文发表、学位论文答辩等关键节点。但此"一线式"教育质量检测仅着眼于研究生的学习全流程,尚未扩展到教学与管理工作中。

3. 研究生教育质量监测完善阶段

进入 21 世纪,尤其是党的十八大以来,研究生教育质量监测发生重要转向——教育质量监测主体责任由政府转移到高校。2011 年,《学位与研究生教育》杂志社召开专题研讨会,认为应当形成以培养单位为主、政府和社会机构为辅的新格局。2014 年,国务院学位委员会、教育部下发了《关于加强学位与研究生教育质量保证和监督体系建设的意见》(以下简称《意见》),明确"学位授予单位是研究生教育质量保证的主体",应当"激发学位授予单位追求卓越的积极性和创造性"⑦,表明了政府将研究生教育质量保障的重心下移的决心。

经过十几年的探索和实践,国内大部分高校建立起了一整套"全方位、多元化"的教育质量监测机制。第一,强化教育输出监控,建立了主讲教师审批制度、青年教师导师制等。第二,强化教学流程监测,建立了教学常规检查制度,逐步形成干部、教师听课、评课制度等。第三,完善

⑦ 参见国务院学位委员会、教育部:《关于加强学位与研究生教育质量保证和监督体系建设的意见》,载中华人民共和国教育部网 2014 年 2 月 12 日,http://www.moe.gov.cn/srcsite/A22/s7065/201402/t20140212_165554.html。

教学监控手段,建立教学督导制度,组建常设性的教学督导组并由分管校长直接领导;教务处联合各部门,开展毕业生跟踪调查,形成毕业生质量跟踪调查制度;为及时有效地得到教育教学信息的反馈,高校创新性地建立了教学信息员制度。第四,培养单位重视教学评价监控制度改革。建立课程建设评估制度,对教学基础建设、师资队伍建设、教学改革和教学效果等方面开展定期评估;建立教学质量评估制度,从学校、院系两级对课堂教学的各个环节进行量化打分,作为教师考核评优的重要遵循。

三、研究生教育质量监测的问题分析

《意见》实施以来,培养单位在政府监督和学校发展的内外压力下,强化质量主体职责,不断创新培养机制,逐步建立起比较全面的研究生教育质量监测机制框架。但是,“教学质量监测与保证体系的构建和实施是一项复杂的系统工程,其中既涉及教育理论问题,也有实施中的可操作性问题”。[⑧] 目前,研究生教育质量监测机制在监测的科学性、主体职责定位、监测流程构建、监测结果运用等方面仍存在很多不足。

(一)研究生教育质量监测的科学性存在一定争议

探寻教育质量监测的科学性路径,是高等教育管理的经典议题。教育质量监测的科学性本质上是程序正义的具体表现形式之一。因而,教育质量监测的科学性首先要保证监测数据的科学性,是实现监测实体正义的核心要义。教育质量监测的科学性争议主要体现在以下五个方面。

一是监测主体多元化与主体专业性之间的矛盾。监测主体多元化是保证监测数据客观性的措施之一。然而,在履职过程中,相当一部分监测人员由于其具有专业上的局限性,无法对教学和管理进行客观评价。以教学督导制度为例:教学督导的聘任条件中只对教学实践经验、个人群众威望以及职称等作出规定,缺少对专业性的限定要求,其显然

---

⑧ 朱土兴等:《教学质量监测与保证体系构建的思考与实践》,载《中国大学教学》2005 年第 5 期。

不能适应跨专业教育质量监测工作。二是监测主体同质化与评价客观性之间的矛盾。教育质量监测的评价主体都是本校乃至本教研室的教职工,评价时难免会因为情面问题影响评价数据的客观性和准确性。三是监测主体职能交叉,教研室和某些“双肩挑”领导在教学职能和管理监控职能上存在混淆。“任何人不能做自己案件的法官”是自然正义的基本要求,也应当成为指导教育质量监测工作的一项基本准则。四是监测制度刚性和制度规范化建设不足,监测主体自由裁量的空间过大。各类文件制度不规范,使得监测主体的操作太过随意,尚不能充分运用计算机技术创建研究生教育质量监测平台以提高对节点的控制、转接、提示的智能化水平。五是存在对研究生教育常态监测机制现实状态的不同判断以及对我国研究生教育改革的不同主张和期待。这不仅因为不同主体对研究生教育质量监测活动的经验性认知和判断存在差异,最重要的是,教育质量监测机制的运行不只是一个附属性问题,它关系到培养单位管理权应当怎样行使、怎样理解教育质量监测相对独立等深层次的理论问题。对这些问题的不同主张和理解,影响和阻碍了各培养单位对教育质量监测的模式达成共识。

(二)研究生教育质量监测主体职责定位不够明确

现有的高校教育质量监测体系一般由三级或四级构成,各级监测体系又有许多监测主体,构成“由分管教学副校长全面负责,以教务处为核心、各教学单位为主、教研室及实验室为第一线的全校实践教学管理组织体系”⑨。

从理论上看,教育质量监测组织机构健全,管理到位,但在实践中,却极易产生职责不明、推诿扯皮的现象,拉低教育质量监测实效。首先,教学质量是一把手工程,校长是第一责任人,但关于教育质量监测的主体责任究竟应让谁来承担,“是研究生院,还是教务处”的问题争议很大。各培养单位尚未作出明确答复。其次,虽然已有部分培养单位将教育质量监测部门进行独立设置,“但在学校层面对于该机构在原有各类

---

⑨ 张烈平等:《地方本科高校实践教学质量监控体系的构建与实践》,载《实验技术与管理》2013年第7期。

机构中扮演怎样的角色,处于怎样的定位并没有达成共识"⑩。因此,研究生教育质量监测主体的职责定位和性质的模糊导致其机构岗位设置混乱,发展目标缺失,教学质量监测与评估机构因此非常尴尬。在具体工作开展过程中,"往往是一讲教学质量保证,教师推给专业,专业推给学院,学院推给学校职能部门"⑪。

(三)研究生教育质量监测指标体系设置不尽合理

随着研究生教育质量监测工作的持续推进,在"双一流建设"背景下,为提高研究生教育质量监测的科学性、准确性,培养单位正在积极探索教育质量评价指标体系的框架构建和优化。各高校虽在实践中积累了一些经验和做法,但也存在不少问题。

第一,从调研的情况来看,大部分高校仅简单套用一套由教务处或研究生院制定的共性指标,包括生源素质、培养条件、教育管理、培养结果四个一级指标,每个一级指标之下设置知识结构、技能素质、教学科研、师资队伍等10个二级指标。可以看出,现有的指标体系设置是以研究生培养流程为视角进行的线性设置,看似完整全面,其实"脱离学校类型、办学层次、规划目标、专业要求,未能分门别类设置监测指标体系。一所学校所有学科、专业使用同一个指标体系,未能体现不同专业人才培养目标的差异性和不同指标体系对人才培养的适应度"⑫。第二,指标体系一经设置好就不会再按人才培养方案的调整而作出调整,监测指标体系僵化现象非常严重。第三,指标体系为了求全而失去重点,重点指标未有突出,具体表现在:制定单位对指标权重分配有缺陷,指标体系设置没有遵循"定性与定量相结合"的方法,导师因素、研究生因素、管理教育因素、物质条件因素的权重大体一致。第四,指标设置缺乏依据。一方面,指标设置的理论和实践依据不足,各高校并没有明文规定某项

⑩ 王小明、冯修猛:《国内高校内部教学质量监测与评估机构发展:现状、问题与对策》,载《上海教育评估研究》2018年第4期。

⑪ 王小明、冯修猛:《国内高校内部教学质量监测与评估机构发展:现状、问题与对策》,载《上海教育评估研究》2018年第4期。

⑫ 王小明、冯修猛:《国内高校内部教学质量监测与评估机构发展:现状、问题与对策》,载《上海教育评估研究》2018年第4期。

指标设置的必须性。例如,《教育部关于普通高等学校本科教学评估工作的意见》中对学校自我评估的要求是"根据学校确定的人才培养目标,围绕教学条件、过程和效果进行评估"⑬,但是很多培养单位将生源素质作为评价的重要指标之一,如学生入学前的奖惩情况、入学考试体现的知识结构、思维和交际能力等,而这些作为评价指标有待商榷。另一方面,部分指标互补性差,甚至有些指标完全能够互相替代。例如,研究生自主性和研究生学习态度两个指标意思重合,不宜同时设置。

(四)研究生教育质量监测流程构建不完善

根据"计划—评价—反馈—改进"循环的原理,研究生教学质量监测流程主要包括教学质量标准监测流程、教学质量日常监测流程、关键质量控制点的教学质量评审流程和教学质量偏差纠正流程。

实践中,质量监测流程仍存在许多问题。第一,研究生教育质量监测流程较为粗糙,存在许多模糊节点。一方面,培养单位通常重视对教育质量日常监测和关键质量控制点的教学质量评审,忽视对于作为教育质量监测起点的教育质量标准监测流程的构建。实践中,各培养单位指标体系构建流程混乱,或由监测主体自由制定,或借鉴兄弟院校监测标准,尚未形成系统的标准制定流程。另一方面,教学质量偏差纠正流程存在许多漏洞。监测主体对于教育质量监测中发现的问题一般只是程式性地告知整改,对于是否整改到位、是否需要对整改后的工作进行二次评审、整改意见"冷处理"等问题没有明确规定。第二,监测流程的控制力不够,相关资源配置存在问题,并未实现研究生教育质量监测的高效和均衡。首先,教育质量监测未能有效的运用各类文件制度在各个阶段和节点中进行配置和分解,实现对监测全流程的控制。其次,教育质量监测制度在学校内部不透明,未能实现教职工和学生对教育质量监测工作的监督和批评。最后,未能充分运用信息报送制度、会议制度、第三方评价制度等对监测流程偏差适时地发现和干预,实现对监测流程的动

⑬ 参见《教育部关于普通高等学校本科教学评估工作的意见》,载中华人民共和国教育部网2011年10月31日,http://www.moe.gov.cn/srcsite/A08/s7056/201802/t20180208_327120.html。

态控制。

(五)研究生教育质量监测结果运用不足

探索建立“解读意见—制定措施—整改落实”的结果运用机制,是研究生教育质量监测工作的应然要求。但是,各培养单位大范围开展的研究生教育质量监测工作却止步于形成的整改意见和月、年度监测报告,往往忽视对监测结果进行深入透彻的解读,并未真正发挥教育质量监测的预期效用。

一是未建立闭环,未形成持续改进机制。监测主体在收集到信息以后,并未组织该部门充分研读教育质量监测整改报告,深入分析自身的优势和不足,准确定位教育教学活动在整体上以及不同维度上的真实水平。从而一方面未能改进教师的教,另一方面也未能改进学生的学,也就未能实现研究生教育质量监测的目的。二是未能真正发挥监测效果的作用。如“教学效果一票否决制”在现实中未能切实执行,在年终考核、职称评定等工作中作用发挥不大。三是未形成研究生教育管理决策的有效参照。教育质量监测结果能够为学校和各教学单位提供关于导师指导、管理教育、物质条件、外部评价等情况的信息,但教育管理部门并未基于监测数据信息,制定和调整下一阶段学校教学管理工作。

四、研究生教育质量监测机制的理性塑造

研究生教育质量监测机制蕴含大量经验性基础,从文本上只能概括出机制的整体框架。同时,只有置身于机制运行中的具体实践中,才能明白机制背后的深层次考虑。因此,笔者主要对研究生教育质量监测的运行机理作出重点分析,以期勾勒出教育质量监测机制的应然图景。

(一)科学设置研究生教育质量监测机构

目前,教育质量监测的主体众多,但监测的力度和深度不足,并未形成有效的监测力量。要使研究生教育质量监测机制充分运行,就要建立起层级和职责清晰的教育质量监控组织体系。

首先,要在学校层面成立研究生教育质量监测改革领导小组和工作小组。领导小组组长由校长兼任,负责改革过程中的行政协调和政策保

障。工作小组组长由主管研究生教育工作的副校长兼任,负责质量监测体系的建设、实施和落实。其次,根据“异体监督”理论,为了避免同体监督带来的监督流于形式的情况发生,同时避免高校将教育质量监控作为有关处室的附属性工作来做,受到其他事务性工作的冲击,有必要成立独立的研究生教育质量监测机构“教育质量监测处”(以下简称“质监处”),并以此为基础构建开展研究生教育质量监测的具体流程,形成对研究生教育的全方位、立体化监督。该部门下设办公室、监测科、综合评估科、整改科以及信息管理科5大部门,具体负责教育质量监测的各阶段的工作。最后,为了整合各职能单位的教育质量监控职能同时又不影响各职能部门的独立性,可以“监测科”为基础,成立若干“监测小组”,监测小组成员由“质监处”的专职人员和各职能单位的专职人员两部分组成,对相关教育事项进行日常和关键控制点监测。

(二)清晰定位研究生教育质量监测主体职能

“职权的配置与界定是运行机制构建的核心。”⑭其实质是,根据教育管理体制改革的具体要求、监测活动的逻辑和经验,将质量监测过程中的职权分解划分给教育质量监测处内部各主体,在明确各自地位和作用的基础上实现监测的目的。监测职权的配置和设定是一个破旧立新的问题,即如何整合原有教育质量监测资源,形成集中统一领导的教育质量监测处级单位,建立新的教育质量监测机制,并在此基础上对原有教育质量监测职权进行划分和配置。

研究生教育质量监测处作为学校直属部门,其职责主要包括监督整改、评估管理、信息管理、业绩评判等工作。基于对内部各主体角色的理解,各单位的具体职责为:办公室制定本部门的工作规章、协调校内校外各部门之间的关系、促进各项工作的顺利进行、草拟该单位的行政工作文件模板、按照有关规定会同有关部门制定全局性的行政方面的各种规章制度等。监测科组织学校监测力量,以监测流程开始前制定的指标体系为标准,对研究生教学和管理工作的各环节进行动态监测、过程评价

⑭ 顾培东:《人民法院内部审判运行机制的构建》,载《法学研究》2011年第4期。

和质量分析,为相关职能部门及时整改、提高质量反馈意见。综合评估科以学校的研究生培养工作为主要对象,对监测意见和整改意见进行二次评估,同时承担教育部"审核评估"和其他相关评估活动的组织工作。整改科严格对照监测科和监测专家形成的监测意见,督促相关单位或个人及时整改,对整改情况进行持续跟进,并分情况按照规定对整改结果作出不同处理。信息管理科要做好信息的收集、分析和归档工作,建设教育质量监测基础数据库,并根据数据信息,形成《学校年度统计分析报告》,为学校决策部署相关工作和迎接政府评估提供基础材料。

(三)系统构建研究生教育质量监测机制流程

在监测职权不清晰的情况下,由于具体监测事项所经历的层级和节点具有不确定性,细化的监测流程实际上是无法真正建立的;监测职权被清晰界定后,则可以根据监测职权的配合和分布,建立起既涵盖教育质量监测全过程又兼容各主体监测活动的十分细密的监测流程,并通过对流程的控制,实现监测运行的高效和平衡。在教育质量监测流程的建立和控制方面,各培养单位应当将重心集中于三个方面:流程设置、流程透明和流程控制。

第一,质监处必须厘清监测范围并制定具体工作的质量标准,这是教学质量监测工作的起点。首先,由学校下文要求各部门分类梳理本部门的各项工作,为每一项可能会影响教学质量的活动制定质量标准并以部门为单位报送质监处。然后,由质量办对质量标准进行完备性检查。如果某业务部门的质量标准经过完备性检查和科学性检查都没有问题,就将该业务部门的所有质量标准存档备查。第二,质监处以教学质量标准信息为基础,参照各单位制定的具体质量标准,拟定教育质量日常和节点监测的指标。第三,监测科根据监测指标开展各项监测工作,"教育质量活动的日常监测和关键性教学质量控制点的质量评审是覆盖教育学活动全过程和关键节点,找出教学质量问题的两条基本途径"⑮。通过以上两种方式找出教学质量偏差,形成《教育质量监测意见》并交由

⑮ 肖炜煌、邓琴:《高校教学质量自我监测的业务流程探讨》,载《高教发展与评估》2015年第5期。

综合评估科进行二次评估。第四,综合评估科根据教育质量监测指标以及日常工作经验,对监测意见进行二次评估,意见无误交由整改科督促整改,并对整改后的教学活动进行评估并作出是否合格的最终认定。第五,整改科面向全校发布在日常监测和关键节点控制中发现的教学质量偏差并发出整改通知,督促相关部门或个人按照监测指标进行全面对照整改。第六,整改科对教学质量偏差纠正情况进行预审。一方面检查相关部门是否按照监测意见要求对发现的教学质量偏差认真整改落实;另一方面将不能及时整改的现象,视为“教学质量风险”计入当月教学质量风险报告,由学校责令其修正。

(四)合理植入研究生教育质量监测机制科技手段

尽管构建系统完善的研究生教育质量监测机制的基本机理并不依赖于某种科技条件而成立,但是从我国研究生教育质量监测机制的实践来看,缺少现代信息技术的合理植入和正确运用,前文所阐述的监测机制的正常运行实际上是难以形成的,至少其运行的效果会大打折扣。科技手段在研究生教育质量监测机制中的作用,体现在监测管理平台和教育教学平台的创设上。监测管理平台的建设一方面可以增强机制运行的效率;另一方面又可以使监测制度规范化制度化,增强制度的刚性。

研究生教育质量监测机构把监测流程控制和职权配置的各项规定、监测绩效评估考察的一系列指标以及监督工作所需的各种资料(监测工作条例、监测评价指标体系、各种文件范本)全部传送到监测管理平台之中,形成一个主要的监测问题实时反馈系统和若干个处理不同问题的管理系统,使研究生教育质量监测机制的运转基本通过计算机网络实现。每个系统根据监测流程分成若干节点,通过后台的技术性设置,质监处的每个科室和相关单位只能处理权限范围内的节点,且相关文件或意见一旦上传,非有权限的管理员的同意不能修改,这样就保证了监测系统的刚性。需要强调的是,监测系统的运用直接将相关文件通过网络的方式移送给相关部门,同时设计多个分析系统进行辅助分析、数据整合、可视化管理,既避免了资源的浪费,又提高了机制运行的效率。

监测管理系统的建立实现了监测业务的网上办理,同时也实现了监测全流程的公开。监测软件中设置的每个节点中的文件和监测意见都会向校内各部门公开,以充分满足监测行为和监测管理行为对信息的需求。为了确保流程的公开不流于形式,必须继续加强教育监测数据管理和服务平台建设,确保数据实时产生、及时归集且真实准确,将信息记录范围扩大到监测流程中的所有节点、环节和人员,建立完善一体化、融合性的教育质量监测系统。

(五)全面评价研究生教育质量监测机制实效

研究生教育质量常态监督机制的考核与评价,主要是通过建立反映监测机制要求、覆盖教育质量监测全过程的综合指标体系,对该机制及其产生的效果作出定量分析和评价。构建量化指标评价考核体系,是各高校为提升监测工作质量而普遍采用的方式。但是客观来看,以同体监督为基础并且通常是以事后统计来应对学校和上级主管机关评价为主要用途的各种量化资料,很难真实地反映出研究生教育质量监测机制和工作的实际水平和情况。在指标体系的制定和应用方面,研究生教育质量监测单位一方面应当保持与国务院学位委员和教育部顶层设计的基本对接;另一方面应立足于高校内部行政工作的实际,将这方面的工作纳入构建研究生教育质量监测机制的总体要求中,由此形成具有本校特色、符合监测工作实际的机制评价体系。事实上,研究生教育质量监测评价指标体系不仅仅是定性和定量描述监测和管理工作绩效的方式和手段,更是一种对监测行为的事前引导、行为参照、事后反思的规范指引,从而也是该机制必不可少的元素。

首先,要在尊重国务院学位委员会和教育部统一规定的教育质量监测工作总要求的前提下,根据高校具体情况对各级指标体系进行全面深刻的改变和调整。一是在原二级指标体系(是否建立反映人才培养尤其是研究生教育活动的主要目标和要求,覆盖教育教学全过程的监测机制、是否经由“评价—反馈—改进”建立闭环,形成持续改进机制、是否对教育教学活动及时开展监测并及时反映教学主体的教学问题、是否具有制度和规范的刚性)之外增加研究生教育质量监测机制运行是否通过网络得以实现、是否运用信息技术,创设研究生教育教学平台和教育质量监测平台以提高透明度，以便全面具体地反映教育质量监测工作的总体状况。二是对三级指标进行筛选剔除和扩展，适应形势的变化。三是注意合理分配各三级指标的权重，对各个新的指标的权重和分值进行合理调整，使之既与教育质量监测工作的实际相符合也可以获得各教学单位的普遍认同。

其次，随着教育质量监测工作的发展和成熟，要将个人作为教育质量监测评价的最基本主体。指标体系的设置通常将研究生教育质量监测机构整体作为基本主体，从未有高校和研究院尝试将评价的范围扩大到个人，这样将减少评价指标体系对具体监测和管理行为的约束力。

最后，将评价指标体系导入计算机系统中。通过工作数据的实时上报，自动生成监测行为的具体分值，从而保证评价工作的准确与及时。

Theoretical Explanation and Mechanism Construction of Quality Monitoring of Postgraduate Education

Cai Yisheng　Wang Xinyu

Abstract: The monitoring of postgraduate education quality has the functions of collecting and analyzing data related to postgraduate education and management, mastering and understanding the development of postgraduate education quality in our university, guiding and improving postgraduate education and management issues, and constraining and encouraging postgraduate education and management subjects, etc. The quality monitoring of postgraduate education in China has gone through three stages: starting, development and improvement. At present, the following problems exist in the quality monitoring of postgraduate education: there are some controversies about the scientific nature, the positioning of the main responsibilities is not clear enough, the setting of the index system is not reasonable, the process construction is not perfect, and the results are not used enough. It is reasonable to build the quality monitoring mechanism of postgraduate education through the following measures: scientific setting of postgraduate education quality monitoring institutions, clearly positioning the main functions of postgraduate education quality monitoring, systematically constructing the process of postgraduate education quality monitoring mechanism, reasonably implanting the scientific and technological means of postgraduate education quality monitoring mechanism, and comprehensively evaluating the effectiveness of postgraduate education quality monitoring mechanism.

Key Words: quality monitoring of postgraduate education; postgraduate training; mechanism construction; function orientation; science and technology implantation

大学教师学术创业的价值审视、困境溯源与制度优化*

郑雅倩　郭一凡**

摘　要：大学教师学术创业外显于创业行为，彰显着创业精神。大学教师学术创业具有一系列内在规定性，高深知识是其起点，创业首先作为一种精神特质存在，其行为表现多样，耦合性是学术创业的正当性基础。大学教师学术创业促进大学直接参与社会服务、为教师教学创新创造条件，是增加学术研究衍生价值的主渠道。当前，由于学术创业制度存在制度逻辑的冲突与博弈、制度内容的割裂与缺失、制度执行的惯性与依附，导致大学教师在实践中出现效率主义侵蚀和利己主义导向等越轨现象。为此，应以创业精神作为制度设计的逻辑起点，以整体性原则作为制度供给的基本遵循，以"服务＋监管"作为制度执行的行动保障，从根本上为学术创业提供不竭动力。

---

* 基金项目：本文系国家自然科学基金2019年度面上项目"大学生创新创业能力评价体系与结构模型研究"（项目号：71974163）的阶段性研究成果。

** 郑雅倩，厦门大学教育研究院博士研究生。研究方向：创新创业教育研究。郭一凡，通讯作者，南京大学教育研究院博士研究生。研究方向：高等教育基本理论研究。

关键词:大学教师　学术创业　制度建设

传统的学术理念普遍推崇大学教师以超脱现实的精神状态投身于知识创新,塑造了大学"象牙塔"的形象,而当大学日益被定义为集推动经济、社会与文化发展等多重任务于一身的复杂综合体时,社会对大学教师的角色期待和实践要求随之发生变革。大学教师作为最具有创造力的群体逐渐被置于市场中心,突出表现为教师学术创业的兴起及相关政策的不断放开,这在释放学术创业无穷活力的同时,也给高校学术生态带来了一系列的挑战。如何对大学教师学术创业进行规范管理,避免"创业就是为了谋私利"的利益屈从,也就成为了激发大学教师学术创业热情、保障其学术创业成效亟待解决的问题。为此,必须全方位审视大学教师学术创业的内涵与价值,分析内外环境如何影响其学术创业,进而理解制度作为价值引导和行为规范的集合体对于塑造大学教师学术创业形态的特殊价值,最终勾勒出大学教师学术创业的应然行动路径。

一、大学教师学术创业的内涵与价值

面对后工业社会不断增长的对知识与创新的需求,大学要确保其轴心地位,就需要转变发展范式以成为变革的引领者①。在这一过程中,大学教师的学术创业作为连接大学与社会、教学科研与社会服务的重要中介,对大学引领知识经济时代具有重要价值。然而,"学术商人"等批判也使学术创业面临污名化境遇。为此,充分理解大学教师学术创业内涵成为证成大学教师学术创业合理性的首要问题。

(一)大学教师学术创业的内涵

当前,学界对大学教师学术创业概念缺乏共识,对于大学教师能否创业、学术研究何以创业存在异质性解读,不仅模糊了学术创业的时代

---

① 参见王建华:《为何及如何创建创新创业型大学》,载《华东师范大学学报(教育科学版)》2021年第12期。

价值,更致使理想化路径建构受到阻碍。明晰大学教师学术创业的内涵,必须从其内在规定性上加以把握。

1. 高深知识是大学教师学术创业的起点

大学教师是高深知识的守护者和探究者。与其他创业者仰赖于雄厚的经济资本并以此为创业起点不同,大学教师长期积累的专业知识和对专业知识所拥有的话语权是其创业的基础和起点。换言之,作为知识生产者的大学教师,自身便蕴含着知识经济社会背景下创业所需的知识资本,同时又能够通过创业这一显性行为迅速地将知识转化为经济资本。高深知识的内在规定性决定了大学教师必须成为学术创业中最具活力、积极性最高且作用最为凸显的群体,肩负着推动学术与创业在行为、文化、观念等层面深度融合的重任。面对知识生产模式转型的浪潮,大学知识活动被纳入社会发展和市场领域之中,开放性、社会性特征更加凸显,其所创造出的知识类型必然具有社会实用价值②,大学教师意欲保持其在学术创业中的核心地位,就需要将高深知识作为坚守自身价值使命与满足企业、社会科学文化需求之间的连接点和转化器,通过知识生产、创造、整合和传播实现社会效益的增长。

2. 创业首先表现为一种精神特质

创业精神是大学教师开展学术创业活动的前提条件。传统认知经常将"创业"直接等同于"创办企业",因而学术创业被理解为研究人员利用其创造的研究成果成立新公司的行为。然而,创业不仅包括彰显行动力的创业行为,同时也被视为一种极具创造性的思维方式,即创业精神。正如学者所言:"高等教育领域的创业不能简单化认为是盈利性的商业活动,而更应该体现其追求卓越的创业精神及其为社会服务的责任态度。"③个体层面的自我革新实际上就是个体不断获得、增长和彰显创

---

② 参见黄文武:《知识生产与学术创业的整合:学科建设的应然取向》,载《高校教育管理》2020年第6期。

③ Matthew M. Mars, Cecilia Rios-Aguilar, *Academic Entrepreneurship (Re) defined: Significance and Implications for the Scholarship of Higher Education*, Higher Education 59, 2010, p. 441 – 460.

业精神特质的过程。[④] 因此,创业精神是教师致力于学术事业并不断执着创新的体现,在该内涵诠释下,学术创业成为大学教师群体的自觉行动。大学教师以专业知识为职业根基,专业知识体系的建构不仅需要传统意义上的"高深知识"作为基础,更需要具备与时代相契合甚至具有引领时代意义的新知识作为支撑,这意味着教师必须承担起知识体系创新的使命,实现对已有知识架构与传统认知的超越。如此而言,对学术创业的关注不应仅局限于成果转化的社会层面,还需要聚焦个体创业精神的涵养、发展与融入,以此作为学术创业的前提。这也说明,只有在个体创业精神的激发和引领下,大学教师学术创业才可能真正实现个体价值、经济价值和社会价值的统一与协调,避免沦为低水平、低层次、重复性的利益交换和讨好。

3. 学术创业行为具有多样性

创业行为的多样性是大学教师学术创业的合理性条件。部分学者将学术创业视为教师将学术创新成果用于创办企业,这种理解一方面将学术创业教师限定为具有较强人际交流能力、具备广泛信息资源的群体,使学术创业成为少数教师的特权和专属,挫伤了教师参与学术创业的积极性;另一方面将学术创业的学科范围窄化为具有更高知识转化效率的应用学科,并在绩效主义的推动下造成新的学科壁垒乃至学科分化。事实上,创办企业既不是大学教师学术创业的唯一解,也绝非最佳或最适合的路径。既然大学教师的学术创业行为源自个体层面创业精神的觉醒,并以此为引领指导具体的实践活动,而创业精神又意味着一种挑战已有知识结构、不断超越自我的思维方式,那么,每一位大学教师实际上都拥有学术创业的潜能,只是潜能转化为行为的过程在外部表现上有所区分,因而我们必须从更加广泛的视角理解"创业行为",使学术创业成为大学教师群体中每一位主体的自由选择。进言之,学术创业的"创业行为"范围是广泛的,指代除学术研究、教学等传统教师岗位职责之外的知识转移转化活动,如校外兼课、学术咨询等"软创业",亦包括

---

④ 参见王洪才、郑雅倩:《创新创业教育的哲学假设与实践意蕴》,载《高校教育管理》2020 年第 6 期。

创办企业、技术入股等“硬创业”⑤。

4. 耦合性是学术创业的正当性基础

大学教师学术创业内涵不能脱离教师职责这一根本所在,难以忽视学术研究与创业的内在一致性和互补性,更不能无视大学教师以专业知识创造经济价值的可能性,因此,学术活动与创业行为之间的耦合性构成了学术创业的正当性基础。这种耦合性可以从两个方面加以审视,一是学术与创业之间是否存在本质上的矛盾,也即是否存在可结合性。二是学术与创业之间的耦合是否具有现实意义,也即价值性。

就可结合性而言,当前,人们关于学术创业中矛盾的讨论主要集中于三个层面:第一,在观念层面上学术研究的科学逻辑与创业活动的市场逻辑间存在矛盾,人们担忧大学教师的学术活动被资本裹挟而丧失其神圣感。然而,一系列创业型大学的成功证明市场逻辑和创业思维的引入反倒刺激了学术创新和基础研究的进步,科学的逻辑远不像我们想象得那么脆弱且容易被驱逐,实践中市场的逻辑和科学的逻辑在更多情况下只会共存而不会相互替代⑥。更为重要的是,合理的外在制度规范对于克服科学逻辑的保守性和市场逻辑的逐利性发挥了重要的积极影响,此种矛盾可以在事实上得到平衡,不至于产生本质冲突。第二,在现实层面上可能出现学术让位于创业的利益屈从行为。然而,这种行为实际上源于行动者对于学术创业的误解而非遵从,使学术生产沦为资本转化的附庸,既丧失了创业精神,又无法产生有益的社会价值。这种屈从不是学术创业本身,而是因个体认知、制度缺陷而可能产生的风险,需要依靠构建自我实现的基本共识、完善制度设计来加以预防。第三,在个体层面上也存在教师角色认知冲突,即创业者、教育者和研究者在目标、规范和实现过程上的冲突⑦,这种冲突不是学术创业的内部矛盾,而是学术创业这一创新性活动与保守的大学生态和教师认知相碰撞的产物,本

⑤ 韩晴等:《“硬创业”还是“软创业”?——基于多重心理因素的学术创业形式选择组态分析》,载《外国经济与管理》2023 年第 1 期。

⑥ 参见王建华:《以创业思维重新发现大学》,载《教育研究》2019 年第 5 期。

⑦ 参见殷朝晖、李瑞君:《研究型大学学术创业者的角色冲突研究》,载《教育发展研究》2017 年第 Z1 期。

质上是大学教师角色转型面临的困难,需要从有利于学术应用的制度环境寻求突破⑧,学术创业者也可以借助反馈和互动实现自身角色重构⑨。因此,学术与创业的结合或许仍存在一些现实问题,但这些问题可以依靠个体和制度加以解决,其不存在本质上的冲突,学术与创业具有可结合性。

从现实意义上看,学术与创业相耦合的价值集中体现在促进知识双向流动和推动创业与科研、教学的相互促进上。知识双向流动既指大学教师与其他学术组织或学术人员所进行的知识交流或共享,也指大学教师与企业等非学术组织所进行的知识交易。就前者而言,双方在学术共享中实现知识更新;就后者而言,由于组织异质性,大学教师可向非学术组织传播高深知识,提供专业指导,也可从非学术组织获取隐性专业知识或明晰社会市场需求,进而重塑知识生产和反哺人才培养。事实上,异质性组织机构的双向知识交流是大学教师学术创业的关键路径,也是大学教师以学术创业履行社会服务责任的重要渠道。此外,当前高校创新创业教育亟须具有创业精神和创业经历的教师群体,其能够将创业意识和创业精神融入专业课程教学当中,实现教师专业成长与学生创新能力增值的相互促进。因此,大学教师与学术创业的外在联系是指大学教师基于专业知识所进行的知识转移转化行为,而其内在逻辑是指大学教师将创业外显行为的社会反映进一步反哺知识体系创新和创业精神,两者共同作用指向学术研究的本体价值与工具价值的同一性。

(二)大学教师学术创业的时代价值

大学教师学术创业的兴起和发展是时代的必然产物,对大学与社会、大学与教师、社会与教师之间的关系作出了新的价值诠释。

1.大学直接参与社会服务的学术回应

国家和社会要求大学深度地、直接地参与创新创业,大学教师无疑

⑧ 参见付八军:《论创业型大学教师转型困难的主观因素》,载《大学教育科学》2017年第6期。

⑨ 参见熊文明、余维新、陈传明:《学术创业者角色重构过程研究——基于目标动力学理论视角的多案例分析》,载《研究与发展管理》2021第5期。

是践行这一时代要求的责任主体。从世界范围来看,美国斯坦福大学基于“学术—技术—生产力”的办学目标造就硅谷地带,剑桥大学通过学术创业与区域经济发展融为一体,形成举世瞩目的剑桥现象,如此具有代表性的高等教育实践成就表明,作为人才高地和创新高地的大学与社会的联系日益紧密,大学教师学术创新产出理应更多直接服务于社会。然而,不可否认的是,我国长期存在大学教师社会服务参与度低、参与积极性不高以及参与效果不佳等现象,原因之一就在于社会服务内容与大学教师专业知识存在脱钩,难以调动大学教师参与社会服务的热情,更难以实现大学教师的专业价值。为此,我国在推动大学教师深入实践场域作出了一系列探索,相关政策包括2017年教育部办公厅发布的《关于进一步推动高校落实科技成果转化政策相关事项的通知》等。政策文本的出台将社会价值创造视为大学社会服务的重要体现,这就促使大学教师参与社会服务必须根植于学术创新成果,以学术研究回应现实需求,从而实现以应用彰显知识价值⑩,并以知识价值凸显大学教师的群体特征。

2. 提升教师教学创新能力的重要手段

大学教师学术创业与教学职责不具有本质冲突,但平衡学术创业与传统学术职业职责之间的时间精力确实极具挑战。事实上,教学与科研相结合是高校教学创新之本,而大学教师学术创业的旨归也在于“知识创新”。从应然的角度来看,经过市场检验的学术成果将更好服务于教学实践。在一项研究中,受访教师表示,“在为行业人员举办培训或讲座时,我有机会与他们进行互动,这使我更加了解行业的新趋势,我依据行业发展趋势修订了部分课程内容”“通过与行业合作,我能够及时了解他们对我们毕业生培养质量的反馈,这对我改进教学提供了重要依据”⑪。可见,大学教师的学术创业行为与教学职责不存在本质矛盾,大学教师学术创业激活了教学生态,反而更有助于提升教学

⑩ 参见王建华:《我们时代的大学转型》,教育科学出版社2012年版,第137页。

⑪ Muthu D. Silva, *Academic Entrepreneurship and Traditional Academic Duties: Synergy or Rivalry*?, Studies in Higher Education 41, 2015, p. 2169 – 2183.

质量。

此外,大学教师学术创业中的知识双向流动与我国大学教学创新理念同向而行。不可否认,片面追求知识系统性、课程内容僵化的传统教学仍广泛存在,学生对于高质量课堂的期待亦难以实现。大学教师学术创业要求其对社会变化保持一定敏感性,长期进行教学与社会服务的双向互动无疑会激发教师教学创造力,所培养的人才也将更具有社会适用性和引领性。

3. 增加大学教师学术研究的衍生价值

学术研究的本质价值与衍生的经济价值不存在根本矛盾。学术研究在任何时候都应该是追求本真的,都理应是一场自由探索的思想之旅,而非陷入功利主义的枷锁,这是学术研究永恒的内在契约与应然逻辑。那种认为大学教师学术创业导致教师为追求经济价值而偏离学术研究正轨的观点,显然是对学术创业本质属性的误读。事实上,大学教师学术创业并不影响其科研产出,大学教师学术创业是学术成果在学术生产链条上的延伸而非脱轨⑫。学术创业的起点仍是追求本真知识,学术创业的最终目标是为了更新知识体系。

学术研究衍生的经济价值对于大学与教师个人具有不同程度的益处。从大学发展角度来看,大学教师学术创业所创造的经济价值是学校办学经费的来源之一,是政府办学经费投入之外的有力补充。对于教师个体而言,物质条件和精神激励并非二元对立,两者对教师的创新行为和科研产出都具有积极作用⑬。因此,我们不能否认大学教师具有“经济人”和“学术人”的双重身份,不能以道德绑架大学教师对经济的合理追求。应该承认,大学教师具有将无形知识价值转为有形经济价值的权利,这同样符合国家相关政策导向。

---

⑫ 参见[美]希拉·斯劳特、[美]拉里·莱斯利:《学术资本主义:政治、政策和创业型大学》,梁骁等译,北京大学出版社2008年版,第18页。

⑬ 参见张和平、沈红:《薪酬水平对高校教师科研生产率的激励——基于“全国大学教师调查”的实证研究》,载《现代教育管理》2019年第7期。

二、大学教师学术创业的现实困境及其制度根源

(一)大学教师学术创业的现实困境

大学教师学术创业具有多重价值意蕴,同时也存在潜在风险。一旦教师被外界巨大利益所驱动,而相应制度未能起到应有的规避作用,传统教职的本真坚守便会逐渐变质。由于我国大学教师学术创业仍处于初始阶段,价值偏离引起的行为越轨等实践困境仍值得关注和警惕。

1. 效率主义取向压缩了学术创业的可为空间

第一,教师偏好应用研究,致使学术生态受到破坏。当教师以“创业经商”带动“学术研究”时,其直接影响便是引导教师转向应用研究,因为应用研究所带来的高额收入和持续的市场利润诱惑着大学教师抛弃“闲逸的好奇”。除此之外,高附加值是市场资本的评价标准,能够降低经营成本、具有较大市场需求的学术研究就是“有用的”“科学的”⑭,也更容易获得资金投入和资助。而为了迎合知识投资者的需求,帮助个体组建企业,大学教师容易转向应用研究,进而加剧基础研究的式微⑮。

第二,市场逻辑日渐凸显,学术研究短期效应盛行。市场运行追求速度,高质量学术研究成果的产出则以充足自由的时间空间为保障。受市场运行逻辑支配,大学教师接受学术咨询、承接横向课题等“软创业”周期受到时间限制。毋庸置疑,时间压缩与自由受限所营造的急功近利氛围难以产生具有原创性的学术成果,最终将贬抑大学教师甚至是大学在社会的地位与声誉。

第三,创收带来贫富分化,引起学术社群分裂紧张。随着市场机制日渐深入大学场域,大学教师学术创业衍生的经济价值将产生一系列纷争。其一,学科之间贫富分化。不同学科与市场联系的紧密程度有所差别,相比较而言,人文学科研究普遍具有迟滞性效应,在市场经济浪潮裹

---

⑭ 参见桑明旭:《资本逻辑与科学伦理危机——后学院科学时代的伦理反思》,载《自然辩证法研究》2015 年第 6 期。

⑮ 参见赵庆年、宋潇:《高校教师创业政策:经济价值和教育价值的冲突与整合》,载《国家教育行政学院学报》2021 年第 12 期。

挟下,此类研究通常缺乏市场经费投入;而理工科却相反。此外,人文学科教师通常以“软创业”为主,而理工科教师因自身拥有专利技术则倾向于具有更多经济利益附加值的“硬创业”,学术创收不可避免地带来了学科之间的贫富分化⑯,进一步加剧人文学科的边缘化。其二,学科内部教师之间的博弈关系取代合作关系。学术创业天然附加的经济价值导致教师群体内部的收入差异日益拉大,甚至出现为争取竞争性经费而引发的内部矛盾,学术共同体建设阻碍重重。

2. 利己主义趋势遮蔽了学术创业的价值意蕴

第一,僭越学术边界,导致教师将学科外承认视为学术评价的圭臬。市场对学术研究的过度入侵,促使学者由追求学科内或学科间的认同转为追求以知识投资者和消费者为主体的学科外承认。市场容错空间小,这将使部分大学教师以市场利益作为学术研究目的,进而舍弃知识生产创新所应遵循的价值理性,甚至不愿意冒学术创新的风险,将自己视为制造漂亮数据以符合市场大众心理的工具。此外,由于大学教师学术创业与市场的契约大多是一种目标性规定,大学教师学术输出自主权受到制约,市场成为了学术研究的指挥者和评价者。为追求目标性规定的达成,部分大学教师甚至不惜违反学术规范。

第二,忽视教师本职,学术创业成果鲜有反哺教学科研工作。学术创业重要目的之一是将社会需求反哺教学和科研,形成知识的双向流动。然而,大学教师对创业结果的高度关注无疑阻碍了对传统职责的滋养,学术创业与教学更新的互动关系产生断裂。毋庸讳言,现实中一些教师校外授课时长甚至远超本校授课时长,这不仅严重影响了教师本职工作质量,更抑制了学术创业的知识反哺作用。

第三,师生关系异化,学生成为教师创业实践的廉价劳动力。学生虽然是大学教师学术创业的直接受益者,但同时也最容易成为利益受损者。其一,教师以其知识权威身份承接横向课题,转而将课题全部交由

---

⑯ 参见张振、武毅英:《我国大学内部院系之间“贫富分化”的诱因及反思》,载《江苏高教》2014年第1期。

学生负责的现象层出不穷⑰,直接结果是学生无法得到有效指导,加剧师生关系恶化。其二,学生成为教师个体企业的理想参与者。当大学教师从学术研究走向经营企业时,学生自然成为了最理想的参与者,其带有开展学术研究的便利性,从而具备实现公共科研资源私有化的隐性优势。同时,学生也最容易受制于大学教师天然带有的权威地位而沦为廉价劳动力,为教师个体牟利。

(二)大学教师学术创业现实困境的制度根源

学术与创业的结合并不必然导致现实困境的产生,一系列乱象背后折射的是制度的缺陷。制度作为大学教师学术创业所需共同遵守的规则,既通过方向指引激发创新创业动机和实现理性创业选择,又借由行为规范抑制着可能出现的机会主义行为。因此,寻找大学教师学术创业现实乱象产生的制度根源尤为必要。

1.学术创业制度逻辑的冲突与博弈

制度逻辑指能够塑造行为主体认知及行为决策的社会(群体)层面所具有的文化、信仰、规范等价值观及相关理念体系⑱。在与大学教师学术创业活动相关的制度设计和实施过程中,各方主体的利益诉求和逻辑遵循存在明显差异,各种逻辑相互冲突与博弈,使制度遵循的价值理念及其实践过程产生波动性,难以从一而终,加剧了越轨行为产生的风险。具体而言,大学教师坚守的是学术逻辑,学术逻辑信奉知识价值、强调价值理性、选择公益的利他行动⑲,在依据学术逻辑建立起的学术生态当中,知识的生产、传播及其价值塑造了大学教师的声望、地位和权威,知识作为交流沟通的共同话语存在,而非等价交换物,学术共同体的崇高信念构成其行为规范。社会遵循的是市场逻辑,市场逻辑强调资源的最大化利用和效益的最大值产出,为实现这一目标,它需要为具体的

---

⑰ 参见周光礼等:《中国博士质量调查:基于U/H大学的案例分析》,社会科学文献出版社2010年版,第117页。

⑱ 参见肖红军等:《从理想主义到合意性:企业社会责任多重悖论的破解》,载《财贸研究》2021年第5期。

⑲ 参见罗泽意:《学术创业场域中的双重逻辑》,载《科技进步与对策》2021年第12期。

行为活动设定清晰的时间范围和理想目标,并且要求实际效果能够被一系列简单、外显且直观的标准所评价和比较,评价意味着市场逻辑需要关注用户的体验,因而必然是用户导向的,比较则说明市场逻辑具有竞争性和排他性,本质上反映了对有限资源的竞逐。大学遵循的是量化管理的逻辑,受新管理主义影响,大学倾向于运用绩效评估、产出控制等效率和竞争导向的管理主义手段评估学术人员绩效以刺激学术产出[20],对指标的依恋使管理主义、指标主义与官僚主义相生相长[21],其积极性在于管理效能的提高和资源的精准分配,而消极后果则是教师群体中兴起的优绩主义,即只有优绩的教师才是好教师,只有在经济生活上有贡献的教师才是优绩的教师,只有在外显的数量上表现优秀的教师才是有贡献的教师。它不仅不是完美的分配正义[22],更制造了学术职业分化和过度追求优绩的风险。在上述三种逻辑的冲突与缠绕中,当市场逻辑对学术逻辑造成倾轧,相关制度将会为教师因片面逐利而丧失学术本真留下可操作空间;而当学术逻辑让位于管理逻辑时,学术研究的生态将会被割裂,教师不得不依靠学术创业的表现主义来寻求有限的生存空间。

2. 学术创业制度内容的割裂与缺失

大学教师学术创业依托于“自上而下”的制度供给,以制度的有效约束力为保障。然而,就现实情况而言,大学教师学术创业存在明显的制度乏力,突出体现在学术创业与其他正式制度之间的割裂以及学术创业制度体系要素的缺失。其一,大学教师学术创业制度框架设计缺乏整体性。大学教师学术创业不是孤立制度,其与职称评聘等激励性制度、教育教学质量等监督性制度紧密关联、协调一致。一旦大学教师学术创业制度的制定与实施缺乏对已有制度的考量和权衡,就可能造成制度悬置或制度互斥。例如,在推动大学教师学术创业的同时并未设置相应的职称评聘考核标准,致使大学教师为求生存而不敢踏出舒适圈,抑或只

---

⑳ 参见王思懿:《新管理主义情境下全球学术职业的变革与坚守——基于组织专业主义与职业专业主义分化的视角》,载《外国教育研究》2021 年第 6 期。

㉑ 参见鲍俊逸、程晋宽:《指标癖:监视资本主义的制度陷阱——兼论破“五唯”问题》,载《江苏高教》2021 年第 8 期。

㉒ 参见朱慧玲:《作为分配正义的优绩主义》,载《伦理学研究》2022 年第 3 期。

顾创业行为而忽视将创业精神反哺教学。其二,大学教师学术创业制度内容存在缺失。首先是规制性要素不足,例如如何划定大学教师学术创业的时间界限、行为范围乃至收益限度;其次是保障性要素缺乏,例如,如何为大学教师学术创业提供阶段性指导,如何促使教师理性认知学术创业的价值;最后是问责性要素缺失,例如如何监督和评价大学教师学术创业的行为和质量,如何从刚性制度上考量大学教师以创业行为反哺学术研究等隐性层面的成效。

3.学术创业制度执行的惯性与依附

大学教师学术创业制度作为新兴之物,是不触动其他旧制度根本利益前提下的制度"补丁"。因此,大学教师学术创业存在一定的制度惯性,突出体现在制度选择的模仿复制以及制度建设的动力不足。首先,大学教师学术创业制度存在简单移植现象。大学教师学术创业的内容和领域与学校及学科的定位、性质密切相关,应根据学校层次类型与学科性质鼓励多元化的学术创业。但在具体实践中,无论是研究型、应用型还是职业技能型院校、人文社科还是理工科,在推动大学教师学术创业的内容与方向选择上仍受传统创业观等非正式制度的锁定,即侧重商业性质创业抑或科技领域创业,容易造成学术社群之间难以调和的矛盾。其次,推动大学教师学术创业制度变迁的动力不足。完善制度需要制度需求方和供给方的有效配合。传统教师评聘考核制度根深蒂固,大学教师即便认识到学术创业制度的价值,也会在思想和行动上不自觉地遵守旧制度,从而在完善学术创业制度中不作为。而学校层面对大学教师学术创业与社会服务职能发挥相联系的新观念尚未形成普遍认识,目前仍习惯于将学术创业视为大学教师个体行为,认为教师学术创业容易引起资源冲突和时间冲突,损害学校整体利益。因此尽管政策制度上对教师学术创业释放善意,但在实践过程中仍表现为不鼓励不支持。此外,学校出于对制度变革可能存在的不确定性因素的担忧,也会主动削弱制度创新动力。

三、大学教师学术创业的制度优化

为了规避潜在风险而避免制度变革的保守主义显然不利于重塑高

等教育的时代价值。因此,为破解现有制度之困,应重释“创业”观,基于普遍性视角建构制度框架,促成制度的互补互依,实现大学教师学术创业制度的优化。

(一)以创业精神作为制度设计的逻辑起点

制度具有价值引导的功能,制度设计的逻辑起点影响着大学教师学术创业的价值彰显,形塑着大学教师学术创业的行动准则和价值观念。因此,优化大学教师学术创业制度的核心在于将创业精神作为制度设计的逻辑起点。狭义的创业行为是大学教师回应时代机遇的突出体现,但仅以狭义“创业”为起点进行制度设计极易滋生狭隘的功利主义。因此,摒弃狭义的创业观,彰显大学教师学术创业制度的公共价值是制度设计的关键。

首先,跨越认知误区,破除学术创业二元对立的观点。高校决策者作为教师学术创业制度的主导设计者,要增强对教师学术创业的价值认同。一方面要承认教师的学术研究成果走向社会的合理性;另一方面要认识到大学教师学术创业在提升学校社会影响力和转变人才培养模式上所具有的重要价值。只有高校决策者从观念上认同学术创业的多重价值效益,才有可能实现制度建构的转变,并进一步激发和塑造大学教师学术创业的普遍积极行动。

其次,重释创业观念,将创业精神融入教师专业发展中。大学教师学术创业固然与狭义的创业行为密切相关,但同时也应该淡化狭义的创业概念,强调将创业作为一种不断求新、追求卓越的理念。因此,大学教师学术创业制度的设计应以发挥教师专业所长为关注点,促进教师在与社会的互动中实现学术研究的进一步创新,在与学生的交流沟通中实现能力的共同增值。

(二)以整体性原则作为制度供给的基本遵循

制度的完整性和体系化是制度有效运行的首要基础和前提条件,大学教师学术制度及其相关制度的协调一致是促进大学教师学术创业价值实现的重要保障。

首先,以完善大学教师学术创业制度的实施细则为基础,为大学教师学术创业提供方向指导。一是设定大学教师学术创业的行为边界㉓,一方面能够最大限度避免学术创业的无序化;另一方面设置负面清单实际上也为教师学术创业提供了更大的自由空间。值得注意的是,目前大多数高校聚焦于科技成果转化、创办企业等"硬创业"上的行为规范,而学术咨询等"软创业"的行为界限则尤为模糊不清。为此,高校在制定学术创业制度内容时亟须关注"软创业"的具体规范。二是严格审查教师学术创业的经济关系。经济因素是诱导教师学术创业越轨的重要因素,为了避免可能带来的消极影响,必须对学术创业教师的经济关系和经济收入开展严格的监督和审查,重点关注是否存在将公共科研资源私有化的行为。

其次,着力推动大学教师学术创业制度与其他相关制度的有效贯通。一是调整大学教师的薪酬制度,为教师学术创业提供基础保障。纯粹的学术研究需要以物质基础作为保障,一旦教师为了生存而开展创业行为,就极易产生利己主义倾向,学术创业的合法性和合埋性亦会显得苍白无力。因此,调整大学教师的薪酬制度是实现大学教师学术创业制度价值的重要保障,唯有使教师个人利益得到一定程度的满足,才有可能深化学术创业的利他准则。二是建立多元的大学教师职称类型,为教师学术创业提供条件。囿于传统职称评聘类型,大学教师学术创业的可能性遭受限制,为此应当扩增职称类型,如"产业教授",促使大学教师依据自身优势和潜能积极投身于岗位创业中㉔。三是改革教师考核评价体系,激发教师学术创业活力。考核评价制度是教师行为选择的指挥棒,现有考核评价制度将学术研究简单等同于论文发表,阻碍了教师将学术研究成果应用于社会服务的积极性,甚至抑制了教师的教学创新动力。因此,为推动大学教师学术创业,改革评价体系是关键的一步,应重视对大学教师学术研究社会价值的考量。

㉓ 参见苏洋:《世界一流大学如何平衡教师学术创业引发的冲突——斯坦福大学的经验与启示》,载《比较教育研究》2020 年第 4 期。

㉔ 参见易高峰:《我国高校学术创业政策演化的过程、问题与对策——基于 1985 - 2016 年高校学术创业政策文本分析》,载《教育发展研究》2017 年第 5 期。

（三）以“服务 + 监管”作为制度执行的行动保障

制度的生命力依赖于制度的有效执行。大学教师学术创业制度的落实应以“服务”为主，以“监管”为辅。大学教师学术创业虽是时代要求和个体理性选择的统一，但其相关制度仍处于初始阶段，不可避免存在误读和误用现象。

为此，一方面应在制度理念以及制度内容的连贯性和互依性基础上，着力搭建大学教师学术创业服务平台，通过解读制度内容和提供稳定性服务，提升大学教师学术创业效能。具体内容包括为处于不同学术创业期的教师提供差异化服务，重点关注尚未进行学术创业以及学术创业失败期的教师群体；为不同学科教师的学术创业提供差异化的资源扶持，例如，以“硬创业”为主的教师，大学可重点关注其在吸纳相关市场投资资源上的需求，而以“软创业”为主的教师，大学可侧重为其连接创业生态系统中的其他要素，促进教师创业教育网络的构建；在开展学术创业服务时着力挖掘显性创业行为内隐的创业精神，在全校范围内营造以创业精神为核心的学术创业文化，提升教师群体对学术创业制度的认同感。

另一方面，监管是促进制度落实和完善的辅助举措。学术研究以自由宽松的环境为保障，监管大学教师的学术创业实质上是为了避免触及质量底线，而非对学术研究进行过度干扰。美国部分大学设置教师学术创业的利益冲突管理办公室（Conflict of Interest Office），专门审查大学教师学术创业过程中可能涉及的各种威胁传统教职的行动，并就越轨行为作出如限制学术出版、限制学术创业等处罚，㉕这就从管理体制机制上对大学教师学术创业进行了有效规范。以此为借鉴，并结合不同学科创业的特点，面对大学教师学术创业涉及多学科多领域的复杂性行为，我国高校可在校院两级搭建互通的监督机制，校级层面重点监督大学教师学术创业过程中的经济行为，而院级层面重点考察教师学术创业的学术伦理和传统教职的履行情况并制定相应的越轨处罚措施，院校两级相

㉕ 参见杨婷：《美国大学学术创业制度保障研究》，载《应用型高等教育研究》2021年第3期。

互协调,共同激发大学教师学术创业的生命力。

On the Value Examination, Source of Predicament and System Optimization of Academic Entrepreneurship of University Teachers

Zheng Yaqian　Guo Yifan

Abstract: Academic Entrepreneurship of university teachers is explicit in entrepreneurial behavior and demonstrates entrepreneurial spirit. It has a series of inherent stipulations, with advanced knowledge as its starting point, entrepreneurship existing first as a spiritual trait and taking various forms, and coupling as the basis of legitimacy. It is also the main channel to increase the derivative value of academic research by promoting direct university participation in social services and the pedagogical innovation of teachers. At present, the academic entrepreneurship system faces the conflict and competition of institutional logic, the fragmentation and lack of institutional content, and the inertia and dependence of institutional implementation, which lead to university teachers' negative effects such as efficiency erosion and egoism orientation in practice. In order to break through the institutional dilemma, entrepreneurial spirit should be taken as the logical starting point of system design, the principle of integrity should be taken as the basic compliance of system supply, and "service and supervision" should be taken as the action guarantee for system implementation, so as to fundamentally provide an inexhaustible impetus for academic entrepreneurship.

Key Words: university teachers; academic entrepreneurship; system construction

《法学教育研究》稿约

《法学教育研究》创办于2009年,是国内较早系统关注法学教育研究的专门性学术出版物,由西北政法大学高等教育研究所主办、法律出版社定期出版。2017年起本书每年出版4卷,现已入选南京大学"中文社会科学引文索引"(CSSCI)来源集刊。

宗旨:本书恪守科学性、实践性、创新性、开放性原则,集中出版法学教育教学研究成果,探索法学教育教学规律,促进法学教育事业的发展。

主要栏目有理论探讨、教学研究、比较研究、教材体系、管理经纬、学问人生、教育法治、法务反哺、法学资讯、书评等。

《法学教育研究》致力于搭建高水平的学术探讨平台,所有来稿均以学术价值为遴选标准。敬请作者来稿时提供:(1)中英文题目及作者姓名,标题尽量确切、简洁;(2)中英文摘要(不超过200字);(3)中英文关键词(3~5个);(4)作者简介(含姓名、工作单位、职称、学历学位、研究方向、通信地址、邮政编码、联系电话、电子邮箱),如果来稿系作者承担的省级以上科研基金项目,请注明项目名称和编号;(5)正文;(6)注释。

注释:是对文内某一特定内容的进一步解释或补充说明。用①②③……数字标注序号,采用当页脚注整篇连续编号形式。著作类包括“序号,著者:《书名》,出版社出版年,起止页码”;论文类包括“序号,作者:《题目》,载《报刊名》出版日期或期号”。

声明:《法学教育研究》已许可中国学术期刊(光盘版)电子杂志社在中国知网及其系列数据库产品中以数字化方式复制、汇编、发行、信息网络传播全文。《法学教育研究》已许可北大法宝法学期刊数据库以电子形式对本书进行制作、以不脱离于数据库的形式进行传播和销售;《法学教育研究》已被北京万方数据股份有限公司、万方数据电子出版社数据库收录,相关著作权使用费和稿费一并支付;《法学教育研究》已被维普网全文收录。如无特别说明,作者提交文章发表的行为即视为同意上述声明。

本书的微信公众号为 fxjyyj-xfd,定期发布相关信息,敬请关注。本书的网络采编系统现已开通,网址为 http://fxjy.cbpt.cnki.net,请通过网络采编系统投稿。

联系方式:

E-mail: fxjyyj@126.com

电话:029 - 88182796

地址:西安市长安区西长安街 558 号

西北政法大学长安校区 80 号信箱

邮编:710122

图书在版编目(CIP)数据

法学教育研究. 第四十四卷 / 范九利主编. -- 北京：法律出版社, 2024

ISBN 978 - 7 - 5197 - 8960 - 2

Ⅰ. ①法… Ⅱ. ①范… Ⅲ. ①法学教育－研究－中国 Ⅳ. ①D92 - 4

中国国家版本馆 CIP 数据核字（2024）第 063769 号

法学教育研究(第四十四卷)
FAXUE JIAOYU YANJIU (DI-SISHISI JUAN)

范九利 主编

责任编辑 孙东育 曲 杰
装帧设计 臧晓飞

出版发行 法律出版社
编辑统筹 学术·对外出版分社
责任校对 王 丰
责任印制 宋万春
经　　销 新华书店

开本 710 毫米×1000 毫米 1/16
印张 25.5 **字数** 347 千
版本 2024 年 1 月第 1 版
印次 2024 年 1 月第 1 次印刷
印刷 北京建宏印刷有限公司

地址:北京市丰台区莲花池西里 7 号(100073)
网址:www. lawpress. com. cn
投稿邮箱:info@ lawpress. com. cn
举报盗版邮箱:jbwq@ lawpress. com. cn
销售电话:010 - 83938349
客服电话:010 - 83938350
咨询电话:010 - 63939796

书号:ISBN 978 - 7 - 5197 - 8960 - 2
定价:98.00 元

凡购买本社图书,如有印装错误,我社负责退换。电话:010 - 83938349